Nordafrika

Wegweiser zur Geschichte

Herausgegeben vom
Militärgeschichtlichen Forschungsamt

Wegweiser zur Geschichte

Nordafrika

Im Auftrag des
Militärgeschichtlichen Forschungsamtes
herausgegeben von
Martin Hofbauer
und
Thorsten Loch

FERDINAND SCHÖNINGH 2011

Paderborn • München • Wien • Zürich

Umschlagabbildung: Tradition trifft Moderne. Ein Kamelreiter unterhält sich mit einem Autofahrer im Coloured Canyon, Ägypten
(pa/Rainer Hackenberg)

Bibliografische Information der Deutschen Nationalbibliothek

Die Deutsche Nationalbibliothek verzeichnet diese Publikation in der Deutschen Nationalbibliografie; detaillierte bibliografische Daten sind im Internet über www.dnb.de abrufbar.

Gedruckt auf umweltfreundlichem, chlorfrei gebleichtem und alterungsbeständigem Papier ISO ∞ 9706

Internet: www.schoeningh.de

Redaktion und Projektkoordination:
Militärgeschichtliches Forschungsamt, Potsdam, Schriftleitung
Karten: Daniela Heinicke, Bernd Nogli, Frank Schemmerling
Layout: Medienwerkstatt Lang, Karlsruhe
Lektorat, Bildredaktion und -lizenzen: Aleksandar-S. Vuletić
Druck: SKN Druck und Verlag GmbH & Co., Norden

Printed in Germany

ISBN: 978-3-506-77326-5

Inhalt

II. Strukturen und Lebenswelten

Anhang

Einleitung

Der »Arabische Frühling« erwachte in den Wintermonaten der Jahreswende 2010/11. Die revolutionären Ereignisse keimten zunächst in *Tunesien*: An einem Freitag (17. Dezember 2010) zündete sich der 26-jährige arbeitslose Mohammed Bouazizi in der Kleinstadt Sidi Bouzid selbst an. Er verkaufte als fliegender Händler am Straßenrand Obst und Gemüse, als ihn die Polizei kontrollierte. Da er keine Verkaufslizenz vorweisen konnte, beschlagnahmten die Polizisten seine Waage und stießen seinen Verkaufskarren um. Es kam zum Disput, schließlich schlug ihm eine Polizistin mit der Hand ins Gesicht – eine schwere Zumutung in einem arabisch-islamischen Land. Rund eine halbe Stunde später, nachdem sein Beschwerdegesuch beim örtlichen Gouverneur gescheitert war, übergoss sich Bouazizi mit Benzin und legte in aller Öffentlichkeit Feuer an sich. Rund drei Wochen später erlag er im Krankenhaus seinen schweren Verbrennungen.

Was Bouazizi zu seiner Selbsthinrichtung trieb, bleibt letztlich offen. Seine Tat wirkte aber wie ein Zündfunke für einen Flächenbrand, der sich weit über die im tunesischen Hinterland gelegene Kreisstadt Sidi Bouzid ausbreitete. In den folgenden Wochen gingen immer mehr Menschen auf die Straßen; die Demonstrationen gegen das Regime griffen auf zahlreiche Städte des Landes über. Am Freitag, 14. Januar 2011, nach nur vier Wochen, floh der tunesische Präsident Zine el-Abidine Ben Ali mit einem Flugzeug nach Saudi-Arabien ins Exil. Die vor allem im Ausland so genannte Jasmin-Revolution hatte den politischen Machtwechsel im eigenen Land erreicht.

Tunesien war zum Vorreiter der von den Medien so stilisierten »Arabellion« geworden. Von hier griffen mit atemberaubender Geschwindigkeit Demonstrationen und Aufstände unterschiedlicher Intensität gegen die herrschenden Regime auf weite Teile der arabischen Welt über. Innerhalb weniger Wochen strömten Hunderttausende von Menschen von Marokko im Westen, über Libyen und Ägypten bis hin nach Syrien, Jemen und Bahrain im Osten auf die Straße, um für politische Reformen, Freiheit, Arbeitsplätze oder bessere Lebensbedingungen zu demonstrieren.

Beispiel Ägypten: Fernsehsender übertrugen im Februar 2011 in alle Welt die Bilder des mit Menschen überfüllten Tahrir-Platzes in Kairo, der zu einem weiteren Symbol für die Umbrüche geworden war. Aufgebrachte Demonstranten skandierten »Geh zur Hölle, Mubarak« oder »Heute ist der letzte Tag«. Auch hier geschah nach nicht einmal drei Wochen das Unerwartete: das Volk stürzte das Regime. Präsident Hosni Mubarak floh am 11. Februar 2011, ebenfalls an einem Freitag, in seine Sommerresidenz auf dem Sinai, ein »Hoher Militärrat« übernahm die Macht.

Beispiel Libyen: Am 15. Februar 2011, vier Tage nach dem politischen Umsturz in Ägypten, gingen in der Hafenstadt Bengasi die ersten Menschen auf die Straße, um gegen die langjährige Herrschaft Muammar al-Gaddafis zu demonstrieren. Die Staatsmacht schlug die Aufstände mit Gewalt nieder.

Dieses Vorgehen rief die internationale Staatengemeinschaft auf den Plan. Mit seiner Resolution 1973 verhängte der Sicherheitsrat der Vereinten Nationen eine Flugverbotszone einschließlich aller »notwendigen Maßnahmen« zum »Schutz der Zivilbevölkerung«. Am 19. März begannen die USA, Großbritannien und Frankreich mit Luftangriffen und seegestützten Marschflugkörpern, die libysche Flugabwehr zu bekämpfen und die Lufthoheit zu übernehmen. Gegenwärtig – Anfang August 2011 – dauern die Kämpfe weiter an.

Was den nordafrikanischen Raum betrifft, so kam es auch in *Marokko* und *Algerien* zu Protesten und Massenkundgebungen, die jedoch aus unterschiedlichen Gründen nicht die Intensität wie in den Nachbarländern erreichten. Einer der Gründe liegt darin, dass die dort Herrschenden eine höhere Akzeptanz besaßen und versuchten, mit sozialpolitischen und finanziellen Konzessionen dem Volk entgegenzukommen.

Europa und die westliche Welt wurden von den revolutionären Ereignissen genauso überrascht wie die Machthaber in den arabischen Ländern selbst. Über Jahre hinweg arbeiteten die Europäische Union (EU) wie auch ihre einzelnen Mitgliedsländer mit den nordafrikanischen Staaten zusammen. So galt das geopolitisch wichtige Ägypten unter seinem Staatspräsidenten Mubarak als ein Eckpfeiler der Nahostpolitik, Algerien und Libyen als wichtige Rohstofflieferanten für Erdöl und Erdgas.

Vieles scheint durch die revolutionären Umbrüche nun in Frage gestellt und nicht wenige empfinden sie vor allem als Bedrohung für die Zukunft. In der Tat ist nicht auszuschließen, dass die gesamte Sicherheitsarchitektur des Nahen Ostens ins Wanken gerät und die Versorgung Europas mit Rohstoffen, vor allem mit Erdöl, beeinträchtigt wird. Die politischen Umbrüche können aber auch eine Chance für eine stabile politische und wirtschaftliche Entwicklung der gesamten Region bieten, von der nicht zuletzt Europa profitieren würde. Denn Europa ist nur durch das Mittelmeer von diesen Staaten getrennt, gleichzeitig mit ihnen über genau dieses Mittelmeer eng verbunden. Die nordafrikanischen Staaten sind direkte Nachbarn Europas und somit auch Nachbarn Deutschlands im Süden, so wie die osteuropäischen Staaten und Russland im Osten. Besonders in Deutschland wird leicht übersehen, wie nah Nordafrika geografisch zu Europa liegt und wie sehr politische und gesellschaftliche Veränderungen dort die natürlichen Interessen der südlichen EU-Mitgliedsländer wie Spanien, Frankreich oder Italien direkt berühren. Die revolutionären Entwicklungen in Nordafrika wahrzunehmen und zu verstehen, bedeutet für Deutschland also auch, die sicherheitspolitischen Bedürfnisse der südlichen EU-Mitgliedstaaten anzuerkennen.

Dabei ist die enge Verzahnung über das Mittelmeer hinweg kein neues Phänomen. Über Jahrhunderte, selbst Jahrtausende gab es vielfältige Beziehungen zwischen den Ländern entlang der Küste nördlich und südlich des Mittelmeeres: Handel und der Austausch von Waren, diverse Kolonisationsprojekte, kultureller Austausch und die Ausbreitung von Religionen, aber auch Kaperfahrten und Piraterie, Eroberungen, Kolonialismus und Krieg. Heute gilt es, die weitere politische und gesellschaftliche Entwicklung Nordafrikas zu verfolgen und einen möglichen demokratischen Aufbauprozess zu begleiten.

Der vorliegende Band versteht sich als Wegweiser für einen breiten historisch und politisch interessierten Leserkreis. Den Kern der Darstellung bildet das Kapitel über die »Historischen Entwicklungen« Nordafrikas bis zum Vorabend des »Arabischen Frühlings«. Hierauf bauen die Ausführungen zu den »Strukturen und Lebenswelten« auf. Gerade für den deutschen Leser liegt Nordafrika »abseits des Weges«. Dies hat geografische und nicht zuletzt historische Ursachen. Dies hat zur Folge, dass die eine dem Band zugrundeliegende Leitfrage scheinbar oberflächlich wirkt: »Was ist Nordafrika«? Wendet man die Frage allein auf die geografische Begriffsbestimmung an, erschließen sich augenscheinlich die vielfältigen und komplexen Dimensionen Nordafrikas: Die Entfernung von Agadir in Marokko bis Suez in Ägypten beträgt rund 4000 km (von Lissabon bis Moskau sind es 3900 km). Im Norden wird Nordafrika vom Mittelmeer begrenzt, im Süden – so das hier zugrunde gelegte Verständnis – durch die nicht oder nur sehr dünn besiedelte Sahara.

»Nordafrika« bildet nach einer Einteilung der Vereinten Nationen eine der fünf geografischen Subregionen Afrikas. Im Westen finden sich mit Marokko und der Westsahara, Algerien sowie Tunesien die drei Staaten, die den *Kleinen Maghreb* bilden; mit Libyen umfassen sie den *Großen Maghreb*. Ägypten sowie der Nord- und Südsudan zählen gemäß dieser Einteilung geografisch ebenfalls zu Nordafrika. Politisch betrachtet gehört Ägypten aber als einziges der nordafrikanischen Länder zum *Nahen Osten* (englisch »Middle East«, älter auch »Near East«), der sich bis zur Arabischen Halbinsel und dem Iran erstreckt. Um dieser geografischen und vor allem politischen Gemengelage gerecht zu werden, etablierte sich für den politischen Raum zwischen Marokko und dem Iran ein neuer Sammelbegriff: *MENA*, Middle East and North Africa.

Diese Region – in der sich die Umwälzungen des »Arabischen Frühlings« bis in den Sommer 2011 hinzogen – ist ethnisch überwiegend arabisch und religiös-kulturell muslimisch geprägt. Doch vor allem in Nordafrika kristallisierten sich durch die bedeutenden Minderheiten der Berberstämme und die schwarzafrikanischen wie europäischen Einflüsse vielgestaltige Gesellschaften heraus. Die geografischen und politischen Dimensionen verdeutlichen, dass es sich weder bei MENA noch bei Nordafrika um eine politisch, gesellschaftlich und kulturell homogene Region handelt.

Der vorliegende Band muss daher eine Auswahl treffen und beschränkt sich in seiner Darstellung auf die westarabischen Länder des Maghreb sowie Ägypten als Scharnier zwischen Nordafrika und dem Nahen Osten. Mit Ägypten, Libyen, Tunesien, Algerien und Marokko werden zugleich die fünf nordafrikanischen Staaten behandelt, die als Mittelmeeranrainer in direkter Nachbarschaft zu Europa liegen und die aufgrund ihrer geografischen Nähe für die Beziehungen zur Europäischen Union von besonderer Bedeutung sind. Eigene Bände aus der Reihe »Wegweiser zur Geschichte« liegen überdies bereits zum Nahen Osten und zum Sudan vor.

Diese Auswahl berücksichtigt zugleich die zweite Leitfrage: Was ist der »Arabische Frühling« in Nordafrika, und wie kam es dazu? Diese Frage kann nur aus einem Verständnis der historischen Dimensionen der vielschichtigen Gesellschaften angegangen werden. Eine deutschlandzentrierte Perspektive wäre daher in diesem Fall nicht zielführend. Dies erklärt beispielsweise, weshalb das für Deutschland so zentrale Thema des Zweiten Weltkriegs in diesem Buch nur einen kleinen Ausschnitt einnimmt, trägt es doch nur wenig zum besseren Verständnis der Geschichte und der inneren Entwicklung Nordafrikas bei und liefert auch keine Erklärungen für die jüngsten Umbrüche.

Es soll also dem Leser ein breiter Über- und Einblick in die Geschichte und Lebenswelten der nordafrikanischen Staaten ermöglicht sowie die Wechselwirkungen mit anderen arabischen Staaten und nicht zuletzt mit Europa aufgezeigt werden. Dies hat zur Folge, dass die Autorinnen und Autoren in ihren Beiträgen die Ereignisse nicht anhand eines ausgewählten Landes erklären, sondern einen länderübergreifenden Querschnitt und zugleich einen fundierten wie auch leicht zugänglichen Überblick bieten. Die 22 Beiträge dieses Buches behandeln also sowohl die Geschichte als auch die Gegenwart Nordafrikas und gehen auf politische, gesellschaftliche, wirtschaftliche, religiöse und kulturelle Themen ein. Diesem Konzept folgend, gliedern sich die Beiträge des Wegweisers in zwei Teile: Der erste setzt sich mit den »Historischen Entwicklungen« auseinander, während sich der zweite den »Strukturen und Lebenswelten« widmet, die das heutige Leben der Bevölkerung dieser Region prägen.

Zunächst beschreibt *Gregor Neunert* in einem kurzen Abriss die jahrtausendealte Geschichte des Großreichs Ägypten. Für Nordafrika ist es neben seiner weltgeschichtlichen Bedeutung gerade deshalb von besonderer Relevanz, weil hier zum ersten und einzigen Mal aus einem nordafrikanischen Volk selbst heraus ein überregional bedeutendes Reich geschaffen wurde, dessen politische Tragweite in einem Atemzug mit seinen kulturellen Leistungen zu nennen ist. Ägypten heute ist sich dieses imposanten Erbes bewusst und trägt es mit Stolz als Teil seiner nationalen Identität.

Im Laufe der Jahrhunderte wurde Nordafrika jedoch bald zum Objekt ausländischer Interessen. Diesem Themenkreis »Nordafrika in der Antike« wendet sich *Loretana de Libero* zu. Schlaglichtartig umreißt sie, wie Phönizier, Griechen, Römer und auch die Vandalen in Nordafrika einzelne Stützpunkte und Kolonien gründeten, ganze Regionen ihrem Reich einverleibten oder, wie die Vandalen, ein eigenes Reich dort etablierten. Liegen diese Ereignisse auch in der Ferne vergangener Zeiten, so geben sie für die folgenden Jahrhunderte bis in die Gegenwart hinein in gewisser Weise doch eine Blaupause ab: Rund um das Mittelmeer bestanden immer enge Beziehungen unterschiedlicher Art zwischen den an den Küsten siedelnden Völkern. Und, Nordafrika und seine Menschen waren die längste Zeit ihrer Geschichte Ziel ausländischer Interessen und Spielball der großen Mächte.

Martin Hofbauer widmet sich dem Christentum, einem Querschnittsthema mit starkem Rückbezug auch auf die europäische Geschichte. Die christlichen Religionen, wie sie heute existieren, hätten ohne das frühe Christentum in Nordafrika eine andere Richtung genommen. Früh entwickelten sich in Städten wie Alexandrien (Alexandria) oder Karthago Zentren der neuen Religion. In diesem religiös-geistigen Umfeld traten Bischöfe, Heilige und Theologen hervor, welche die weitere Entwicklung der Theologie und des kirchlichen Lebens maßgeblich beeinflussten und auf die sich heute noch die Amtskirchen berufen.

Nach rund einem halben Jahrtausend verschwand das Christentum fast vollständig – von der Koptischen Kirche in Ägypten abgesehen – aus dieser Region und wurde durch den Islam abgelöst, der bis heute in allen nordafrikanischen Ländern bestimmend ist. *Jens Scheiner* schildert in seinem Beitrag, wie sich nach dem Tod Mohammeds im Jahr 632 der Islam und mit ihm die islamischen Herrschaften in Nordafrika ausbreiteten und bis zur Mitte des 16. Jahrhunderts entwickelten. Dabei erscheint der nordafrikanische Raum trotz des einigenden Bandes der Religion machtpolitisch weniger homogen als manchmal angenommen. Zahlreiche Herrschaften wechselten einander ab und lagen oft auch im Krieg gegeneinander. Selten gelang es einem charismatischen Herrscher, wie zum Beispiel im 12. Jahrhundert dem bekannten Saladin, die zerstrittenen Reiche vorübergehend zu einigen.

Die Zeit um 1500 markiert in zweierlei Hinsicht einen Wendepunkt für die weitere Geschichte Nordafrikas, der sich *Henning Sievert* widmet. Zum einen eroberte das Osmanische Reich ab dem frühen 16. Jahrhundert große Teile Nordafrikas und wurde dort für die folgenden 400 Jahre zur bestimmenden Macht. Zum anderen brach in Europa das Zeitalter der Entdeckungen und Erfindungen an. Die europäischen Mächte wie Spanien, Portugal, Großbritannien oder Frankreich begannen, große Teile der Welt zu erobern und sich ihrem Herrschaftsbereich einzuverleiben.

Dies hatte langfristig auch gravierende Folgen für die Region, denen *Martin Rink* in seinem Beitrag über Nordafrika im 19. Jahrhundert nachgeht. Während das Osmanische Reich in einem schleichenden Prozess neben der Balkanhalbinsel auch seine nordafrikanischen Besitzungen verlor und zum »Kranken Mann am Bosporus« wurde, übernahmen vor allem Frankreich und Großbritannien, später auch Italien die Macht. Zwischen 1830 und 1912, also innerhalb von rund acht Jahrzehnten, teilten diese Kolonialmächte die Gebiete an der Südküste des Mittelmeeres unter sich auf.

In diesem politischen Niedergang lag zugleich die Keimzelle für die geistige Erneuerung der arabischen Länder. *Thorsten Loch* zeigt, wie sich in der ersten Hälfte des 20. Jahrhunderts die politischen Konzepte des arabischen Nationalismus und des politischen Islam entwickelten. Ihr gemeinsames Ziel war die Überwindung der kolonialen Fremdherrschaft, was schließlich in einen überwiegend gewaltsamen Prozess der Entkolonialisierung mündete. *Werner Ruf* zeichnet diese Wege der nordafrikanischen Staaten in die Unabhängigkeit nach und zeigt, dass sich im Kampf um die kommende Deutungshoheit das Konzept des arabischen Nationalismus gegen den politischen Islam durchsetzte. *Jürgen Hartmann* begleitet die Entwicklung der jungen Nationalstaaten in den 1960er- bis 1980er-Jahren. Das Fehlen einer erfahrenen Verwaltungselite erschwerte ebenso wie die

Suche nach einer arabischen Nationalidentität die Anfänge des Nation-buildings. Die säkularen Staaten lehnten sich im Zeitalter des Kalten Krieges an westliche, aber auch sozialistische Gesellschaftsentwürfe an und legitimierten ihre jeweilige Herrschaft zunehmend über finanzielle Anreize. Doch zeigte sich im Laufe der Jahre, dass das Modell des arabischen Nationalismus nicht vor Korruption und Vorteilsnahmen gefeit blieb und die Bevölkerung sich angesichts zunehmender Wirtschafts- und Versorgungskrisen von den Herrschern abwandte.

Reinhard Schulze zeichnet diesen seit den 1980er-Jahren beginnenden Niedergang des arabischen Nationalismus nach und skizziert den Aufstieg des politischen Islam, der vor den säkularen aber autoritären Regimen des arabischen Nationalismus offen wie verdeckt bekämpft wurde. Letztlich gelang es weder den Verfechtern säkular-nationaler noch den Anhängern islamistischer Ideen, die Mittelschichten Nordafrikas dauerhaft an sich zu binden. Vielmehr mündeten die Unzulänglichkeiten der beiden politischen Modelle, die wirtschaftlichen wie sozialen Herausforderungen zu gestalten, in den Umstürzen des Frühjahrs 2011.

Der zweite Abschnitt »Strukturen und Lebenswelten« gewährt vertiefende Einblicke in zentrale Bereiche der nordafrikanischen Gesellschaften und analysiert ausgewählte Aspekte und Problemfelder des »Arabischen Frühlings«. *Renate Schmidt* bietet dem Leser kompakte Informationen zu den nordafrikanischen Ländern sowie zu wichtigen Institutionen, in die sie eingebunden sind: die Liga der Arabischen Staaten, die Afrikanische Union und die Arabische Maghreb-Union. Fünf Länderkarten dienen der raschen geografischen Orientierung.

Dieter H. Kollmer stellt die Volkswirtschaften Nordafrikas vor. Allen behandelten Ländern gemein ist der hohe Stellenwert, den der öffentliche Sektor nach wie vor sowohl als Arbeitgeber als auch für die Wertschöpfung innerhalb der Staaten besitzt. Daneben gibt es aber auch deutliche Unterschiede. So spielen große Erdöl- bzw. Erdgasvorkommen in Libyen und Algerien eine beachtliche Rolle für die jeweilige Volkswirtschaft. In Ägypten, Tunesien und Marokko ist es der internationale Tourismus, der benötigte Devisen in die Staatshaushalte fließen lässt.

Dem Tourismus als wichtigen Wirtschaftsfaktor widmet sich ein eigener Beitrag von *Hans Hopfinger*. Bereits im Alten Ägypten wurde ein eigener Reise-Gott verehrt, das Land kann so als Wiege des Tourismus gelten. Seinen eigentlichen Aufschwung und Durchbruch zum Massentourismus erlebte die nordafrikanische Küstenregion jedoch erst im 20. Jahrhundert, als seit Ende der 1960er-Jahre Touristen aus dem Ausland in großer Zahl mit dem Flugzeug weitgehend problemlos und zunehmend preisgünstig in die Urlaubsregionen gelangen konnten. Dort erwartet sie heute ein breites und abwechslungsreiches Angebot, das vom Strand- und Tauchurlaub über Kulturreisen bis zu abenteuerlichen Saharadurchquerungen oder Trekkingtouren im Atlasgebirge reicht.

Drei weitere Beiträge befassen sich mit ausgewählten religiösen und kulturellen Fragestellungen. Auf den Islam und seine Bedeutung für Politik und Gesellschaft in Nordafrika geht *Hanspeter Mattes* ein. Er skizziert wesentliche Entwicklungslinien dieser Glaubensgemeinschaft in Nordafrika von ihren Anfängen im 7. Jahrhundert bis zu den postkolonialen Staaten im 20. Jahrhundert. Es folgt eine Analyse der Religionspolitik der jeweiligen Staaten sowie der unterschiedlichen islamischen Bewegungen der Gegenwart mit einem Ausblick auf den Einfluss des Islam auf die gegenwärtigen revolutionären Umbrüche der »Arabellion«.

In einem Kulturraum, in dem das öffentliche Leben traditionell von Männern dominiert wurde und wird, mochte es westliche Beobachter überraschen, dass die politischen Proteste in Nordafrika 2010/11 ganz wesentlich auch von Frauen mitgetragen wurden. *Claudia Derichs* stellt die gesellschaftliche Rolle der Frau in den Ländern Nordafrikas vor. Fragen nach der rechtlichen Stellung oder ihrer Bildung und Beschäftigung geht sie ebenso nach, wie sie auch die politischen Partizipationsmöglichkeiten vor dem Hintergrund der aktuellen Ereignisse skizziert.

Neben den Menschen befindet sich auch das Kulturschaffen in Literatur und Film in Nordafrika im Auf- und Umbruch. Dem geht *Ute Fendler* in ihrem Beitrag nach, wobei sie sich auf den Maghreb im engeren Sinn, also die Staaten Marokko, Algerien und Tunesien konzentriert. Bemerkenswert dabei ist, wie gerade dort politisch heikle Themen des kolonialen Erbes oder der politisch-gesellschaftlichen Missstände der jüngsten Vergangenheit kritisch reflektiert werden und wie sie in die am kulturellen Geschehen partizipierende Gesellschaft wieder zurückwirken.

Sodann untersuchen vier Beiträge Ursachen und Folgen des »Arabischen Frühlings« in Nordafrika. *Sonja Hegasy* analysiert dazu Tendenzen der Globalisierung und deren Auswirkungen auf den wahrnehmbaren tiefgreifenden Wertewandel bei den Menschen in der Region. Getragen wird er von einer überwiegend jungen Bevölkerung, die im Durchschnitt gut ausgebildet ist und zumeist über eine höhere Schulbildung verfügt als die Elterngeneration. Viele dieser jungen Menschen können aber von der besseren Bildung und Ausbildung nicht profitieren. Eine hohe Arbeitslosigkeit gerade auch unter Akademikern führt zur Perspektivlosigkeit einer ganzen Generation und gefährdet den sozialen Frieden. Darauf sind auch maßgeblich die anhaltenden Protestwellen 2010/11 zurückzuführen. Der beginnende Wandel im Selbstverständnis der Jugend Nordafrikas, ihre prekäre soziale Lage in Verbindung mit ihrer rasch ausbreitenden Perspektivlosigkeit lässt *Sigrid Faath* die Frage nach der Legitimation der Herrschenden stellen.

Angesichts dieser Entwicklungen kann es jedoch kaum überraschen, dass nicht alle von den teils düsteren Zukunftsaussichten Betroffenen in ihren Heimatländern bleiben wollen, sondern durch die Suche nach Arbeit im Ausland, oftmals auch in den Ländern der Europäischen Union, ein besseres Leben jenseits ihrer Heimatländer anstreben. *Axel Kreienbrink* beleuchtet das Thema Migration und Flüchtlingsproblematik in Nordafrika. Als Gründe für die Abwanderung sieht er die demografische Entwicklung, Arbeits- und Perspektivlosigkeit, daneben aber auch Klimawandel und Umweltveränderungen, die das Leben in Nordafrika aber gerade auch in Afrika südlich der Sahara zunehmend erschweren. Infolgedessen dienen die nordafrikanischen Staaten oft als Durchgangs- und Transitländer für Afrikaner aus dem subsaharischen Raum.

Im Zuge der aktuellen Berichterstattung taucht immer wieder die Frage auf, welchen Einfluss die neuen Medien, wie Facebook oder Twitter, auf die revolutionären Ereignisse 2010/11 hatten und ob gar von einer »Facebook-Revolution« gesprochen werden kann. *Asiem El Difraoui* und *Leoni Abel* greifen diese Frage auf und stellen Betrachtungen zur Rolle der neuen Medien im »Arabischen Frühling« an. Zweifelsohne kommt dabei den neuen Medien eine große Bedeutung zu, es scheint aber eher das nahtlose Ineinandergreifen von alten und neuen Medien zu sein, das eine eigenständige Dynamik entwickelte und diese in die Protestwellen hineintrug. Ist es in diesem Themenkomplex für eine abschließende Bewertung noch zu früh, so kann doch ein Fazit bereits gezogen werden: ohne Revolutionäre kann es auch keine Revolution geben, was eine Absage an einen rein von elektronischen Medien getragenen Umbruch bedeutet.

Die folgenden beiden Beiträge wenden sich der aktuellen Politik zu. *Annette Jünemann* skizziert die Mittelmeerpolitik der Europäischen Union und verdeutlicht die unterschiedlichen nationalen Interessen innerhalb der Gemeinschaft. Um eine tragfähige, an Demokratie und Menschenrechten ausgerichtete Entwicklung der nordafrikanischen Staaten zu fördern, bedarf es eines EU-weiten politischen Willens mit der Bereitschaft, die bisherigen Ansätze zu überwinden und Kräfte zu bündeln.

Der zweite Teil »Strukturen und Lebenswelten« schließt mit dem Beitrag von *Rachid Ouaissa* ab, der die Ereignisse des »Arabischen Frühlings« aufgreift und diese in einen sowohl historisch größeren als auch geografisch weiter gefassten Kontext stellt. Er verlässt den nordafrikanischen Raum und weitet seinen Blick auf die gesamte arabische Welt, die auch in Staaten wie Syrien oder Jemen vor Umwälzungen zu stehen scheint. Den Autor bewegt die Frage, ob in den arabischen Staaten das Erbe des säkularen arabischen Nationalismus und des religiös-politischen Islam eine Demokratisierung möglich erscheinen lässt. Bei allen Unwägbarkeiten liegt für ihn der Schlüssel für eine stabile und demokratisch regierte Region in der Lösung der sozialen und wirtschaftlichen Probleme, mit denen sich die Mittelschichten konfrontiert sehen.

Der dritte Abschnitt umfasst als *Serviceteil* zunächst einen umfangreichen *Zeitstrahl*, in dem die Geschichte Nordafrikas von der Vor- und Frühzeit bis in die Gegenwart hinein als Überblick dargestellt wird. Bis zum 20. Jahrhundert ist die Geschichte in einem gemeinsamen, also die gesamte Region Nordafrika zusammenfassenden Zeitstrahl aufgenommen. Ab etwa den 1950er-Jahren wird jedes der fünf nordafrikanischen Länder einzeln dargestellt. Zum vertiefenden Studium führen die *Literaturhinweise* mit einer Auswahl von Literatur und Dokumenten sowie von Filmen und Internetseiten. Ständig aktualisierte Internet-

tipps sowie alle Textbeiträge der Reihe »Wegweiser zur Geschichte« im PDF-Format finden sich auf der Seite des Militärgeschichtlichen Forschungsamtes:
http://www.mgfa.de/html/einsatzunterstuetzung/.

Zahlreiche Karten und Grafiken dienen zur raschen Orientierung und bieten zusätzliche Informationen. In die Beiträge sind farbig hinterlegte Info-Kästen eingebaut, die Schlüsselbegriffe und weiterführende Themen erläutern. Der Band endet mit einem gemeinsamen *Namens-, Orts- und ausgewählten Stichwortregister*. Häufig vorkommende Begriffe wie Ägypten, Algerien, Libyen, Marokko und Tunesien wurden nicht aufgenommen.

Eine Bemerkung zu den verwendeten Namens- und geografischen Bezeichnungen: Es ist naheliegend, dass die Schreibweise von Personen-, geografischen Namen und sonstigen Bezeichnungen, vor allem ihre Wiedergabe aus den ursprünglichen Alphabeten, in diesem Fall des arabischen, ein nicht geringes Problem darstellt. In wissenschaftlichen Werken wird die Transliteration, d.h. die buchstabengetreue Wiedergabe im lateinischen Alphabet, bevorzugt. Da sich die Bände der Reihe »Wegweiser zur Geschichte« jedoch an ein breiteres Publikum richten, haben sich die Herausgeber wegen der besseren Lesbarkeit für die vielen vertrautere Transkription, d.h. die lautgetreue Wiedergabe im lateinischen Alphabet, entschieden, wenngleich dadurch sprachliche Feinheiten entfallen. Im Einzelfall musste auch hier eine Auswahl getroffen werden, da es unterschiedliche regionale Aussprachen derselben Bezeichnung gibt. Eine Ausnahme bildet die Schreibweise von Bezeichnungen (z.B. Algier, Kairo), die im allgemeinen Sprachgebrauch bereits eingedeutscht wurden.

Abschließend möchten wir den Autorinnen und Autoren, aber auch der Schriftleitung des Militärgeschichtlichen Forschungsamtes danken. Aleksandar-S. Vuletić war für das mehr als aufmerksame Lektorat verantwortlich; Daniela Heinicke, Bernd Nogli und Frank Schemmerling entwarfen die Karten und Grafiken; Antje Lorenz und Ralf Zaschke besorgten unermüdlich die Korrekturen und die Indexierung. Danken möchten wir auch Gunar Korm, Martin Rink und Volker Schubert, die sich mit der Erstellung von Infokästen beteiligten, sowie Marina Sandig für weitere Hinweise.

Wir hoffen, dass der vorgelegte Band über den sicherheitspolitischen »Tellerrand« der Tagespolitik hinaus interessante historische, kulturelle und gesellschaftliche Informationen enthält, zugleich aber auch als kurzweilige Lektüre den Einstieg in eine uns so fern scheinende, tatsächlich doch so nahe Region dieser Welt bietet.

Martin Hofbauer und Thorsten Loch

pa/Herve Champollion/akg-images

Das Großreich Ägypten brachte im Laufe seiner Geschichte großartige Tempel- und Grabanlagen hervor. Als steinerne Zeugen einer vergangenen Epoche überdauerten sie die Jahrtausende. Die berühmtesten und monumentalsten sind die großen Pyramiden, die als Grabstätten für die verstorbenen Herrscher dienten. Mit einem heute unvorstellbaren Arbeitsaufwand errichteten Tausende von Arbeitern diese Bauwerke für die Ewigkeit.

Das Bild zeigt die Pyramiden von Giseh, die als einziges Weltwunder der Antike fast unversehrt rund 4500 Jahre der Menschheitsgeschichte überdauert haben. Rechts ragt die Pyramide des Cheops (um 2490 v.Chr.) hervor, das mächtigste Bauwerk der gesamten Antike mit einer ursprünglichen Höhe von 146 m und einer Seitenlänge von ca. 230 m. In der Mitte steht das Grabmal des Chephren (um 2460 v.Chr.), Sohn und Nachfolger des Cheops, mit ähnlich gewaltigen Ausmaßen. Dagegen wirkt die Pyramide des Mykerinos links im Bild eher bescheiden, weist aber immerhin noch eine beachtliche Höhe von 62 m und eine Seitenlänge von 108 m auf.

Das Großreich Ägypten

Herodot nannte Ägypten einst ein Geschenk des Nils. Der längste Strom Afrikas, der das Land von Süden nach Norden durchzieht und sich nördlich von Kairo in ein breites Delta zum Mittelmeer hin auffächert, ist die Lebensader zwischen der Sahara im Westen und der Ostwüste am Roten Meer, die die Herausbildung einer der ältesten Zivilisationen der Welt ermöglichte.

Vor- und frühgeschichtliche Zeit

Schon früh lockte das Niltal Menschen an, die zunächst als Jäger und Sammler und später als halbsesshafte Gruppen aus dem sudanesischen und dem südwestasiatischen Raum sowie den immer trockener werdenden Savannen der Sahara kamen (25 000–10 000 und 7000–3000 v.Chr.). Sie wurden an den fruchtbaren Ufern des Nils sesshaft, gründeten Siedlungen, bestellten Felder und domestizierten Vieh (5000 v.Chr.). Die bedeutendste vorgeschichtliche Kultur (4000–3200 v.Chr.) existierte im Raum zwischen Luxor und Abydos und ist nach dem archäologischen Fundort Naqada bei Koptos benannt. Die Naqada-Kultur breitete sich schnell im oberägyptischen Raum zwischen Assiut im Norden und Elephantine im Süden und später auch über das gesamte Land aus. Verschiedene archäologische Funde der Naqada-Kultur, vor allem die Keramik, zeigen, dass bereits in dieser frühen Phase Ägyptens Kontakte in den syrisch-palästinensischen und sudanesischen Raum reichten. Erste Zentren wie Hierakonpolis bei Edfu entstanden. Hier bildeten sich soziale Eliten, die die kulturelle Führung übernahmen und ausgehend von der Residenz die Gründung des altägyptischen Staates, des »Reiches der Pharaonen«, und die kulturelle Einheit des Landes vorantrieben.

Der altägyptischen Überlieferung zufolge geht die Reichsgründung auf einen Mann namens Menes zurück, eine mythische Gestalt, die jedoch wissenschaftlich nicht greifbar ist. Die politische Einheit Ober- und Unterägyptens dürfte nicht in einem Akt begründet worden sein, sondern sich vielmehr langsam entwickelt haben. Mit Narmer, dem ersten König der 1. Dynastie um 2900 v.Chr. beginnt die 3000-jährige Geschichte des pharaonischen Ägypten. Bestattet wurde er in Abydos, einem der ältesten und wichtigsten Kultorte und Friedhöfe der Landesgeschichte.

Während Abydos zunächst Königsfriedhof blieb, wurde durch die »Thiniten« (1. und 2. Dynastie) die Hauptstadt vom Abydos nahen This weiter nach Norden, in die Nähe des Deltas, in das ca. 30 km südlich des heutigen Kairo gelegene Memphis verlegt. Von hier aus verwaltete die Residenzelite das Land und legte im nahen Saqqara südlich von Giseh ihre Gräber an. Ägypten wurde durch die Staatseinigung in dieser Zeit zur Großmacht. Das Land hatte eine Führung und definierte Grenzen, was ihm eine Vormachtstellung gegenüber den umliegenden Kulturgruppen, z.B. des sudanesischen Raums, einräumte. Während der 2. Dynastie begannen auch die Könige, ihre Gräber im nahen Saqqara zu bauen. Abydos und das alte Hierakonpolis blieben wichtige religiöse und politische Zentren, aber Memphis prägte die Kultur, welche die folgende Zeit bestimmen sollte.

Das Alte Reich

Mit Djoser (um 2580 v.Chr.), dem ersten Herrscher der 3. Dynastie, beginnt das Alte Reich (2592–2218 v.Chr.). In dieser Epoche wurden das Verwaltungssystem ausgebaut und die Provinzeliten durch Beamte der Residenz ersetzt. Eine Bedrohung von außen hatten die Regenten des Alten Reichs nicht zu fürchten. Ihr Interesse galt der Sicherung von Rohstoffquellen zum Beispiel auf dem Sinai, wo Kupfer und Türkis abgebaut wurden, und der Handelswege, auf denen die Karawanen Weihrauch, Elfenbein und Felle aus den Gebieten des heutigen Somalia, Eritrea und Sudan importierten. Aus dem vorderasiatischen Raum, vor allem Byblos im heutigen Libanon, bezogen die Ägypter auf dem Seeweg ihr Holz.

Bekannt ist das Alte Reich aber vor allem als Epoche der monumentalsten Grabanlagen des Alten Ägypten, der großen Pyramiden. Djoser ließ die erste dieser weithin sichtbaren Grabmonumente, die Stufenpyramide von Saqqara, bauen. Sein Baumeister Imhotep wurde noch bis in die Spätzeit als »Erfinder des Stein-

Das Sitzbild zeigt den Wesir Hemiunu, den Bauherrn der Cheopspyramide, und befindet sich heute im Roemer- und Pelizaeus-Museum in Hildesheim.

baus«, Arzt und Gelehrter verehrt. Auch die Nachfolger Djosers bauten Pyramiden, konnten diese jedoch nie vollenden. Die größten Pyramiden entstanden in der 4. Dynastie. In Dahschur (südlich von Saqqara) ließ König Snofru (um 2520 v.Chr.) zwei Pyramiden, die Knickpyramide und die Rote Pyramide, für sich errichten. In Giseh stehen die Pyramiden von Cheops (um 2490 v.Chr.) und dessen Sohn Chephren (um 2460 v.Chr.), dem auch der Bau der großen Sphinx zugeschrieben wird. Mit einer ursprünglichen Höhe von 146 m ist die Cheopspyramide die höchste aller ägyptischen Pyramiden und das gewaltigste Bauwerk der Antike überhaupt. Die Bauarbeiten leitete der Wesir Hemiunu, dessen Statue heute im Roemer- und Pelizaeus-Museum in Hildesheim steht.

Mit der Zeit wurde die Provinzverwaltung im Alten Reich immer unabhängiger von der Residenz. Langsam entstand ein Gaufürstentum, das seine Nachfolger und Beamten selbst ernannte und nicht vom König bestimmen ließ. Die Provinzgouverneure erlangten immer mehr Möglichkeiten, ohne königliche Anweisungen zu regieren und ihre Ressourcen selbst zu verwalten. Das hatte zur Folge, dass man sich nicht mehr auf dem Residenzfriedhof, sondern in seiner Provinz bestatten ließ und damit Selbstständigkeit demonstrierte. Interne höfische Machtspiele und sich bekämpfende kleine Fürstentümer waren dann zwei von vielen Faktoren (Bürgerkrieg, Dürre, Hungersnöte, ineffiziente Verwaltung), die den staatlichen Zerfall vorantrieben. Die königliche Zentralgewalt regierte nur noch zum Schein mit vielen rasch wechselnden Herrschern, und mit der 7. und 8. Dynastie (um 2160–2134 v.Chr.) ging das Alte Reich zugrunde.

Es folgte ein Streit um die Vorherrschaft im Land zwischen den Herakleopoliten im Norden (Herakleopolis, 9. und 10. Dynastie) und den Thebanern im Süden (Theben, 11. Dynastie). Diese sogenannte Erste Zwischenzeit war von einem langwierigen Krieg geprägt, den schließlich die Thebaner unter der Führung ihres Königs Mentuhotep II. (um 1980 v Chr.) für sich entschieden und das Land erneut einten.

Das Mittlere Reich

Mit Mentuhotep II. und der Zweiten Reichseinigung beginnt das Mittlere Reich (1980–1760 v.Chr.). Theben wurde zunächst Hauptstadt. Von hier aus nahmen die Herrscher der 11. Dynastie wieder die alten Handelsbeziehungen nach Vorderasien und Nubien auf und sicherten die Grenzen des Landes. Ein »Vorsteher von Unterägypten« sollte den Norden enger an die Residenz binden.

Das thebanische Herrschergeschlecht wurde aber bald durch Amenemhet I. (um 1925 v.Chr.) abgelöst, der die 12. Dynastie begründete. Er verlegte die Hauptstadt wieder nach Norden, in das südlich von Kairo am Eingang zur Oase Faijum gelegene Lischt, und baute dort auch seine Pyramidenanlage. Amenemhet I. und seine Nachfolger führten mehrere Feldzüge gegen die Nachbarvölker und bauten Festungen, die vor allem der Sicherung und Kontrolle der Grenzen dienten: im Süden die mächtige Festung Buhen, im Norden ein System von Befestigungsanlagen, die sogenannte Fürstenmauer. Der Handel mit Vorderasien florierte und die 12. Dynastie war die zweite große Blütezeit, die oft als »klassische« Epoche betitelt wird. Durch die Nilflut kontrollierende Dämme konnte die Oase Faijum für die Landwirtschaft und zur Besiedelung nutzbar gemacht werden. Sesostris III. (um 1828 v.Chr.) ordnete die Verwaltungsstrukturen des Landes neu und versuchte, die einflussreichen Gaufürstenfamilien wieder stärker an die Residenz zu binden.

Während der 13. Dynastie wechselten die Herrscher in rascher Folge. Die meisten von ihnen regierten nur kurze Zeit, kaum einer länger als drei Jahre. Allmählich zerfiel Ägypten in kleine Territorien und das Nildelta stand unter der Herrschaft von Kleinkönigen. Damit endete das Mittlere Reich und die Zweite Zwischenzeit (1759–1539 v.Chr.) begann.

Die Delta-Kleinkönige wurden durch die Hyksos (15.–16. Dynastie) abgelöst. Diese stammten aus dem vorderasiatischen Raum und kontrollierten als gesellschaftliche Elite den ägyptischen Norden von Auaris im Ostdelta (nahe dem späteren Piramesse) aus. Mit ihnen kamen auch waffentechnische Neuerungen wie der Streitwagen. Ägypten war damit erstmals unter fremder Königsherrschaft. Zeitgleich baute Theben ein Gegenkönigtum (17. Dynastie) auf. Die Hyksos waren auf einen Interessensausgleich mit der Macht im Süden aus. Die thebanischen Könige sollten jedoch die Hyksos vertreiben, Ägypten erneut einigen und damit aus der Zweiten Zwischenzeit in das Neue Reich führen.

Das Neue Reich

Die Dritte Reichseinigung vollzog Ahmose (um 1520 v.Chr.), der erste König der 18. Dynastie, dem es gelang, die Fremdherrscher aus dem Land zu verjagen. Damit begann das Neue Reich (1539–1077 v.Chr.). Theben wurde wieder zur Hauptstadt und der bereits im Mittleren Reich als lokaler Gott von Theben verehrte Amun von Karnak wurde zur wichtigsten Gottheit dieser Epoche. Die Priesterschaft des Amun gewann entsprechend an Macht und Einfluss, und Karnak wuchs zur Tempelstadt heran. Das militärische Hauptquartier blieb jedoch Memphis. Hier wurden die Prinzen zu Offizieren ausgebildet. Nach dem Vorbild der 11. Dynastie ließen sich die Könige in Felsgräbern, besonders im Tal der Könige, bestatten. Die zugehörigen Tempelanlagen für den Totenkult wurden an den Rand des landwirtschaftlich nutzbaren Fruchtlandes und teils direkt vor die Gebirgswände gebaut wie zum Beipiel das »Ramesseum« Ramses' II. oder der Terrassentempel der Hatschepsut. Das erste Grab im Tal der Könige baute vermutlich Königin Hatschepsut (um 1470 v.Chr.). Sie schuf damit einen Friedhof, der über knapp 500 Jahre bis ans Ende des Neuen Reiches zur letzten Ruhestätte der Könige der

18., 19. und 20. Dynastie wurde. Das bekannteste Grab im Tal ist das des jung verstorbenen Tutanchamun, das der Archäologe Howard Carter im Jahr 1922 fand. Es enthielt den größten Grabschatz, der jemals von Archäologen in Ägypten geborgen wurde.

Das Neue Reich ist aber vor allem die Epoche, in der Ägypten seine größte territoriale Ausdehnung erreichte und zu einer »Weltmacht« aufstieg. Ahmose stellte den geflohenen Hyksos nach, eroberte das Ostdelta zurück und sicherte den ägyptischen Einfluss in Südpalästina. Seine Nachfolger taten es ihm gleich und führten regelmäßig Feldzüge gegen vorderasiatische Stadtstaaten und Großreiche (v.a. Mitanni und Hatti), mit denen Ägypten um Macht und Kontrolle in Palästina und Syrien stritt.

Ägypten zur Zeit des Neuen Reiches (1539–1070 v. Chr.)

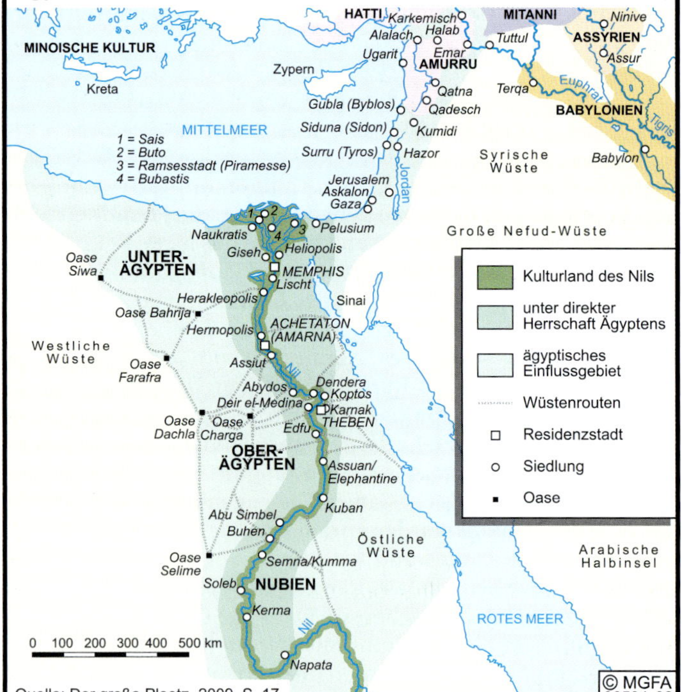

Quelle: Der große Ploetz, 2009, S. 17.

Im Norden stießen die Pharaonen bis in das heutige Nordsyrien vor und Thutmosis I. (um 1488 v.Chr.) festigte den ägyptischen Einfluss im Osten bis an den Euphrat. Man ließ die einheimischen Fürsten über die eroberten Gebiete herrschen, stellte ihnen aber ägyptische Beamte zur Seite, welche die Umsetzung der Interessen der Pharaonen vor Ort überwachten.

Thutmosis III. (um 1450 v.Chr.) musste eine Koalition verschiedener syrischer Stadtstaaten niederschlagen, die unter der Führung des Fürsten von Qadesch die ägyptische Oberhoheit in Frage gestellt und sich den aufstrebenden Mitanni angeschlossen hatten. Nach einem Sieg bei Megiddo waren 16 weitere Feldzüge, beginnend an der Küste, notwendig, um das syrische Kernland bis zum Euphrat wieder unter ägyptische Kontrolle zu bringen. Zur Sicherung des Friedens stellte der König die Region unter die Aufsicht eines »Vorstehers der nördlichen Fremdländer« und richtete Verwaltungszentren und Garnisonen in Syrien und Palästina ein. Die Söhne der vorderasiatischen Fürsten wurden an den ägyptischen Hof geholt, um sie zur Loyalität zu erziehen. Viele Töchter der Fürsten kamen in den ägyptischen Königsharem. Aber auch im Süden betrieb Ägypten eine gezielte Expansion, eroberte das Reich von Kerma und stieß tief bis in den heutigen Sudan vor (südlich von Napata). Die Kontrolle über den Süden erhielt der »Königssohn von Kusch«. Die außenpolitischen Erfolge und eine innenpolitische Stabilität ermöglichten den Pharaonen die Vormachtstellung im nubischen wie im gesamten syrisch-palästinensischen Raum und an der östlichen Mittelmeerküste. Viele Ausländer kamen als Händler, Handwerker, Kriegsgefangene oder Söldner nach Ägypten und brachten ihre Lebensweise, ihren Glauben und ihre Sprache mit, die sich langsam in den ägyptischen Alltag mischten. Ägypten war endgültig zur »Weltmacht« geworden.

Aufgrund der Bedrohung durch das immer stärker werdende Reich der Hethiter (Hatti) in Kleinasien fielen jedoch immer mehr Kleinfürsten von Ägypten ab und schlossen sich Hatti an. Erst nach mehreren Hilfegesuchen der verbliebenen Verbündeten reagierte Amenophis III. (um 1370 v.Chr.) mit einem Feldzug und konnte den ägyptischen Einfluss in Nordsyrien erneut festigen. Sein Sohn Echnaton (um 1345 v.Chr.) konzentrierte sich auf innenpolitische Reformen und schien die Außenpolitik zu vernachlässigen. Er verlegte die Residenz von Theben nach Achetaton, schuf dort einen neuen Königsfriedhof und schränkte die Macht der Priesterschaft des Amun ein. Der Name des Amun sollte durch einen großen Bildersturm getilgt werden. Währenddessen weiteten die Hethiter ihren Einfluss auf Syrien aus. Amurru, Qadesch, Ugarit und letztlich auch Byblos revoltierten und schlossen sich Hatti an. Echnaton blieb tatenlos und diplomatische Fehler verschlechterten die Lage. Hatti übernahm die Kontrolle über Nordsyrien.

Nach dem Tod Echnatons machten seine Nachfolger, vor allem Tutanchamun und Eje (um 1324 v.Chr), die Reformen langsam wieder rückgängig und die Residenz wurde nach Memphis verlegt. Haremhab (um 1300 v.Chr.) übernahm mit Hilfe der Priesterschaft des Amun als letzter König der 18. Dynastie das Zepter. Er konnte die verbliebenen ägyptischen Stützpunkte in Syrien mit einem Feldzug sichern. Ihm folgte sein General Paramessu auf den Thron, der als Ramses I. (um 1292 v.Chr) die Ramessidenzeit (19. und 20. Dynastie) begründete. Seine Nachfolger Sethos I. (um 1285 v.Chr.) und Ramses II. (um 1240 v.Chr.) nahmen den Kampf in Nordsyrien wieder auf. Die neue Residenz Piramesse wurde als strategisch günstiger Ausgangspunkt für militärische Unternehmungen nach Syrien und Palästina im Ostdelta gebaut. Nachdem Sethos I. im Libanon erfolgreich gekämpft hatte, führte sein Sohn Ramses II. ein mächtiges Heer nach Norden, eroberte Amurru zurück und zog gegen Qadesch. Die Ägypter gerieten jedoch in eine Falle und verloren die entscheidende Schlacht. Ramses II. konnte sich zurückziehen, musste aber den Hethitern Qadesch und Amurru überlassen. In den Folgejahren gab es immer wieder Auseinandersetzungen zwischen Ägypten und Hatti auf syrischem Gebiet. Schließlich geriet der König von Hatti mit den aufstrebenden Assyrern in Konflikt und war zu Verhandlungen mit Ramses II. gezwungen. Dies führte zum ersten schriftlichen Friedensvertrag der Menschheitsgeschichte zwischen Hatti und Ägypten, der die alten Feinde mit der Zeit zu engen Verbündeten machen sollte. Die Beziehungen wurden durch politische Ehen und gegenseitigen Austausch von Kulturgütern gefestigt.

Die Nachfolger Ramses' II. bekamen es mit einer neuen Macht zu tun, den sogenannten Seevölkern, die zusammen mit libyschen Stämmen die ägyptischen Grenzen am Mittelmeer und im Westen bedrohten. Merenptah (um 1208 v.Chr.) und später Ramses III. (um 1170 v.Chr.) konnten zwar die Angriffe erfolgreich abwehren, aber mit der fortschreitenden Ramessidenzeit kam der Verfall von innen. Die Pharaonen der 20. Dynastie bekamen immer mehr innenpolitische Schwierigkeiten. Versorgungsengpässe provozierten Streiks, libysche Räuber plünderten das Land, Korruption regierte die Verwaltung und man war unfähig, den Problemen Herr zu werden. Gegen Ende der 20. Dynastie war der Untergang des ägyptischen Staates besiegelt und mit ihm der Verlust der vorderasiatischen und nubischen Gebiete.

Auf das Neue Reich folgte die Dritte Zwischenzeit. In Theben wurde der Gottesstaat des Amun unter der Führung des Generals und Hohen Priesters Herihor gegründet, der mit den Königen der 21. Dynastie in Tanis im Ostdelta kooperierte. Aber schon bald zerfiel Ägypten wieder in einzelne Regionen, die vor allem im Norden von einer libysch stämmigen, stark ägyptisch geprägten Elite regiert wurden (22.–24. Dynastie).

In Nubien konnte sich das Reich von Kusch etablieren, das unter der Führung von Pije (um 738 v.Chr.) die Herrschaft über Ägypten erlangte. Damit begann die Spätzeit, eine Zeit, in der Ägypten hauptsächlich von »Fremden« regiert wurde. Auf die Kuschiten (25. Dynastie) folgten die Saiten aus Sais (26. Dynastie), und 525 v.Chr. eroberten die Perser (27. Dynastie) erstmals Ägypten, das damit zur persischen Satrapie wurde. 404 v.Chr. konnten die Libyer (28.–29. Dynastie) Ägypten wieder unter ihre Kontrolle bringen. Nach weiteren 24 Jahren folgte mit Nektanebos I. (um 360 v.Chr.) die 30. und letzte ägyptische Dynastie. 343 v.Chr. eroberten die Perser das Land am Nil zurück, bis sie 332 v.Chr. von Alexander dem Großen vertrieben wurden. Mit ihm begann in Ägypten die ptolemäische Epoche.

Das Zeitalter der Pharaonen sowie seine Hinterlassenschaften sind ein wichtiger Teil der modernen ägyptischen Lebenswelt. Das Erbe des Landes ist nicht nur weithin sichtbar und brachte den Tourismus als wichtige finanzielle Stütze des Landes, es stiftet vor allem Identität. Es ist die Geschichte ihrer Ahnen, welche die Ägypter zu Ägyptern macht und ihr Land von den übrigen arabischen Staaten abhebt. Viele Ägypter standen am Ufer des Nils, um den Mumien der größten Könige ihres Landes die letzte

pa/ZB

Der ehemalige ägyptische Staatschef Anwar as-Sadat fiel am 6. Oktober 1981 einem Attentat zum Opfer. Sein Grabmahl in Form einer Pyramide, sichtbares Zeichen nationaler Identität, stellt einen bewussten Zusammenhang her mit der alten und bedeutenden Geschichte Ägyptens.

Ehre zu erweisen, als diese vom deutschen Archäologen Emil Brugsch 1881 per Schiff nach Kairo gebracht wurden. Dies zeugt vom tiefen Respekt, den die Menschen vor ihrer Vergangenheit haben. Ein solcher Bezug zur Geschichte spiegelt sich auch in der modernen Architektur wieder, zum Beispiel im pyramidenförmigen Graboberbau des ehemaligen Staatschefs Anwar as-Sadat. In den letzten Jahrzehnten übernahmen immer mehr in Europa und in den USA ausgebildete ägyptische Archäologen die Arbeit vor Ort. Die archäologische Erforschung des ägyptischen Altertums wird zusehends zur nationalen Angelegenheit. Vielleicht kann man den Führungsanspruch des Ägyptischen Großreiches sogar noch in der modernen Politik spüren: Der Generalsekretär der Arabischen Liga war fast immer ein Ägypter.

Gregor Neunert

Ägypten im Film

pa/Mary Evans Picture Library

Filmplakat für den Kinofilm »Die Mumie«, Regie Stephen Sommers, USA 1999. Der Film war ein Remake des ursprünglichen Leinwandspektakels »Die Mumie« von 1932. Aufgrund des Erfolgs kamen 2001 und 2008 zwei Fortsetzungen in die Kinos.

Viele Filme thematisieren ägyptische Geschichte und historische Monumentalbauten Nordafrikas. Die französischen Autoren und Zeichner René Goscinny und Albert Uderzo haben dabei mit der Comicserie und den Filmen »Asterix und Obelix« großen Einfluss auf die europäische Betrachtungsweise ausgeübt.

Der Zeichentrickfilm »Asterix und Kleopatra« beispielsweise reißt politische und soziale Rahmenbedingungen humoresk an, engt historische Ursachen allerdings stark ein. Etwas subtil gibt der Film die prägende Epoche Nordafrikas im 1. Jahrhundert v.Chr. wieder. Die amüsante Abbildung der letzten Ptolemäerkönigin sowie des von ihr kontrollierten Imperiums spricht dennoch das Publikum an. Eine weitere Darstellung Ägyptens liefern Filme, wie der 1999 erschienene Abenteuerfilm »Die Mumie«. In dieser auf Unterhaltung ausgelegten Interpretation ägyptischer Geschichte behaupten sich Akteure im Ägypten des Jahres 1923 gegen Scharlatane und eine auferstandene Mumie. Der Zuschauer nimmt Ägypten auch hier als ein Land mit weitreichender Geschichte wahr. Abenteuer und Schatzsuche manifestieren sich, die in Stephen Sommers' Werk die Bühne gestalten. Die Mumie, ursprünglich der für den Himmelaufstieg konservierte Körper des verstorbenen Pharaos, tritt im Film als gefährlicher und tötender Gegner auf.

Die Figur des auferstandenen Priesters Imhotep, wird aus seiner reellen Lebzeit des 3. Jahrtausends v.Chr. der 3. Dynastie in die Zeit der 19. Dynastie des Jahres 1290 v.Chr. verschoben. Für den Zuschauer bleibt der Kunstfehler unbemerkt. Für ihn mischen sich historische Wahrheit und kreierte Mythen der Filmindustrie. Auf der Leinwand bleibt Ägypten weiterhin ein Land, in dem Wüste und Nil viele Abenteuer verheißen.

GK

pa/Bildagentur Huber

Während der gesamten Antike war Nordafrika Objekt ausländischer Interessen. Phönizier, Griechen, Römer und Vandalen bildeten einzelne Stützpunkte und Kolonien, gliederten ganze Regionen in ihr Reich ein oder gründeten ein eigenes Reich in Nordafrika. Handelsinteressen spielten dabei eine große Rolle. In den Hafenstädten konnten die Schiffe beladen werden und Handelsgüter umsetzen. Die Küstenregionen waren fruchtbar und Ägypten galt gar als Kornkammer des Römischen Reiches. Aus dem Hinterland stammten wichtige Rohstoffe und Edelmetalle, die in die damals bekannte Welt verkauft wurden. Daneben standen strategisch-militärische Interessen, wie sie sich exemplarisch in den Punischen Kriegen Roms gegen Karthago zeigen, die mit dessen totalen Zerstörung endeten. Über rund 500 Jahre wurde nun das Imperium Romanum zur beherrschenden Macht im gesamten Mittelmeer. Römische Siedler gründeten zahlreiche Städte und die römische Zivilisation fand weite Verbreitung in Nordafrika. Die Provinzstädte orientierten sich am Vorbild Roms und ahmten rasch Leben und Kultur der Hauptstadt nach. So entstanden Tempel, Foren, Thermen und Amphitheater, die bis heute als Monumentalbauwerke erhalten geblieben sind und ein beredtes Zeugnis von Macht und Reichtum einer vergangenen Epoche geben.

Das Bild zeigt das Amphitheater in Thysdrus (heute El Djem in Tunesien). Es wurde im 3. Jahrhundert n.Chr. errichtet und war eines der größten Amphitheater im gesamten Römischen Reich.

Nordafrika in der Antike

Die damals bekannte Welt teilten Griechen und Römer gewöhnlich in drei Teile: Europa, Asien und Afrika. *Africa* nannten die Römer den südlich des Mittelmeeres gelegenen Kontinent, die Griechen hingegen sprachen von *Libye*. Anfangs wurde mit *Libye* nur das heutige Nordafrika bezeichnet, späterhin der Begriff auf das Hinterland ausgedehnt. Während Europa und *Asia* große Landmassen darstellen, war in der antiken Wahrnehmung *Libye* nur eine kleine geografische Einheit, so dass einige antike Historiker wie etwa Herodot heftig gegen die damals gebräuchliche Dreiteilung der Welt polemisierten. Die gedachten Grenzen des dritten Erdteils reichten von den »Säulen des Herakles«, der Meerenge von Gibraltar, bis zum Nildelta. Ägypten besaß aufgrund seiner politischen und kulturellen Entwicklung in dieser geografischen Vorstellung eine Sonderrolle und stellte gewissermaßen das Scharnier zwischen *Libye* und *Asia* dar.

Erkundungsfahrten und Entdeckungsreisen

Der afrikanische Kontinent wurde in der Antike von Phöniziern, Griechen, Römern und Vandalen heimgesucht. Wahrscheinlich gelang es dem seefahrenden Volk der Phönizier im Auftrag des Pharaos Necho II. bereits um 600 v.Chr., von Osten her den afrikanischen Kontinent zu umsegeln. Eine westliche Umschiffung unter Führung des Persers Sataspes um 470 v.Chr. scheiterte hingegen früh aus Furcht vor dem Unbekannten. Weitere Erkundungsfahrten unternahmen gegen Ende des 6. Jahrhunderts v.Chr. Euthymenes aus Massalia, dem heutigen Marseille, der wohl bis zum Mündungsgebiet des Senegal gelangte, und ein Karthager namens Hanno, der den Auftrag hatte, an der Westküste Afrikas neue Absatzmärkte zu erschließen.

Vorstöße in das Innere Afrikas erfolgten zumindest anfangs aus Forschungs- und Handelsinteresse, in der römischen Kaiserzeit dienten sie auch der militärischen Kontrolle: Phönizische und karthagische Händler durchquerten die Große Wüste, die Sahara, auf alten Karawanenwegen. Der griechische Historiker

pa/Judaica-Sammlung Richter

In Hadrumetum (heute Sousse, Tunesien) entdeckten Archäologen 1897 ein großes Mosaik in einer römischen Villa. Es stellt den römischen Dichter Vergil (70–19 v.Chr) dar, umgeben von zwei Musen (heute Musée National du Bardo, Tunis).

Polybios leitete im Jahre 146 v.Chr. eine Expedition, die ihn bis zum Senegal führte. Römische Legionäre marschierten nilaufwärts und erreichten den heutigen Sudan. Makedonische, ägyptische und römische Herrscher ließen vergeblich nach den Nilquellen suchen. Allerdings konzentrierten sich Händler, Siedler und Eroberer im Wesentlichen auf die fruchtbaren Küstenregionen. Das Landesinnere Afrikas blieb weitgehend unbekannt – eine *terra incognita*.

Jenseits der Wüste begann daher das Märchenland der Weltenrandbewohner: Zyklopen, Menschenfresser, Mischwesen. Plinius der Jüngere und Aelian erzählen darüber hinaus von einem besonders schrecklichen Ungeheuer, einem hahnenartigen Reptil, einem Basilisken, der in Libyen sein Unwesen trieb. Sein feuriger Atem lasse alles verdorren, sprenge gar Steine, sein bloßer Blick bringe den Tod. Nur das Krähen eines Hahnes oder der Geruch eines Wiesels könnten vor ihm schützen, weshalb Händler immer einen Hahn im Gepäck mit sich führten.

Phönizier

Als Folge der phönizischen Expansion von der Levante in den westlichen Mittelmeerraum kam es im 1. Jahrtausend v.Chr. zu ersten Kontakten mit der afrikanischen Welt. Zahlreiche Stützpunkte wurden an der Nord- und Westküste des Kontinents angelegt, die teilweise noch heute existieren. Mit den Hafenplätzen sollte der Zugang zu den für die heimische Industrie begehrten Rohstoffen, insbesondere Edelmetallen, sichergestellt werden. Vermutlich haben sich die Phönizier mit der lokalen Bevölkerung finanziell arrangiert, um sich vor Übergriffen zu schützen. Als erste Handelsniederlassung gründeten sie Ityke/Utica im heutigen Tunesien, das bis in das 8. nachchristliche Jahrhundert bestand. Utica stand in Konkurrenz zum benachbarten Karthago, das 814 v.Chr. gegründet wurde. Was die Namen dieser beiden später so bedeutsamen Hafenstädte angeht, waren die Phönizier nicht sehr einfallsreich: Der (alten) Stadt folgte die »Neue Stadt«, wie Karthago (qrtḥdšt) auf phönizisch heißt. Im heutigen Tunesien gehen unter anderen Hadrumetum (Sousse), Hippon (Bizerte) oder Thapsos auf phönizische Gründungen zurück. Der westlichste phönikische Außenposten lag auf der Insel Mogador vor der marokkanischen Atlantikküste. Hervorzuheben sind ferner drei nördlich hiervon gelegene Siedlungsplätze, die auch noch im heutigen Marokko eine Rolle spielen: Liks/Lixos (Larache), Tingis, das heutige Tanger, und Rusaddir, die heutige spanische Exklave Melilla. Die Hauptstadt des modernen Algerien, Algier, hat phönikische Wurzeln, Ikosim liegt unter seiner Kasbah, dem Burgbezirk der Altstadt, begraben. In Libyen setzten die Phönizier im 7. Jahrhundert v.Chr. die Hafenplätze Oea, Sabratha und Leptis Magna. Die Griechen nannten diese Region daher Tripolis, »Dreistadt«. Der Name ging schließlich auf Oea als der größten Stadt über. 1963 wurde sie Hauptstadt des Staates Libyen.

Die Kontakte der phönizischen Einwanderer zu den umwohnenden Berberstämmen gestalteten sich nicht immer konfliktfrei. Blieben die vereinbarten Zahlungen aus, konnte es zu kriegerischen Auseinandersetzungen kommen. Gleichfalls verdrängte die im 6. Jahrhundert v.Chr. einsetzende Expansion Karthagos die lokale Bevölkerung aus den fruchtbaren Landstreifen oder unterwarf sie der Fremdherrschaft. Berberische Stämme, wie die Mauren oder Numider, mussten Heeresfolge leisten und Tribut zahlen. Regen Handel mit Luxusgütern, vor allem Edelsteinen, trieben die Phönizier hingegen mit den berberischen Garamanten in der innerlibyschen Landschaft Fezzan, deren Beziehungen wiederum bis weit in das Landesinnere reichten.

Karthago

Die bedeutendste phönizische Gründung in Nordafrika war Karthago im Norden des heutigen Tunesien. Die Stadt besaß aufgrund ihrer frühen Größe, dem fruchtbaren Umland und ausgedehnten Handelsbeziehungen die entsprechenden Ressourcen, um ihren Machtbereich allmählich über die älteren und kleineren phönikischen Siedlungen im Westen auszudehnen und auch selbst Kolonien zu setzen. Unter karthagische Herrschaft gerieten dabei auch Banasa, das maurische Tamuda (Tétouan) und Volubilis (bei Moulay Idriss) im Landesinnern sowie numidische Siedlungen wie Tunes (Tunis).

Gustave Flaubert beschreibt in seinem berühmten historischen Roman »Salammbô« von 1862 Karthago als »Königin der Meere«, als eine »Stadt, die so glänzend war wie die Sonne«. So mochte sie auch den antiken Menschen vorgekommen sein: Eine hohe, weiße Seemauer war schon von Ferne her zu erkennen. Die Stadt selbst besaß zwei große Häfen, einen Handels- und einen Kriegshafen, ein im Stadtinneren verborgenes, kreisrundes Becken mit Schiffshäusern. Das urbane Stadtbild prägten bereits im 5. Jahrhundert v.Chr. Heiligtümer, prächtige Villen, bis zu sechsstöckige Häuser und starke Befestigungsanlagen zur Landseite hin. Die Karthager handelten intensiv mit Luxusgütern (Seehandel), bauten großflächig Getreide, Oliven und Wein an. Sie führten die Olive in die Sahelzone ein und brachten die Bronze nach Afrika. Für ihre Kriege rekrutierten sie Söldner, allerdings saßen auf den Ruderbänken ihrer Schiffe ausschließlich karthagische Bürger. Karthago war eine der größten und wohlhabendsten Handelsstädte der Antike. Um die Mitte des 2. Jahrhunderts v.Chr. sollen laut Strabon 700 000 Menschen in dieser Stad gewohnt haben.

In der ersten Hälfte des 5. Jahrhunderts v.Chr. griff Karthago über die Grenzen Afrikas nach Sizilien und kam alsbald auch in Kontakt mit Rom. Waren die Beziehungen zunächst friedlich und die Einflusssphären vertraglich geregelt, führten römische Expansionsbestrebungen und übertriebenes Sicherheitsdenken im 3. und 2. Jahrhundert v.Chr. zu drei von den Römern provozierten Kriegen. Der erste karthagisch-römische Krieg entzündete sich 264 v.Chr. an Sizilien, wo sich die Karthager seit dem

pa/akg-images/Peter Connolly

Der Kriegshafen von Karthago in einer Rekonstruktionszeichnung von Peter Connolly. Sie zeigt umfangreiche Wehranlagen, die den direkten Blick auf die Hafenanlagen mit den Docks versperrten.

5. Jahrhundert engagierten, der zweite 218 v.Chr. an Spanien, wohin sich das karthagische Militär nach dem Verlust der Kornkammer Sizilien gewandt hatte.

Grenzstreitigkeiten mit dem numidischen Herrscher Massinissa, einem engen Verbündeten Roms, lieferten den Römern schließlich den Vorwand für den dritten und letzten Krieg (149–146 v.Chr.), an dessen Ende Karthago dem Erdboden gleichgemacht wurde. Karthagos Herrschaftsgebiet wurde dem Römischen Reich als neue Provinz *Africa* einverleibt. Nach 44 v.Chr. wurden Veteranen Caesars und des späteren Kaisers Augustus auf dem Territorium der zerstörten Stadt angesiedelt. Karthago sollte als gänzlich andere, als römische Stadt noch einmal wieder erstehen: 40/39 v.Chr. wurde sie Hauptstadt der neu geordneten Provinz *Africa Nova*, der späterhin auch so genannten *Africa Proconsularis*. 2131 Jahre später, am 4. Februar 1985 schlossen der römische und karthagische Bürgermeister, Ugo Vetere und Chedli Klibi, einen symbolischen Friedensvertrag, der den Kriegszustand zwischen beiden Städten offiziell beendete.

Griechen

Griechen aus Thera (auf der Insel Santorin) gründeten im Jahre 631 v.Chr. die Kolonie Kyrene im heutigen Libyen. Obwohl sie in der Nachbarschaft noch vier weitere Siedlungen setzten, darunter Berenike, das heutige Bengasi, erhielt die Küstenregion den Namen Kyrenaia. Kyrenes Geschichte verlief weitgehend im Schatten Ägyptens: Konflikte der Stadt mit libyschen Stämmen führten 570 v.Chr. zum Krieg mit ihrem Verbündeten, dem Pharao Apries. Nachdem die Perser 525 v.Chr. Ägypten erobert und ihrem Reich als Satrapie einverleibt hatten, geriet auch Kyrene, das 440 v.Chr. die Monarchie abschüttelte, unter persische Oberherrschaft. Alexander der Große marschierte auf seinem Persienfeldzug 332/31 v.Chr. in Ägypten ein, ließ sich zum Pharao ernennen und gründete als Ersatz für die von ihm zerstörte Hafenstadt Tyros das nach ihm benannte Alexandrien. Neben dem mächtigen Karthago im Westen hatte Kyrene nun im Osten einen weiteren Handelsrivalen. Nach Alexanders Tod bemächtigte sich sein makedonischer General Ptolemaios 305 v.Chr. Ägyptens und begründete eine Herrscherdynastie. In der Ptolemäerzeit verlor Kyrene seine Unabhängigkeit und wurde von Makedonen und Angehörigen der Herrscherfamilie verwaltet. Ptolemaios VIII. Euergetes II. vermachte seinem Sohn Ptolemaios Apion die Landschaft als Königreich. 96 v.Chr. vererbte dieser König die Kyrenaia dem römischen Volk. Als *Cyrenaica* wurde sie im Jahre 74 v.Chr. dem Römischen Reich eingegliedert, durch den Zusammenschluss mit der Insel Kreta wurde sie kurze Zeit später zur Doppelprovinz *Creta et Cyrenae* und in der Spätantike endlich in *Libya* (ohne Kreta) umbenannt.

Die *Cyrenaica* war bedingt durch ihre ethnische Vielfalt eine unruhige Provinz. Es kam bereits in sullanischer Zeit zu Konflikten zwischen griechischen und jüdischen Bürgern, die zugleich unter Repressalien, vor allem unter Enteignungen, zu leiden hatten. Messianische Hoffnungen führten in der Kaiserzeit schließlich zu gewaltsamen Unruhen. Schwerste Ausschreitungen sind für die Jahre 115 bis 117 n.Chr. überliefert, die Kyrene weitgehend zerstörten, die Gegend nahezu entvölkerten und auch auf Ägypten und Zypern übergriffen. In deren Verlauf zerstörten jüdische Aufständische zahlreiche Tempel. Den römischen

pa/Artcolor

Dieses Mumienporträt einer vornehmen Griechin stammt aus Unterägypten, 2. bis 1. Jahrhundert v.Chr., und befindet sich heute im British Museum in London.

Zeus-/Iuppiter-Tempel sprengten sie dabei geradezu in die Luft. Kaiser Hadrian ließ den Aufstand blutig niederschlagen und die Stadt wieder aufbauen.

Die Kyrener handelten vor allem mit Getreide, Öl und Vieh, aber auch mit Prestigewaren wie Straußenfedern. Die berberischen Garamanten wickelten ihren Handel vorwiegend über Kyrene ab. Das nur in der Kyrenaia wachsende Silphion, ein in der Antike sehr begehrtes und darum kostbares Allheilkraut, brachte der Stadt einen solchen Wohlstand, dass sie die Stauden sogar auf ihre Münzen prägen ließ. 365 n.Chr. wurde Kyrene durch ein Erdbeben zerstört. Sie gehört heute zum Weltkulturerbe der UNESCO.

Römer

Römische Legionäre setzten 256 v.Chr. während des Ersten Punischen Krieges zum ersten Mal ihren Fuß auf afrikanischen Boden. Am Cap Bon gingen sie an Land und erlitten in der Schlacht bei Tunes (Tunis) 255 v.Chr. eine vernichtende Niederlage. Der römische Consul M. Atilius Regulus geriet in Kriegsgefangenschaft. Erst 205 v.Chr. wagten sich römische Soldaten wieder nach Afrika. In der Schlacht bei Zama (Seba Biar?) schlugen sie unter der Führung von P. Cornelius Scipio 202 v.Chr. das karthagische Heer. Hannibal hatte mit seinen Söldnern alle Schlachten in Italien gewonnen. Die einzige verlorene Schlacht auf afri-

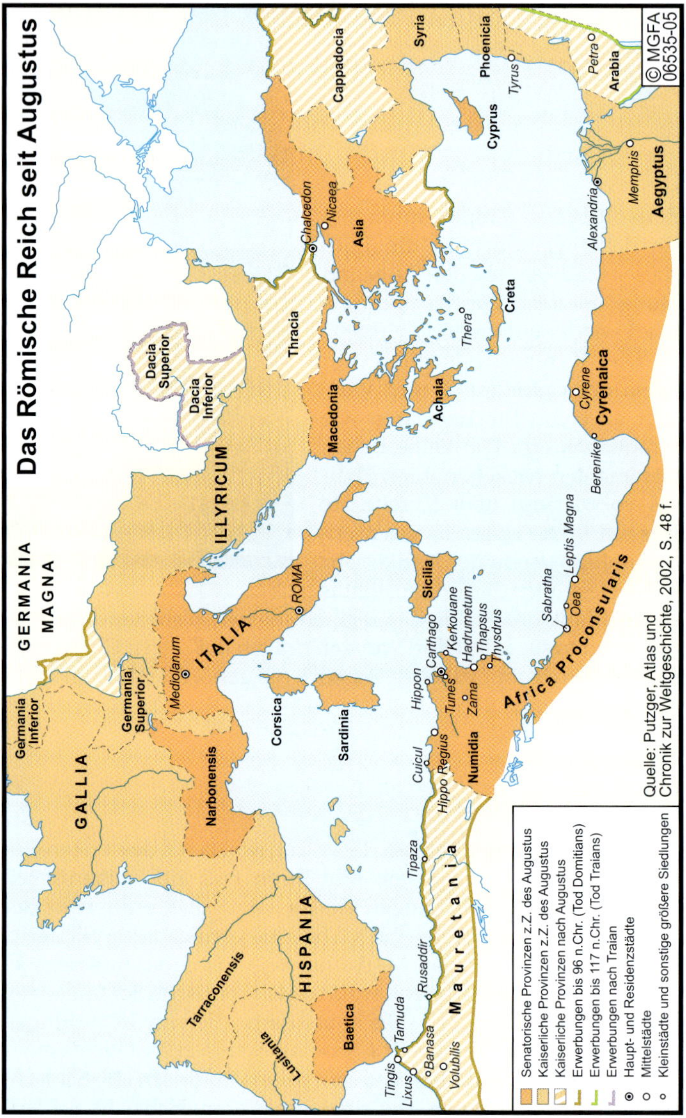
Das Römische Reich seit Augustus
GERMANIA MAGNA
Germania Inferior
Germania Superior
GALLIA
Narbonensis
HISPANIA
Tarraconensis
Lusitania
Baetica
ITALIA
Mediolanum
ROMA
ILLYRICUM
Dacia Superior
Dacia Inferior
Thracia
Macedonia
Achaia
Creta
Thera
Asia
Chalcedon
Nicaea
Cappadocia
Syria
Phoenicia
Tyrus
Cyprus
Petra
Arabia
Alexandria
Memphis
Aegyptus
Cyrenaica
Cyrene
Berenike
Africa Proconsularis
Leptis Magna
Oea
Sabratha
Thysdrus
Thapsus
Hadrumetum
Kerkouane
Carthago
Tunes
Zama
Hippon
Numidia
Hippo Regius
Cuicul
Sicilia
Sardinia
Corsica
Mauretania
Tipaza
Rusaddir
Tamuda
Tingis
Lixus
Banasa
Volubilis
Senatorische Provinzen z.Z. des Augustus
Kaiserliche Provinzen z.Z. des Augustus
Kaiserliche Provinzen nach Augustus
Erwerbungen bis 96 n.Chr. (Tod Domitians)
Erwerbungen bis 117 n.Chr. (Tod Traians)
Erwerbungen nach Traian
Haupt- und Residenzstädte
Mittelstädte
Kleinstädte und sonstige größere Siedlungen
Quelle: Putzger, Atlas und Chronik zur Weltgeschichte, 2002, S. 48 f.
© MGFA 06535-05

kanischen Boden besiegelte Karthagos Schicksal. Der siegreiche römische Feldherr gab sich den Beinamen »Africanus«. 149 v.Chr. kamen die Legionen Roms schließlich wieder, um dieses Mal zu bleiben. P. Cornelius Scipio Aemilianus zerstörte 146 v.Chr. Karthago und nannte sich ebenfalls »Africanus«.

Der römische Senat richtete im selben Jahr auf dem karthagischen Territorium die erste römische Provinz auf afrikanischem Boden ein und nannte sie schlicht *Africa*. In den folgenden Jahrzehnten kam es als Folge von (Bürger-)Kriegen zu einer weiteren Provinzialisierung des nordafrikanischen Küstenstreifens: Nach 46 v.Chr. wurde das numidische Reich des Herrschers Iuba in die Provinz *Africa Nova* umgewandelt und alsbald mit der alten Provinz *Africa* vereinigt. 30 v.Chr. wurde nach dem Selbstmord der Königin Kleopatra VII. Ägypten als letztes hellenistisches Großreich provinzialisiert. *Aegyptus* war die Kornkammer des römischen Reiches und daher dem Kaiser direkt unterstellt. 40 n.Chr. ließ Kaiser Gaius genannt Caligula den Herrscher von *Mauretania*, dessen Gebiet das heutige Marokko und Westalgerien umfasste, ermorden und die Provinz *Mauretania* einrichten, die zwei Jahre später in *Mauretania Tingitana* und *Mauretania Caesariensis* unterteilt wurde. In der Spätantike kam es zu weiteren Teilungen der bestehenden Provinzen.

Die afrikanischen Provinzen Roms erlebten in der Kaiserzeit eine hohe Blüte aufgrund ihrer (land-)wirtschaftlichen Erzeugnisse und Bodenschätze sowie eines regen Handels mit Luxusartikeln wie Elfenbein, Purpur, Marmor, Sklaven oder exotischen Tieren. Die Städte schmückten sich mit repräsentativen Bauten, mit Foren, Basiliken, Tempeln, Thermen und Amphitheatern. Die Großgüter profitierten überdies von einem ausgeklügelten System der Wassergewinnung. Die lateinische Sprache setzte sich durch, die römische Lebensart fand viele Nachahmer. Mit dem ersten Severer kam schließlich im Jahre 193 n.Chr. der erste »afrikanische« Kaiser auf den römischen Thron: Septimius Severus wurde 146 n.Chr. als Sohn eines römischen Ritters in Leptis Magna (Lebda) im heutigen Libyen geboren. Seiner Geburtsstadt ließ er daher besondere Förderung angedeihen.

Gesichert wurde der Wohlstand des römischen *Africa* durch *limites* (Grenzbefestigungen) und militärische Expeditionen gegen rebellische Berberstämme. Die *legio II Augusta* war die einzige

Ein römischer Frauentorso in der einstigen Hafenstadt Sabratha im heutigen Libyen. Die phönikische Handelsniederlassung fiel 46 v.Chr. an Rom und zählt heute zum UNESCO-Weltkulturerbe.

römische Legion in Nordafrika (außerhalb *Aegyptus* mit seinen anfangs drei Legionen) und blieb dort bis in das 5. Jahrhundert n.Chr. hinein stationiert. Zusammen mit den Hilfstruppen schützten etwa 20 000 Soldaten die afrikanischen Provinzen Roms. Zahlreiche Veteranenkolonien halfen darüber hinaus, die Region zu stabilisieren. Die Berber bezeichnen bis in die Gegenwart Europäer als »Rumi« nach dem lateinischen Wort »Romani« für Römer.

Die antiken Ruinenstädte Nordafrikas zeugen noch heute von der einstigen Pracht. Viele dieser Städte und Bauten gehören zum UNESCO-Weltkulturerbe. So in Marokko das römische Volubilis, in Algerien das phönikisch-römische Tipaza (Tipasa) sowie die römischen Kolonien Cuicul (Djémila) und Thamugadi (Timgad), in Tunesien das phönikisch-römische Karthago, das punische Kerkouane, das numidisch-römische Thugga (Dougga) und das Amphitheater von Thysdrus (El Djem), in Libyen die oben genannten Kyrene, Sabratha und Leptis Magna.

Vandalen

Auf die Römer folgten die Vandalen. Unter ihrem König Geiserich setzten knapp 20 000 Soldaten 429 von Spanien aus über und zogen plündernd durch die reichen römischen Provinzen. 439 eroberten sie Karthago und errichteten unter Aneignung der kaiserlichen Güter und Ausnutzung der vorgefundenen Strukturen ein eigenes Reich, das sich faktisch auf das Gebiet des heutigen Tunesien beschränkte. Das im Westen Nordafrikas entstandene Machtvakuum förderte die Entstehung von Berberreichen. Die Eroberer passten sich den gegebenen Verhältnissen an, übernahmen die römische Kultur und die lateinische Sprache. Mit West- und später Ost-Rom wurden Verträge geschlossen. Die auf Kontinuität gründende *pax Vandalica* währte bis 533, als es dem oströmischen General Belisarius gelang, *Africa* zurückzuerobern. Im 7. Jahrhundert drangen schließlich die ersten Araber nach Nordafrika vor, 698 wurde Karthago eingenommen und zerstört. Mit dem Fall Karthagos und der arabischen Expansion endete die Antike (auch) in *Africa*.

Loretana de Libero

pa/Rainer Hackenberg

Die Geschichte der christlichen Religion in den vergangenen 2000 Jahren ist ohne die besonderen Einflüsse des Christentums in Nordafrika kaum vorstellbar. Früh entstanden entlang des fruchtbaren Küstenstreifens bedeutende Zentren des Christentums. Die Entwicklung nahm in Städten wie Alexandrien und Karthago ihren Ausgang, das von Berberstämmen dominierte Hinterland folgte langsam nach.

Es waren berühmte Theologen, die den besonderen Stellenwert Nordafrikas für die christliche Religion begründeten. Der bedeutendste unter ihnen war Augustinus, der im 4. und 5. Jahrhundert wirkte, dessen Schriften aber bis heute Einfluss auf die Theologie ausüben. Daneben steht das Mönchtum mit seinem anders gearteten, aber ebenfalls starken Einfluss auf die Entwicklung des Christentums. Frühe Wurzeln liegen auch hier in Nordafrika, besonders in Ägypten.

Das Bild stammt aus dem Antoniuskloster nahe dem Roten Meer im heutigen Ägypten, das im 4. Jahrhundert der Legende nach über dem Grab des Heiligen Antonius erbaut wurde, und zeigt den Heiligen Georg als Drachentöter.

Nordafrika als ein Zentrum des frühen Christentums

Der Islam dominiert in der Gegenwart religionsgeografisch Nordafrika. In seiner sunnitischen Ausprägung hat er sich in den Maghrebstaaten Marokko, Algerien, Tunesien und Libyen faktisch zur einzigen Religion entwickelt. Lediglich in Ägypten existiert neben der überwiegenden muslimischen Mehrheit eine nennenswerte Minderheit koptischer Christen, die schätzungsweise 10 Prozent der Bevölkerung ausmacht.

Die Ursache hierfür liegt in der über 1300 Jahre währenden Geschichte des muslimischen Glaubens in dieser Region begründet. Nach dem Tod des Propheten Mohammed im Jahr 632 eroberten islamische Heere innerhalb weniger Jahrzehnte Nordafrika und brachten so den neuen Glauben in diesen Teil des Kontinents. Dieser Umstand verdeckt heute leicht, dass über ein halbes Jahrtausend hier das Christentum die prägende Religion war. Vom 3. bis zum ersten Drittel des 5. Jahrhunderts wirkte Nordafrika sogar nachhaltig auf die kulturell-religiöse Entwicklung als »geistige Speerspitze des Christentums« (John Iliffe).

Keimzelle des Christentums in Nordafrika

Die Anfänge des Christentums in Nordafrika liegen weitgehend im Dunkeln, finden sich aber sehr wahrscheinlich in Alexandrien, der von Alexander dem Großen 332/31 v.Chr. gegründeten griechischen Stadt an der ägyptischen Mittelmeerküste. Der Legende nach soll der Heilige Markus, einer der vier Evangelisten, selbst im Jahre 61 n.Chr. die frohe Botschaft dorthin gebracht haben und 68 n.Chr. dort den Märtyrertod gestorben sein. Einen historischen Beleg hierfür gibt es nicht. Die Koptische Kirche beruft sich aber bis auf den heutigen Tag auf diese Tradition und verweist auf eine singulär existierende alexandrinische Bischofsliste. Auch dem Apostelfürsten Petrus sowie weiteren Aposteln werden Missionsreisen nach Nordafrika nachgesagt.

Wahrscheinlich waren Alexandrien und das umliegende Gebiet Ägyptens um die Mitte des ersten Jahrhunderts hingegen (juden)christliches Missionsgebiet. Denn in dieser kulturell und wirtschaftlich bedeutenden Großstadt existierte immer eine große jüdische Gemeinde, die während ihres »goldenen Zeitalters« rund ein Drittel der städtischen Bevölkerung, 180 000 Einwohner, ausmachte. Die junge christliche Kirche wuchs so heran in einem Umfeld schöpferischer Dynamik zwischen griechischer Kultur und jüdischer Tradition.

Von dieser ersten selbstständigen Gemeinde verbreitete sich das Christentum rasch auch in die umliegenden, ländlichen Gebiete Ägyptens sowohl unter der griechischen als auch der ägyptischen Bevölkerung. Alexandrien und Ägypten waren im Ergebnis Zentren christlichen Glaubens in Nordafrika.

Insbesondere zwischen dem 5. und dem 7. Jahrhundert entwickelte sich die Koptische Kirche zu einer Art Nationalkirche Ägyptens. Sie vertritt, im Unterschied zur katholischen Sicht, die Auffassung, dass Christus nicht eine göttliche und eine menschliche Natur besitzt, sondern beide Naturen in ihm eine Einheit bilden. Auf dem Konzil von Chalcedon 451 kam es zu schweren Auseinandersetzungen mit den Kopten, da diese die Konzilsbeschlüsse nicht anerkannten. Die Mehrheit des ägyptischen Volkes widerstand auch Zwang und Verfolgung und blieb ihrem Glauben treu. Selbst im Zuge der arabischen Eroberung im 7. Jahrhundert konnten sich die koptischen Christen behaupten, die in Ägypten bis auf den heutigen Tag eine wichtige religiöse Minderheit bilden.

Einen prägenden Einfluss auf die Entwicklung des Christentums übte das Mönchtum aus. Liegen auch dessen Anfänge im Dunkeln, so dürfen die Wurzeln ebenfalls in Ägypten sowie in weiten Teilen des östlichen Mittelmeerraumes angenommen werden. Als Vorbild dienten überlieferte Formen asketischen Lebens. Sie hatten sich seit alters her im Eremitendasein, also dem Leben als Einsiedler ausgebildet und entwickelten sich in einer spezifischen Form weiter zur organisierten Mönchsgemeinschaft. Die Gründe für ein Leben fernab vom Treiben dieser Welt mögen in der Flucht vor Verfolgungen oder in der Vermeidung von Militärdienst und Abgaben gelegen haben. Wesentlich dürfte der Wunsch nach einem asketischen Leben in der Nachfolge Christi und seiner Jünger gewesen sein.

pa/ZB

Das Antoniuskloster ist das größte und älteste koptisch-orthodoxe Kloster in Ägypten.

Wenn auch historisch kaum fassbar, gilt Paulinus von Theben als erster christlicher Mönch, der während der Christenverfolgung unter Kaiser Decius in der Mitte des 3. Jahrhunderts in die ägyptische Wüste floh und dort bis zu seinem Tode ein asketisches Dasein als Eremit führte. Der Überlieferung nach soll er mit 113 Jahren in den Armen des Heiligen Antonius des Einsiedlers gestorben sein.

Dieser Antonius, der auch den Beinamen der Große trägt, gilt als »Mönchsvater« Ägyptens. Geboren um die Mitte des 3. Jahrhunderts als Sohn koptischer Eltern ging er um 275 in die Wüste, um das Leben eines Eremiten zu führen. Bald jedoch verbreitete sich der Ruf seiner Frömmigkeit über die Grenzen Ägyptens hinaus und zahlreiche Anhänger sammelten sich um ihn. Seitdem gilt Antonius als Begründer des frühen Mönchtums, dessen Verehrung im Christentum über die Jahrhunderte hinweg anhielt, was auch zahlreiche Darstellungen in der Kunst belegen.

Karthago: Weiteres Kerngebiet christlichen Glaubens

Ein weiteres Zentrum des Christentums in Nordafrika bildete sich in Karthago und seinem Umland, Teil der römischen Provinz *Africa Proconsularis*. Wie der christliche Glaube dorthin gelangte, bleibt im Detail unklar. Als bedeutende Hafenstadt unterhielt Karthago aber weitreichende Handelsbeziehungen zu Rom, der Hauptstadt, wie auch zum Osten des Reiches. Über diese Handelsrouten verbreiteten sich nicht nur Waren sondern auch religiöse und kulturelle Strömungen. Der erste sichere Beleg findet sich in einem Bericht über die Gerichtsverhandlung gegen die sogenannten Märtyrer von Scili. Eine Gruppe von Männern und Frauen, die vermutlich aus einem nahe gelegenen Ort stammte, wurde am 17. Juli 180 in Karthago wegen ihres christlichen Glaubens hingerichtet. Aus dieser Überlieferung kann gefolgert werden, dass sich das Christentum bis zum Ausgang des 2. Jahrhunderts bereits über Karthago hinaus in die ländlichen Gebiete verbreitet hatte.

Träger dieser Entwicklung waren Missionare in der Nachfolge der Apostel, die den Glauben offenbar von einer Stadt zur nächsten brachten. Sie wirkten auch an der Entstehung einer kirchlichen Organisation mit, gemäß dem Grundsatz, wonach jede Stadt einen eigenen Bischof haben sollte. In der Mitte des 3. Jahrhunderts sind demnach wenigstens 87 Bischofssitze sicher belegt und im Jahre 340 existierten schätzungsweise bereits 250 kirchliche Zentren. Sie konzentrierten sich in der näheren Umgebung Karthagos sowie in der Provinz *Africa Proconsularis* und in der westlich angrenzenden Provinz *Numidia*. Weitere Ballungsräume waren – wie schon gesagt – Alexandrien mit Teilen Ägyptens sowie Cyrene mit seinem Umland.

Wie in allen christlichen Gebieten hatte sich auch in Nordafrika die kirchliche Hierarchie in einem dreistufigen System ausgebildet: Diakone auf der untersten Stufe, geführt von Presbytern auf mittlerer Ebene und Bischöfen an der Spitze der einzelnen (Stadt-)Gemeinden.

Nordafrika als Zentrum bedeutender Kirchenlehrer und Heiliger

In seiner kurzen Blütezeit brachte Nordafrika Theologen, christliche Schriftsteller und Heilige hervor, die zu den bedeutendsten ihrer Zeit bzw. der Kirchengeschichte gehörten. Da ist Tertullian, der um etwa 160–170 als Sohn eines in Karthago stationierten Militärangehörigen geboren wurde. In jungen Jahren widmete er sich den juristischen und literarischen Studien. Noch gegen Ende des 2. Jahrhunderts konvertierte er zum Christentum. In den folgenden Jahren verfasste Tertullian zahlreiche theologische Schriften sowie Briefe und veröffentlichte seine vermutlich in Karthago gehaltenen Reden. Thematisch prangerte er die Unrechtmäßigkeit der Christenverfolgung 197/98 an, setzte sich mit moralischen Fragestellungen auseinander und polemisierte gegen häretische, d.h. vom apostolischen Glauben abgeirrte, Bewegungen. Um das Jahr 207 wandte er sich allerdings dem Montanismus zu, einer wenige Jahrzehnte zuvor entstandenen innerkirchlichen Erweckungsbewegung. Ihr Gründer Montanus und dessen Gefährtinnen Priscilla und Maximilla propagierten eine »neue« Prophetie, die sie glaubten, in ekstatischen Visionen vom Geist Gottes erhalten zu haben. Dagegen regte sich Widerstand, der Montanismus wurde selbst zu einer häretischen Bewegung erklärt.

Tertullians Trennung von der römischen Kirche erfolgte etwa um 210 bis 212. Um 220 oder kurz danach starb er. Vor allem in frühchristlicher Zeit genoss Tertullian hohes Ansehen. Seine spätere Hinwendung zum Montanismus stieß allerdings auf große Skepsis, so dass ihn Augustinus schließlich zu den Häretikern zählte. Eine Renaissance erlebte sein Werk rund 1200 Jahre später in Europa im Zeitalter des Humanismus.

Als zweite bedeutende Persönlichkeit dieser Epoche ist Cyprian von Karthago zu nennen. Aus der städtischen Oberschicht stammend, wurde er zwischen 200 und 210 geboren. Um 245 wandte er sich dem Christentum zu und wurde bereits wenige Jahre später (248/49), jedoch nicht ohne Widerstände, zum Bischof von Karthago gewählt. Seine Amtszeit und sein seelsorgliches Wirken fallen zusammen mit der Christenverfolgung unter Kaiser Decius, die ihn zwischenzeitlich zur Flucht zwang. Zehn Jahre später erlitt er am 14. September 258 dann doch das Martyrium.

Der Nachwelt hinterließ Cyprian ein umfassendes Werk, das während des gesamten europäischen Mittelalters rezipiert wurde. In seiner Schrift an seinen Freund Donatus berichtet er über seine Bekehrung und Taufe. Erwähnenswert ist auch eine Sammlung

pa/Presse-Bild-Poss

Die Enthauptung der Heiligen Katharina von Alexandrien in einer Darstellung von 1519 vom Meister der Katharinenlegende, Stift Kremsmünster.

von 81 Briefen, von denen 65 seiner Autorenschaft zugeschrieben werden. Vor allem gilt Cyprian als der Theoretiker des Bischofsamtes, als Personifikation eines Bischofs in Nordafrika, der sich für die Einheit der Kirche vehement einsetzte. Dies brachte ihm auch den Beinamen »Papst von Africa« ein.

Neben den beiden historisch gut fassbaren Theologen ist exemplarisch noch eine Frau zu nennen, die auch heute noch allgemein bekannt ist und von der katholischen Kirche als Heilige verehrt wird: Katharina von Alexandrien. Der Legende nach begab sich die junge und schöne Christin Katharina selbst zu Kaiser Maxentius, als dieser in Alexandrien den Befehl zum heidnischen Götteropfer unter Androhung der Todesstrafe bei Nichtbefolgung erlassen hatte. In Streitgesprächen stellte sie sich gegen den Kaiser und überzeugte in der Diskussion selbst 50 Philosophen von deren Irrtum. Nachdem sie ins Gefängnis geworfen worden war, wurde sie nach zahlreichen Martern enthauptet. Katharina gehörte über Jahrhunderte hinweg zu den populärsten Gestalten des Christentums. Ihr Ansehen spiegelt sich in zahlreichen Darstellungen der Kunst und auch im heute beliebten Mädchennamen Katharina wie in der Kurzform Kathi oder Kathy.

Zeugen des Glaubens

Die Christianisierung Nordafrikas verlief jedoch nicht geradlinig als ungestörte und friedlich verlaufende Ausbreitung der neuen Religion. Schwere Christenverfolgungen forderten von den Gläubigen den Einsatz selbst ihres Lebens und führten auch zu heftigen Auseinandersetzungen und inneren Zerwürfnissen in den Gemeinden. Den Beginn markierte aus kirchlicher Sicht der Brand von Rom im Jahr 64 unter Kaiser Nero, der die Christen dem Vorwurf der Brandstiftung aussetzte. Das Bekenntnis zum christlichen Glauben galt seitdem als Straftat oder stand jedenfalls unter Verdacht staatspolitischer Untreue.

Auch in den römischen Provinzen Nordafrikas ging die Staatsmacht gegen die Christen vor. So erließ Decius, Kaiser von 249–251, einen allgemeinen Befehl, wonach alle Bewohner des Reiches dem Kaiser Gebete und Weihrauchopfer darbringen und sich dies bestätigen lassen mussten. Viele Christen wehrten sich dagegen, da sie wegen ihrer Überzeugung weder den Kaiserkult vollziehen noch die römischen Götter anerkennen konnten. Die daraufhin einsetzende große Christenverfolgung ende-

pa/Lisa Hammel/Annet van der Voort

Die Porphyrgruppe an der Südseite der Kirche San Marco in Venedig stellt vermutlich die sogenannten Tetrachen Diokletian, Maximian, Galerius und Constantius I. Chlorus dar, während deren Herrschaft die Christenverfolgungen einen Höhepunkt erreichten.

te erst, nachdem Decius 251 auf dem Balkan im Kampf gegen die Goten gefallen war.

Valerian, römischer Kaiser von 253–260, ging zunächst nur gegen Kleriker vor, setzte dann aber alle Christen dem Opferzwang aus. Den Repressionen in seinen letzten Regierungsjahren fielen zahlreiche Christen zum Opfer, so auch Cyprian von Karthago im Jahr 258. Als Höhepunkt und Ende der Verfolgungen gelten die Jahre 303–311 unter der Regierung der sogenannten Tetrachen.

Die großen Christenverfolgungen trafen alle römischen Provinzen in Nordafrika überaus hart, was die große Zahl der namentlich bekannten Märtyrer belegt. Sie führten aber weder zum Erlöschen der christlichen Lehre noch zum Zusammenbruch der kirchlichen Ämterstruktur. Bedeutenden Einfluss übten die Verfolgungen aber auf die innere Entwicklung der nordafrikanischen Kirche aus. Früh bildete sich eine eigenständige Tradition heraus, deren Kennzeichen eine Verherrlichung des Märtyrertums, ein religiöser Rigorismus und ein Sektierertum waren. Man misstraute der kaiserlichen Macht in Rom, zeigte sich wenig kompromissbereit und setzte auf eigene, nordafrikanische Stärken. Dieses ausgeprägte Selbstbewusstsein führte auch zu Auseinandersetzungen und Autonomiebestrebungen gegenüber der Kirchenleitung in Rom und damit zur ersten großen Kirchenspaltung (Schisma) in Nordafrika.

Der Donatismus: Die erste große Kirchenspaltung in Nordafrika

Den Auslöser für die Spaltung bildete die Weihe des Diakons Caecilian zum Bischof von Karthago, deren Datierung zwischen 307 und 311/12 schwankt. Mindestens einem der Weihebischöfe wurde vorgeworfen, während der Verfolgungszeit 303–305 Heilige Schriften an die Staatsmacht herausgegeben zu haben. Dies kam einem Abfall gleich. Nach der in Nordafrika maßgeblichen Lehre Cyprians war damit die Weihe Caecilians ungültig, was auch ein von karthagischen und numidischen Rigoristen dominiertes Konzil in Karthago bestätigte. Der Lektor Maiorinus wurde zum Gegenbischof gewählt, dem bald darauf Donatus (der Große) nachfolgte, der dem Schisma auch seinen Namen gab.

Der Donatismus verbreitete sich rasch in Nordafrika, blieb aber auf diese Region weitgehend beschränkt. Wenngleich es beim Streit ursprünglich nicht um die Schaffung einer neuen Lehre ging, verschärften sich im Laufe der Auseinandersetzungen die theologischen Fronten zwischen römischer Kirche und Donatisten, so dass wenig Aussicht auf eine Überwindung der Kirchenspaltung bestand. Im Jahr 411 schließlich ordnete der römische Kaiser – das Christentum war seit 391 Staatsreligion – ein Religionsgespräch in Karthago an, in dessen Folge die Donatisten wieder in die katholische Kirche zurückkehren sollten. Aufgrund repressiver Wiedereingliederungsmaßnahmen sowie theologischer Auseinandersetzungen mit Augustinus, dem größten Theologen seiner Zeit, verkam der Donatismus nach dem Jahr 412 nur noch zu einer Randerscheinung.

Wechselnde Herrscher in Nordafrika: Vandalen, Byzantiner und Araber

Wenige Jahre später folgte eine weitere Erschütterung des Christentums in Nordafrika durch die Auswirkungen der Völkerwanderung. Der germanische Stamm der Vandalen setzte mit etwa 80 000 Menschen, darunter etwa 20 000 Soldaten, unter Führung Geiserichs im Jahr 429 von Spanien nach Nordafrika über. Während ihrer Eroberungszüge belagerten sie ein Jahr später auch Hippo Regius. In dieser westlich von Karthago am Mittelmeer gelegenen Stadt wirkte der berühmte Bischof und Theologe Augustinus, der dort während der Kampfhandlungen starb. Nach der Eroberung Karthagos im Jahr 439 folgte kurz darauf (442) der Friede mit Rom und Byzanz sowie die Etablierung eines vandalischen Reiches als zwischenzeitlich dritte Macht im Mittelmeerraum.

Die Vandalen waren Anhänger der Lehre des Arius. Arius, ein Presbyter in Alexandrien, hatte im ersten Viertel des 4. Jahrhunderts die Lehre aufgestellt, dass Christus von Gottvater geschaffen und daher diesem nur wesensähnlich sei. Damit wider-

Augustinus

Augustinus war der bedeutendste Theologe Nordafrikas und des ganzen westlichen Christentums. Seine Lehren prägten nachhaltig die Entwicklung der abendländischen Theologie. Nicht umsonst zählt er zu den lateinischen Kirchenvätern und trägt den Ehrentitel »Doctor Ecclesiae«, »Lehrer der Kirche«.

pa/akg-images

Augustinus und der Jesusknabe. Französische Buchmalerei um 1490 aus dem Stundenbuch Ludwigs von Orleans (später König Ludwig XII.), heute in der Russischen Nationalbibliothek in St. Petersburg

Geboren wurde Augustinus am 13. November 354 in Thagaste in der römischen Provinz *Numidia*. Sein Vater Patricius war Heide, seine Mutter Monnica, die aus einem Berbergeschlecht stammte, eine überzeugte Christin mit großem Einfluss auf die religiöse Entwicklung ihres Sohnes. In diesem familiären Umfeld ist Augustinus ein beinahe typischer Sohn Nordafrikas des 4. Jahrhunderts. Nach Studien in Thagaste, Madaura und Karthago als hochbegabter junger Mann und einem unsteten, wechselvollen Leben ging Augustinus als Lehrer der Rhetorik nach Mailand. Dort begegnete er Bischof Ambrosius, dessen Predigten ihn in den christlich-katholischen Glauben einführten. Im Jahr 386 wurde Augustinus zum Christentum bekehrt und Bischof Ambrosius taufte ihn in Mailand Ostern 387.

Nach Nordafrika zurückgekehrt, wurde Augustinus 391 zum Priester und vier Jahre später zum Bischof von Hippo Regius geweiht, einer Stadt unweit seines Geburtsortes Thagaste. Den äußeren Lebensumständen nach war sein Leben damit in ruhigere Bahnen gelangt. In den folgenden 35 Jahren seines Lebens verließ Augustinus seinen Bischofssitz nur zur kirchlichen Seelsorge und Teilnahme an nordafrikanischen Konzilien. In geistig-religiöser Hinsicht blieb Augustinus hingegen äußerst aktiv. Er wandte sich gegen die abweichenden Lehren der Manichäer, der Donatisten und der Pelagianer. Mit seinem Buch »Bekenntnisse« liegt der Nachwelt eine Autobiografie seines Lebens vor, die immer noch zu den großen Werken der Weltliteratur zählt. Seine unermüdliche Schaffenskraft spiegelt sich auch in den fast 400 Predigten, die von ihm überliefert sind. Sein Hauptwerk »Der Gottesstaat« prägte zusammen mit seinen anderen Schriften die Philosophie und die Theologie des gesamten abendländischen Mittelalters und wirkte bis in die Gegenwart.

Während der Belagerung durch die Vandalen starb Augustinus in Hippo Regius am 28. August 430.

MH

sprach er der katholischen Auffassung, Gott und Gottes Sohn seien ihrem Wesen nach gleich. Die Unterschiede führten zu so heftigen Auseinandersetzungen, dass Kaiser Konstantin im Jahr 325 ein ökumenisches Konzil nach Nizäa in Kleinasien einberief, das die Lehre des Arius verwarf. Sie hielt sich dennoch in verschiedenen Regionen, vor allem bei den zum Christentum übergetretenen Völkerschaften.

Mit den Vandalen kam der Arianismus rund 100 Jahre später erneut nach Nordafrika. Er diente den Eroberern als Kennzeichen ihrer Identität sowie zum Rechtsanspruch ihrer Herrschaft und zur Bildung einer neuen Führungselite. In theologischer Hinsicht waren die beiden Glaubensrichtungen Arianismus und römischer Katholizismus nicht vereinbar, so dass nun in Nordafrika zwei Kirchenorganisationen nebeneinander bestanden. Religionsgespräche unter Hunerich, dem Sohn Geiserichs, im Jahr 484 führten weder zu einer Einigung noch zur erwünschten Unterwerfung der Katholiken. Gesetze zum Kampf gegen »Ketzer« wurden daraufhin gegen katholische Christen angewendet, deren Bischöfe abgesetzt, Kirchengüter konfisziert und der arianischen Kirche übertragen. Auch diese Verfolgung verfehlte ihr eigentliches Ziel, schwächte aber erneut und nachhaltig insgesamt das Christentum in Nordafrika. Die folgenden Jahrzehnte gestalteten sich dann wechselvoll, da der vandalische König um

Dialog und ein gütliches Auskommen mit den Katholiken bemüht war.

Eine Schwächephase der politischen Führungsspitze der Vandalen bot Byzanz die Gelegenheit zum militärischen Eingreifen. Unter Kaiser Justinian I. gelang dem Feldherrn Belisarius ab dem Jahr 533 die Zerschlagung des Vandalenreiches und die Rückeroberung Nordafrikas für das Oströmische Reich. Damit einher ging die Eindämmung des arianischen Glaubens. Das Christentum festigte sich wieder und verbreitete sich auch in den ländlichen Gebieten der Berberstämme. Zeugnisse für den Einfluss des Christentums bei den Berbern sind jedoch dürftig.

Inzwischen hatte sich der Islam über Arabien ausgebreitet. Nach dem Tod Mohammeds im Jahr 632 beendeten arabische Kriegszüge seit 639 in Nordafrika die byzantinische Herrschaft und führten so auch zum Untergang der christlichen Lehre. Innerhalb von nur sieben Jahrzehnten fiel das gesamte Gebiet von Ägypten im Osten bis zur Enge von Gibraltar im Westen an die Araber. Auch wenn die Islamisierung in diesem Raume wahrscheinlich erst im 12. Jahrhundert abgeschlossen war, so verschwand doch das einst so bedeutende nordafrikanische Christentum außerhalb Ägyptens praktisch vollständig.

Martin Hofbauer

Judentum in Nordafrika

Das Judentum besitzt in Nordafrika sowohl eine lange Tradition als auch eine große kulturelle wie historische Bedeutung. In Ägypten reicht seine Geschichte bis in das zweite vorchristliche Jahrtausend zurück. Um 1250/20 v.Chr. flohen die Israeliten aus Ägypten und zogen in einer langen Wanderschaft durch den Sinai bis nach Kanaan, dem heutigen Palästina. Das zweite Buch Mose, Bestandteil des Pentateuch (fünf Bücher), beschreibt diese Ereignisse, die bis heute einen wesentlichen Bestandteil sowohl der jüdischen als auch der christlichen Überlieferung darstellen.

Die jüdische Besiedlung entlang der nordafrikanischen Küstenregionen liegt für ihre Frühzeit hingegen weitgehend im Dunkeln. Die Belagerung und Zerstörung Jerusalems mit seinem prachtvollen Tempel 587/86 v.Chr. durch die Babylonier setzte gleichwohl einen Wendepunkt. Große Teile der Einwohnerschaft wurden von den Eroberern verschleppt (»babylonische Gefangenschaft«), andere aber flohen nach Ägypten und weiter in Richtung Westen. Einen Aufschwung in Ägypten erlebte das Judentum mit Alexander dem Großen. In dem von ihm 332/31 v.Chr. gegründeten und nach ihm benannten Alexandrien siedelte er gezielt jüdische Einwohner an. Seine politischen und administrativen Regelungen erleichterten zudem das Leben in der Diaspora. Lebten die Juden bisher eher in den städtischen Zentren, so begannen sie ab etwa 200 v.Chr. auch die ortsansässigen Berberstämme zum Judentum zu bekehren.

Somit bestand während der Zeitenwende eine zwar dünne, eher punktuelle, aber durchgehende jüdische Besiedlung von Ägypten bis zur Atlantikküste. Ihre Zentren waren Alexandrien und Teile Ägyptens im Osten, die Cyrenaika mit Kyrene, Karthago und dessen Umland, das sich über Hippo Regius bis nach Caesarea erstreckte, sowie das Gebiet beiderseits von Gibraltar im Westen.

Mit dem Auftreten von Jesus aus Nazareth begann das Christentum, ursprünglich als jüdische Religionspartei, denn Jesus war nach den Aussagen des Neuen Testaments Jude. Relativ schnell entwickelten sich Judentum und Christentum auseinander, so dass etwa ab dem 2. Jahrhundert von zwei unterschiedlichen Religionen gesprochen werden kann. Bis zum Beginn des 4. Jahrhunderts lebten beide in einem gespannten Verhältnis nebeneinander, wenngleich es selten zu offenen Konflikten und Zusammenstößen kam. Gerade die Religionsführer und Theologen drängten auf gegenseitige Abgrenzung, während es im Alltagsleben durchaus verschiedene Kontakte und selbst gemeinsame Feiern von Juden und Christen gab. Außerdem waren beide Religionsgemeinschaften immer wieder schweren Angriffen durch die römische Staatsgewalt ausgesetzt und damit mit eigenen Problemen beschäftigt. So erlitten die Juden einen schweren Aderlass im Jahr 70 mit der römischen Eroberung Jerusalems und der Zerstörung des Tempels und erneut während des jüdischen Aufstand in den Jahren 132-135 unter Ben Kosiba (Bar Kochba), der mit der völligen Zerstörung Jerusalems und der Vertreibung der Juden aus Jerusalem endete. Die Christen wiederum waren mehreren teils schweren Verfolgungen ausgesetzt.

Eine Zäsur trat im frühen 4. Jahrhundert ein. Konstantin I., der erste römische Kaiser, der sich dem Christentum zuwandte, förderte die Christen und ließ ihnen staatliche Privilegien zukommen. Dies führte schließlich unter Theodosius I. im Jahr 391 zur Anerkennung des Christentums als Staatsreligion. Juden wie Heiden gerieten unter christliche Herrschaft. Ihre Lage verschlechterte sich zusehends, die Spannungen zwischen Juden und Christen verschärften sich. Einige Aspekte seien erwähnt. Das Judentum bestand aus einer Vielzahl selbstständiger Gemeinden, die durch die Religion, die gemeinsame Tradition und die sich daraus resultierende Lebensführung zusammengehalten wurden. Das Christentum hingegen hatte in den vergangenen Jahrhunderten eine umfassende kirchliche Organisation aufgebaut, die sich über das gesamte Römische Reich erstreckte. Zur Staatsreligion geworden, spielten nun für das Christentum neben rein religiösen Fragen auch zunehmend politische Fragen eine Rolle, bei denen es um Einfluss und Macht ging. Außerdem belastete der Vorwurf, die Juden seien Gottesmörder, die Beziehungen schwerwiegend. Dies hatte zur Folge, dass die Ausübung des jüdischen Kultes in der Öffentlichkeit verboten wurde und zum Judentum konvertierende Christen ihren Besitz verloren, während Juden, die zum Christentum übertraten, ihr Vermögen behalten konnten. Außerdem wurden Ehen zwischen Juden und Christen unter Strafe gestellt, auch öffentliche Ämter durften Juden nicht bekleiden.

Mit der Zerschlagung des Vandalenreiches und der Rückeroberung Nordafrikas durch das Oströmische Reich unter Kaiser Justinian I. ab dem Jahr 533 verschlechterte sich die Situation für die Juden erneut. Das Judentum verlor seine Rechtsstellung als zugelassene Religion, als »gottlose Menschen« wurden Juden mit Heiden und Ketzern in eine Reihe gestellt. So wurden beispielsweise die Juden in der Stadt Burion, im heutigen Libyen, zum Christentum zwangsbekehrt und die Synagoge in eine Kirche umfunktioniert. Viele Juden flohen zu den Berberstämmen in den umliegenden Gebieten, wo sie Aufnahme fanden.

Seit der Mitte des 7. Jahrhunderts fiel Nordafrika unter die Herrschaft der Araber. Während die Mehrheit der dort lebenden Christen ohne nennenswerten Widerstand die neue Lehre des Propheten Mohammed annahm, waren die Auswirkungen für die jüdischen Gemeinden in dieser Region deutlich geringer; sie waren es gewohnt, als Minderheit in einem religiös anders dominierten Umfeld zu leben und sich zu behaupten. In einer Hinsicht bedeutete die neue Herrschaft sogar eine Verbesserung der bisherigen Situation: Der Islam erkannte Judentum und Christentum als Offenbarungsreligionen an. Damit wurden den Juden als Minderheit günstigere Rechte eingeräumt, als sie sie zuvor unter der römisch-byzantinischen Staatskirche besessen hatten. Gleichwohl brachte der Status als »Schutzbefohlene« neben der Zahlung einer Kopfsteuer auch weitere Benachteiligungen mit sich. So durften entweder keine Synagogen mehr gebaut werden oder zumindest diese nicht höher als die Moscheen sein. Auch die Häuser der jüdischen Einwohner mussten niedriger ausfallen als die ihrer islamisch-arabischen Nachbarn. Trotz dieser und anderer Einschränkungen kann jedoch insgesamt von einer Integration des Judentums in die islamisch-arabische Kultur gesprochen werden.

MH

pa/Herve Champollion/akg-images

Nachdem Mohammed im Jahr 632 gestorben war, hinterließ er nicht nur die neue Religion des Islam, sondern auch einen selbstbewussten Staat, der bereits große Teile der Arabischen Halbinsel umspannte und den neuen Glauben in die gesamte Welt senden wollte. So gelang es den muslimischen Eroberern in wenigen Jahrzehnten, auch große Gebiete Nordafrikas einzunehmen.

Die neuen Herren brachten mit ihrer Religion einen neuen, typisch islamischen Gebäudetypus mit, nämlich die Moschee. Als Vorbild diente das Haus des Propheten Mohammed. In den Bauten dominierten geometrische und pflanzliche Ornamente. Diese sollten sich endgültig durchsetzen und kennzeichnend für die islamische Kunst werden.

Das Bild zeigt Flechtwerk mit floralen Motiven und stammt von der Ibn-Tulun-Moschee (letztes Viertel 9. Jahrhundert), die noch heute zu den bedeutendsten Sehenswürdigkeiten in Kairo gehört.

Der Islam in Nordafrika: Ausdehnung und islamische Herrschaften bis 1550

Nordafrika ist ein weites Land. Knapp 4000 Kilometer trennen die gedachte Linie zwischen Port Said und dem Golf von Aqaba von der Atlantikküste bei Agadir. Kilometerweise Sand, Wüste und Gebirge. Am Nil, an der Mittelmeerküste, aber auch im Inland finden sich zahlreiche Städte und Dörfer. Ägypter, Griechen und weißafrikanische Berberstämme bewohnten diese Weltregion bereits vor der Ankunft der Araber. Damals bestimmte koptisches, griechisches und lateinisches Christentum neben jüdischen Gemeinden und paganen Praktiken die religiöse Landschaft. Geografisch lässt sich diese Region in fünf kleinere Siedlungsräume unterteilen, die grob den heutigen Nationalstaatsgrenzen entsprechen: im Osten Nordafrikas Ägypten, ohne die Sinaihalbinsel, mit dem Nilland und der Kyrenaika (heute Ostlibyen); westlich davon Tripolitanien (heute Zentrallibyen); Ifriqiya, die ehemalige römische Provinz *Africa*, zu der auch Ostalgerien gehörte (heute Tunesien); der zentralalgerische Streifen, zu dem die Kabylei gehört, sowie Marokko und der Atlantikküstenstreifen (heute Mauretanien) ganz im Westen. In den islamischen Quellen heißen die Regionen westlich der Kyrenaika »Maghreb« (»Der Westen«, wörtlich: »Der Ort, an dem die Sonne untergeht«). Gelegentlich wird auch noch zwischen nahem (= Ifriqiya), mittlerem (= zentralalgerischer Streifen) und fernem Maghreb (= Marokko) unterschieden. Die folgenden Ausführungen zur Geschichte Nordafrikas zwischen etwa 640 und ca. 1550 beziehen sich auf die fünf genannten Unterregionen.

Die islamischen Eroberungen in Nordafrika

»Ich werde Dir einen Brief hinterher schicken, der Dich bitten wird umzukehren, falls Du noch nicht die [ägyptische] Grenze überschritten hast. Ist das der Fall, so ziehe erfolgreich weiter«, soll – nach Aussage der islamischen Quellen – der zweite Kalif und Nachfolger Mohammeds, Umar ibn al-Chattab, seinem Kommandanten Amr ibn al-As geschrieben haben. Der hatte allerdings getrieben von Ehrgeiz, Beuteerwartung und der religiösen Mission, die »Ungläubigen« zu bekämpfen, »bis sie kleinlaut aus der Hand Tribut entrichten« (Koran Sure 9, Vers 29), den Brief erst auf ägyptischem Boden gelesen. So fühlte er sich durch die Order des »Befehlshabers der Gläubigen« (amir al-mu'minin) bestätigt und marschierte vermutlich im Jahr 640 aus Palästina kommend in das Nildelta ein. Seine Krieger waren sowohl nomadisierende als auch sesshafte Araber. Kurz darauf besiegte er die byzantinische Garnison in Babylon (heute Alt-Kairo) und eroberte in wenigen Monaten die gesamte byzantinische Provinz Ägypten. Gestützt auf Nachschub, der über das Mittelmeer kam, hielt die seit 1000 Jahren griechische Stadt Alexandrien den Angriffen stand. Doch nach wenigen Jahren fiel auch diese zusammen mit der Kyrenaika in die Hände der muslimischen Araber.

Nach einer Pause von knapp zehn Jahren, in denen die muslimischen Araber in einen internen Bürgerkrieg verwickelt waren, setzte um das Jahr 660 die Eroberungsbewegung wieder ein und richtete sich gegen die byzantinischen Provinzen westlich der Kyrenaika. Nach 50 Jahren und der Gründung der Garnisonsstadt Kairuan (gegr. 670) in Ifriqiya fiel ganz Nordafrika unter islamische Herrschaft. Dabei taten sich vor allem die Generäle Uqba ibn Nafi und sein Nachfolger Musa ibn Nusair hervor. Ihre militärischen Gegner waren die byzantinischen Truppen in Ifriqiya, die griechischen und lateinischen Christen in den Städten sowie die zum Teil sesshaften und zum Teil nomadisierenden Berberstämme im Süden Ifriqiyas und Zentralalgeriens. Nach der militärischen Niederlage wurde den christlichen Gemeinden Nordafrikas, die zusammen mit den jüdischen Gemeinden die Mehrheit der sesshaften Bevölkerung ausmachten, die Freiheit auf Selbstverwaltung gewährt, wozu auch die Ausübung der Religion gehörte. Um diesen Status der »Schutzbefohlenen« (arab. dhimmi) beizubehalten, mussten sie jedoch jährlich einen bestimmten Tribut (arab. dschizya) an die muslimischen Oberherren entrichten. Von Ägypten wurden zu diesem Zweck regelmäßig Statthalter nach Kairuan entsandt, welche die militärische und zivile Verwaltung der »West-Provinzen« übernahmen und wiederum eigene Statthalter in den neueroberten Städten einsetzten. Einer dieser Stadthalter war Tariq ibn Ziyad, der Gouverneur von Tanger, der 711 von Nordafrika nach Spanien über-

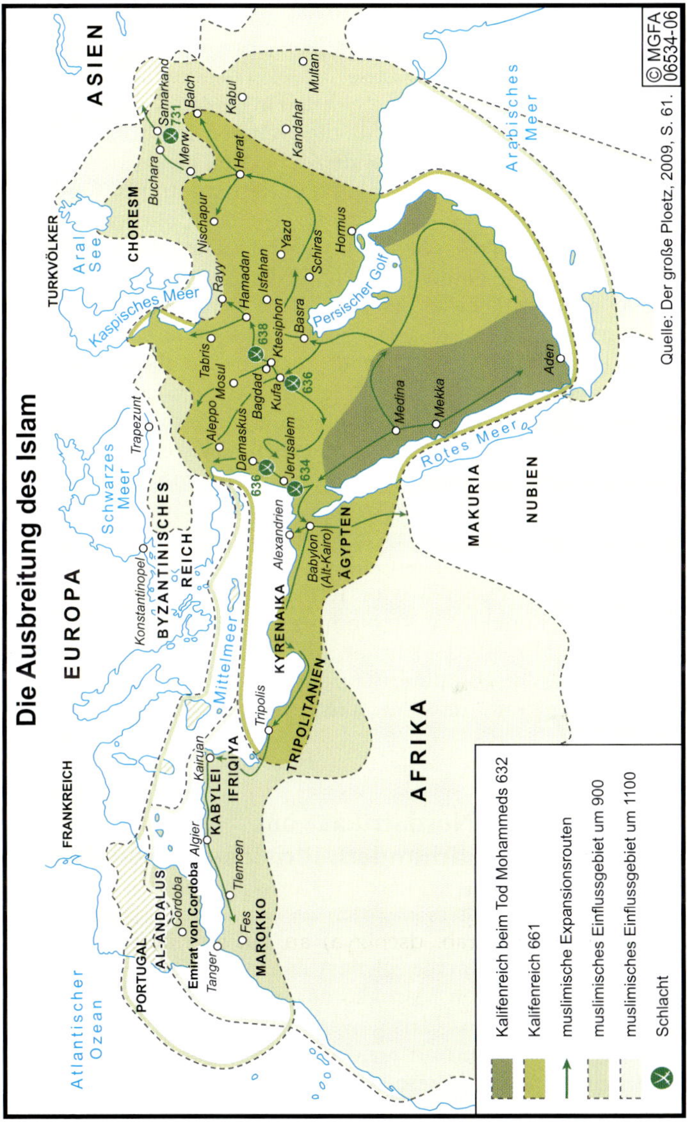
Die Ausbreitung des Islam
EUROPA
ASIEN
AFRIKA
FRANKREICH
PORTUGAL
AL-ANDALUS
Emirat von Cordoba
Cordoba
BYZANTINISCHES REICH
Konstantinopel
Trapezunt
TURKVÖLKER
CHORESM
Buchara
Samarkand
731
Merw
Balch
Kabul
Herat
Kandahar
Multan
Nischapur
Rayy
Hamadan
Isfahan
Yazd
Schiras
Hormus
Tabris
Mosul
Aleppo
Damaskus
Bagdad
Ktesiphon
Kufa
Basra
Jerusalem
634
636
638
Medina
Mekka
Aden
Babylon (Alt-Kairo)
Alexandrien
ÄGYPTEN
KYRENAIKA
TRIPOLITANIEN
Tripolis
IFRIQIYA
Kairuan
KABYLEI
Algier
Tlemcen
Fes
Tanger
MAROKKO
MAKURIA
NUBIEN
Atlantischer Ozean
Mittelmeer
Schwarzes Meer
Kaspisches Meer
Aral See
Persischer Golf
Rotes Meer
Arabisches Meer
Kalifenreich beim Tod Mohammeds 632
Kalifenreich 661
muslimische Expansionsrouten
muslimisches Einflussgebiet um 900
muslimisches Einflussgebiet um 1100
Schlacht
Quelle: Der große Ploetz, 2009, S. 61.
© MGFA 06534-06

setzte, die dort herrschenden Westgoten besiegte und binnen drei Jahren den größten Teil der Iberischen Halbinsel (arab. al-Andalus) eroberte. Die Achse Marokko–al-Andalus, auf der immer wieder Soldaten und Zivilisten in beiden Richtungen unterwegs waren, sollte noch für die weiteren Jahrhunderte von Bedeutung sein. Nachwandernde Araber und persische Neumuslime siedelten sich beispielsweise in Kairuan und in Cordoba, der Hauptstadt von al-Andalus, an. Dennoch blieben die arabisch-muslimischen Eroberer für viele Jahrzehnte in der Minderheit, die zudem in zahlreiche religiöse Gruppen gespaltet war.

Die mehrheitliche »Konfession«, die sich bis zuletzt in den meisten Regionen durchsetzen sollte, repräsentierten die Sunniten malikitischer Prägung. Daneben gab es vor allem in Ifriqiya noch Sunniten hanafitischer Prägung, während einige Berberstämme der schiitischen Lehre folgten. Als heterodoxe Richtung wurde der charidschitische Islam, neben Sunniten und Schiiten die dritte große Glaubensrichtung im Islam, von den Sunniten abgelehnt, der allerdings unter einigen Berberstämmen viele Anhänger fand und bis heute im algerischen Mzab präsent ist. Diese religiöse Vielfalt der neuen Herren führte dazu, dass im Laufe der Geschichte immer wieder Teilreiche entstanden, deren Erfolg auf einer effektiven Verbindung zwischen einem »heiligen Mann bzw. religiösen Gelehrten« und einem (Berber-)Stamm basierte. Diese religiös-militärische Allianz hatte meist eine solche Durchschlagskraft, dass sie ältere herrschaftliche Strukturen wegfegte.

Teilreiche Nordafrikas vom 8. bis 10. Jahrhundert: Idrisiden, Rustamiden, Aghlabiden

Ein gutes Beispiel für eine solche Allianz stellt die Herrschaft der Idrisiden (788–985) in Marokko dar. Ein aus dem Osten geflohener Araber namens Idris gewann zahlreiche Anhänger unter den Auraba-Berbern und errichtete eine Herrschaft islamisch-schiitischer Prägung. Diese Herrschaft der Idrisiden, welche die Grundlagen für den heutigen Staat Marokko legte, erhielt mit

pa/Bildagentur-online/TIPS-Images

Luftbildaufnahme der Ibn-Tulun-Moschee in Kairo, Ägypten.

der Gründung der Hauptstadt Fes (789) einen kulturellen Mittelpunkt, der ebenfalls bis heute fortwirkt. Ein ähnlicher Prozess der Staatsbildung vollzog sich weiter östlich in Zentralalgerien, wo der Perser Abdarrahman ibn Rustam, ein Charidschit, mit zahlreichen Anhängern aus dem Irak, Persien und Ägypten die Rustamiden-Dynastie (777–909) gründete.

Die Provinz Ifriqiya, die den Kern des späteren Tunesiens bildete, wurde zusammen mit Tripolitanien weiterhin von den Bagdader Kalifen bzw. deren ägyptischen Statthaltern verwaltet (761–909). Konflikte mit charidschitischen Berberstämmen führten dazu, dass der Statthalter Ibrahim ibn al-Aghlab (sprich: Arlab) die teilunabhängige Dynastie der Aghlabiden (800–909) etablieren und in der Folge eine auf Binnenhandel und Landwirtschaft basierende, florierende Provinz einrichten konnte. Wegen ihrer Förderung der Kultur und ihrer militärischen Stärke (ab 831 wurde Sizilien erobert und erfolgten Einfälle auf das italienische Festland, u.a. Rom 846) stieg sie zur bedeutendsten Herrschaft westlich von Ägypten auf.

Ägypten selbst war vom 8. bis 10. Jahrhundert eine teilautonome Provinz des Kalifenreiches, die unter der Dynastie der Tuluniden und Ichschididen eine wirtschaftliche und kulturelle Blütezeit erlebte, wovon die Ibn-Tulun-Moschee noch heute Zeugnis ablegt. Die regelmäßigen Expeditionen gegen das christliche Nubien am mittleren Nil verdeutlichen, dass die ägyptischen Statthalter, ebenso wie die Aghlabiden, ihr Reich als »Frontprovinz« ansahen und ihre Herrschaft durch Angriffe auf nicht unter islamischer Herrschaft stehende Regionen legitimierten.

Die Fatimiden in Nordafrika im 10. und 11. Jahrhundert

Das 10. Jahrhundert wurde durch die Fatimidendynastie dominiert, der es gelang, den größten Teil Nordafrikas unter ihre Herrschaft zu bringen. Gestützt auf die Kutama-Berber und geleitet von einem schiitischen Prediger, eroberten die Unterstützer der Fatimiden von der östlichen (»kleinen«) Kabylei aus Ifriqiya und Tripolitanien. Von Ifriqiya aus, wo sie 909 Abdallah al-Mahdi als religiösen und politischen Führer inthronisierten, eroberten die Heere der Fatimiden im Laufe der nächsten Jahrzehnte sowohl Zentralalgerien und Marokko als auch die Kyrenaika, Ägypten und Teile Syriens. Mit diesen Eroberungen und der Verlegung der Hauptstadt von Ifriqiya in die neugegründete Palaststadt al-Qahira (»Die Siegreiche«, heute: Kairo) erhoben die Fatimidenherrscher den Anspruch, die gesamte islamische Welt unter schiitischen Vorzeichen zu führen. Aus diesem Grund hatte Abdallah al-Mahdi den Kalifentitel »Befehlshaber der Gläubigen« angenommen und stand damit zum »eigentlichen« Kalifen in Bagdad in direkter Konkurrenz. Während ihrer Herrschaft mussten die Fatimidenkalifen mit zahlreichen ethnischen (Arabern, Berbern, Slawen, Armeniern) und religiösen Gruppen (Sunniten, Schiiten, Charidschiten, Christen, Juden) die Durchsetzung ihrer Macht aushandeln, was ihnen unterschiedlich gut gelang. Dennoch erlebten Landwirtschaft, Handel, Kultur und Wissenschaft in den 250 Jahren unter fatimidischer Herrschaft einen Aufschwung, von dem beispielsweise noch heute die al-Azhar-Moschee (später al-Azhar-Universität) in Kairo zeugt.

Die aus der Zeit der Fatimiden stammende al-Azhar-Moschee in Kairo, die noch heute von Gläubigen als Gotteshaus genutzt wird.

pa/Rainer Hackenberg

Nach der Verlegung des Herrschaftssitzes nach Kairo verwaltete die Familie der Ziriden als Statthalter der Fatimiden Ifriqiya und das westliche Nordafrika. Deren Verbündete, die sesshaften Kutama-Berber, lieferten sich über mehrere Jahre einen Stellvertreterkrieg mit den nomadischen Zanata-Berbern. Letztere wurden von dem sunnitischen Herrscher von al-Andalus instrumentalisiert, der sich als dritter im Bunde im Jahre 929 den Kalifentitel (»Befehlshaber der Gläubigen«) zugelegt hatte. Etwa einhundert Jahre später (1051) kam es zum Bruch zwischen den Fatimiden und deren Statthaltern, den Ziriden. Die Fatimiden ließen daraufhin mehrere arabische Nomadenstämme, unter anderem die Banu Hilal, auf Nordafrika los, die Kairuan plünderten und die politische, wirtschaftliche und ethnische Landkarte Nordafrikas nachhaltig beeinflussten. In der Folge entstanden westlich der Kyrenaika viele kleine Beduinen-Herrschaften (»Emirate« von arab. amir = »Befehlshaber«), die für Überfälle, zum Beispiel der Normannen (1088), anfällig waren.

Die großen Berberreiche vom 11. bis 13. Jahrhundert: Almoraviden und Almohaden

Während in Ägypten die Fatimidenkalifen ab etwa 1050 von ihren Wesiren und Generälen bevormundet wurden, gelang es dem charismatischen sunnitischen Gelehrten Ibn Yasin, mehrere

Unterstämme der nomadischen Sanhadscha-Berber zu einem Kampfverband unter religiösen Vorzeichen (u.a. Durchsetzung des malikitischen Sunnitentums, strenge religiöse Praktiken) zu vereinen, der unter dem Namen Almoraviden (von arab. al-murabitun = »Bewaffnete Grenzkämpfer zur Verbreitung des Islam«) bekannt geworden ist. Dieser von Marokko aus angreifende Verband richtete sich in erster Linie gegen andere islamische Gruppen, zum Beispiel Charidschiten oder Schiiten, die als nicht orthodox galten. Nach dem Tod Ibn Yasins nahm die Bewegung einen vornehmlich weltlichen Charakter an, was dazu führte, dass sie nicht nur ganz Marokko und Zentralalgerien eroberte, sondern bis 1092 auch die gesamten Kleinkönigreiche in al-Andalus unter ihre Herrschaft brachte. Kulturelle und architektonische Höhepunkte schufen die Almoraviden durch die Rückbindung der andalusischen Kultur an Nordafrika und die Gründung von Marrakesch (1070), auf dessen Namen – über das portugiesische Marocos – unser Wort Marokko zurückgeht.

Die Dominanz der Almoraviden rief die Reaktion einer Vereinigung hervor, die aus sesshaften Masmuda-Berbern bestand, sich Almohaden (von arab. al-muwahhidun = »Die Bekenner von Gottes Einheit«) nannte und sich als religiöse Erneuerungsbewegung unter der Leitung des religiösen Gelehrten Ibn Tumart und des militärischen Führers Abdalmumin verstand. Ab 1121 riefen sie offen zum Kampf gegen die Almoraviden auf, was bis 1172 zur Eroberung Marokkos, Zentralalgeriens, Ifriqiyas und Tripolitaniens (bis dahin unter normannischer Herrschaft) und von al-Andalus

bpk/Alfredo Dagli Orti

Saladin (1137–1193), Sultan von Ägypten und Syrien. Porträtgemälde (um 1600) von Christofano di Papi dell Altissimo.

führte. Damit war das gesamte berberische Nordafrika erstmals in seiner Geschichte unter einer berberischen Herrschaft vereinigt.

Etwa zur selben Zeit endete die Herrschaft der schiitischen Fatimiden über Ägypten und der bekannte Saladin (arab. Salahaddin = »Der für die Religion gut ist«) etablierte die Herrschaft seiner kurdischen Familie, der Ayyubiden (benannt nach seinem Vater Ayyub), in der Kyrenaika und Ägypten. Unter Saladin wurde die heruntergekommene ägyptische Landwirtschaft reorganisiert und der sunnitische Islam gefördert, indem Saladin den Kalifen in Bagdad wieder als obersten Vertreter der Muslime anerkannte und militärisch gegen Schiiten und europäische, lateinisch-christliche Kreuzritter in Palästina und Syrien vorging.

Nordafrika von der Mitte des 13. bis zur Mitte des 16. Jahrhunderts: Mamluken, Hafsiden, Abdalwadiden, Meriniden

Nach dem Tod des letzten Ayyubidensultans putschten dessen türkischstämmige Mamlukenoffiziere unter der Führung des Generals Aybak, töteten den Sohn und Erbfolger und verheirateten Aybak mit dessen Hauptfrau. Damit gelang es den türkischen Militärsklaven (arab. mamluk = »Eigentum«) mit Aybak als Sultan, erstmals eine eigene Dynastie zu installieren. Mamluken waren meist Reitersoldaten, die schon in einer jahrhundertelangen Tradition als pagane, also heidnische Kinder in die islamische Welt verkauft wurden, dort eine sprachliche, militärische und religiöse Ausbildung erhielten und später als freigelassene Klienten ihrem ehemaligen Herren zu Diensten standen. Unter den sunnitischen Mamlukensultanen, zu deren Hauptleistung die Zurückschlagung der Mongolen im Jahr 1260 und die endgültige Vertreibung der Kreuzritter aus Palästina gehörte, erlebten Ägypten (mit der Kyrenaika) und Syrien einen wirtschaftlichen und kulturellen Aufschwung, von dem heute noch viele Bauwerke Zeugnis ablegen, wie zum Beispiel die Festung des Sultans Qaitbay in Alexandrien, die auf dem Fundament des antiken Leuchtturms erbaut wurde. Die selbstständige Herrschaft der Mamluken über Ägypten endete 1516, als die Osmanen das Nilland eroberten und in ihr Reich eingliederten.

Die Almohadenherrschaft in Nordafrika blühte ab 1163 durch Handel mit Papier, Seide und anderen Gütern auf. Durch die Förderung der Philosophie, zu der auch die Musik(theorie) gehörte, entstand eine Art Musik (ma'luf), die bis heute noch als »klassische« Musik Nordafrikas gilt. Mit der Niederlage gegen Alfons VIII. während der Reconquista in Las Navas de Tolosa (1212) begann der Niedergang der Almohaden. Bis 1269 zerfiel das Almohadenreich in mehrere Nachfolgestaaten, wobei es selbst dem Papst in Rom gelang, ein Bistum in Marrakesch einzurichten (1226).

Die Nachfolgestaaten waren drei Berberherrschaften, die analog zu den Aghlabiden, Rustamiden und Idrisiden im 9. Jahrhundert Nordafrika westlich der Kyrenaika unter sich aufteilten. Über Tripolitanien und Ifriqiya herrschten von 1230–1574 die Hafsiden, die sich als die wahren Nachfolger der Almohadendynastie verstanden und ab 1253 den Kalifentitel annahmen. Den Hafsiden gelang die vollständige Arabisierung (nicht Islamisierung) Ifriqiyas. Zwar förderten sie das Sunnitentum malikitischer Prägung, während das Christentum in der Provinz im Laufe des 14. Jahrhunderts endgültig unterging, doch steigerte sich in dieser Zeit der Anteil der jüdischen Gläubigen vor allem wegen der Flüchtlinge, die nach Nordafrika aufgrund der anti-jüdischen Pogrome in Spanien kamen. Mit der Besetzung von Tripolis durch spanische Truppen (1510) und der Eroberung der Hauptstadt Tunis durch den Pascha von Algier (1569) hörte das Hafsidenreich wenig später auf zu existieren.

In Zentralalgerien richteten Zanata-Berber unter der Dynastie der Abdalwadiden einen weiteren Nachfolgestaat der Almohaden mit der Hauptstadt Tlemcen ein (1235–1554). Dieses Reich befand sich ständig im Zangengriff der Hafsiden im Osten und der Meriniden im Westen, gelangte sogar zeitweise unter deren direkte Herrschaft. Unter den Abdalwadiden, die bis zur Ankunft der osmanischen Türken 1550 in ihrer Herrschaft stagnierten, wurde Zentralalgerien unter beinahe vollständiger Aufgabe der städtischen Kultur arabisiert.

Ganz im Westen eroberten die bereits genannten Meriniden, gestützt auf nomadisierende Zanata-Berber, bis 1274 weite Teile des Almohadenreiches. Von ihrer Hauptstadt »Neu-Fes« aus überfielen sie immer wieder die beiden Nachbarstaaten, konnten aber ihre Eroberungen nur für wenige Jahre halten und mussten schließlich 1245 die Hafsiden als Oberherren anerkennen. Zur Förderung des sunnitischen Islams führten die Meriniden 1292 einen offiziellen Feiertag zum Gedenken an das Geburtstagsfest des Propheten Mohammed ein und gründeten einige religiöse Hochschulen (arab. madrasa = »Ort des Studiums«). Innere Konflikte führten 1420 zum Ende der Herrschaft, wobei es den Portugiesen gelang, Ceuta und die Häfen an der marokkanischen Atlantikküste zu besetzen. In den Nachfolgekonflikten setzten sich die Saadier durch, die ab 1550 Marokko in den Auseinandersetzungen mit den Osmanen behaupten konnten.

Mit dem Sieg über die Mamluken in Ägypten und der Kyrenaika und unter Ausnutzung der langwährenden Auseinandersetzungen der nordafrikanischen Herrschaften in Ifriqiya und Zentralalgerien gelang es schließlich den Osmanen, beinahe ganz Nordafrika unter ihre Herrschaft zu bringen, die in der Mitte des 16. Jahrhunderts den größten Teil des Mittelmeerraumes und des Nahen Ostens umfasste.

Jens Scheiner

(Der Beitrag wurde gefördert aus Mitteln der Exzellenzinitiative.)

pa/United Archives/DEA

Die Lebenswelt des Mittelmeers war in der Frühen Neuzeit wesentlich durch kulturelle, kaufmännische und auch militärische Unternehmungen miteinander verwoben. Das Meer stellte eine dynamische Grenze dar. Die christlichen Seemächte Spanien, Frankreich und Venedig wie auch das muslimische Osmanische Reich kämpften um die wirtschaftliche und politische Vorherrschaft. Der Krieg zur See war dabei ein Mittel der Wahl. Eine der herausragenden Persönlichkeiten stellte Chayreddin (Khayr ad-Din) Barbarossa dar, der um 1474 auf der Insel Lesbos als jüngster Sohn eines ehemaligen Janitscharen geboren wurde. Er verließ um 1500 seine Heimat und avancierte in den folgenden Jahren zu einem der bedeutendsten Korsaren des Mittelmeers. 1516 eroberte er zusammen mit seinem Bruder Algier, das er zwischen 1518 und 1546 regierte. Seine militärischen und politischen Erfolge führten ihn schließlich an den Hof Sultan Süleymans nach Konstantinopel, dessen Oberhoheit über Nordafrika er anerkannte. Chayreddin reorganisierte die Werften des Osmanischen Reiches und schuf so eine schlagkräftige Flotte, welche die osmanische Herrschaft im Mittelmeerraum des 16. Jahrhunderts garantierte. Im Zuge dieser Fahrten eroberte er (vorübergehend) Tunis und etablierte zunächst auch dort die Herrschaft der Hohen Pforte. Es gelang ihm, die Herrschaft Venedigs und auch die der Spanier zurückzudrängen – heftige Seeschlachten folgten. Frankreich verbündete sich im Kampf gegen Spanien mit dem Osmanischen Reich und erwies Chayreddin hohe Ehren, wie das hier abgebildete Portrait zeigt: es hängt bis auf den heutigen Tag in einem französischen Schloss. Chayreddin Barbarossa starb 1546.

Nordafrika in der Frühen Neuzeit

In den Jahrzehnten um 1500 erlebten beide Ufer des Mittelmeeres eine Umbruchphase. Neue Seewege und Kontinente wurden entdeckt, neuartige Schiffe und Waffen verbreiteten sich, neue Großreiche rivalisierten miteinander. Bei aller Feindschaft blieben jedoch die Länder rings um das Mittelmeer vielfältig miteinander verflochten.

Ägypten bestand praktisch aus einer großen Flussoase mit sehr ergiebiger Landwirtschaft, was zu einer gewissen Vereinheitlichung führte und der Obrigkeit die Kontrolle erleichterte. Dagegen war der Westen Nordafrikas (der Maghreb: Marokko, Algerien, Tunesien, Libyen) dünn besiedelt, gering urbanisiert, wirtschaftlich und technisch relativ wenig entwickelt. Ertragreicher Ackerbau war nur in wenigen Regionen möglich; eine große Rolle spielten nomadische Viehhaltung und Handel.

Die geografischen Gegebenheiten (Wüsten, Gebirge, wenige ständige Flüsse) begünstigten lokale Autonomie und erschwerten den Aufbau staatlicher Strukturen. Die Reiche des Maghreb konzentrierten sich auf die Handelszentren, deren Umland und das Gebiet loyaler Stämme; abseits davon schwand die Macht des Herrschers rasch. Zwar lässt die Schwäche staatlicher Strukturen den damaligen Maghreb auf den ersten Blick als »Wilden Westen« der Arabischen Welt erscheinen, aber gerade unter diesen Bedingungen waren von lokalen Autoritäten eingeforderte, feste Regeln und verlässliche Gruppenzugehörigkeiten unverzichtbar.

Daher konnten die um 1500 in Tunis, Tlemcen und Fes regierenden Dynastien nur auf einen unzureichenden Verwaltungsapparat zurückgreifen und blieben auf die Unterstützung der Stämme angewiesen. Die den Herrscher direkt unterstützenden Personen und Gruppen (Machsan) stellten Krieger und sorgten für die Eintreibung von Abgaben. Um ihre Abhängigkeit von einzelnen Stämmen zu verringern, stützten die Herrscher sich auf die wenigen Städte und versuchten nach Möglichkeit, eine übergreifende religiöse Legitimität zu erlangen.

Osmanen und Spanier

Das Osmanische Reich eroberte 1516/17 das Mamlukenreich in Syrien, Ägypten und Westarabien und stieg für 400 Jahre zur führenden Macht im Nahen Osten auf. Auf dem afrikanischen Kontinent reichte die osmanische Herrschaft bis an die Rotmeerküste des Sudans und Eritreas, das heutige Algerien, Libyen und Tunesien wurden erworben, aber Marokko wurde nie Teil des Reiches.

Herrschaft wurde überall vor der Entstehung moderner Staatlichkeit punktuell, symbolisch und in Zusammenarbeit mit lokalen Eliten ausgeübt. Ein Gewaltmonopol, ein jederzeit mögliches Eingreifen von Behörden in das Leben des Einzelnen oder eine allgemeine Gültigkeit und Anwendung von Gesetzen waren nicht vorstellbar. Daher wurde der größte Teil des Osmanischen Reiches nach heutigen Maßstäben sehr lasch regiert und blieb in den meisten Belangen autonom.

Dies traf auf Ägypten und mehr noch auf Libyen, Tunesien und Algerien zu, aber es gab keinen Zweifel an ihrer Zugehörigkeit: Im Namen des osmanischen Sultans wurden Predigten gehalten und Münzen geschlagen, Abgaben flossen von Kairo nach Konstantinopel. Mit der Versorgung der Heiligen Städte Mekka und Medina erfüllte Ägypten außerdem eine politisch und religiös zentrale Aufgabe. Die übrigen afrikanischen Provinzen schickten keine Steuern, unterstützten aber bis weit ins 19. Jahrhundert regelmäßig die osmanischen Flottenoperationen.

Nach dem Fall Granadas 1492 trugen Portugal und Spanien die Reconquista (d.h. die Rückeroberung der Iberischen Halbinsel von den Muslimen) nach Afrika und eroberten zahlreiche Küstenstützpunkte, um die Seewege und nach Möglichkeit das Hinterland zu kontrollieren. An der Atlantikküste hielt Portugal mehrere Häfen (zum Beispiel Tanger, Agadir), während Spanien Festungen und Städte entlang der Mittelmeerküste vom noch heute spanischen Melilla über Oran und Tunis bis nach Tripolis besetzte. Unter umgekehrten Vorzeichen diente der Glaubenskrieg auch den nordafrikanischen Muslimen zur Rechtfertigung von Übergriffen. Bis ins späte 16. Jahrhundert war nicht klar, wo die Reconquista enden würde, da sie in den Machtkampf zwischen den osmanischen und spanisch-habsburgischen Weltmächten überging.

Die osmanischen Vorstöße nach Zypern, Kreta, Malta und Nordafrika waren der Versuch, den Flotten der Lateiner ihre jahrhundertealte Seeherrschaft über das Mittelmeer zu entreißen. Aber die lange Reihe spektakulärer Seeschlachten, Feldzüge und Belagerungen sowie das Vorhalten riesiger Flottenverbände und Militärkontingente überforderten auf Dauer selbst die Ressourcen der osmanischen und habsburgischen Weltreiche. Außerdem war nicht nur das Mittelmeer, sondern auch Südosteuropa Schauplatz des Konflikts. Gleichzeitig stand das Osmanische Reich im Konflikt mit Persien und am Indischen Ozean mit Portugal.

Schließlich beendeten die Großmächte 1581 den »heißen« Konflikt und setzten ihre Ressourcen anderenorts ein. Andalusien blieb unter christlicher, das nordafrikanische Festland unter muslimischer Herrschaft, und das Osmanische Reich verzichtete auf die Expansion im westlichen Mittelmeer. Nordafrika verlor zwar seine strategische Bedeutung, die wechselseitigen Kaperfahrten und Überfälle wurden jedoch eifrig fortgesetzt.

Infolge der Reconquista ließen sich zahlreiche aus Spanien und Portugal vertriebene Muslime in den Maghrebländern nieder, wo sie noch für Generationen als Andalusier bezeichnet wurden. Viele der ebenfalls vertriebenen sephardischen Juden fanden Aufnahme in Nordafrika, in der Levante, in Konstantinopel und in Thessaloniki, das zur Stadt mit der weltweit größten jüdischen Gemeinde wurde.

Da die spanische Krone die verbliebenen, zwangschristianisierten Muslime als »Fünfte Kolonne« des Osmanischen Reiches fürchtete, wurden deren letzte Nachfahren noch 1609 ausgewiesen. Die Andalusier trugen in Nordafrika dazu bei, dass die Bevölkerung vor allem der Städte noch etwas bunter wurde; außer Arabisch, Berberisch, Türkisch, Griechisch und der Mischsprache der mediterranen Seefahrer (Lingua Franca) war auf den Straßen auch Spanisch zu hören.

Vor dem Eingreifen des Osmanenreiches waren die Spanier und Portugiesen ihren nordafrikanischen Gegnern durch Feuerwaffen und neuartige Schiffe technisch überlegen. Kaperfahrten waren eine im ganzen Mittelmeerraum überaus gängige Mög-

Die Seeschlacht von Lepanto am 7. Oktober 1571

pa/akg-images/Cameraphoto

Ausschnitt aus dem Gemälde »Seeschlacht von Lepanto« (7. Oktober 1571), von Andrea Vicentino, 1595/1605, Öl auf Leinwand.

Nach der Besetzung des geostrategisch wichtigen Zyperns durch die Osmanen am 1. November 1570 konnte Papst Pius V. die christlichen Mittelmeerstaaten für einen Kampf unter dem Banner der Heiligen Liga einen. Unter dem Oberbefehl des 31-jährigen Admirals Don Juan de Austria entsandten die Republik Venedig, das Königreich Spanien, der Kirchenstaat und italienische Kleinstaaten ihre Flotten. Don Juan, gebürtiger Regensburger und Halbbruder des spanischen Königs Philipp II., stach mit 208 Galeeren und 6 Galeassen sowie kleineren Kampfschiffen vor dem sizilianischen Messina in See. Zwischen dem Peloponnes und dem griechischen Festland bei Lepanto, heute Nafpaktos, trafen am Morgen des 7. Oktober 1571 die bis dahin größten Galeerenflotten des Orients und Okzidents aufeinander. Beide Flotten waren nahezu gleichstark. Der osmanische Oberbefehlshaber Ali Pascha führte seinerseits 210 Galeeren und weitere Kampfschiffe in die Schlacht. Der Vorteil lag jedoch bei Don Juan, der mit seinen modernisierten Galeeren und den 6 Galeassen über feuerkräftige Großkampfschiffe verfügte. Die Kanonen zerschlugen die Reihen der Osmanen Schiff um Schiff. Auf den Galeeren kämpften die 32 000 Soldaten der Liga die 25 000 osmanischen Soldaten mit ihren Arkebusen im Feuerkampf nieder, während jene fast ausschließlich Pfeil und Bogen nutzten. Auch hier lag mit einer stärkeren infanteristischen Feuerkraft der Vorteil bei den Verbündeten. In der vierstündigen Schlacht wurde der Widerstand der Osmanen nicht nur wegen der Enthauptung Ali Paschas gebrochen. Die Truppen der Liga kämpften die Osmanen nieder, bis jene mit dem verbliebenen Fünftel ihrer Flotte den Rückzug antraten. Mit dieser Schlacht endete das Zeitalter der Ruderschiffe und Rammsporne. Die Ära der Segelschiffe und

Kanonen begann. Der spanische Kriegsteilnehmer Miguel de Cervantes griff die Seeschlacht von Lepanto in seinem Werk Don Quijote auf. Politisch blieb die Schlacht ohne weitreichende Folgen. Zypern wurde nicht zurückerobert, und die Osmanen stellten in wenigen Monaten eine neue Flotte auf. Die Heilige Liga jedoch zerbrach.

GK

lichkeit, diesen Nachteil auszugleichen, um den Gegner zu verunsichern, Nachschublinien zu gefährden sowie Waffen, Sklaven und Schätze zu erbeuten. Diese Aussichten zogen Abenteurer an, unter ihnen die von den ägäischen Inseln stammenden Brüder Barbarossa.

Unter Chayreddin Barbarossa eroberten Korsaren und Janitscharen 1529 Algier, wo dieser als osmanischer Statthalter eingesetzt wurde. Eine osmanische Streitmacht nahm das vom Orden der Johanniter (Malteser) besetzte Tripolis 1551 ein, 1574 folgte das von Spanien abhängige Tunis. Von diesen Häfen aus wurden die Kaperfahrten der muslimischen Korsaren organisiert.

In Marokko machten außerdem vertriebene Andalusier ausgehend von Rabat/Salé in der kleinen Republik von Bou Regreg (1627–1668) den Atlantik zwischen Gibraltar, den Kanaren und Azoren unsicher. So wie der Kampf gegen die christlichen Mächte das Kaperwesen rechtfertigte und die »Regentschaften« von Algier, Tunis und Tripolis legitimierte, diente er auch in Marokko zur Legitimation von Herrschaft. Spiegelbildlich zur Reconquista sah man sich gerne als Vorkämpfer des unverfälschten Islams, so dass ein Sultan in Erklärungsnot geriet, der sich aus Furcht vor der osmanischen Übermacht gegenüber Spanien kompromissbereit zeigte.

Korsaren und Mamluken

Der Kaperkrieg der Korsaren wurde umgekehrt auch mit christlicher Rechtfertigung geführt, vorwiegend von den Malteserrittern, daneben vom toskanischen Orden der Stephansritter, von

Die Osmanische Herrschaft im Mittelmeerraum um 1550

Quelle: Putzger, Atlas und Chronik zur Weltgeschichte, 2002, S. 116 f.

den Uskoken Dalmatiens und von Privatunternehmern. Auf beiden Seiten bestand das lukrativste Geschäft darin, Gefangene zu machen, um sie zu versklaven oder um für sie Lösegeld zu erpressen. Es handelte sich jedoch nicht um gesetzlose Piraterie, sondern um von der jeweiligen Obrigkeit gedeckte Freibeuterei. Deshalb konnten Handelsschiffe unter der Flagge verbündeter Mächte oder gegen Zahlung von Schutzgeld unbehelligt passieren, was schon die Androhung von Überfällen zu einem lohnenden Unternehmen und zu einer Belastung für die Handelsschifffahrt machte.

Größere christliche Staaten vereinbarten Schutzgeldzahlungen in Verträgen mit den Regentschaften. Einige kleinere Staaten, wie die Hansestadt Hamburg, richteten Sklavenkassen ein, eine frühe Form der Versicherung für den möglichen Freikauf von in Gefangenschaft geratenen Seeleuten. Vorwiegend auf katholischer Seite widmeten sich Orden und Stiftungen dem Sklavenfreikauf. Umgekehrt wurden muslimische Sklaven in Spanien, Italien, Frankreich, England oder Deutschland seltener losgekauft, obwohl es dort ebenfalls Kollekten und Stiftungen zu diesem Zweck gab.

Offenbar war man auf christlicher Seite weniger an Lösegeld oder Gefangenenaustausch interessiert als zum Beispiel an Ruderern für die Galeeren. Ein entsprechendes Angebot des marokkanischen Sultans Mulay Ismail schlug der französische König Ludwig XIV. aus, weil der Verlust tausender muslimischer Rudersklaven seine Mittelmeerflotte lahmgelegt hätte.

Christliche Sklaven in Nordafrika, die zum Islam übertraten, konnten sich dort eine neue Existenz aufbauen. Daneben gab es auch freiwillige »Arbeitsmigration«, etwa von westeuropäischen Seeleuten, die im 17. Jahrhundert einen beträchtlichen Teil der Schiffsbesatzungen stellten. Wer von diesen sogenannten Renegaten einmal heimkehrte, stand begreiflicherweise unter starkem Rechtfertigungsdruck und musste sich in Spanien, Portugal und Italien bei der Inquisition um einen »Persilschein« bemühen. Auch über das Schicksal einiger protestantischer Rückkehrer aus weit entfernten Regionen sind bisweilen Einzelheiten bekannt. So berichtete der nordfriesische Seefahrer Hark Olufs in seinen Erinnerungen, dass er in der algerischen Unterprovinz Constantine von der Gefangenschaft bis in hohe Ämter aufgestiegen sei.

Obwohl solche Geschichten abenteuerlich klingen und mit Vorsicht zu betrachten sind, scheinen sie nicht völlig aus der Luft gegriffen zu sein, denn tatsächlich wurde der größte Teil der Schiffsbesatzungen und des Militärs außerhalb von Nordafrika rekrutiert. Renegaten standen im Osmanischen Reich bei entsprechenden Fähigkeiten und Beziehungen alle Karrieremöglichkeiten offen; in Nordafrika konnten sie bis an die Spitze der Provinzregierung gelangen. Die Aufnahme und Nutzung von Talenten ohne Rücksicht auf deren Herkunft war eine Stärke des ethnisch und religiös äußerst vielfältigen Osmanischen Reiches.

Mindestens seit dem 10. Jahrhundert hatten muslimische Herrscher und Würdenträger junge Sklavenkinder von als besonders geeignet geltenden Völkern gekauft, um sie im eigenen Haus islamisch erziehen und militärisch ausbilden zu lassen und dann als loyale Gefolgsleute einzusetzen (Mamluken). Verschiedene Ausformungen dieser türkischsprachigen Militäraristokratie spielten bis ins 19. Jahrhundert hinein eine wesentliche Rolle in der Geschichte Nordafrikas und des Nahen Ostens.

Neben der bekannten Rekrutierung von christlichen Untertanen (Devschirme) für das Janitscharenkorps stiegen im Osmanischen Reich regelmäßig aus dem Balkanraum, Tscherkessien, Georgien oder Abchasien stammende Sklavinnen und Sklaven bis in höchste Positionen einschließlich des Grosswesirats auf. Selbst die meisten Sultane waren durch ihre Mütter kaukasischer oder südosteuropäischer Abstammung. Der Status eines Sklaven war keineswegs mit einem Makel behaftet, sondern durchaus mit der Zugehörigkeit zur Oberschicht vereinbar.

Auch die führenden Militäraristokraten (Beys) Ägyptens erwarben ihre Sklaven vorwiegend im Kaukasusraum, um sie zur nächsten Generation von Mamluken heranzuziehen. Dadurch bildeten sich mächtige »Häuser« heraus, die unter der Führung der Beys deren Mamluken mit Soldaten des Provinzmilitärs und Angehörigen der städtischen Oberschichten verbanden. Ein solches Haus konnte zugleich Miliz, politische Partei und Wirtschaftunternehmen sein und stand in oft erbitterter Rivalität mit anderen Häusern.

In den Ländern des Maghreb bestimmte seit Langem das Spannungsverhältnis zwischen der Regierung mit ihren Verbündeten und den autonomen Stämmen die innenpolitische Situation. Nun aber glichen die osmanischen Provinzregierungen die strukturelle Schwäche ihrer Herrschaft gegenüber der Gemengelage lokaler Gruppen durch Rekrutierung von außerhalb aus. Deshalb rekrutierten die Janitscharen von Algier, Tunis und Tripolis ihren Nachwuchs grundsätzlich in Rumelien und Anatolien. Diese in den osmanischen Kernprovinzen rekrutierten Truppen waren zwar nicht sehr zahlreich, aber relativ gut ausgebildet und ausgerüstet. Dies demonstrierten sie bei der jährlichen Expedition (Mahalla) zu den autonomen Stämmen, die dazu diente, die Souveränität des Staates zu zeigen und Abgaben einzutreiben.

Dagegen waren die marokkanischen Herrscher stärker auf die Unterstützung loyaler Stämme angewiesen, obwohl sie ebenfalls versuchten, sich durch Rekrutierung von europäischen Renegaten, osmanischen Söldnern oder westafrikanischen Soldaten (Abîd) von der Stammespolitik unabhängiger zu machen. Allerdings konnte man damit vom Regen in die Traufe geraten: Die Abîd wurden Mitte des 18. Jahrhundert vorübergehend so mächtig, dass sie den Sultan nach Belieben ein- und absetzen konnten.

Ein wichtiges über den Stammeszugehörigkeiten und -allianzen stehendes Element waren in Marokko Mystiker-Heilige und städtische Rechtsgelehrte, da die islamische Religion und Rechtsordnung dem Herrscher eine von politischen Interessengruppen unabhängige Legitimation versprach. Die Wattasidensultane (1465–1549) waren deshalb im Nachteil gegenüber der folgenden Dynastie der Saadier (1549–1664), die zwar nicht für einen mächtigen Stamm standen, aber vom Propheten Mohammed abstammten und als solche weniger auf die Unterstützung der Rechtsgelehrten angewiesen waren als andere Herrscherfamilien. Auch die Nachfolger der Saadier, die bis heute herrschenden Alawiden, sind Nachfahren des Propheten (Scherifen).

Während im Maghreb lokale Heilige und Scherifen die Szenerie bestimmten, erlangten in Ägypten die beiden obersten Scheiche der mystischen Bruderschaften großen Einfluss, und der Vorsteher der aufstrebenden al-Azhar-Hochschule wurde zum führenden Vertreter der eng mit dem Staat verbundenen Rechtsgelehrten. Mystikerscheiche und Rechtsgelehrte stellten ein »ziviles« Gegengewicht zu den Militäraristokraten dar.

Das wichtigste Regierungsgremium Ägyptens war der Rat des Statthalters (Vali/Pascha), dem die höchsten Offiziere des

Provinzmilitärs, der Schatzmeister und der oberste Richter angehörten, wobei der Statthalter in der Praxis recht begrenzte Befugnisse besaß, aber mit wechselndem Erfolg ein prekäres Gleichgewicht aufrechterhielt. Tunis, Algier und Tripolis wurden in unterschiedlichen Konstellationen von einem Rat aus Janitscharen-Offizieren, Korsarenkapitänen und einigen städtischen Notabeln unter Vorsitz des Statthalters beherrscht. Die Autonomie der Maghrebprovinzen zeigte sich darin, dass die Hohe Pforte nach einigen Jahren keinen Statthalter mehr schickte, sondern einen aus der Mitte der lokalen Militäraristokratie bestimmten Anführer (Bey oder Dey) in dieser Funktion bestätigte und auch sonst auf direkte Eingriffe weitgehend verzichtete. Westliche Beobachter verglichen die Regierungsform der drei Regentschaften oft mit den Stadtrepubliken Italiens. Angesichts der Rahmenbedingungen überrascht es nicht, dass Machtkämpfe und Regierungswechsel in ganz Nordafrika im 16. und 17. Jahrhundert meist gewaltsam vor sich gingen.

Handel und Wandel

Etwa bis Mitte des 17. Jahrhunderts profitierte Nordafrika von seiner zentralen Lage im Handelsnetz zwischen Südeuropa, Afrika südlich der Sahara und dem östlichen Mittelmeerraum. Gold, Sklaven und Elfenbein aus dem Süden wurden gegen Salz, Tuch, Pferde und Waffen aus dem Norden getauscht. Über Ägypten wurden außerdem bis ins 17. Jahrhundert Gewürze, später Kaffee in den Nahen Osten und nach Europa gebracht.

Um 1700 erwies sich das Kapergewerbe, nicht zuletzt aufgrund britischer und französischer Bombardierungen der Häfen, als nicht mehr lohnend genug und erhielt immer weniger Unterstützung von der Obrigkeit, zumal es auch der Hohen Pforte nicht mehr ins Konzept passte. Da der Transsaharahandel ebenfalls weniger profitabel wurde, verlegten sich die Provinzfürsten und die mit ihnen verbundenen Eliten im 18. Jahrhundert darauf, das Hinterland effektiver zu besteuern, kommerzielle Landwirtschaft zu betreiben und den Außenhandel zu kontrollieren. Viele Kaufleute und Führer der ägyptischen Mamlukenhäuser gelangten in dieser Zeit durch Kaffeehandel zu beträchtlichem Wohlstand.

Die seit jeher intensiven wirtschaftlichen Verbindungen Nordafrikas mit den anderen Ufern des Mittelmeers wurden im späten 18. Jahrhundert allmählich einseitiger: Westeuropäische Mächte erwarben zunehmend Privilegien, bauten den politischen Einfluss ihrer Konsulate in Nordafrika aus und bestimmten immer mehr das Wirtschaftsgeschehen.

Zunächst brachte das 18. Jahrhundert den westlichen osmanischen Provinzen eine gewisse Stabilität; im Gegensatz zu den blutigen Regierungswechseln ihrer Vorgänger starben die meisten algerischen Deys friedlich im Bett, in Tunesien etablierte sich 1705 die Familie der Husayniden, in Tripolis 1711 die der Karamanli als lokale Machthaber. Die Suche der Provinzeliten nach neuen Einnahmequellen führte indes dazu, dass sie versuchten, bisher autonome Regionen unter direkte Kontrolle zu bringen, und mit steigendem Steuerdruck zur Rebellion trieben. Im Zeitalter der Napoleonischen Kriege lebte das Kaperwesen nochmals auf, wurde aber durch modern ausgerüstete Strafexpeditionen Frankreichs, Großbritanniens und der USA endgültig unterbunden.

Während der Krisenzeit im letzten Drittel des 18. Jahrhundert kippte die delikate Machtbalance in ganz Nordafrika. Aufgrund politisch instabiler Verhältnisse, verheerender Kriege, Dürren und Seuchen brach die Wirtschaft ein, und es kam zu einem Bevölkerungsrückgang. Nach zwei verlustreichen Kriegen gegen Russland und der französischen Invasion Ägyptens verlor das Osmanische Reich im 19. Jahrhundert die Herrschaft über Nordafrika an westliche Mächte, hielt sich aber in Libyen bis 1912.

Henning Sievert

pa/maxppp

Frankreich begann 1830 mit der Inbesitznahme des heutigen Algeriens. Die folgenden Jahrzehnte waren geprägt von harten Kämpfen zwischen den Besatzern und einheimischen Aufständischen, die sich keiner offenen Feldschlacht stellten, sondern in den »Kleinen Krieg« auswichen.

Das algerisch-arabische Wort »ghāziya«, das ursprünglich »Kriegszug« meinte, entwickelte sich vor diesem Hintergrund zu »Razzia«, verstanden als Polizeiaktion der »Imperialmacht«. Hier verschränkten sich militärische Operationen »mobiler Kolonnen« mit Zerstörungszügen, um potenziellen »Aufständischen« systematisch die Wirtschafts- und Lebensgrundlage zu entziehen. Schon in den Worten »Aufständische« und »Einheimische« zeigt sich eine problematische eurozentrische Sicht, genauso wie in der Begriffsprägung »pacification« (»Befriedung«). Oft erfolgte diese »Befriedung« durch flächendeckende Umsiedlungsaktionen und Massaker. Ihren einflussreichsten Gegner fand die französische Kolonialarmee in Abd el-Kader (1808–1883). Der Sohn eines islamischen Geistlichen avancierte in jungen Jahren zum charismatischen Führer der Widerstandsbewegung. Zwischen 1837 und 1843 trug seine Herrschaft in den von ihm gehaltenen Gebieten im Westen und im Hinterland Algeriens sogar Züge einer Staatsbildung. Von einer einigermaßen flächendeckenden französischen Herrschaft konnte erst mit der Niederwerfung der Kabylei im Jahr 1857 die Rede sein.

Nordafrika im 19. Jahrhundert: Zwischen der verhinderten Großmacht Ägypten und der europäischen Kolonie Algerien

Das Osmanische Reich sei der »Kranke Mann am Bosporus« – dieser Ausspruch des russischen Zaren Nikolaus I. im Jahr 1852 prägt bis heute die europäische Wahrnehmung vom »Orient« und also auch Nordafrikas. Im »langen« 19. Jahrhundert, der Zeit Napoleons bis zum Ersten Weltkrieg, geriet das Osmanische Reich zum Spielball der europäischen Großmächte. In dieser Zeit verlor es neben der Balkanhalbinsel seine nordafrikanischen Besitzungen. Neben seinem traditionellen Gegner Russland traten seit den Napoleonischen Kriegen verstärkt Frankreich und Großbritannien in Erscheinung. Zwischen 1830 und 1912 teilten diese sich (bis auf Libyen) die koloniale Beute am Südrand des Mittelmeeres. Allerdings sollte nicht vergessen werden, dass gerade in Nordafrika Modernisierungsprozesse machtvoll vorangetrieben wurden; am eindrucksvollsten in Ägypten unter Mohammed Ali, der dort von 1805 bis 1848 als Gouverneur und später Vizekönig des Sultans regierte. Ähnliche Modernisierungen erfolgten auch in den drei »Barbareskenstaaten« des Maghreb – Algier, Tunis und Tripolis. Wie in Ägypten blieb die osmanische Herrschaft hier nur schwach ausgeprägt. Das Scherifenreich in Marokko gehörte ohnehin nie zum Osmanischen Reich.

Der Niedergang des Osmanischen Reiches: Die Orientalische Frage

Die europäische Dominanz über Nordafrika nahm im 19. Jahrhundert verschiedene Formen an: zwischen der direkten Herrschaft Frankreichs über seine Kolonie Algerien von 1830 bis 1962 bis hin zur britischen Oberhoheit über Ägypten von 1881/1914 bis 1922. Abgesehen von Algerien erfolgte der eigentliche Ausgriff der europäischen Mächte nach Nordafrika erst in den 1880er-Jahren. Dabei gingen der direkten europäischen Herrschaft wirtschaftlich-finanzielle und technologische Asymmetrien voraus. Nur militärisch besaßen europäische Flotten und Heere schon seit dem späten 18. Jahrhundert eine Überlegenheit gegenüber den ägyptisch-mamlukischen und osmanischen Truppen; das wurde mit der napoleonischen Invasion nach Ägypten 1798 manifest. Allerdings initiierten die Herrscherpersönlichkeiten Nordafrikas – wie auch der Sultan in Konstantinopel selbst – im 19. Jahrhundert europäisch inspirierte Modernisierungsprozesse. Trotz anderer Ausgangsbedingungen führten sie mitunter zu ähnlichen Konflikten zwischen Erneuerern und traditionalen Gewalten wie gleichzeitig in Europa. Anders als dort jedoch führten die Reformen nicht zur Entstehung des Staates, sondern zum Verlust der Unabhängigkeit: Die Militär-, Verwaltungs- und Bildungsreformen sowie Infrastrukturprojekte beanspruchten hohe Staatsausgaben, die durch auswärtige Kreditaufnahmen gedeckt wurden. Das führte zu Verschuldungskrisen; dies wiederum zum Verlust der Souveränität. Eine französische Invasion machte Tunesien 1881 (bis 1956) zum französischen Protektorat. Fast zeitgleich erlangte Großbritannien die Kontrolle über Ägypten, das indessen erst ab 1914 formal als britisches Protektorat aus dem Osmanischen Reich ausschied. 1911 entschloss sich auch Italien zum Ausgriff auf die afrikanische Nordküste und eroberte das beim Osmanischen Reich verbliebene heutige Libyen. Als letztes der nordafrikanischen Gebiete verlor Marokko 1912 seine Unabhängigkeit, als es von französischen und spanischen Kräften besetzt wurde.

»Modernisierung« in Ägypten: Von Napoleon (1798/99) zu Mohammed Ali (1805–1848)

Mit den Konflikten im Gefolge der Französischen Revolution von 1789 veränderte sich das Machtgefüge in Nordafrika. Der vom ehrgeizigen, damals 29-jährigen Revolutionsgeneral Napoleon Bonaparte angeführte Feldzug nach Ägypten vom Juni 1798 trug bereits Züge der späteren europäischen Expansion: Diese war gekennzeichnet von militärisch-taktischer Überlegenheit, der Rivalität Frankreichs mit Großbritannien und des Anspruchs,

Napoleons Ägyptenfeldzug 1798

pa/akg-images/Erich Lessing

»Die Schlacht bei den Pyramiden« (21. Juli 1798), Francois Louis Joseph Watteau, 1798/99, Öl auf Leinwand.

Mit den Kriegen im Zuge der Französischen Revolution 1789 betrat Napoleon Bonaparte die Weltbühne. In Folge des Ersten Koalitionskrieges blieb Großbritannien als ungeschlagener Gegner Frankreichs bestehen. In seiner Lage sicher, konnte das Inselreich nicht direkt angegriffen werden. Frankreich versuchte daher, die britische Vormachtstellung zu brechen und Handelsverbindungen nach Indien durch die Besetzung geostrategisch wichtiger Regionen in Nordafrika zu kappen. Eine davon war Ägypten, das Großbritannien nutzte, um seine Handelswege nach Afrika und Asien zu sichern. Eine halb militärisch-wissenschaftliche Expedition setzte zum Sprung nach Ägypten an.

Die dafür gerüstete französische Flotte stach vor Toulon im Mittelmeer am 15. Mai 1798 in See und erreichte Malta am 9. Juni. Ohne großen Aufwand eroberte Napoleon die Insel und setzte Kurs auf Alexandrien. Die Hafenstadt fiel am 2. Juli 1798 und öffnete Napoleon das Tor nach Ägypten.

In der Schlacht bei den Pyramiden errang der junge Feldherr mit seinen 20 000 Mann gegen das 34 000 Mann starke ägyptische Mamlukenheer am 21. Juli 1798 den entscheidenden Sieg. Napoleon wandte sich vor den Pyramiden zu seinen Truppen und rief angeblich: »Seht, von der Spitze dieser Pyramiden blicken 40 Jahrhunderte auf euch herab!« Der ägyptische Feldzug brachte ebenso, wenn auch später, einen wissenschaftlichen Sieg. Der mitgereiste Forscher Jean-François Champollion konnte nach dem Feldzug die Hieroglyphen im Jahre 1822 schließlich dechiffrieren und begründete die Ägyptologie.

Der britische Admiral Horatio Nelson siegte allerdings über die französische Flotte in der Seeschlacht von Abukir am 1. August 1798. Er schnitt das Expeditionskorps vom Nachschub ab und versperrte ihm den Rückweg. Die Ausweitung der ägyptischen Expedition nach Nordosten führte zur Kriegserklärung der Osmanen am 1. September 1798. Napoleon unterlag in seinem Feldzug im heutigen Palästina 1799 gegen die Osmanen. Militärisch blieb der Feldzug Napoleons ohne Einfluss auf die Vormachtstellung Großbritanniens. Die Franzosen jedoch büßten durch den Verlust der Mittelmeerflotte ihre maritime Schlagkraft an der Südflanke Europas ein.

GK

die einheimische Bevölkerung zur »modernen« Zivilisation zu missionieren.

Der französische Abzug hinterließ in Ägypten ein Machtvakuum. Bey Mohammed Ali, Offizier eines vorrangig aus Albanern bestehenden osmanischen Truppenkontingents, nutzte die Instabilität, indem er im Mai 1805 im Zuge einer Aufstandsbewegung an die Macht gelangte; zwei Monate später ernannte ihn der Sultan zum Gouverneur. Die Reformära Mohammed Alis begann mit der rücksichtslosen Ausschaltung der traditionalen Eliten. Führende Mamluken fielen 1811 einem Massaker zum Opfer, die geistlich-juristischen Führungsschichten (Ulama) und religiösen Stiftungen verloren durch Verstaatlichung ihres Landbesitzes an Bedeutung. Gegen 1815 war die Herrschaft Mohammed Alis nach innen stabilisiert. Im Rahmen seiner Militärreformen übernahm die ägyptische Armee Wehrpflicht, Bewaffnung und Organisation nach europäischem, insbesondere französischem Muster. Es entstanden militärische Schulungseinrichtungen und europäische, oft französische, Offiziere gelangten ins Land. Auf dieser Grundlage expandierte die ägyptische Herrschaft, zunächst im Auftrag des Sultans. Von 1811 bis 1816 schlug ein ägyptisches Heer den Aufstand der Wahhabiten unter den Sa'ud auf der Arabischen Halbinsel nieder. Es folgte 1812 ein Feldzug nach Oberägypten. Der weitere Vorstoß in den Sudan ab 1821 geriet bald zu einem ägyptischen Sub-Imperialismus. Der zur selben Zeit gegen die osmanische Herrschaft ausgebrochene Aufstand der griechischen Nationalbewegung zwang den osmanischen Sultan Mahmud II., sich auf die modernisierten ägyp-

pa/Unites Archives/DEA

Seeschlacht von Navarino am 20. Oktober 1827, George Philip Reinagle, 1828, Öl auf Leinwand. Der Maler war an Bord der Mosquito Zeuge der Seeschlacht bei Navarino.

tischen See- und Landstreitkräfte zu stützen. Zusammen mit seinem Sohn und Unterfeldherrn Ibrahim Pascha gelang es Mohammed Ali, den Aufstand zwischen 1822 und 1824 auf Kreta und auf dem Peloponnes niederzuschlagen. Nur durch die Intervention der europäischen Mächte konnte die griechische Unabhängigkeit (3. Februar 1830) erreicht werden. In der Seeschlacht bei Navarino siegten am 20. Oktober 1827 die britisch-französisch-russischen Flotten über die osmanische Flotte einschließlich ihres starken ägyptischen Kontingents.

Angesichts der fortgesetzten Rückschläge sah sich auch Sultan Mahmud II. gezwungen, das osmanische Heer im Rahmen der Tanzimat (türk.: Neuordnung) ab 1839 zu modernisieren – nach ähnlichen Innovationsmodellen wie in Ägypten.

Das gestiegene Selbstbewusstsein Mohammed Alis führte ab November 1831 zum offen Konflikt mit dem Sultan. Ibrahim Pascha nahm als Unterfeldherr Syrien in Besitz und stieß dann sogar bis nach Anatolien vor, wo er bei Konya (21. Dezember 1832) ein osmanisches Heer besiegte. Somit beherrschte das Ägypten Mohammed Alis die Ostküste des Mittelmeeres. Die osmanische Armee wurde erneut bei Nizip (24. Juni 1839) geschlagen (wo der preußische Militärberater Helmuth von Moltke die osmanische Artillerie kommandierte). Erneut intervenierten die europäischen Mächte: Großbritannien, Österreich-Ungarn, Preußen und sogar Russland retteten die Herrschaft des Sultans, setzten jedoch massive Zugeständnisse zugunsten der europäischen Freihandelsinteressen durch. Mohammed Ali wurde zwar als erblicher Khedive (Vizekönig) bestätigt, verlor jedoch Syrien.

Die kurze Phase Ägyptens als Großmacht im östlichen Mittelmeer war damit zugunsten der europäischen Mächte beendet.

Zur selben Zeit etablierte sich die europäische Vorherrschaft im westlichen Mittelmeer. In den »Barbareskenstaaten« – Algier, Tunis und Tripolis, aber auch in Marokko – hatten sich seit dem 16. Jahrhundert militärische, soziale und wirtschaftliche Strukturen des institutionalisierten Korsarentums herausgebildet. Auf beiden Seiten des Mittelmeers – auch durch christliche Schiffe – wurden Seefahrer und Bewohner der Küstenstriche verschleppt. Insbesondere für die nordafrikanischen »Regentschaften« bildete das die Grundlage für ein einträgliches Lösegeldgeschäft. Im Windschatten der napoleonischen Großkonflikte erlangte das Korsarentum – nach einem steten Niedergang im 18. Jahrhundert – wieder an Bedeutung. Zudem waren der Malteserorden und Venedig 1797/98 als traditionelle Gegner der nordafrikanischen Korsaren der französischen Expansion zum Opfer gefallen. Kurz darauf trat die junge US-amerikanische Republik in das maritime Mächtegefüge ein: Als diese dem Bey von Tripolis, Yussuf Karamanli, Tributzahlungen (um so nicht von Korsaren behelligt zu werden) verweigerten, eskalierte dies zu den »Barbary Wars« (1801–1805), in die auch Algier, Marokko und Tunis hineingezogen wurden. In einem zweiten »Barbareskenkrieg« erzwang eine US-amerikanische Flottenexpedition nach Algier 1815 die vertragliche Zusicherung, auf die Gefangennahme von Christen zu verzichten. Der Dey von Algier erklärte dieses Abkommen kurz darauf jedoch für nichtig, worauf seine Flotte 1816 durch ein britisch-niederländisches Geschwader vernichtet wurde.

Von der Ächtung der Piraterie auf dem Wiener Kongress 1815 waren auch die nordafrikanischen Regentschaften betroffen, die nunmehr als »Piratennester« denunziert wurden. Weltweit ging die britische Marine gegen den Sklavenhandel und zugunsten des Freihandels gewaltsam vor. Das entzog den im Mittelmeerraum, aber auch im Sahelgebiet gewachsenen Wirtschaftsstrukturen die Basis. Spätestens mit der Pariser Seerechtsdeklaration von 1856 galten auch Kaperfahrer als Illegale und daher stets zu verfolgende Piraten. Damit endete die Zeit der nordafrikanischen Korsaren – soweit sie nicht zu Schleichhändlern mutierten.

Die französische Eroberung Algeriens (1830–1848)

Auf dem nordafrikanischen Festland bildete die Landung eines französischen Expeditionskorps bei Algier am 14. Juni 1830 den Ausgangspunkt für die Expansion. Ungeregelte französische Schulden aus den 1790er-Jahren führten 1827 zu einer Auseinandersetzung zwischen dem französischen Botschafter und dem Dey von Algier, der den französischen Botschafter schließlich mit seinem Fliegenwedel schlug. Das nutzte der Bourbonenkönig Karl X. als Chance, um seine schwankende Herrschaft durch außenpolitische Erfolge zu stabilisieren. Freilich erstreckte sich die französische Präsenz zunächst nur auf das Gebiet um Algier und einige Küstenstützpunkte wie Oran. Zwar fiel das französische Königshaus im Monat darauf der Julirevolution zum Opfer, doch hielt auch das »Julikönigtum« des »Bürgerkönigs« Louis-Philippe I. an der kolonialen Expansion fest. Die französische Herrschaft sollte aber Jahrzehnte benötigen, um sich im Territorium zu verwurzeln. Weite Teile des Landes stürzten in Anarchie.

Seit 1840 setzte eine massive europäische Siedlung ein; nach acht Jahren waren fast 100 000 Europäer nach Algerien gelangt. Ebenso groß war die Zahl der Soldaten, die in der französischen Afrika-Armee dienten. Als sich um 1870 fast eine Viertelmillion europäischer Siedler in Algerien befanden, war die »einheimische« Bevölkerung infolge von Krieg, Krankheit, Umsiedlung und wirtschaftlichem Desaster von rund drei Millionen Menschen um 15–20 Prozent geschrumpft. Nur von begrenzter Reichweite war die pro-arabische Haltung des Kaisers Napoleon III., der sich als »Kaiser der Araber wie Franzosen« bezeichnete. Diese Position erregte massiven Widerstand der europäischen Siedler. Entsprechend begrüßten diese die Absetzung des Kaisers infolge des Deutsch-Französischen Krieges 1870/71 und versuchten, auch die Militärverwaltung zugunsten siedlerfreundlicher Eigentumsverhältnisse abzusetzen. Somit eskalierte im Frühjahr 1871 ein innerfranzösischer Bürgerkrieg mit einem massiven anti-kolonialen Aufstand um Mohammed el-Mokrani.

Mit der blutigen Niederschlagung dieser Bewegung verbanden sich drastische Landenteignungen und Umsiedlungen der arabischen und berberischen Bevölkerung; das Land in Siedlerhand verdoppelte sich. Indessen erlangten Juden europäischer wie nordafrikanischer Herkunft das französische Bürgerrecht. Der europäische Zustrom verstärkte sich aus dem 1871 von Deutschland annektierten Elsass-Lothringen. Ausweislich der Volkszählung von 1901 waren von der rund 4,5 Millionen Menschen umfassenden Bevölkerung der drei algerischen Départements rund 13 Prozent (580 000) Europäer; unter ihnen rund 150 000 spanischer und 40 000 italienischer Herkunft. Die großen Städte Algier, Oran und Bône (Annaba) besaßen mit einem Bevölkerungsanteil von jeweils 70 Prozent eine deutliche europäische Prägung, viel weniger jedoch war dies auf dem Lande oder in den Städten Constantine (37 %) im Osten und Tlemcen (16 %) im Westen der Fall.

Der Verlust der ägyptischen Unabhängigkeit bis zur Protektoratsbildung 1881/82

In Ägypten erlangte Ismail, der Sohn Ibrahim Paschas vom Sultan 1866/67 endlich den schon seit Mohammed Ali geläufigen Titel als erblicher Khedive (König). Obwohl das bei Weitem bevölkerungsreichste und ökonomisch stärkste Land Nordafrikas, bestand Ägyptens größtes Problem in der Wirtschafs- und Finanzpolitik. Die durch die Modernisierungspolitik erwachsenen Kosten wurden zum großen Teil durch Kreditaufnahmen bestritten. Die von den europäischen Mächten erzwungenen Freihandelsabkommen beendeten zudem die unter Mohammed Ali eingerichteten lukrativen Staatsmonopole. Zudem brachte die Aufhebung der traditionalen Besitzordnungen, verknüpft mit freiem Landerwerb, neue besitzende Schichten in Ägypten hervor und verschärfte so die sozialen Spannungen. Viele Bauern entzogen sich den neuen Abgaben und der Wehrpflicht durch Landflucht.

Der unter Mohammed Ali begonnene und unter seinen Nachfolgern forcierte Anbau von Baumwolle als Exportprodukt erlebte während des Amerikanischen Bürgerkrieges in den 1860er-Jahren einen Boom, der danach jedoch in Preisverfall und Krise mündete. Ein weiterer kostenträchtiger Modernisierungsfaktor erwuchs mit dem Ausbau der Verkehrsinfrastruktur. Der seit 1807 geplante Mahmudiya-Kanal verband ab 1820 Alexandrien mit dem Nildelta. In den 1850er-Jahren entstand – von britischer Seite angeregt und mitfinanziert – eine Bahnverbindung zwischen Alexandrien, Kairo und Suez, später auch nilaufwärts in den Sudan. Konzessionen von 1854 und 1856 schließlich führten zum französisch inspirierten und maßgeblich teilfinanzierten Projektstart des Suezkanals, eine Idee, die bereits Napoleon Bonaparte während seines Ägyptenfeldzuges verfolgt hatte. Dieses von Mohammed Said Pascha an seinen französischen Vertrauten Ferdinand de Lesseps übertragene Großprojekt wurde am 17. November 1869 fertiggestellt.

Mit der Modernisierung verband sich die Migration europäischer Fachkräfte nach Ägypten. Das prägte nicht nur die Stadtentwicklung ganzer Viertel in Alexandrien, sondern führte auch dazu, dass die europäischen diplomatischen Missionen Schutzansprüche für ihre Bürger zur Geltung brachten. Das so etablierte Fremdenrecht führte zu Auseinandersetzungen. Im Februar 1879 formten ägyptische Offiziere die Keimzelle der späteren Nationalpartei. Als der Khedive Ismail daraufhin seine französischen und britischen Minister entließ und sich so dem machtpolitischen Gegendruck Frankreichs und Großbritanniens auslieferte, setzte ihn der Sultan am 26. Juni 1879 ab. Dies wiederum veranlasste eine Bewegung, angeführt von ägyptischen Offizieren, zum sogenannten Urabi-Aufstand von 1881/82. Die daraufhin erfolgte britische Intervention von 1881 beendete de facto die ägyptische Unabhängigkeit. Letztlich war diese Entwicklung die Folge der asymmetrischen Wirtschaftsbeziehungen zwischen Ägypten und den europäischen Großmächten.

Dessen ungeachtet vollzog sich die ägyptische Expansion in den Sudan, der bis zum Ende des Jahrhunderts ägyptisch durchdrungen wurde – auch unter Hinzuziehung europäischer Experten und Militärs wie des ab 1873 vom Khediven installierten Generalgouverneurs, des Briten Charles George Gordon. Während der zweiten Hälfte des 19. Jahrhunderts wurde auch der »Sudan« – im Sinne der Sahelzone zwischen Wüste und Regenwald – europäisch durchdrungen. So erreichte eine französische Expedition von Französisch-Äquatorialafrika aus im Jahr 1898 Faschoda am oberen Nil. Vor Ort tauschten zwar französische und britische

Offiziere Höflichkeiten aus; doch diplomatisch erwuchs daraus eine ernsthafte Krise, da die französische Expedition in ein Gebiet vorgedrungen war, das auch die Briten für sich beanspruchten. Der kurz drauf geschlossene Sudanvertrag zwischen beiden Ländern besiegelte 1899 den Status des Sudan als britisch-ägyptische Kolonie.

Das Ende der mit dem Korsarentum (sowie dem Sklavenhandel durch die Sahara) verbundenen Gewaltökonomie, die Umbrüche von Wirtschafts- und Machtverhältnissen im Mittelmeer führten auch zum Einflussverlust der Beys von Tunis und Tripolis. Auch hier entwickelte sich eine Finanz-, dann Schuldenkrise. Die Ausweitung der Abgaben entfachte Rebellionen, die 1832 zur Abdankung des seit 1795 regierenden Beys von Tripolis Yusuf Karamanlis, führten. Die internen Machtkämpfe mündeten in eine osmanische Intervention, die 1835 die direkte Herrschaft Konstantinopels etablierte – bis zum Beginn der italienischen Herrschaft 1911/12. Die Cyrenaika weiter östlich hingegen beherrschte in politischer wie religiöser Hinsicht die sufistische Ordensgemeinschaft der Senussi (Sanussiya) seit der zweiten Hälfte des 19. Jahrhunderts, bis dort ebenfalls Italien 1912 begann, das Gebiet gewaltsam zu kolonisieren.

Das Muster der wirtschaftlichen Durchdringung über Freihandelsverträge, Modernisierung und Schuldenkrise bis zur Abhängigkeit kam auch in Tunesien zur Anwendung. Hier schwankte die Regierung zur Bewahrung des autonomen Status zwischen dem Sultan in Konstantinopel und Frankreich. Eine politische Modernisierung zeigte sich dahingehend, dass 1861 eine Verfassung eingeführt wurde; eine bemerkenswerte, doch in der Praxis wenig erfolgreiche Neuerung. Vielmehr führte die Wirtschaftskrise in den späten 1860er-Jahren an den Rand des Staatsbankrotts, sodass Tunesien 1869 der Kontrolle einer internationalen Finanzkommission unterstellt wurde. Anschließende Unruhen führten zur Intervention britischer, französischer und italienischer Kriegsschiffe zugunsten ihrer Staatsbürger. War Tunesien auf dem Berliner Kongress von 1878 inoffiziell der französischen Einflusszone zugesprochen worden, führte drei Jahre später, 1881, ein Grenzzwischenfall zur französischen Besetzung und Errichtung eines Protektorats unter Aufsicht eines französischen Generalresidenten.

Die französische Durchdringung Algeriens und der Sahara setzte seit Mitte des Jahrhunderts neben Tunesien auch Marokko unter Druck, wo die Herrschaft des Scherifen durch Aufstände erschüttert und sein Hof zwischen Ablehnung europäischer Muster und Anhängern einer Modernisierung gespalten war. 1856 wurde ein Freihandelsabkommen mit den europäischen Mächten geschlossen, gleichzeitig verhinderte britischer Druck ein Festsetzen Spaniens im Land. Ein Thronwechsel in den 1890er-Jahren führte zu inneren Unruhen, die sich an Steuerreformen und der Modernisierungspolitik entzündeten. Schließlich führte ein Hilfeersuchen des marokkanischen Scherifen angesichts der inneren Unruhen 1911/12 zur französischen Besetzung. Auch hier entstand ein vom französischen Generalresidenten weitgehend kontrolliertes Protektorat.

Das 19. Jahrhundert zwischen »Europäisierung« und »Orientalismus«

Zur Modernisierung und – oft nur oberflächlichen – »Europäisierung« Nordafrikas entfalteten sich auch umgekehrte Wechselwirkungen. In Europa spiegelten Literatur und bildende Kunst ein Interesse am »Orient«, das sich zum Beispiel im Roman »Der Graf von Monte Christo« von Alexandre Dumas (1844) zeigt. Demgegenüber reproduzierte die Kunstrichtung des »Orientalismus« im späteren 19. Jahrhundert ethnografische Stereotypen: Neben pittoresken Darstellungen von Land und Leuten, von europäischen Soldaten und »Einheimischen« eignete sich das Sujet »Orient« auch für erotisch-schwülstige Darstellungen von türkischen Bädern, finsteren Despoten und weißhäutigen Sklavinnen (so bei Jean-Léon Gérôme). Gleichzeitig entstanden moscheenartige Gebäude in Europa für profane Zwecke – so als Dampfmaschinenhaus für die königlichen Gärten in Potsdam (1841–1843) oder als Fabrikgebäude für die Zigarettenmarke Yenidze in Dresden (1909). In den 1880er-Jahren veröffentlichte Karl May zuerst seine Erzählungen des Orientzyklus, dessen erster Band unter dem Titel »Durch Wüste und Harem« (später nur »Durch die Wüste«) erschien. Auch diese Literatur spiegelte die

Kolonialismus/Imperialismus

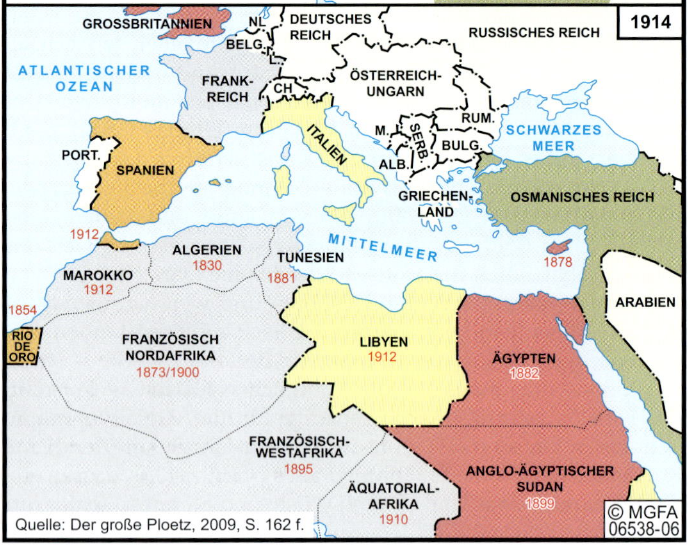

Quelle: Der große Ploetz, 2009, S. 162 f.

Vorstellung vom rückständigen Osmanischen Reich und der Überlegenheit der Europäer wider.

Wenn die Karte von Afrika des Jahres 1914 fast alle Gebiete des Kontinents in Flächenfarben der Kolonialmächte auswirft, dann ist stark zu differenzieren zwischen dem politischen Anspruch und dem Grad der faktisch ausgeübten Herrschaft. Oft war die Oberhoheit der Imperialmächte nur kurz zuvor errungen worden und blieb bis zur Dekolonisierung prekär. Andererseits etablierte sich im 19. Jahrhundert das europäische Modell zur scheinbar unhinterfragbaren Norm: militärisch, technisch, bildungsmäßig, staatlich-administrativ und rechtlich. Dieser Trend zur vordergründig manifesten europäischen Überlegenheit dauerte bis zum Ende des Zweiten Weltkrieges an. Dabei entwickelten sich jedoch gleichzeitig starke Unterströmungen in die Gegenrichtung, die ebenfalls auf die Umgestaltungen des 19. Jahrhunderts zurückzuführen sind. Viele der im 19. Jahrhundert von Europa nach Nordafrika exportierten politischen Konzepte erlangten nach dem Ende des Zeitalters der Weltkriege ihre Chance zur Durchsetzung – sowohl der säkulare arabische Nationalismus als auch der politische Islam.

Martin Rink

Republique Française/Postes/Jacques Combet

Diese Briefmarke der französischen Post erinnerte 1967 an den 25. Jahrestag des Gefechts von Bir-Hakeim in der Wüste der Cyrenaika. Frankreich war im Sommer 1940 von Deutschland militärisch besiegt worden, seine nordafrikanischen Kolonien standen unter weitgehender Kontrolle der deutschfreundlichen Vichy-Regierung. Gleichzeitig sammelten sich aber in Nordafrika Anhänger der Freien Franzosen, die im Zeichen des »Lothringer Kreuzes« weiter gegen Deutschland kämpften. Die Brigade 1 der Freien Franzosen focht auf Seiten Großbritanniens in der libyschen Wüste gegen das Deutsche Afrikakorps unter Erwin Rommel. Es gelang dieser Brigade unter Führung von General Marie-Pierre Koenig, aus der Oase Bir-Hakeim heraus eine deutsche Offensive Richtung Tobruk 1942 für zwei Wochen zu verzögern. Dies verschaffte den übrigen, in die Defensive gedrängten alliierten Verbänden den notwendigen Freiraum für ein geordnetes Ausweichen und legte so die Grundlage für den späteren Erfolg der Alliierten bei El-Alamein. Auf französischer Seite waren Verbände und Einheiten der Fremdenlegion, der Marineinfanterie und Artillerie sowie Verbände aus den Kolonien Äquatorialafrikas und Nordafrikas beteiligt. Aufgrund des erzielten Erfolges und der Zusammensetzung des Kampfverbandes besitzt die Schlacht von Bir-Hakeim in Frankreich noch immer einen hohen Stellenwert. Gleichzeitig dient das Gedenken an die Schlacht als Erinnerungsort und Legitimation der kolonialen Vergangenheit Frankreichs in Nordafrika.

Nordafrika zwischen kolonialer Fremdbestimmung und Souveränität (1900–1945)

Die Geschichte Nordafrikas ist in der ersten Hälfte des 20. Jahrhunderts weniger durch die für Europa so maßgeblichen zwei Weltkriege, als durch einen innergesellschaftlichen und ideengeschichtlich geprägten Wandlungsprozess gekennzeichnet. Die soziale und ökonomische Struktur der Gesellschaften Nordafrikas galten vor der Kolonisierung im 19. Jahrhundert als überwiegend heterogen, aber durch das Band des Islam geeint. Leistungsstarke und im europäischen Sinne »moderne« Zentralregierungen oder Ökonomien hatten sich nicht herausgebildet.

Die europäische Kolonisation und Fremdherrschaft in Nordafrika löste einen zweifachen Wandlungsdruck auf die einheimische Bevölkerung aus. Zuerst wirkte der unmittelbare Einfluss der Kolonisten und des jeweiligen Mutterlandes. Sie etablierten Verwaltungs- und Wirtschaftsformen nach europäischem Muster und führten – zumindest im französischen Fall – Französisch als Verwaltungssprache sowie ihr kontinentales Bildungssystem ein, wodurch sie die indigenen Bevölkerungsstrukturen nachhaltig prägten. Zugleich aktivierte dieser Einfluss auf die einheimische Bevölkerung die geistigen Eliten der islamischen Welt, die sich zusehends mit der Frage konfrontiert sahen, wie ihre einst hochstehende Zivilisation hatte kolonisiert und unterjocht werden können. Der wachsende Wunsch sich von der mittlerweile etablierten Fremdherrschaft zu befreien, führte noch in der Hochphase der europäischen Kolonisation um 1900 zur Entwicklung von politischen Konzepten, die eine Modernisierung der islamischen Welt und damit auch Nordafrikas zum Ziel hatten.

Die militärischen Auseinandersetzungen im europäischen Zeitalter der Weltkriege berührten diese Entwicklung nur mittelbar, auch die Kämpfe an der europäischen Südflanke – so das Deutsche Afrikakorps unter Erwin Rommel – wirkten durchaus beschleunigend, einen Einfluss auf die grundsätzlichen Wandlungsprozesse hatten sie nicht.

Der Abschluss der kolonialen Erwerbungen 1900–1914

Die Kolonialisierung Nordafrikas kann nicht isoliert betrachtet werden. Sie ist in den Niedergang des Osmanischen Reiches und in die Kolonialisierung des übrigen Afrika einzubetten. Die Grundlage für das Einvernehmen über die weitere Eroberung und Erschließung Afrikas bildete die Berliner »Kongokonferenz« von 1884. Es waren überwiegend Frankreich und Großbritannien, die sich um den Erwerb von Kolonien in Afrika bemühten. Auch wenn die Kolonialisierung Nordafrikas bereits 1830 mit dem Eingreifen Frankreichs im nördlichen Algerien begann, blieben doch weite Teile des Maghreb und die noch unter osmanischer Herrschaft stehenden Provinzen Libyens und Ägyptens frei vom Zugriff Europas. Eine nachhaltige europäische Einflussnahme machte sich aber seit der Mitte des 19. Jahrhunderts durch die Durchsetzung von Handels- und Wirtschaftsinteressen massiv bemerkbar.

Die eigentliche Aufteilung Afrikas im Sinne der »imperialistischen« Phase europäischer Außen- und Gesellschaftspolitik begann seit Anfang der 1880er-Jahre. Seit 1876 verfestigte sich die Schwäche des Osmanischen Reiches auf dem Balkan. In der Folge nahmen Frankreich 1881 Tunesien und Großbritannien 1882 Ägypten unter ihre jeweilige Oberhoheit. Auch wenn das Ringen um die Aufteilung Afrikas wesentlich durch diese beiden europäischen Großmächte bestimmt blieb, nahmen auch andere Staaten wie Belgien, das Deutsche Reich oder Spanien Teile des Kontinents in Besitz. Über das grundsätzliche Vorgehen hatten alle beteiligten europäischen Staaten nach 1884 im Sinne der Brüsseler Antisklaverei-Konferenz von 1890 erneut Einverständnis erzielt.

Dass die Aufteilung gerade des nördlichen Afrika aber nicht immer reibungsfrei verlief, zeigte 1898 die sogenannte Faschodakrise, als sich in dem Ort (seit 1905 Kodok) des südlichen Sudan französische und britische Kräfte in ihrem Wettrennen um die Eroberung des afrikanischen Kontinents gegenüberstanden und eine Eskalation der Gewalt in letzter Minute verhinderten. 1899 eroberten die Briten den Ostsudan und verwalteten ihn gemeinsam mit Ägypten. Der westliche Sudan (außerhalb des gleichnamigen heutigen Landes) fiel 1900 endgültig an Frankreich, das seine Einflusssphäre mit der Aneignung der Regionen des heutigen Tschad abrundete.

Seinen Zenit erreichte die Kolonialisierung Nordafrikas mit der Annexion Libyens durch Italien im Jahr 1911/12 und durch die französische und auch spanische Besetzung Marokkos 1912. Diese letzten Jahre vor dem Ersten Weltkrieg kamen in Hinblick auf den fortschreitenden Zerfall des Osmanischen Reiches einer Leichfledderei des »Kranken Mannes am Bosporus« gleich. Ein Ausdruck dieses europäischen Überlegenheitsgefühls dokumentierte die französisch-italienische Übereinkunft zur Aufteilung Marokkos und Tripolitaniens (westliches Libyen) bereits 1900/2. Die Besetzung des osmanischen Kretas durch Griechenland 1908 und seine anschließende Annexion 1912 wirkten sich da eher »bescheiden« aus. Auch für das verbleibende Kernland des Osmanischen Reiches gab es bereits vor dem Ersten Weltkrieg Überlegungen, es unter Frankreich, Großbritannien, Österreich-Ungarn und Russland aufzuteilen.

Im sogenannten goldenen Jahrzehnt (1896–1906) des europäischen Kolonialismus zeichneten sich Vorboten des Ersten Weltkrieges ab. Maßgeblich betrafen sie Frankreich und Großbritannien, die sich seit der Überwindung ihres kolonialen Gegensatzes in der Faschodakrise auf einem Kurs der Annäherung befanden. Auch vor dem Hintergrund wachsender außenpolitischer Spannungen mit dem Deutschen Reich legten Frankreich und Großbritannien weitere Differenzen in ihrem Bündnis der »Entente Cordiale« 1904 bei und einigten sich hinsichtlich der französischen Interessen an Marokko und der britischen Vorherrschaft in Ägypten. Das Schicksal der nordafrikanischen Länder war zum Spielball der großen europäischen Mächte geworden.

Nordafrika als Schaubühne europäischer Machtprojektionen

Zum Zankapfel europäischer Diplomatie entwickelte sich im letzten Jahrzehnt vor Ausbruch des Ersten Weltkrieges das französische Streben nach Marokko. Das Sultanat Marokko genoss seit jeher einen gewissen Sonderstatus. Aufgrund seiner geografischen Lage im Nordwesten des afrikanischen Kontinents, aber auch wegen seines hohen Anteils an berberischen Stämmen an der Gesamtbevölkerung in diesem Gebiet reichte die Macht des Osmanischen Reiches niemals ganz bis an den Atlantik, was den dort herrschenden Scherifen die Etablierung einer eigenen, relativ stabilen Herrschaft ermöglichte. So konnte Marokko seine Unabhängigkeit, trotz seiner Nähe zur französischen Kolonie Algerien, behaupten. Gleichwohl war es wirtschaftlich mit Frankreich und anderen europäischen Ländern verflochten und erweckte wegen seiner Vorkommen an Phosphaten die Begehrlichkeiten von Paris, das seit 1905 Kräfte an der Grenze zu Marokko konzentrierte. Gleichzeitig bot die geografische Lage des Landes die Möglichkeit, von dort aus die Meerenge zwischen dem Mittelmeer und dem Atlantik zu kontrollieren, was die Aufmerksamkeit Großbritanniens aufgrund seiner vitalen Interessen an offenen Seeverbindungen über das Mittelmeer und den Suezkanal nach Indien hervorrief. Da sich im Rahmen der 1904 geschlossenen Entente Cordiale jedoch Paris und London über die kolonialen Einflusssphären geeinigt hatten, zielte Frankreich mit der Billigung Großbritanniens schrittweise auf eine Übernahme Marokkos, was wiederum das Deutsche Reich auf den Plan rief und letztlich 1905/6 und 1911 zu zwei Marokkokrisen führte. Der bekannte »Panthersprung nach Agadir« – die Entsendung des deutschen Kanonenbootes »Panther« im Juni 1911 – als Reaktion auf den Einmarsch französischer Kräfte in die Städte Fes und Rabat im Mai, steht neben der Bewältigung der Balkankriege (1912/13) stellvertretend für die Krise der europäischen Staatenwelt am Vorabend des Ersten Weltkrieges. Der »Panthersprung« verdeutlichte die diplomatische Isolation des Deutschen Reiches und auch das Beziehungsgeflecht zwischen französischen, britischen und italienischen Interessen. Aus diesem Windschatten heraus erklärte Italien dem Osmanischen Reich 1911 den Krieg und erhielt 1912 die bislang immer noch osmanischen Gebiete Tripolitanien und Cyrenaica, vereinte diese zu »Libyen« und gewann zudem die Inselgruppe des Dodekanes, die heute zu Griechenland gehört. Ähnlich wie die Franzosen in Algerien, versuchten die Italiener in Libyen, Kolonisten anzusiedeln, um das Land dauerhaft in Besitz zu nehmen und damit zugleich ihre Überbevölkerung in Süditalien abzubauen. Da aber ebendort inzwischen das Bevölkerungswachstum aufgrund mittlerweile schwindender Geburtenzahlen zurückging, hatte Italien Schwierigkeiten, eine ausreichend große Zahl an Siedlern für die neue Kolonie zu mobilisieren. Daher konnte es zunächst nur den Küstenstreifen Libyens kontrollieren. Einheimische Stämme bekämpften die Kolonisten in blutigen Auseinandersetzungen bis in die frühen 1930er-Jahre hinein.

Mangelnde staatliche Ordnung, fehlende Zentralisierung und eine ungenügende militärische Macht der Nordafrikaner begünstigten das Vorgehen der Europäer. Die europäischen Mächte sahen, ganz in ihrem imperialen Selbstverständnis verhaftet, die islamische Welt und mit ihr die Gesellschaften Nordafrikas als zurückgeblieben und unterlegen an. Als Ursache dieser »Unterentwicklung« galt vielen europäischen Zeitgenossen die »modernitätsfeindliche« Religion des Islam.

Nordafrika war die Region der islamischen Welt, die am vollständigsten unter den Einfluss Europas geriet, nicht zuletzt weil sich hier die Gegenküste und Südflanke Europas befanden. Im Hinblick auf den Ersten Weltkrieg kann es nicht verwundern, dass das Osmanische Reich auf Seiten der Mittelmächte Deutschland und Österreich-Ungarn, als Gegner Frankreichs, Großbritanniens und auch Russlands in den Krieg eintrat. Für das Osmanische Reich, das für die islamischen Länder Nordafrikas zumindest in Hinblick auf die Religion immer noch eine Führungsrolle beanspruchen durfte, begann »der Krieg« aber bereits vor 1914. Als im Juli 1908 die »Jungtürken« die Herrschaft der Osmanen im Innern zu destabilisieren begannen, nutzte das Kaisertum Österreich-Ungarn die Situation und annektierte noch im selben Jahr das seit der ersten Balkankrise 1876/78 besetzte und verwaltete Bosnien-Herzegowina. Weitere Konflikte in Südosteuropa kamen hinzu, die zu den Balkankriegen von 1912/13 führten, die weitere Gebietsverluste des Osmanischen Reiches zur Folge hatten. Daher bedeutete für die Osmanen der Kriegsbeginn 1914 auch die Fortsetzung ihres Kampfes gegen den weiteren Zerfall ihres Herrschaftsgebietes. Auf der anderen Seite waren gerade die nordafrikanischen Staaten als Protektorate Frankreichs, Großbritanniens und auch Italiens auf Seiten der Entente in den Ersten Weltkrieg eingebunden. Nahezu ein Drittel der männlichen Einwohner Ägyptens kamen auf britischer oder australischer Seite

Nach der Eroberung Algeriens im 19. Jahrhundert stellte Frankreich aus Einheimischen sogenannte Spahis-Regimenter auf. Sie kämpften sowohl im Deutsch-Französischen Krieg 1870/71 als auch im Ersten und Zweiten Weltkrieg in Europa. Sie standen unter Befehl von französischen Offizieren. Das Bild zeigt eine Szene aus dem Jahr 1915.

als Hilfsarbeiter zum Einsatz. Mehrere zehntausend algerische wie tunesische Männer kämpften als Spahis (Kämpfer) in den französischen Schützengräben gegen das Deutsche Reich. Diese Leistungen erweckten in der Bevölkerung Nordafrikas die berechtigte Hoffnung auf politische Teilhabe, die von dem Wunsch der Schaffung eigener Nationalstaaten und letztlich der Abschüttelung des kolonialen Jochs getragen wurde.

Nicht nur die Gebiete Nordafrikas waren von dieser Entwicklung betroffen, denn im Nahen und Mittleren Osten mobilisierten maßgeblich die Briten arabische Stämme zum Aufstand gegen die osmanische Oberhoheit, mit dem Versprechen, einen unabhängigen arabischen Staat zu schaffen. Bekannt geworden ist in diesem Zusammenhang besonders der Brite Thomas Edward Lawrence als Lawrence von Arabien. Auf der anderen Seite versuchten türkische Offiziere in Libyen mit Hilfe des Deutschen Reiches, die Bewohner der Cyrenaika gegen Großbritannien und in Tripolitanien gegen Italien aufzubringen. Über den Hafen von Misrata beispielsweise schleusten sie Waffen zur Unterstützung einheimischer Stämme in ihrem Kampf gegen die Kolonialmacht Italien ein.

Daneben waren auch deutsche Militäragenten, vor allem in Französisch-Nordafrika, tätig. Ihre Aktivitäten standen im Zusammenhang mit dem späteren Aufstand der Berber unter Abd el-Krim in den 1920er-Jahren, der zur Vertreibung der Spanier aus Nordmarokko führte.

Der Wunsch der Nordafrikaner nach sozialer wie politischer Teilhabe erwies sich jedoch zunächst als Illusion. Denn die Kolonialstaaten, vor allem Frankreich und Großbritannien, sprachen nach dem Krieg sowohl den aufständischen Teilen der Bevölkerung als auch denjenigen, die auf ihrer Seite gekämpft hatten, jegliche Teilhabe an der politischen wie sozialen Moderne ab. Dies verstärkte in den folgenden Jahren unweigerlich die politisch-intellektuellen Konzepte, die um 1900 ihren Ursprung genommen hatten.

Die Entstehung neuer politischer Ideen

Innerhalb der geistigen wie politischen Eliten begannen sich als Reaktion auf die »Nichtteilhabe« an der staatlichen Moderne Erneuerungs- und Fortschrittsideen zu entwickeln. Sie brachten – vereinfachend gesprochen – zwei Strömungen hervor: den (arabischen) Nationalismus und den politischen Islam. Die Schnittmenge beider Ansätze liegt im antikolonialen Kampf, im Wunsch nach unabhängiger Herrschaft.

Der Erste Weltkrieg wirkte in dieser Hinsicht wie ein Katalysator. Vor allem Frankreich in Algerien und Tunesien, aber auch Großbritannien in Ägypten hatten die ökonomischen Verhältnisse in den Kolonien den Notwendigkeiten einer Kriegswirtschaft angepasst. Sie schufen einen stärker zentralisierten Staat nach europäischem Vorbild und entwickelten eine funktionierende Bürokratie und Verwaltung. Viele einheimische intellektuelle Kreise erkannten hierin die Möglichkeit, die Moderne im Sinne einer Nationalstaatlichkeit einzuführen und sich so von der kolonialen Fremdherrschaft loszusagen.

Aber auch die Erneuerer der islamischen Kultur suchten unter dem einenden Band der Religion die Kolonialherrschaft abzustreifen. Für sie war die Einbeziehung der arabisch-islamischen Welt in den Herrschaftsbereich der Europäer Ausdruck der eigenen staatlich-ökonomischen Unterlegenheit und Beweis dafür, dass die Muslime den rechten Pfad ihres Propheten Mohammed aus den Augen verloren hatten. Nur eine Restauration des wahren Glaubens und Stärkung des Islam, mithin seine Anpassung und Modernisierung, würde auch die staatlich-ökonomische und militärische Überlegenheit der Muslime über die Christen wiederherstellen. Getragen wurde diese Überzeugung von der Salafiya-Bewegung, die ihren Ursprung an der Kairoer al-Azhar-Universität hatte und schon bald Verbreitung in den nordafrikanischen Universitäten von Tunis und Fes fand. Die Forschung ist über die Bewertung dieses Befundes noch uneins. Für einige Autoren liegt der Ursprung des radikalen politischen Islam des 20. Jahrhunderts in der Geschichte der europäischen Kolonisation Nordafrikas und der übrigen islamischen Welt. Andere Autoren kritisieren diesen Ansatz scharf und betonen eine längere historische Kontinuität muslimischer Gewalt gegenüber Andersgläubigen.

Zunächst setzte sich die arabische Nationalbewegung durch, deren geistige Führer durch das Vorbild der Kolonialherren geprägt waren. Sie entstammten überwiegend Familien, die in die koloniale Administration eingebunden waren und oftmals in Frankreich studiert oder eine französische Ausbildung durchlaufen hatten. Ihr Ziel war die Modernisierung ihrer jeweiligen Länder. Auch wenn sie sich an unterschiedlichen politischen Ordnungsvorstellungen orientierten, einte sie doch eine proeuropäische, säkulare und laizistische Haltung. Dabei spielten den Nationalisten auch die strikte Trennung zwischen europäischen Siedlern und einheimischer Bevölkerung in die Hände, da diese Apartheid den Muslimen eine verbindende Identität vermittelte, die durch die gemeinsame Sprache und die gemeinsame Religion gestärkt wurde. Vor allem die französischen Kolonisten im Maghreb versuchten, das wachsende Bewusstsein einer gemeinsamen arabischen Identität zu spalten, indem sie die ländlichen Berberstämme gegen die überwiegend urbane arabische Bevölkerung auszuspielen versuchten. Die Hoffnung der islamischen Nationalisten auf Unabhängigkeit nach Ende des Ersten Weltkrieges wurde von den Siegermächten, die zugleich die alten Kolonialherren waren, enttäuscht.

Die Vertreter der islamisch ausgerichteten Politik traten in der Zwischenkriegszeit in den Hintergrund, im Vordergrund rangen die europäisch geprägten Eliten Nordafrikas mit den Kolonialherren um die Herrschaft. Obwohl die frühe Nachkriegszeit und die 1920er-Jahre vor allem in Marokko mit der Ausrufung der Rif-Republik durch Berberstämme des Nordens (1921–1926), in Libyen durch einen von Stämmen getragenen Kampf gegen Italien (1923–1934) und in Ägypten durch einen Aufstand ländlicher Schichten (1919) und die folgende Ausrufung des scheinbar von Großbritannien unabhängigen Königreichs Ägypten (1922) geprägt waren, setzte sich der bürgerliche Nationalismus als Idee der städtischen Eliten weitgehend durch, blieb aber auch überwiegend auf diese Bevölkerungsgruppe begrenzt.

In den 1920er- und 1930er-Jahren begannen sich die politischen Konzepte des Nationalismus und des politischen Islam voneinander abzugrenzen. Die Debatten um den arabischen Nationalismus verdrängten die islamische Idee und wurden rasch als weltlich und säkular interpretiert. Die Moderne in Nordafrika wie in anderen Teilen der arabisch-islamischen Welt hatte ein europäisches und religionsfernes Gesicht angenommen. Die Entwicklungen in der 1923 gegründeten Türkei unter Mustafa Kemal Atatürk, die Staat und Religion streng voneinander trennten, galten vielen als Vorbild.

Der drohende Ausschluss der islamischen Idee vom gemeinsamen Ziel staatlicher Autonomie und Ablösung des Kolonialismus musste deren Anhänger beunruhigen. Daher begannen sie, ihr religiös-islamisches Profil zu schärfen. Die Gründung der Muslimbruderschaft 1928 in Ägypten ist ein Ausdruck auf die Besinnung zu einem islamischen Diskurs. Im Laufe der Zeit reduzierte sich die Wahrnehmung der beiden politischen Ansätze auf die antagonistischen Begriffe Säkularismus und Islamismus. Sie betonte die Unterschiede, ohne die Gemeinsamkeiten hinsichtlich der politischen Ziele zu berücksichtigen. Nach dem Ersten Weltkrieg hatten sich die politisch-ökonomischen Eliten und weite Teile der städtischen Bevölkerung auf einen überwiegend europäisch-säkularen Weg der Modernisierung begeben, der ihnen bislang aber noch nicht die Unabhängigkeit von den Kolonialherren beschert hatte.

Der Zweite Weltkrieg als Katalysator für die Unabhängigkeit

Der Beginn des Zweiten Weltkrieges wirkte sich in Nordafrika zunächst nicht militärisch, sondern vielmehr ökonomisch aus. Der mit Europa und den Kolonialmächten stark vernetzte Handelsverkehr kam über den Seeweg nahezu zum Erliegen, was einerseits zu Lebensmittelknappheit, aber auch zum Verfall der Handelspreise führte. Im Laufe des Krieges war Nordafrika jedoch mehr als die übrigen islamischen Regionen von tatsächlichen Kriegshandlungen betroffen. Nach der Niederlage Frankreichs im Juni 1940 kontrollierte das von Deutschland abhängige französische Vichy-Regime die algerischen Départements. Die südlich davon gelegenen Regionen der Sahara und Schwarzafrikas dienten hingegen als Rückzugsbasis der Freien Franzosen, die weiterhin gegen die Achsenmächte kämpften.

Vor allem aber Großbritannien und Italien versuchten in Nordafrika ihre strategischen Ziele durchzusetzen. Während es Großbritannien weiterhin darauf ankam, seine Seeverbindungen über das Mittemeer und den Suezkanal nach Indien offen zu halten, versuchte Italien, seinen imperialen Traum von der Herrschaft über das Mittelmeer (»Mare Nostrum«) zu verwirklichen. 1940 begannen italienische Truppen von Libyen aus Offensiven gegen das nach wie vor britisch dominierte Königreich Ägypten. Die Angriffe verloren jedoch bald an Schwung und die Briten eroberten in einer Gegenoffensive die Cyrenaika. Als der Verlust der gesamten Kolonie drohte, rief Italien seinen deutschen Verbündeten um Hilfe. Das Deutsche Reich entsandte daraufhin 1941 das Afrikakorps unter Führung von Generalleutnant Erwin Rommel nach Nordafrika. In der Folge entwickelten sich auf libyschem und ägyptischem Gebiet intensive Gefechte zwischen deutschen und britischen Verbänden, zunächst um die Städte Tobruk und El-Alamein. Die Operationen konzentrierten sich

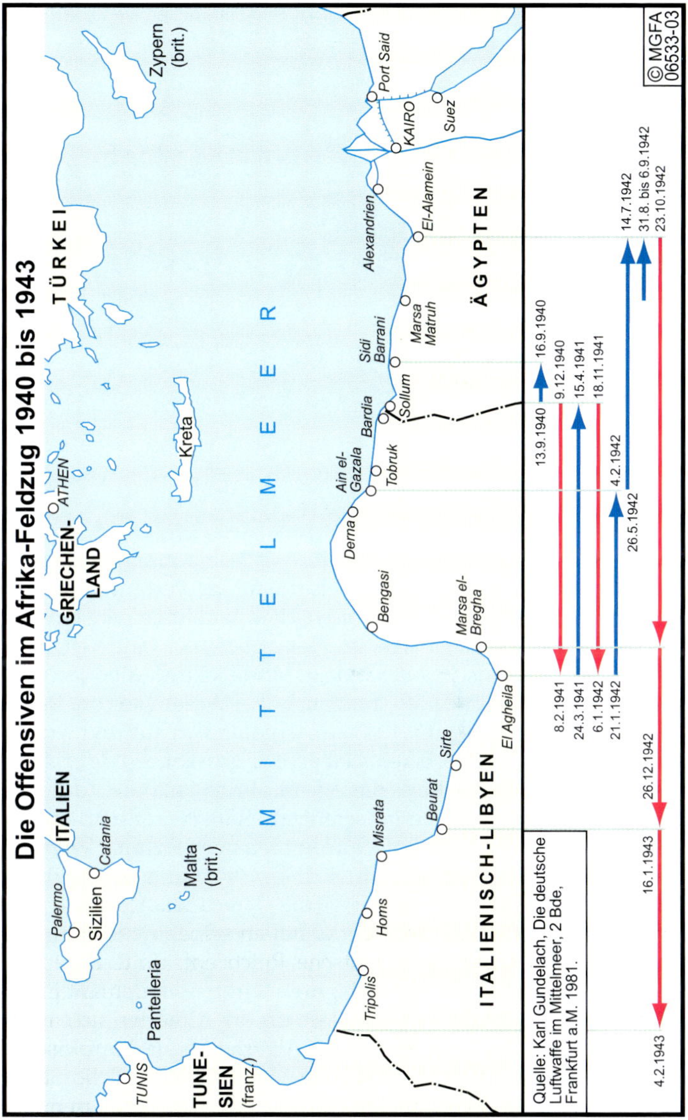
Die Offensiven im Afrika-Feldzug 1940 bis 1943
ITALIEN
Palermo
Sizilien
Catania
Malta (brit.)
Pantelleria
TUNIS
TUNESIEN (franz.)
GRIECHENLAND
ATHEN
Kreta
TÜRKEI
Zypern (brit.)
MITTELMEER
Tripolis
Homs
Misrata
Beurat
Sirte
El Agheila
Marsa el-Bregha
Bengasi
Derna
Ain el-Gazala
Tobruk
Bardia
Sollum
Sidi Barrani
Marsa Matruh
El-Alamein
Alexandrien
KAIRO
Port Said
Suez
ITALIENISCH-LIBYEN
ÄGYPTEN
13.9.1940
16.9.1940
9.12.1940
8.2.1941
24.3.1941
15.4.1941
6.1.1942
18.11.1941
21.1.1942
4.2.1942
26.5.1942
14.7.1942
31.8. bis 6.9.1942
23.10.1942
26.12.1942
16.1.1943
4.2.1943
Quelle: Karl Gundelach, Die deutsche Luftwaffe im Mittelmeer, 2 Bde, Frankfurt a.M. 1981.
© MGFA 06533-03

pa/Suedeutsche Zeitung Photo

Deutsche Panzer vom Typ III auf der Via Balbia im Zuge der deutschen Offensiven zwischen Mai und September 1942.

auf die Küstenbereiche, im Zuge der Via Balbia, einer Straße, die in den 1930er-Jahren von Italien als tragfähige Verbindungsstraße ausgebaut worden war. Die deutschen Verbände gerieten seit Herbst 1942 in die Defensive. Im November 1942 landeten amerikanische und britische Verbände in Marokko und Algerien und griffen die deutschen Kräfte nun auch von Westen aus an. Rommel wich bis Jahresbeginn 1943 auf Tripolitanien aus und wurde wenig später als Oberbefehlshaber des Afrikakorps abgelöst. Sein Nachfolger ging kurz darauf im »Brückenkopf« Tunesien mit über 130 000 Soldaten in Gefangenschaft. Nordafrika diente den Alliierten in der Folge als Sprungbrett nach Europa. Von hier aus erfolgten die Landungen in Sizilien (1943) und in Südfrankreich (1944).

In Nordafrika allgemein, vor allem aber in Libyen, litten die Menschen an den kriegerischen Auswirkungen. In den französisch geprägten Ländern des Maghreb wirkte sich der Krieg vor allem nach der »Befreiung« 1942 durch die Alliierten und Freifranzosen aus. Annähernd 300 000 Algerier sowie Marokkaner und Tunesier beteiligten sich ebenso wie zahlreiche schwarzafrikanische »Tirailleurs sénégalais« aktiv an den Kämpfen in Europa und Afrika. Sie verstanden sich in einem gewissen nationalen Sinne als Franzosen.

Die Menschen aus den nordafrikanischen Kolonien kämpften aber nicht nur auf Seiten der Alliierten. In Ägypten beispielsweise erwarteten neben König Faruk I. nationalistische Offiziere wie die späteren Staatschefs Gamal Abdel-Nasser und Anwar as-Sadat den militärischen Erfolg des Deutschen Afrikakorps bei El-Alamein, um die britische Herrschaft abstreifen zu können. Ein deutscher Vorstoß über El-Alamein nach Palästina hätte vermutlich zur Vernichtung der dortigen jüdischen Bevölkerung geführt.

Wie schon während des Ersten Weltkrieges förderten der ökonomische Druck und die im Krieg erbrachten Leistungen den Wunsch nach politischer und sozialer Teilhabe. Bereits 1942 forderten Vertreter des arabischen Nationalismus vor allem in Marokko, Algerien und auch Tunesien erneut staatliche Unabhängigkeit, Autonomie und die Gewährung bürgerlicher Freiheiten und Rechte. Die bisher islamisch orientierten politischen Kräfte gingen in diesem nationalen Diskurs überwiegend auf. Doch wie am Ende des Ersten Weltkrieges waren die Kolonialherren zunächst nicht bereit, ihre Kolonien in Eigenverantwortung zu entlassen. Selbst Italien hoffte nach Kriegsende, Libyen als Kolonie behalten zu können. Frankreich und Großbritannien, die alten, allerdings politisch und ökonomisch geschwächten Herren Nordafrikas, planten bereits die Neuordnung des Maghreb und des Nahen Ostens. Deren Idee der kolonialen Tradition traf nun auf die Vorstellungen der neuen Großmacht USA. Diese vertrat die Überzeugung von der Selbstbestimmung und Freiheit der Völker und war tendenziell antikolonialistisch eingestellt, was sie im westlichen Lager zum Fürsprecher der politischen Freiheit der Nordafrikaner machte.

Thorsten Loch

pa/akg-images

Die europäischen Mächte übten bis nach Ende des Zweiten Weltkrieges eine mehr oder weniger flächendeckende Herrschaft über die Länder und Menschen Nordafrikas aus. Sie prägten diese Region, indem sie Elemente staatlicher Moderne exportierten, aber auch, indem sie kulturelle Identitäten der einheimischen Bevölkerung missachteten.

Bei allen Unterschieden der nordafrikanischen Länder einte diese doch der Wille, die jeweilige Fremdherrschaft abzuschütteln. Dies gelang ihnen erst nach 1945. Die Prozesse zur Erlangung der Unabhängigkeit verliefen teilweise friedlich (Libyen), teilweise bürgerkriegsähnlich (Marokko und Tunesien) oder kriegerisch wie im Falle Algeriens. Vor allem der algerische Unabhängigkeitskrieg zwischen 1954 und 1962 erreichte phasenweise brutale Ausmaße. Dem lag ein Terror zugrunde, den beide Seiten nutzten und schürten. Das hier vorliegende Bild, das eine heitere und fröhliche Szene zwischen einem französischen Jungen und einem algerischen Mädchen jener Zeit zeigt, wirkt vor diesem Hintergrund befremdlich. Die Trennung der Kolonien von ihren »Mutterländern« verlief weniger einvernehmlich und friedlich.

Prozesse der Entkolonialisierung (1922–1962)

Kolonialismus war keine uniforme Unterwerfung außereuropäischer Gesellschaften unter Einfluss und Kontrolle der »imperialistischen« Mächte. Die mehr oder weniger tiefgehende, ja teilweise radikale Veränderung der ökonomischen, sozialen und kulturellen Strukturen, die der Kolonialismus bewirkte, prägte nicht nur die kolonisierten Gesellschaften, sie bestimmte auch die soziale Zusammensetzung und die Dynamik der Widerstands- und Befreiungsbewegungen, ihre Ideologien und Zielsetzungen. Ein Blick auf die Formen der jeweiligen kolonialen Herrschaft in den fünf hier zu behandelnden Ländern ist daher unverzichtbar, um die Prozesse der Dekolonisation und der sie tragenden sozialen Kräfte und Bewegungen wie auch die spätere Ausgestaltung der daraus hervorgehenden mehr oder weniger unabhängigen Staaten zu verstehen.

Ägypten

Formell war Ägypten nur acht Jahre lang (von 1914 bis 1922) Kolonie. Hohe Auslandsschulden wegen des Baus des Suezkanals und der Modernisierung der Armee führten zu wachsendem Einfluss vor allem Großbritanniens. 1876 musste das Land, das formal noch zum Osmanischen Reich gehörte, die Kontrolle seiner Finanzen an die beiden Hauptgläubigerstaaten Großbritannien und Frankreich abgeben. Unter Führung von Ahmed Urabi entstand im Militär eine Geheimorganisation, die sich gegen den wachsenden Einfluss vor allem Großbritanniens wandte. Im selben Jahr erschien zum ersten Mal die Zeitung al-Ahram, die sowohl in Ägypten als auch in der Levante Verbreitung fand. 1880 artikulierte sich erstmals ein ägyptischer Nationalismus: Die ausländischen Mächte hatten die Regierung gezwungen, die Hälfte der Staatseinnahmen für den Schuldendienst zu verwenden. Gegen den ausländischen Einfluss gründete sich die Vaterlandspartei (hizb al watani), welche die Einführung eines konstitutionellen Regierungssystems und die Entfernung von Ausländern aus dem Staatdienst forderte. 1881 revoltierte das Militär unter

Führung von Urabi. Die ersten Parlamentswahlen im Dezember gewann die Vaterlandspartei, 1882 wurde unter ihrer Führung eine »nationale Revolutionsregierung« mit Urabi als Kriegsminister gebildet. Die britische Regierung beantwortete diesen Prozess mit der Entsendung ihrer Flotte, der Beschießung von Alexandrien und der Landung von Truppen, die bei Tall al-Kabir die ägyptische Armee unter Urabi besiegten. Ägypten, zu dem auch der Sudan gehörte, blieb zwar nominell Teil des Osmanischen Reiches, jedoch wurden im ganzen Land britische Truppen stationiert und die Vaterlandspartei verboten.

Während des Ersten Weltkrieges bildete sich die Wafd-Partei unter Führung von Saad Zaghlul, einem Anhänger Urabis. In ihr schlossen sich die meisten und wichtigsten sozialen und politischen Gruppen des Landes zusammen. Ihre zentralen Forderungen waren die sofortige Beendigung der britischen Besatzung, die Vertretung (wafd) der Partei gegenüber Großbritannien sowie ihre Teilnahme an den Pariser Vorort-Konferenzen, die sich mit der territorialen Neuordnung nach dem Ersten Weltkrieg befassten, was die britische Regierung jedoch ablehnte. Vielmehr wurden Zaghlul und andere Führer der Partei nach Malta deportiert. Daraufhin streikten in Ägypten zunächst die Studenten. Diese Bewegung wurde zum Massenprotest mit der zentralen Forderung nach Unabhängigkeit. 1922 wurde Ägypten konstitutionelle Monarchie. Bei den ersten freien Parlamentswahlen (1930) konnte die Wafd 90 Prozent der durch die Wahl zu besetzenden Sitze erlangen. 1936 bestieg Faruk I. den ägyptischen Thron und schloss mit Großbritannien einen Vertrag, demzufolge das gesamte Territorium im Kriegsfalle Großbritannien zur Verfügung gestellt werden sollte. Zwar opponierte die im Kern bürgerliche Wafd mit verbalen Protesten gegen den König, den meisten Nationalisten erschien diese Reaktion jedoch zu kompromisslerisch, so dass die Partei ihre Vormachtstellung verlor.

Eine scharfe Konkurrenz erwuchs ihr in der 1928 gegründeten Muslimbruderschaft. Anders als die eher bürgerliche Wafd vertraten die Muslimbrüder von Anfang an einen radikalen antibritischen Kurs. Sie forderten eine geistig-kulturelle Erneuerung, die auf den Werten der religiösen Quellen und den sozialen Prinzipien des Islam basieren sollte. Damit erreichten die Muslimbrüder nicht nur breite soziale Schichten, vielmehr fand ihr kom-

Islamische Herrschaftsgebiete und Dynastien bis zum Beginn des 20. Jahrhunderts

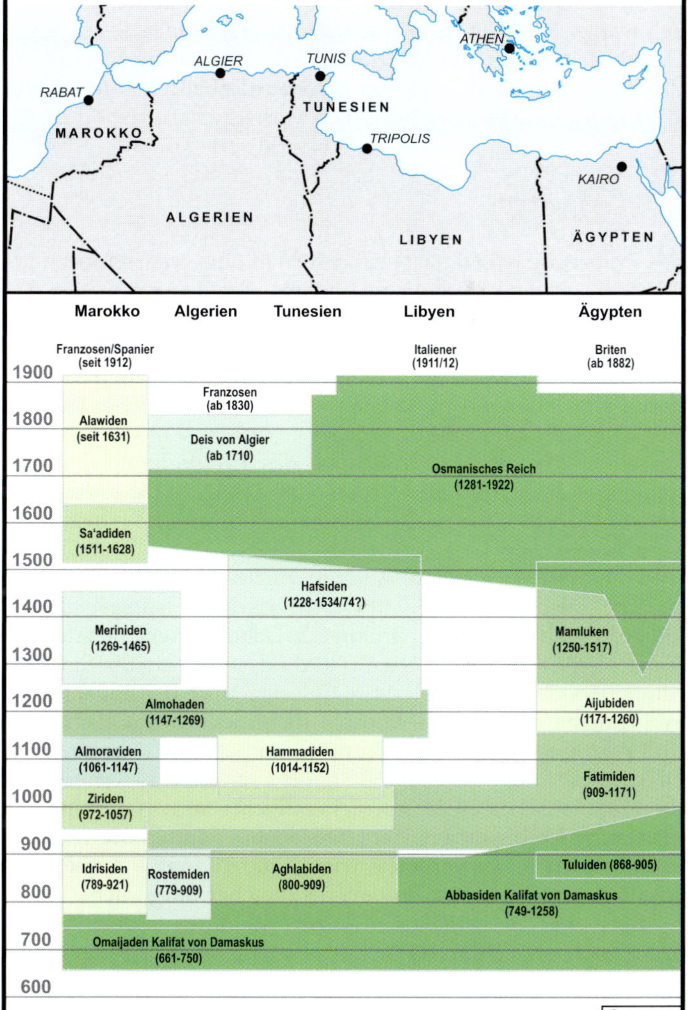

Quelle: Ortag, Islamische Kultur, S. 154 f.

promissloser Kampf gegen die Herrschaft der »Ungläubigen« breite Unterstützung. Da sie auch die Monarchie bedrohte, wurde die Muslimbruderschaft 1948 erstmals verboten. Schließlich war es das Militär, das die nationalistischen Ziele erreichte: Der Putsch der Freien Offiziere (1952) stürzte die Monarchie, Präsident Gamal Abdel Nasser befreite das Land im Suez-Krieg (1956) endgültig von der britischen Vorherrschaft.

Algerien

Die Eroberung Algeriens begann 1830 mit der französischen Invasion. Dagegen kämpften die Stämme vor allem im Westen des Landes bis 1848 unter Führung des Emirs Abd el-Kader, der später zu einer Ikone des Widerstands wurde. Die insgesamt 132 Jahre der französischen Kolonisation waren gekennzeichnet durch eine Abfolge von Aufständen und fürchterlicher Repression. Algerien sollte eine französische Siedlungskolonie mit einer ausschließlich auf die Bedürfnisse des »Mutterlandes« ausgerichteten Landwirtschaft werden. Um das Land für die Siedler frei zu machen, wurden die einheimischen Bauern systematisch vertrieben.

Frankreich betrachtete Algerien nicht als Kolonie, sondern als integralen Bestandteil des französischen Staatsgebiets. Es gliederte sich in drei Départements. Daher waren die Algerier französische Staatsangehörige, allerdings mit einem diskriminierenden Sonderstatus: Einerseits unterlagen sie der allgemeinen Wehrpflicht, andererseits wurden ihnen jedoch das Wahlrecht und Positionen in der Verwaltung vorenthalten. Zur rechtlichen Diskriminierung wurde die Religion instrumentalisiert, indem die Einheimischen einem speziellen Rechtsstatut (statut musulman) unterstellt wurden. Der Unterricht der arabischen Sprache in den Schulen war verboten, ebenso die Bildung von Gewerkschaften.

Eine erste nationalistische algerische Kraft bildete sich in Frankreich, als sich nach Ende des Ersten Weltkrieges demobilisierte algerische Soldaten in der französischen Industrie verdingten und eine eigene Gewerkschaft gründeten, den Nordafrikanischen Stern. Seit diesem Zeitpunkt wurden soziale Forderungen eng mit nationalistischen Zielsetzungen verknüpft. Ausgehend von dieser ersten politischen Artikulation bildeten sich in der Abfolge von Verboten eher proletarisch orientierte politische Parteien, die immer konsequenter nationalistische Forderungen erhoben. Dies waren die algerische Volkspartei (Parti du peuple algérien, PPA), dann die Bewegung für den Triumph der demokratischen Freiheiten (Mouvement pour le triomphe des libertés démocratiques, MTLD, von der sich später die Algerische Nationalbewegung MNA abspaltete). Daneben konstituierte sich als weitere Kraft eine eher bürgerliche Bewegung, die aus der unter der Kolonisation entstandenen dünnen Mittelschicht hervorging und zunächst die Gleichberichtigung der Algerier innerhalb des französischen Staates forderte. Als ihnen diese verweigert wurde, erhob auch sie nationalistische Forderungen. Die dritte wesentliche Kraft des algerischen Nationalismus waren die muslimischen Schriftgelehrten (ulama'a), die auf ihrem Kongress 1936 den Unterricht der arabischen Sprache und einen unabhängigen islamischen Staat forderten.

Am 8. Mai 1945 fanden in Ostalgerien Kundgebungen anlässlich des Sieges der Alliierten über das Deutsche Reich statt, die auch des Blutzolls der algerischen Soldaten gedachten. Dabei wurden algerische Fahnen gezeigt, die Polizei schoss auf die Demonstranten. In der ganzen Region kam es zu Unruhen, die Zahl der Opfer der Repression ging in die Tausende. Am 1. November 1954 explodierten im gesamten Land zeitgleich mehrere Bomben. Dazu bekannte sich eine vor allem aus dem MTLD hervorgegangene Bewegung, die sich Nationale Befreiungsfront (Front de libération nationale, FLN) nannte und die Unabhängigkeit Algeriens forderte. Es folgte der fast siebenjährige Kampf zwischen der Kolonialmacht und der FLN, der von allen Beteiligten rücksichtslos geführt wurde. Der brutalen Kriegführung Frankreichs – Militär und radikale Siedler nutzten für ihr Vorgehen den Begriff der Pacification (Befriedung) – und der systematisierten Folter fielen Hunderttausende zum Opfer; beides stärkte letztlich den algerischen Widerstand. In Frankreich selbst stürzte in der Folge des Krieges das politische System: Die IV. Republik brach zusammen und Charles de Gaulle errichtete 1958 die V. Republik. Er gestand den Algeriern 1962 ihre Unabhängigkeit zu, nicht jedoch ohne selbst im August 1962 das Ziel eines ge-

Französische Soldaten überprüfen algerische Zivilisten. Den Unabhängigkeitskrieg führten beide Seiten zwischen 1954 und 1962 mit brutalen Mitteln. Die Zahl der Opfer schwankt zwischen 350 000 und 1,5 Millionen Menschen.

pa/dpa

scheiterten Attentats der militärnahen französischen Organisation de l'armée secrète (OAS) geworden zu sein.

Der Slogan des Befreiungskrieges war die von den Schriftgelehrten proklamierte Parole »Der Islam ist meine Religion, Arabisch meine Sprache, Algerien mein Vaterland«. Dies sollte zum Programm der am 5. Juli 1962 ausgerufenen Demokratischen Algerischen Volksrepublik werden, bedeutete es doch die Wiedergewinnung der in den Augen der Nationalisten von der Kolonisation zerstörten algerischen Identität.

Tunesien

Bereits 1861, zwanzig Jahre vor der Kolonisation (1881/83), erhielt das Land eine für die damalige Zeit bemerkenswert freiheitliche Verfassung. Der Status Tunesiens als französisches Protektorat ließ dem Lande marginale Bereiche der Autonomie, insbesondere im Erziehungswesen. Diese alte Verfassung (arab.: dustur) wurde zur Referenz des Anfang des 20. Jahrhunderts entstehenden, von großbürgerlichen und intellektuellen Kreisen getragenen Nationalismus. 1920 wurde die Liberale Verfassungspartei (Parti libéral destourien) gegründet, die sich mit ihren Forderungen an das französische Parlament, aber auch an den amerikanischen Präsidenten Woodrow Wilson wandte.

Tunesien war teilweise Siedlungskolonie, teilweise reines Wirtschaftsgebiet zur Erschließung und Entwicklung vor allem der Phosphatminen in der südlichen Region um Gafsa. Entsprechend wurde die Infrastruktur ausgebaut und es entstand eine Arbeiterschaft, die sich zunächst in der französischen CGT organisierte, 1923 ihre eigene Gewerkschaft, die CGTT (Confédération Générale des Travailleurs Tunisiens) schuf. Diese Einheitsgewerkschaft, die sich 1946 in UGTT umbenannte, war stets Stütze und zugleich linkes Korrektiv des tunesischen Nationalismus.

In den 1930er-Jahren kam es zur Spaltung der Destour-Partei: Junge, aus dem Mittelstand und meist aus dem Sahel (Region um die Stadt Sousse) stammende Intellektuelle, die das tunesische Elite-Gymnasium Sadiki absolviert und oft in Paris studiert hatten, gründeten die Neo-Destour-Partei. Sie suchten nicht mehr den Ausgleich mit der Protektoratsmacht, sondern forderten konsequent die Unabhängigkeit von Frankreich. Eine ihrer Führungspersonen war der junge Rechtsanwalt Habib Bourgiba. Sie versuchten, eng mit der französischen Linken zu kooperieren, in der sie mögliche Bündnispartner zur Erfüllung ihrer Forderungen sahen, wie auch die Propaganda der jungen Partei immer darauf abhob, Frankreich vor den Widerspruch zwischen den Freiheitsidealen der Französischen Revolution und der kolonialen Praxis zu stellen. 1934 kam es zu großen Demonstrationen, die Parteiführung, darunter Bourgiba, wurde verhaftet. Hoffnungen des Néo-Destour auf die französische Volksfrontregierung unter Léon Blum (1936/37) wurden enttäuscht. Bourgiba widersetzte sich konsequent der Tendenz in der Partei, die in einer Zusammenarbeit mit der deutschen Besatzung die Chance für eine Befreiung von Frankreich sah, da er überzeugt war, dass die Alliierten das Dritte Reich besiegen würden.

Zu Beginn der 1950er-Jahre spitzte sich die Situation in Tunesien zu: Tunesische Nationalisten verübten bewaffnete Anschläge, die rechtsextreme französische Geheimorganisation Rote Hand ermordete den Generalsekretär der UGTT, Ferhat Hached. Die Neo-Destour-Partei wurde verboten, Burgiba ins Exil verbannt. Doch der Widerstand ging weiter, große Teile der Bevölkerung unterstützten die nationalistische Partei. Im Juni 1955 konzedierte Frankreich eine »innere Autonomie«, bereits am 20. März 1956 erhielt Tunesien seine Unabhängigkeit. Bourgiba wurde erster Ministerpräsident, setzte 1957 den Bey als Staatsoberhaupt ab und wurde Präsident der Republik.

Marokko

Marokko wurde 1912 französisches Protektorat, in dem viele ursprüngliche Traditionen und Strukturen erhalten blieben. Die kleine nördliche Region um die Stadt Tetuan fiel jedoch an Spanien, das bereits seit dem 16. Jahrhundert seine Herrschaft über die »presidios« Ceuta und Melilla ausübte. Die Herrschaft des Sultans (makhzen) war prekär: Viele Gebiete im Rif, aber auch im Atlas wurden von Stämmen kontrolliert, die sich der Oberhoheit des Sultans widersetzten. Mit militärischer Macht zwang Frankreich sie unter die Oberhoheit des Sultans, die Stammesführer (caid) behielten ein hohes Maß an Autorität. Im Protektoratsvertrag hatte sich Frankreich zum Schutz der alawitischen Dynastie verpflichtet. Das Protektorat war geprägt durch wirtschaftliche und finanzielle Interessen, an seiner Spitze die Banque de Paris et des Pays Bas (Paribas). Entsprechend richtete sich die wirtschaftliche Erschließung und Entwicklung auf den Abbau von Phosphat, Eisen, Kupfer, Blei und anderen Vorkommen. Marokko verfügt deshalb noch heute über ein relativ gutes Netz von Straßen, Eisenbahnen und Häfen.

Die Stränge des marokkanischen Nationalismus sind vielfältig: Der älteste ist religiös-politischen Ursprungs und eng verbunden mit der Person Alla es Fassis, eines Gelehrten der altehrwürdigen Universität Qarauin in Fes. Früh vereinigte sich die Bewegung mit einer eher großbürgerlichen um Ahmed Balafredj. Aus diesen Bewegungen ging 1943 die Istiqlal-(Unabhängigkeits-)Partei hervor, die bis zur Unabhängigkeit alle nationalistischen Kräfte bündelte. Erst 1959 spaltete sich die sozialistische USFP (Union Socialiste des Forces Populaire) von ihr ab. Eine weitere starke Kraft des Nationalismus war die Arbeiterbewegung, die sich allerdings erst 1955 als Gewerkschaft etablierte und bis zur Unabhängigkeit eng mit der Istiqlal kooperierte. Vor dem Hintergrund der von Franklin D. Roosevelt und Winston S. Churchill im Januar 1943 abgehaltenen Konferenz von Casablanca veröffentlichte die Partei im Januar 1944 ein Manifest, in dem die Unabhängigkeit Marokkos gefordert wurde.

Am 10. April 1955 hielt Sultan Mohammed V. in Tanger eine Rede, in der er sich voll mit den Forderungen der Istiqlal identifizierte. Für Frankreich war dies Grund genug, den Sultan und späteren König abzusetzen und ihn mitsamt dem designierten Thronfolger und späteren König Hassan nach Madagaskar ins Exil zu schicken. Damit hatte Frankreich massiv gegen den Protektoratsvertrag verstoßen und zugleich der marokkanischen Monarchie große Legitimität beim Volk verliehen. Der politische Widerstand manifestierte sich zunehmend in Gewaltaktionen; 1956 entschloss sich Frankreich, den Sultan aus dem Exil zurückzuholen und das Land in die Unabhängigkeit zu entlassen.

Teile des bewaffneten Widerstands kämpften jedoch weiter und verlegten ihren Widerstand vom Rif-Gebirge im Norden in den Süden und in Teile der damaligen spanischen Kolonie West-Sahara. Sie wurden 1958 durch eine marokkanisch-französische Militäroperation (Ecouvillon) vernichtend geschlagen.

Libyen

Libyen stand bis 1912 nominell unter osmanischer Herrschaft. De facto aber lösten sich in Tripolitanien verschiedene Deys in der Ausübung der Herrschaft ab, die Stämme der Cyrenaika unterstanden seit Ende des 19. Jahrhunderts der Herrschaft der Senussi, eines puristischen religiösen Ordens, dessen Anhängerschaft vom Senegal bis Indonesien reichte. 1911 erklärte Italien der Hohen Pforte den Krieg und entsandte ein Expeditionskorps nach Libyen, wo insbesondere die Senussi-Stämme in der Cyrenaika heftigen Widerstand leisteten. Im Oktober 1912 willigte der Sultan in den Friedensvertrag von Lausanne ein und trat Libyen an Italien ab. Nach weiteren Kämpfen zwischen den Italienern und den Senussi, schloss deren Führer Mohammed Idris 1920 ein Friedensabkommen mit Italien.

In der Vision der italienischen Faschisten sollte Libyen in der Folge eine Siedlungskolonie mit rund 100 000 Italienern werden. Zu diesem Zweck wurde die einheimische Bevölkerung Libyens mit äußerster Brutalität vertrieben. Dagegen leisteten vor allem die Stämme in der Cyrenaika massiven Widerstand. Die Antwort der Kolonialmacht war brutale Repression: Zerstörung von Brunnen, Konfiskation der Herden, Deportation von über 100 000 Menschen in Lager, in denen viele starben – nach Schätzungen etwa 80 000 Menschen, ein Drittel der damaligen Bevölkerung der Cyrenaika. Als Reaktion auf das gewaltsame Vorgehen Italiens entwickelte sich in der Bevölkerung Widerstand. Legendärer Führer der Widerstandskämpfer war der Senussi-Scheich Omar Mukhtar, dessen bewegliche Kriegführung den Italienern schwere Verluste zufügte. Die Ikone des libyschen Widerstands wurde nach einer Verwundung gefangengenommen und am 16. September 1931 im Lager Solluqon vor den Augen seiner dort zusammengetriebenen Anhänger öffentlich gehängt.

1943 wurden die italienischen und deutschen Truppen aus Libyen vertrieben, politisch spielte nun Großbritannien die entscheidende Rolle. Die unter französischer Kontrolle stehende südlich Region des Fezzan wurde schließlich zu Libyen geschlagen, eine »Nationalversammlung« wählte den von Großbritannien protegierten Idris zum libyschen König, die Vereinten Nationen erkannten Libyen im Dezember 1951 als unabhängigen Staat an.

Hochburg des antikolonialen Widerstands waren die der Senussiya verbundenen Stämme der Cyrenaika gewesen, während diese in Tripolitanien kaum Unterstützung fanden. Die Bildung von politischen Parteien verhinderte Idris mit britischer Unterstützung. Demokratisch-republikanischen Kräften in Tripolitanien stand die eher konservative Hochburg der Senussiya in der Cyrenaika gegenüber. So entwickelten die drei Landesteile Cyrenaika, Tripolitanien und Fezzan keine auf dem antikolonialen Widerstand basierende nationale Identität, die Loyalitätsstrukturen basierten weiterhin auf der Stammeszugehörigkeit, und Omar Mukhtar, die große Figur des Widerstands, steht vor allem für die Stämme der Cyrenaika und die Senussiya.

Schlussbemerkung

Die sehr unterschiedlichen, länderspezifischen Ausgangsbedingungen, wie beispielsweise die jeweilige soziale Basis der Nationalismen, wirkten über die Staatsgründungen der 1950er- und -60er-Jahre hinaus und prägten die politischen Ordnungsvorstellungen der Regierungen. Während in Tunesien und Ägypten zu Beginn des Jahres 2011 der Sturz der Regime im Namen nationaler Slogans erfolgte und von den allgegenwärtigen National-

pa

Der Schauspieler Anthony Quinn als gefangener Omar Mukhtar. Ausschnitt aus dem britischen Historienfilm Omar Mukhtar – Löwe der Wüste,1979.

flaggen begleitet wurde, existiert dagegen in Libyen ein das gesamte Land einendes Nationalbewusstsein nicht. Hierin ist auch einer der Gründe für den bis heute (August 2011) andauernden Kampf zwischen Befürwortern und Gegnern Muammar al-Gaddafis zu finden. Dessen 42 Jahre währende Herrschaft scheint nun unwiderruflich zu Ende zu gehen.

Trotz vieler Gemeinsamkeiten wie Kultur und Sprache, Ausbeutung und Korruption, Unterdrückung und Polizeistaatlichkeit sind diese Besonderheiten unverzichtbar für die Weiterentwicklung dieser in vielem ähnlichen, in vielem jedoch historisch bedingt sehr verschiedenen Ländern. Es sind diese Unterschiede, die beispielsweise auch erklären, weshalb Organisationen wie die Arabische Liga oder die Arabische Maghreb-Union nur ineffizient funktionieren.

Werner Ruf

pa/Hackenberg-Photo-Koeln

Das Bild zeigt eine über 70 Meter hohe Lotusblüte aus Beton am Westufer des Assuan-Staudamms in Oberägypten. Sie symbolisiert die ägyptisch-sowjetische Freundschaft, nachdem maßgeblich die Sowjetunion geholfen hatte, das Prestigeprojekt in den 1960er-Jahren zu bauen. Die offizielle Inbetriebnahme des Staudamms erfolgte am 15. Januar 1971. Überlegungen, die jährlich wiederkehrenden Flutmassen des Nils zu regulieren, gehen auf einen britischen Ingenieur zurück, der um 1900 unter Führung der deutschen Firma Siemens unweit von Assuan einen ersten Staudamm errichtete. Ende der 1940er-Jahre entstand die Idee, den bisherigen Staudamm durch einen neuen zu ersetzen. Das Vorhaben unterstützten die USA und auch die Weltbank. Die Planungen unter Beteiligung deutscher Ingenieur- und Baufirmen liefen an, wurden jedoch unterbrochen, als Ägypten 1956 die Volksrepublik China diplomatisch anerkannte und sich die Suez-Krise entwickelte. In der Folge zogen sich die USA vom Projekt zurück. Die Sowjetunion füllte diese Lücke, um im Ringen des Kalten Krieges einen Verbündeten im arabisch-afrikanischen Raum zu gewinnen. Tausende sowjetische Ingenieure und Arbeiter wirkten an der Fertigstellung des politisch prestigereichen Baus mit. Für die Regierung des ägyptischen Präsidenten Gamal Abdel Nasser stand der Bau des Stausees für ein modernes Land und dessen Unabhängigkeit von den ehemaligen Kolonialherren. Daher ist der Bau wie vergleichbare Projekte in den Kontext der Staatswerdungsprozesse nordafrikanischer Staaten nach 1945 einzuordnen.

National-islamische Staatswerdungsprozesse: Unabhängigkeit und State-building (1951–1985)

Obgleich Ägypten formell bereits unabhängig war, gab doch erst der Sturz der Monarchie durch die Freien Offiziere (1952) der ägyptischen Souveränität Substanz. Marokko (1956) und Tunesien (1956) erlangten mit dem Ende des französischen Protektorats ihre Unabhängigkeit. Die algerische Unabhängigkeit kam zuletzt (1962). Das zu diesem Zeitpunkt seit mehr als zehn Jahren unabhängige Libyen (1951) stand im Schatten dieser Neustaaten.

Während Ägypten eine eigene Staatsverwaltung nie hatte aufgeben müssen und in Marokko und Tunesien vor der Unabhängigkeit französische und heimische Verwaltungen nebeneinander existierten, musste in Algerien nach der Unabhängigkeit eine funktionstüchtige Staatsverwaltung überhaupt erst aufgebaut werden. Denn mit dem Abzug der Algerienfranzosen ging auch alles administrative und wirtschaftliche Know-how verloren. Die heimischen Nachrücker hatten ihre Meriten im politischen und militärischen Kampf für die Unabhängigkeit erworben, wo auch sonst? Der Start in die Unabhängigkeit begann mit Amateuren in Führungspositionen. Diese Hypothek sollte das junge Algerien lange belasten. Das Fehlen erfahrener heimischer Verwaltungskader ließ sich in Libyen besser verkraften. Bis weit in die 1960er-Jahre hatte das Land den Zuschnitt einer Stammesgesellschaft mit geringem Verwaltungsbedarf. Die Stämme waren es gewohnt, ihre Angelegenheiten in traditioneller Weise selbst zu erledigen.

Vorbilder eines erfolgreichen Nation-building

Unter den Vorbildern, die den Führern der nordafrikanischen Neustaaten beim Aufbau einer Nation vor Augen standen, hinterließ vor allem die moderne Türkei einen starken Eindruck. Sie stand für das kompromisslose Aufholen zur technisch-wissenschaftlichen Zivilisation des Westens. Dort wurde das orientalische Erbe im öffentlichen Raum neutralisiert; es galt als Entwicklungshemmnis. Moscheen und Geistliche wurden unter die Aufsicht des Staates gestellt. Einer Staatspartei wurde der Vorzug vor einem demokratischen Pluralismus gegeben, in dem sich unvermeidlich auch die beharrenden Kräfte hätten entfalten dürfen. Das Militär, von dem das Projekt der säkularen Modernisierung in die Welt gesetzt worden war, wachte als Instanz der politischen Richtungskontrolle darüber, dass Staat und Gesellschaft auf Kurs blieben.

Die Sowjetunion imponierte als ein zweites Modell, allerdings nicht als Konstrukt einer weltanschaulichen Nation, sondern als Beispiel für den Staat als Motor wirtschaftlicher Modernisierung: Dem Sowjetstaat war es mit Verstaatlichung und staatlicher Wirtschaftslenkung in gut einer Generation gelungen, eine rückständige Agrargesellschaft ins Industriezeitalter zu katapultieren.

Nation-building in der Praxis

Leistungsfähige Industrien, Volksbildung und Armutsbekämpfung waren die Schlüsselprojekte der Putschoffiziere um Gamal Abdel Nasser, die 1952 in Ägypten die Monarchie beseitigten. Eine Staatspartei wurde ins Leben gerufen, die Armee blieb freilich Rückgrat des Regimes. Die großen Vermögen wurden verstaatlicht, großer Grundbesitz unter Bauern und Pächter aufgeteilt, Hochschulabgängern eine Beschäftigungsgarantie gegeben und den Beschäftigten in der Staatsindustrie auskömmliche Löhne zugesagt. Der erhoffte Zuspruch bei Menschen, die auf der Schattenseite der Gesellschaft lebten, blieb nicht aus. Nasser wurde gar zum Idol der arabischen Welt, als er sich 1956 mit den früheren Kolonialmächten anlegte, indem er den Suezkanal verstaatlichte. In Tunesien wurde das türkische Modell nahezu eins zu eins kopiert: Die säkulare, nach Westen blickende Nation ohne das Beiwerk pluralistischer Demokratie. Die kulturpolitische Richtung war in beiden Ländern gleich: Religion als Privat- und Familiensache.

Algerien nahm eine andere Entwicklung. Die Unabhängigkeitsbewegung FLN trat in die Rolle einer Staatspartei. Ihr

pa/dpa

Das Bild zeigt Ahmed Ben Bella (l.), erster Präsident Algeriens, der 1965 durch Houari Boumedienne (r.) in einem unblutigen Putsch abgelöst wurde.

schwebte ein sozialistisches Land vor. Die Eigentumsverhältnisse standen dabei nicht im Wege. Den Besitz der Algerienfranzosen, Ländereien und Betriebe, eigneten sich teils der Staat, teils die Familien der Staatselite an. Präsident Houari Boumedienne, der sich 1965 unblutig an die Staatspitze putschte, gedachte das Land mit einem großen Kraftakt zur Industrienation zu machen. Die Wirtschaft wurde jetzt in weiten Teilen verstaatlicht.

Die Staatspartei, die Verwaltung und die Armee bildeten einen schwer durchschaubaren Machtkomplex. Dessen Kern waren die Streitkräfte. Diese traten jedoch nicht geschlossen auf, wie es in Ägypten der Fall war. Die Armeeführung glich vielmehr einer Oligarchie von Kommandeuren, von denen die wichtigeren eine Basis in den Militärbezirken besaßen. Präsident Boumedienne verstand es, sich sicher in dieser Struktur zu bewegen. Er starb überraschend 1978. Seinem Nachfolger Chadli Benjedid fehlte die Autorität des Vorgängers. Als er das Präsidentenamt antrat, befand sich das Land in einer bereits länger anhaltenden wirtschaftlichen Talfahrt. Unter den in der großen Mehrheit armen Algeriern wuchs die Unzufriedenheit.

Im Unabhängigkeitskrieg hatte es noch keine Rolle gespielt, ob die algerischen Kämpfer Araber oder Kabylen (Berber) waren. Viele Kabylen sprachen neben ihrer eigenen Sprache Französisch. Sie profitierten vom zweisprachigen Bildungssystem und fanden besser den Zugang zu qualifizierten Berufen als ihre arabischen Landsleute. Um die Zustimmung der Mehrheit der Bevölkerung für das Regime bemüht, erklärte die Staatspartei Algerien zur arabischen Nation. Arabisch wurde als Behörden- und Unterrichtssprache für verbindlich erklärt. Die Kabylen nahmen die Zurücksetzung ihres Status nicht widerspruchslos hin. Sie empfanden sich seither als diskriminierte Minderheit. Wiederholt kam es in der Kabylei zu heftigen Protesten und Zusammenstößen mit der Staatsgewalt.

Die Einnahmen aus dem Verkauf von Öl und Gas flossen in erheblichem Umfang auf die Konten der Militärs, Staatsfunktionäre und ihrer Familien. Die Infrastruktur aber wurde immer schlechter. Mangelnder Wohnraum, zuwenig Jobs und unzureichende medizinische Versorgung förderten auch unter arabischen Algeriern die Unzufriedenheit. Die wachsenden Gegensätze zwischen Arm und Reich heizten die Stimmung auf. Viele Enttäuschte wagten nach dem Ende der Ära Boumedienne den Protest auf der Straße.

Blicken wir nun auf Marokko. Der König aus einem Geschlecht vom Stamm des Propheten (Alawiden) genoss Verehrung als religiöser Führer. Früh erkannte er freilich, dass diese Legitimation nicht mehr allzu weit trug. Noch in der Protektoratszeit machte er sich das Anliegen der Nationalpartei (Istiqlal) zu eigen: die Unabhängigkeit. Als das französische Protektorat endete, war Mohammed V. im Bürgertum akzeptiert.

Die Monarchie stützte sich darüber hinaus auf einen Pakt mit den Berberstämmen. Für die Stämme hatte die Idee einer marokkanischen Nation keinerlei Bedeutung. Ihnen ging es darum, die überlieferte Lebensart zu bewahren. Hier und dort musste der Staat nach dem Abzug der Franzosen seine Autorität erst erkämpfen. Die meisten Stämme jedoch erkannten den König als übergeordneten Stammesführer an. Im Gegenzug ließ der Monarch die Berberfürsten an der Staatspatronage teilhaben.

Mohammeds Nachfolger Hassan II. schlug in der Innenpolitik eine härtere Gangart an. Parteien wurden verboten, jede Regung von Opposition brutal unterdrückt. Hassan II. stützte seine Herrschaft ganz auf die Armee und den Staatssicherheitsdienst. Wiederholte Putschversuche aus ihren Reihen zeigten jedoch, wie fragil diese Herrschaftsgrundlage war.

Libyen war faktisch zum Zeitpunkt der Unabhängigkeit noch eine Stammesgesellschaft. Sein König Idris I. war der Führer der Stämme im Osten des Landes (Cyrenaika). Im westlichen Libyen (Tripolitanien) galt die Monarchie als illegitim. Ein Putsch des Obersten Muammar al-Gaddafi vertrieb 1969 den König und etablierte eine Republik. Es gelang nicht, aus der Stammesgesellschaft eine Nation zu formen; lediglich eine mit sozialistischer Rhetorik und nationalen Symbolen verbrämte Autokratie, in deren Mittelpunkt der Exzentriker Gaddafi stand, kam zustande.

Der islamische Gegenentwurf zur säkularen Nation

Die Regime Ägyptens, Algeriens und Tunesiens ließen Religionslehrer, Prediger und Gläubige gewähren, stellten sie aber unter staatliche Aufsicht. Dies verursachte keine großen Probleme. Der Tradition entsprechend, gab sich das religiöse Establishment damit zufrieden, dass die Muslime ungehindert nach ihrer Religion leben durften.

Nicht Religionsgelehrte und Moscheeprediger, vielmehr bürgerliche und kleinbürgerliche Intellektuelle übten eine aus dem Islam begründete Kritik an Politik und Gesellschaft. Sie nahmen Anstoß am Status der Religion als Privatsache und an den gewährten Frauenrechten. Nicht zuletzt empörten sie sich über die Bereicherung der Eliten, während die Masse der Muslime in elenden Verhältnissen lebte. In ihrer Deutungswelt lagen die Ursachen für die Misere in der Abkehr der Herrschenden von der Botschaft des Propheten.

In Ägypten entstand bereits vor dem Zweiten Weltkrieg die Muslimbruderschaft, eine politische Bewegung, die sich vom Islam als Leitbild der Politik eine Wende zum Besseren versprach. Ihr wirkungsmächtigster Denker war der Ägypter Sayyid Qutb. Seine Thesen lauteten: Gott habe die Gebote des Glaubens und die menschliche Natur perfekt aufeinander abgestimmt. Gut und Böse lägen offen zutage. Wer sich für den falschen Weg entscheide, tue dies aus freiem Willen. Folglich sei auch in der Politik Widerstand angezeigt, wenn die Herrschenden Gottes Willen missachteten.

Gaddafis Militärputsch in Libyen am 1. September 1969

Durch einen Militärputsch am 1. September 1969 stürzte der damalige Offizier Muammar al-Gaddafi den seit 1951 herrschenden König Idris I. Gaddafi, 1942 in Sirte als Sohn einer Beduinenfamilie geboren, hatte 1962 ein Hochschulstudium begonnen, dieses jedoch später abgebrochen. Im Jahre 1963 trat er in die Streitkräfte des Königreiches Libyen als Offizieranwärter ein. Seine Ausbildung absolvierte er u.a. an der britischen Royal Military Academy Sandhurst. 1966 wandte er sich der arabisch-sozialistischen Bewegung zu und unterhielt engen Kontakt zu seinem politischen Vorbild Gamal Abdel Nasser, dem Staatspräsidenten von Ägypten. In dem von ihm selbst 1966 mitbegründeten »Bund freier Offiziere« verwob Gaddafi sozialistische Ideologie mit Grundsätzen des Islam. Bald begann er intensiv an Plänen zu einem Staatsstreich zu arbeiten.

Am 1. September 1969, der König befand sich auf einem Staatsbesuch in der Türkei, begannen Gaddafi und seine Getreuen die »Operation Jerusalem« und besetzten wichtige Einrichtungen und Plätze in Tripolis und der Großstadt Bengasi. Ohne nennenswerten Widerstand konnten Gaddafi und lediglich 200 Mann mit gepanzerten Fahrzeugen die Einrichtungen der Sicherheitspolizei, den Königspalast, verschiedene Ministerien sowie Rundfunkstationen besetzen. Nur in der Garnisonsstadt al-Baya leistete die königliche »weiße Garde« heftigen Widerstand, der aber gebrochen wurde. Nach dem Putsch beförderte Gaddafi sich selbst zum Oberst und Vorsitzenden des Revolutionären Kommandorates. Während der abgesetzte König im ägyptischen Exil verblieb, leitete Gaddafi sozialistische Reformen ein, verstaatlichte Banken, Versicherungen und Ölförderkonzessionen der ausländischen Erdölkonzerne. 1979 zog Gaddafi sich als Staatsführer Libyens zurück und nahm das Amt des Revolutionsführers ein.

GK

Externe Faktoren erzwingen eine Zeitenwende

Mit Armut, Misswirtschaft und staatsparteilicher Bevormundung reifte in den Jahren nach der Unabhängigkeit eine Grundstimmung tiefer Unzufriedenheit, die sich als fruchtbarer Boden für den politischen Islam erweisen sollte. Die Anlässe für die stärkere Präsenz des Islam in der Gesellschaft kamen aber von außen:

In Ägypten hatte Präsident Nasser 1967 leichtfertig den Krieg mit Israel riskiert. Die Folgen der militärischen Niederlage trafen das Land hart. Beim Überwinden der Schwierigkeiten erwies sich der sowjetische Verbündete als wenig hilfreich. Mit ägyptischen Teilerfolgen wetzte der Jom-Kippur-Krieg 1973 die Scharte der Niederlage von 1967 aus.

Die massive Parteinahme der USA für Israel ließ die ägyptische Führung zur Überzeugung gelangen, dass es besser sei, eine Zukunft an der Seite Washingtons zu suchen. 1979 kam es zum Ägyptisch-Israelischen Friedensvertrag (nach einer Reise des ägyptischen Präsidenten Sadat 1977 nach Israel und den Nahostfriedensgesprächen in Camp David ein Jahr darauf). Die Beziehungen zur Sowjetunion wurden auf Eis gelegt. Dieser Politikwechsel öffnete die Pforten für dringend benötigte Investitionen und Kredite internationaler Geldgeber. Die internationalen Finanzinstitutionen hatten dabei eine Schlüsselrolle inne.

Der Internationale Währungsfonds und die Weltbank verlangten als Gegenleistung, wie sie es überall taten, wo sie mit Krediten und Umschuldungsprogrammen einsprangen, das Umsteuern der Wirtschaft auf einen liberalen Kurs. In der Folge wurden Staatsbetriebe reprivatisiert und die Bodenreformen der Nasser-Ära revidiert. Mit den bald florierenden Import- und Exportgeschäften entstand eine neue reiche Mittelschicht. Die traditionelle Wirtschaft mit ihren Bindungen an Moschee und Nachbarschaft geriet ins Hintertreffen. Liberalisierung und Subventionsabbau gaben jedoch zugleich der Inflation Auftrieb. Die Leistungen des Staates in den Bereichen der Bildung und des Gesundheitssystem wurden schlechter. Hochschulabsolventen fanden keine Jobs mehr. Mit den Veränderungen in der Landwirtschaft verloren viele Bauern ihre Existenz. Um die Metropolen wucherten – häufig illegale, aber geduldete – Neusiedlungen von Landflüchtigen.

Das staatsparteiliche System blieb unter Nassers Nachfolgern Anwar as-Sadat und Hosni Mubarak intakt. Um die Erwartungen der westlichen Verbündeten und Geldgeber nicht ganz zu enttäuschen, durften sich weitere Parteien an den Wahlen beteiligen und auch ins Parlament einziehen, ohne dass sie jedoch, nicht zuletzt aufgrund der Wahlmanipulationen, nennenswerte Erfolge erzielten.

Islamische Parteien und Gruppierungen blieben verboten. Die Muslimbruderschaft aber wurde in einem halblegalen Zustand geduldet. Stark unter Lehrern, Juristen und Ärzten vertreten, entfaltete sie eine rege karitative Aktivität und erwarb damit Respekt in der armen Bevölkerung. Der Gewalt als Mittel der Politik schwor sie ab. Das soziale Engagement und der Pragmatismus der Bruderschaften trugen dazu bei, dass religiös motivierte Gewalt eine Randerscheinung blieb, auf deren Konto allerdings die Ermordung des Präsidenten Sadat (1981) ging.

Auch die von der Vision des islamischen Staates motivierten Aktivisten der Nachbarländer flankierten ihre politische Botschaft mit guten Werken an den Armen. Ihre Ideen zündeten dort in einer kürzeren Zeitspanne, radikaler und teilweise auch gewaltsamer.

Die Ölpreisschocks der Jahre 1973 und 1978 bremsten in den Industrieländern abrupt das Wirtschaftswachstum. Viele Algerier, die im unabhängigen Algerien keine Arbeit gefunden hatten, verdienten bis zu diesen Ereignissen ihr Geld in Frankreich. Des Französischen mächtige Arbeiter aus dem Maghreb waren willkommen. Die globale Konjunkturkrise traf aber auch Frankreich hart. Vor dem Hintergrund wachsender Arbeitslosigkeit unter den eigenen Bürgern drosselte die Pariser Regierung die Zuwanderung. Betroffen waren vor allem Algerier. Die Arbeitslosigkeit in Algerien schnellte daraufhin dramatisch in die Höhe.

Während Algerien dank seiner Einkünfte aus dem Öl in der Krise volkswirtschaftlich einigermaßen über die Runden kam, waren Marokko und Tunesien dringend auf internationale Hilfe angewiesen. Den Regierenden dort blieb nichts anderes übrig, als sich den Erwartungen der Geldgeber zu fügen. Die Folgen waren – wie in Ägypten – steigende Arbeitslosigkeit, sinkende Einkommen und sozialer Protest.

Zuerst kam es in Ägypten zu einer vorsichtigen Islamisierung des öffentlichen Lebens. Mit der Abkehr vom sozialistischen Lager avancierte Saudi-Arabien zum wichtigen Partnerland. Zahlreiche Ägypter fanden Arbeit in der saudischen Wirtschaft. Mit Krediten trug das saudische Regime sein Teil zur Zahlungsfähigkeit der Kairoer Regierung bei. Um diesen wichtigen Verbündeten, bei dem der Islam als Staatsgesetz gilt, nicht zu brüskieren, schlug das ägyptische Regime im Umgang mit religiösen Institutionen und Vereinen im eigenen Lande einen versöhnlicheren Kurs ein. Mit saudischem Geld durften neue Moscheen gebaut und religiöse Stiftungen gegründet werden.

Im übrigen Nordafrika beflügelte die Islamische Revolution im Iran (1978/79) die Aktivität islamischer Oppositioneller. Die islamische Alternative war jetzt nicht mehr nur eine Vision. Sie hatte Gestalt angenommen. Viele tief in der Armut steckende Menschen versprachen sich von der islamischen Wegweisung in der Politik einen Ausweg aus der Dauerkrise. Entsprechende Hoffnungen zeitigten vor allem in Algerien große Wirkung. Die hohe Jugendarbeitslosigkeit und die fehlende Aussicht auf eine bessere Zukunft trieben den politisch agitierenden Predigern in Scharen Anhänger zu. Mit lahmen Gesten versuchte die FLN-Führung gegenzusteuern: Das säkulare Familienrecht wurde – auf Kosten der Frauen – an das Schariatsrecht angepasst. Muslimische Vereine und Einrichtungen, die außerhalb der behördlichen Aufsicht aktiv waren, wurden stillschweigend geduldet. An der hohen Arbeitslosigkeit und ungerechten Macht- und Einkommensverteilung in Politik und Wirtschaft änderte sich jedoch nichts. Weiterhin sprudelte diese ergiebigste Quelle der Unzufriedenheit. Der Druck auf das Regime hielt an. Er verlagerte sich in den 1980er-Jahren zunehmend auf die Straße. Erst Anfang der 1990er-Jahre gewann in der Staatselite eine Fraktion die Oberhand, die bereit war, sich auf das Wagnis freier Wahlen einzulassen. Die Folgeereignisse liegen bereits jenseits der hier zu berichtenden Epoche.

Auch in Tunesien hinterließen die Ereignisse im Iran ihre Spuren. Im Jahr 1981 wurde eine islamische Partei gegründet, die Islamische Tendenz. Das Geschehen in Teheran vor Augen, zogen Präsident Bourgiba und sein Sicherheitsapparat alle Register, um den politischen Islam zu unterdrücken. Die religiös motivierte Opposition blieb trotz allem ein dauerhafter Angstgegner. Hochbetagt und längst Thema einer Nachfolgediskussion, wurde Bourgiba 1987 von langjährigen Weggefährten aus dem Amt gedrängt. Als Grund schoben sie vor, Bourgiba gehe übermäßig hart gegen die islamische Opposition vor. Als sich sein Nachfolger Zine el-Abidine Ben Ali an der Spitze des Regimes etabliert hatte, wurde die repressive Politik des Vorgängers wieder aufgenommen. Erst spät, ab Mitte der 1990er-Jahre, rang sich die Führungsequipe des Landes zur Zulassung weiterer Parteien durch.

Der politische Islam keimte schließlich auch in Marokko. Gegen die Anziehungskraft der Idee einer auf den Islam verpflichteten Staatsordnung war das auf die Monarchie eingeschworene religiöse Establishment machtlos. Die Monarchie unterdrückte rigoros illegale islamische Vereine und Prediger. Erst spät, in den 1990er-Jahren, besann sie sich eines anderen und ließ die Betätigung moderat-islamischer Kräfte zu.

Das libysche Regime hatte sich bis in die 1980er-Jahre am wenigsten mit einer islamischen Opposition auseinanderzusetzen. Trotz der beträchtlichen Selbstbedienung Gaddafis und seiner Entourage aus den Öleinnahmen blieben vorerst genug Mittel übrig, um damit einen passablen Lebensstandard der Bevölkerung zu gewährleisten. Die zur Rebellion neigenden Stämme im Osten des Landes standen unter dem Einfluss einer der großen islamischen Neuerungsbewegungen des 19. Jahrhunderts (Senussi). Der gestürzte König Idris I. war für sie auch ein religiöses Oberhaupt. Die Herrschaft Gaddafis bedeutete hier, dass ihre islamische Tradition mit den Füßen getreten wurde.

Anfang der 1980er-Jahre geriet die Supermacht Sowjetunion ins Trudeln, die auf die erste Generation nordafrikanischer Politiker vor Jahrzehnten so großen Eindruck gemacht hatte. Selbst in Algerien, das länger als Ägypten gute Beziehungen zur Sowjetunion gepflegt hatte, verabschiedete sich die Elite allmählich von der Staatswirtschaft und dem Ziel einer Parforce-Industrialisierung.

Alle Versuche, nach der Unabhängigkeit eine Nation zu schaffen, scheiterten daran, dass die Bevölkerung nicht beteiligt wurde. Hier ist als Gegenbild wieder der Blick auf die Türkei instruktiv. Vor über 60 Jahren ließen die türkischen Militärs Parteien und Verbände zu und die Medien an eine längere Leine. Vertreter der Parteien durften das Land regieren. Wenn sich die Dinge in eine unerwünschte Richtung entwickelten, zogen die Militärs die Politiker wieder aus dem Verkehr und übten direkt die Macht aus, bis sie dann einen weiteren Neustart mit Parteien und parlamentarischen Strukturen erlaubten. Allmählich verschob sich das Kräfteverhältnis zwischen den Wächtern in Uniform und den Regierenden im Zivilanzug.

Der Blick auf die Türkei ist in einer weiteren Hinsicht lehrreich. Sie hatte im Vergleich mit Nordafrika einen im Rückblick unschätzbaren historischen Startvorteil. Das Schicksal einer Kolonie oder Halbkolonie war ihr erspart geblieben. Die Staatswerdung im nordafrikanischen Raum war jedoch durch die koloniale Vergangenheit schwer vorbelastet.

Von heute auf morgen sprangen die neuen Staaten ins kalte Wasser der Unabhängigkeit. Eiliges Handeln war geboten, um den nunmehr freien Völkern eine Identität zu bieten. Die neuen Herrschenden kramten im Repertoire der zeitgenössischen Welt, um passende Modelle zu finden. Sämtliche Entwürfe zerschlissen sich im Laufe der Jahre an der wachsenden Kluft zwischen einer privilegierten Führungsschicht und den auf die Verelendung hin driftenden Massen. Vor diesem Hintergrund wurde die politische Lesart des Islam zur zugkräftigen Idee. Sie stand zum einen im Einklang mit Religion und orientalischem Erbe und bot zum anderen einen Gegenentwurf zur tristen Gegenwart. Der Zeitabschnitt, der auf die hier geschilderten Entwicklungen folgte, stand im Zeichen einer Kraftprobe, in der sich erweisen sollte, ob der Islam in freien Wahlen oder in einer gewaltsamen Kraftprobe als Herrschaftslehre konkurrenztauglich war.

Jürgen Hartmann

pa/Photoshot

Die Geschichte der nordafrikanischen Staaten zwischen den 1980er-Jahren und den Umstürzen der Jahre 2010/11 kann als eine Zeit großer politischer und sozialer Umbrüche gewertet werden. Seit der staatlichen Unabhängigkeit in den 1950er- und 1960er-Jahren bildeten sich zunächst zwar autoritäre, aber säkulare Nationalstaaten heraus, die sich an westlichen und sozialistischen Ordnungsmodellen orientierten. Im Laufe der Jahrzehnte erwuchsen diesen Staaten nicht zuletzt aufgrund von Misswirtschaft und Korruption ökonomische Schwierigkeiten. In der Folge radikalisierten sich diese alten Regime, deren Eliten der Bevölkerung die soziale wie politische Teilhabe verweigerten. Auf diese Weise verloren sie den Rückhalt in der Gesellschaft und somit ihre Legitimität. In diese Lücke stieß seit der Islamischen Revolution im Iran 1978/79 der Gegenentwurf islamistischer Gruppen, der die Säkularität der Nationalstaaten abschaffen und an seiner Stelle islamische Ordnungsvorstellungen einführen wollte. Doch verloren auch diese Gruppierungen nach anfänglichen Erfolgen den Rückhalt in der Gesellschaft, die sich weiterhin mit sozialen wie politischen Missständen konfrontiert sah. In dem hieraus erwachsenden Unmut lag bei allen Unterschieden eine gemeinsame Schnittmenge der Protestbewegungen. Die Demonstranten, wie hier in Algier im Frühjahr 2011, waren somit zunächst weniger religiös, als vielmehr sozial und politisch motiviert. Gleichwohl war es im Sommer 2011 noch unklar, welchen Weg die Staaten Nordafrikas gehen, inwiefern sie gemäßigte oder radikalisierte Gesellschaftsordnungen wählen würden.

Neubestimmungen: Von der alten Ordnung und der islamischen Gesellschaftsutopie zum sozialen Umbruch (1985–2011)

Die politische Ordnung der nordafrikanischen arabischen Staaten war 1985 noch fest im Gefüge des Ost-West-Konflikts eingebettet. Marokko, Tunesien und Ägypten repräsentierten die westliche Welt, während Algerien und Libyen noch ganz den Staatsmodellen folgten, die in den 1950er-Jahren den sogenannten prosowjetischen Block gebildet hatten. Das internationale Ordnungsprinzip, das der Ost-West-Konflikt darstellte, bedeutete aber nicht, dass sich die ideologischen Grundlagen der autoritären Herrschaft auf freiheitliche oder sozialistische Ordnungsvorstellungen ausrichteten; vielmehr garantierte der Ost-West-Konflikt den Regimen eine Logik der Machtausübung, die sich in vom Militär gestützten Einparteienregimen äußerte.

Alte Ordnung gegen islamische Gesellschaftsutopie (1985–2002)

Das Militär war oftmals Garant des Herrschaftssystems, wodurch sich vor allem in den Republiken, also in Algerien, Tunesien, Libyen und Ägypten sogenannte Militärgesellschaften herausgebildet hatten. Das Militär, das sich vor allem durch Verweise auf seine Rolle in der Durchsetzung der nationalen Unabhängigkeit legitimierte, beherrschte nicht nur das Gefüge der politischen Macht, sondern auch den ökonomischen Sektor. Insbesondere die Wirtschaftszweige, die den Export von Rohstoffen für den Weltmarkt kontrollierten (unter anderem Erdöl in Libyen und Algerien, Erdgas in Algerien, Phosphat in Marokko und Tunesien, Baumwolle in Ägypten), wurden von Angehörigen des Armeeregimes beherrscht. Da diese Rohstoffe oft als »nationale Güter« gedeutet wurden, sah sich das Militär als Garant der nationalen Einheit der Staaten dazu ermächtigt, den gesamten

Der Anbau und Export von Baumwolle gehört in Ägypten zu einem der bedeutenden Industriezweige und wird wesentlich durch militärische Eliten und deren Angehörige kontrolliert.

Wirtschaftskreislauf, der mit diesen Gütern zusammenhing, zu verwalten.

Die ideologischen Bemühungen der Machthaber, ihr Regime damit zu begründen, dass nur der Staat die Entwicklung der Gesellschaft garantieren könne, trugen aber kaum noch Früchte. Zu groß war die Kluft zwischen den privilegierten Eliten und der Bevölkerung. Der Staat, der sich die Definitionshoheit über die Gesellschaft zu sichern versuchte, schloss sich auch sozial mehr und mehr ab. Schon 1983/84 machten die ersten großen Brotrevolten (u.a. in Südtunesien und Marokko) deutlich, dass die Staatspolitik der herrschenden Regime kaum noch auf die Bedürfnisse der Bevölkerung reagierte. Die Pro-Kopf-Produktion von Nahrungsmitteln hatte sich im Vergleich zu 1972 um 20 Prozent verringert, zugleich war die Abhängigkeit von Nahrungsmittelimporten drastisch angewachsen.

Die zögerliche Wirtschaftsliberalisierung, mit der die Staaten Nordafrikas ab 1983 versuchten, ihre Position auf dem Weltmarkt zu verbessern, konnte der wachsenden Verarmung des Mittelstandes und der Unterschicht kaum begegnen. Die Gewinne aus der Exportwirtschaft brachen trotz der Liberalisierungspolitik 1985/86 stark ein; da die Gewinne nur zu einem geringen Teil in die einheimische Wirtschaft reinvestiert wurden, entstanden kaum noch neue Arbeitsplätze, und in der Folge stiegen Arbeitslosigkeit und Inflation rasant an. Auf dem ersten Höhepunkt der ökonomischen Krise zerfiel nun auch das ideologische Gerüst, mit dem bislang die Regime ihre Machtstellung als Garanten der nationalen Einheit begründet hatten. Nun verfiel auch der Glaube an die Legitimität einer Einparteienordnung und der sie sichernden Militärherrschaft.

Der algerische Präsident Chadli Bendjedid (im Amt 1979–1992) reagierte auf eine Jugendrevolte, die wegen der hohen Arbeitslosigkeit vor allem in Ostalgerien im November 1986 ausbrach, mit dem Versprechen, dass zivile Institutionen wie Gewerkschaften zugelassen werden sollten. Diese Ankündigung konnte jedoch die fortschreitende Unzufriedenheit, die im Oktober 1988 einen ersten Höhepunkt erreichte, nicht eindämmen. Die Verfassungsreform im Frühjahr 1989 bedeutete das politische Ende des Einparteiensystems. Die Opposition sammelte sich unter anderem in den Organisationen der Islamischen Heilsfront (franz.: Front islamique du Salut, FIS), die dann als große Siegerin aus den Kommunalwahlen (Juni 1990) und des ersten Wahlgangs der Parlamentswahl (Dezember 1991) hervorging. Auf die Bedrohung seiner Machtstellung reagierte das Militär mit einem Putsch und dem darauf folgenden Verbot der Islamischen Heilsfront (April 1992). Die Kluft zwischen Militär- und Zivilgesellschaft konnte aber nicht mehr geschlossen werden. Radikale islamistische Verbände nutzten die Situation und gründeten bewaffnete Einheiten (u.a. Armée islamique du salut, AIS, Groupe islamique armé, GIA). In dem nun folgenden, bis 2004 von allen Seiten mit großer Brutalität geführten Krieg sollen über 100 000 Menschen ums Leben gekommen sein. Die auf die größeren Metropolen beschränkte Zivilgesellschaft musste ohnmächtig ansehen, wie der Krieg zwischen der Militärgesellschaft und islamistischen Kampfverbänden eskalierte. Erst im Dezember 2004, als der letzte Emir der GIA, Chaâbane Younès, getötet wurde, verfiel diese Organisation, die in den späten 1990er-Jahren immer mehr den Charakter einer Sekte angenommen hatte. Auch die AIS verlor seit Ende der 1990er-Jahre zusehends an Bedeutung. Der mythische Rückbezug auf eine idealisierte islamische Frühzeit, gekoppelt mit einer auf Endzeiterwartung ausgerichteten Blut- und Todeskultur fand unter der algerischen Bevölkerung keinen Anklang, wohl aber vertiefte diese die Kluft zwischen der säkular gebildeten Zivilgesellschaft und dem Staat.

Die blutigen Auseinandersetzungen zwischen der »alten Ordnung« und dem programmatischen »islamischen Diskurs« zeigten, dass die Idee einer islamischen Gesellschaftsordnung nicht tragfähig war. Auch wenn die »alte Ordnung« in breiten Schichten ihre Legitimation eingebüßt hatte, vermochte ihre Gegenspielerin hieraus kein Kapital zu schlagen. Diese Entwicklung traf weitestgehend auf alle Staaten Nordafrikas zu.

Vorboten des Umbruchs (1993–2002)

Die Erosion der alten Herrschaftsordnung, die die Militärrepubliken gekennzeichnet hatte, machte auch vor Libyen nicht halt. 1993–1995 erlebte das Land eine der bislang tiefsten politischen Krisen, als Stämme, die sich von den Staatsprivilegien ausgeschlossen sahen, offen gegen die Herrschaft von Muammar al-Gaddafi (seit 1969) rebellierten. Nur mit großen Mühen gelang es dem libyschen Militär, die Revolte niederzuschlagen.

In Marokko hingegen konnte die monarchistische Ordnung den Übergang besser bewältigen. Nach der Zustimmung zu einem von den Vereinten Nationen vermittelten Waffenstillstand in der Westsahara 1991 hatte das Herrscherhaus freie Hand, den Aufbau von zivilen Institutionen zu kontrollieren, die zwischen der Macht des Hofs und der Bevölkerung vermitteln sollten. 1998 wurde zum ersten Mal eine Regierung ernannt, die unter Ministerpräsident Abderrahman el-Youssoufi (bis 2002) aus Vertretern der Oppositionsparteien bestand. Indem König Hasan II. (seit 1961) beziehungsweise Mohammed VI. (seit 1999) darauf verzichteten, ihre Macht durch eine Staatspartei allein auszuüben, versahen sie das Königtum mit dem Anspruch, eine überparteiliche Friedensordnung zu vertreten, in dessen Rahmen unterschiedliche gesellschaftliche Interessen auszuhandeln seien. Diese kontrollierte Öffnung des politischen Systems umfasste auch den Versuch, einen Ausgleich zwischen islamischer und säkularer Normenordnung etwa im Rahmen der Revision der seit 1957/58 gültigen Familiengesetzgebung und der Etablierung einer Menschenrechtsorganisation (seit 1990) herbeizuführen. Insgesamt galt es, die marokkanische Monarchie unter Mohammed VI. zu modernisieren, sie aus der »bleiernen Zeit« der 1990er-Jahre zu befreien, die seit 1982 aktiven islamistischen Parteien ohne direkte Machtbeteiligung in das politischen Feld einzugliedern, die Staatsführung zu verbessern, das Zugehörigkeitsgefühl der Marokkaner zu »ihrer« Nation zu stärken, das Ausland zu wirtschaftlichen Investitionen anzureizen, ohne dabei die strukturelle Abhängigkeit des Landes zu vertiefen.

In Tunesien konsolidierte der Machtwechsel von Habib Bourguiba (seit 1957) zu Zine el-Abidine Ben Ali (seit 1987/88) die alte Ordnung. Begünstigt durch den Umstand, dass anders als in den anderen Staaten die Bereitschaft der Eliten, Gewinne im Lande zu reinvestieren, relativ groß war – die Privatinvestitionen erreichten 1996 die Hälfte der Staatsinvestitionen – und dass die mit dem Internationalen Währungsfonds (IWF) ausgehandelte Privatisierung auch die Landwirtschaft betraf, konnte sich die bisherige Mittelschicht halten, die in der Folge das herrschende System bis etwa 2005/7 nicht in Frage stellte. Anders als in Marokko setze das Regime von Ben Ali auf Konfrontation mit den Islamisten. Nach einem anfänglichen Versöhnungskurs (Nationalpakt, November 1988), der es den tunesischen Muslimbrüdern erlaubte, als Renaissancepartei (an-Nahda) auch politisch aufzutreten, ging das Regime angesichts der Popularität der Nahda-Partei und im Windschatten des Konflikts in Algerien 1991 zu einer systematischen Verfolgung der Islamisten und der mit ihnen verbündeten sozialistischen Parteien sowie der Gewerkschaften über. Erst 2005 gelang es den Oppositionellen in Tunesien, ein nationales Forum zu bilden (Mouvement du 18 Octobre), auf dem für Tunesien einschneidende politische und soziale Reformen gefordert wurden.

Je deutlicher der Legitimationsverlust der herrschenden Eliten in Algerien und Tunesien und auch des Systems in Libyen zu Tage trat, desto mehr verstärkten diese ihre Politik des Machterhalts. Die Regime waren nur noch Interessensvertreter einer kleinen sozialen Schicht, die versuchte, ihre lukrativen wirtschaftlichen Privilegien zu bewahren. In Marokko hingegen bot die

pa/dpa

Das überdimensionale Plakat zeigt den am 14. Januar 2011 nach Saudi-Arabien geflohenen tunesischen Präsidenten Zine el-Abidine Ben Ali.

royalistische Verfassung die Möglichkeit, das politische System weitgehend zu konstitutionalisieren, ohne die Privilegienordnung, die das Königtum garantierte, zu gefährden.

Eine strukturelle Krise (2002–2010)

Als 2002 das Entwicklungsprogramm der Vereinten Nationen (United Nations Development Programme, UNDP) seinen ersten Bericht über die Lage in der arabischen Welt vorlegte, zeigte sich für die westarabischen Länder ein markanter Entwicklungsrückstand selbst gegenüber den arabischen Ländern des Ostens. Zwar wiesen alle Länder Nordafrikas bis auf Algerien (und Mauretanien) einen Anstieg des Bruttosozialprodukts (BSP) pro Kopf (in Preisen von 2008) auf, tatsächlich aber glich der Zuwachs weder das Bevölkerungswachstum noch die soziale Ungleichheit in der Einkommensverteilung aus. Die Inflation von 1991 bis 1996 hatte die lokalen Märkte einschneidend getroffen. In der Folge wuchs die Zahl der Emigranten aus den Maghreb-Staaten in die OECD-Staaten markant an. Insgesamt verließen zwischen 1985 und 2010 drei Prozent der algerischen, vier Prozent der tunesischen und acht Prozent der marokkanischen Bevölkerung ihr Land. Nur etwa zehn Prozent der Emigranten kehrten später in ihr Heimatland zurück.

Immerhin konnten die nordafrikanischen Staaten ihren Entwicklungsrückstand gegenüber den ostarabischen Ländern zwischen 1985 und 2010 insgesamt mindern; dennoch blieb die Tatsache bestehen, dass das Bruttoinlandsprodukt pro Kopf in den Maghreb-Staaten auch 2010 noch nur 75 Prozent das der ostarabischen Länder erreichte. Das Gefälle gegenüber der Europäischen Union, wo der entsprechende Wert fünfmal so hoch lag, blieb hingegen bestehen. Unverändert blieben auch über die Jahre hinweg die großen Unterschiede in der Einkommensverteilung.

Ein genauerer Blick auf die Zahlen zeigt, dass zwischen 2002 und 2006/7 eine gewisse nominelle Verbesserung des statistischen Pro-Kopf-Einkommens zu vermerken war. Die relative Prosperität in diesen Jahren korrespondierte mit einem tiefgreifenden sozialen Wandel. Wie auch in anderen arabischen Gesellschaften zeigten sich jetzt die Folgen des rasanten Bevölkerungswachstums und der damit verbundenen Verjüngung der Bevölkerung: 2009/10 waren fast 40 Prozent der Bevölkerung in einem Alter zwischen 15 und 35 Jahren. Anders als die älteren Bevölkerungsgruppen verfügten die Jüngeren mehrheitlich über eine Schulbildung und die Älteren unter ihnen zum Teil über eine Universitätsausbildung. Der Arbeitsmarkt aber war für sie nicht eingerichtet, so dass die Arbeitslosigkeit unter den jüngeren Menschen bis 35 Jahren zwischen 30 und 40 Prozent lag. Des Weiteren erhöhte sich zwischen 1980 und 2005 der Anteil der berufstätigen Frauen: In Marokko und Tunesien erreichte er 40 Prozent. Beide Prozesse zusammen verursachten einen enormen Druck auf den Arbeitsmarkt. Da nun zugleich seit 2007 die Bereitschaft der lokalen Eliten sank, die Gewinne aus ihrem Wirtschaften im Lande selbst zu reinvestieren und dadurch die Globalisierung der Wirtschaftsprozesse die Standortvorteile der lokalen Industriebetriebe wie der Textilindustrie in Mitteltunesien oder der Teppichindustrie in Marokko nachhaltig ruinierten, brach der Arbeitsmarkt in den Ländern des Maghreb drastisch ein. Zugleich führte die Erhöhung der Getreide- und Rohstoffpreise auf dem Weltmarkt (2007/8 und 2010) zu einer Geldentwertung, die in der Folge die Grundversorgung der Menschen erschütterte. Im Januar 2011 erreichte diese Krise einen neuen Höhepunkt. Je mehr sich die Versorgungslage zuspitzte, desto mehr schotteten sich die alten Regime ab. Vier international anerkannte Erhebungen (Freedom in the World; Index of Economic Freedom; Press Freedom Index; Democracy Index) beurteilten 2010 den »Freiheitsindex« in Marokko und Mauretanien als schlecht, in Libyen, Tunesien und Algerien als sehr schlecht.

Der nordafrikanische Frühling 2011

Spätestens ab 2007/8 zeichnete sich sicherlich auch im Gefolge der globalen Wirtschafts- und Finanzkrisen eine deutliche Verschlechterung der ökonomischen Eckdaten ab. Die Beschäftigungsquote ging vor allem in Tunesien weiter zurück. Besonders dramatisch war die Situation in den mitteltunesischen Industriestädten wie Kasserine. Die Schließung von dortigen Standorten der Zellstoff- und Textilindustrie führte 2008 zu einer deutlichen Erhöhung der Arbeitslosigkeit. Zahlreiche junge Leute wurden nun in die informelle Wirtschaft abgedrängt. Einer von ihnen war Mohammed Bouazizi, der als Gemüsehändler in dem 70 km von Kasserine entfernten Sidi Bouzid zu arbeiten versuchte und der sich am 17. Dezember 2010, als eine Frau der Gemeindeverwaltung wegen einer angeblich fehlenden Verkaufslizenz seine Waagschalen konfisziert und ihn dabei geschlagen hatte, in seiner Verzweiflung selbst anzündete. Dieser Akt der Selbstverbrennung geriet innerhalb kürzester Zeit zu einem Symbol: innerhalb weniger Tage breitete sich der Protest auf alle mitteltunesischen Städte, dann auch auf andere Städte im Lande aus. Die Lage wurde für das Regime bald so prekär, dass am 14. Januar 2011 Präsident Ben Ali seines Amts enthoben wurde.

Die tunesische Revolte war nun Fanal: Angeblich gab es in Algerien, Ägypten und Mauretanien in Nachahmung von Bouazizi mindestens zehn Fälle von Selbstverbrennungen. Große Teile der Bevölkerung in den Metropolen und Provinzstädten identifizierten sich nun mit der Idee, eine freie, pluralistische Gesellschaft zu bilden. Diese Selbstermächtigung, die im Kern bedeutete, dass die Gesellschaft den Staat definieren sollte und nicht umgekehrt der Staat die Gesellschaft, wurde nun öffentlich in breiten Straßenprotesten zum Ausdruck gebracht. Die beliebteste Forderung der Demonstranten wurde das einfache Schlagwort »Hau ab« (irhal): mit diesem Ruf wurde signalisiert, dass die autokratischen Machthaber das Land verlassen sollten, und mit ihnen die alte Ordnung.

Während aber in Algerien die sozialen Unruhen, die am 29. Dezember 2010 in verschiedenen Provinzstädten ausbrachen, keine einheitliche Gesellschaftsopposition hervorriefen, bündelten sich die Proteste in Ägypten seit dem 25. Januar 2011 zu einer breit abgestützten Massenbewegung in den Metropolen, die am 11. Februar die Absetzung Mubaraks durch das Militär erzwang. In Marokko vollzog sich seit dem 3. Februar 2011 eine »leise Revolte«, in deren Verlauf der König sich gezwungen sah, der Zivilgesellschaft weitgehende Zugeständnisse in Bezug auf politische Partizipation zu machen.

In Libyen schließlich, wo die Straßenproteste in der Hauptstadt Tripolis am 15. Februar 2011 begannen, reagierte das Regime mit militärischer Gewalt, woraufhin sich die Demonstranten in den ostlibyschen Städte Bengasi, al-Bayda und Darna bewaffneten und ihrerseits die Regierungstruppen angriffen. Am 20. Februar verließen die letzten Truppen des Regimes Bengasi, das nun zur Hochburg der libyschen Opposition wurde. Der Gegenangriff regimetreuer Verbände in Ostlibyen (6. bis 19. März) wurde mit Unterstützung einer internationalen Koalition, welche die Resolution 1973 des Sicherheitsrats der Vereinten Nationen vom 19. März 2011 umsetzte, mit militärischen Mitteln gestoppt. Bis Ende Mai 2011 konnte die libysche Opposition ihre Position in Ostlibyen, der zentrallibyschen Hafenstadt Misrata und im Gebiet des westlibyschen Nafusa-Berglands halten. Politisch, militärisch und ökonomisch wurde Libyen zu einem gespaltenen Land.

Zwar folgten alle Proteste der Zivilgesellschaft in den nordafrikanischen Ländern den Handlungsmustern, die in Tunesien und Ägypten binnen weniger Wochen den Sturz der alten Regime erzwangen, doch bildeten die nationalen Sozialordnungen sehr spezifische Rahmenbedingungen. In Tunesien und Ägypten konnte die Zivilgesellschaft trotz massiven Widerstands der bislang dominierenden Institutionen tatsächlich eine direkte Machtbeteiligung erzwingen. In Marokko behielt die Monarchie die Deutungshoheit über den Reformprozess. Während in Tunesien die Zivilgesellschaft trotz der politischen Instabilität eine Beteiligung an dem Reformprozess erstreiten konnte, wurde in Algerien lediglich der seit 1992 geltende Ausnahmezustand am 23. Februar 2011 aufgehoben. Der algerischen Militärgesellschaft

pa/dpa

König Mohammed VI. von Marokko leitete im Frühjahr 2011 angesichts der Unruhen Reformen ein, um einen drohenden Umsturz zu verhindern und die Deutungshoheit über den weiteren politischen Weg zu behalten.

gelang es im Frühjahr des Jahres zunächst, die Proteste teils durch massive Gewalt so zu kanalisieren, dass die herrschende Ordnung nicht gefährdet war.

In Libyen verliefen die Proteste ganz anders: Hier bewirkte das alte Patronagesystem des Regimes eine Politisierung der alten Stammesordnung, die faktisch in Konkurrenz zur Zivilgesellschaft trat. In den 1990er-Jahren hatte das Regime die Stammesordnung, die bis dahin vor allem die sozialen und ökonomischen Beziehungen von größeren Teilen der Bevölkerung dominierte, mit politischen Privilegien ausgestattet, was maßgeblich zu einer Anbindung der Solidarität ausgewählter Stämme an das Regime beitrug. Da sich das Regime auf die sozialen Verbände stützte, die im geografischen Dreieck Tripolis–Sebha–Sirte dominant waren und die teilweise enge Loyalitätsbeziehungen zu Stämmen im Nord-Tschad (Aouzou-Streifen, bis 1989 unter libyscher Kontrolle) unterhielten, gerieten der Osten und der äußerste Westen des Landes in einen markanten Entwicklungsrückstand, der sogar die elementaren Funktionen der staatlichen Versorgung vor allem im Gesundheitswesen und in der Infrastruktur gefährdete.

Die Geschichte Nordafrikas zwischen 1985 und 2011 kann insgesamt als die Zeit eines großen politischen und sozialen Umbruchs gewertet werden, der die alten aus den 1950er- und 1960er-Jahren stammenden Herrschaftsordnungen grundsätzlich in Frage stellte. Diese ursprünglich an westlichen Ordnungen orientierten Modelle wurden in den 1990er- und 2000er-Jahren zwar von ihrer historisch gewachsenen Gegenspielerin, der Utopie einer islami(sti)schen Gesellschaftsordnung vehement und blutig bekämpft, doch scheint deren politische Gestaltungskraft begrenzt und mittlerweile entmythologisiert. Die Zukunft des Reformprozesses, der sich in sehr unterschiedlicher Weise in den nordafrikanischen Ländern Geltung verschaffen konnte, war im Frühjahr 2011 vollkommen offen.

Reinhard Schulze

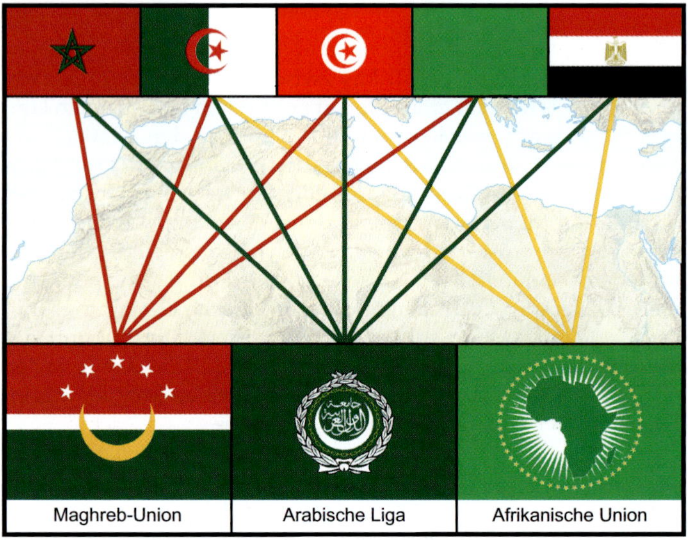

Unter Nordafrika werden im vorliegenden Band die Länder Marokko, Algerien, Tunesien, Libyen und Ägypten verstanden. Diese Region erstreckt sich von der Atlantikküste im Westen bis zum Roten Meer im Osten, alleine die Luftlinie von Agadir in Marokko bis Suez in Ägypten beträgt rund 4000 km. Gehören die fünf Länder auch zum gemeinsamen arabisch-islamischen Kulturraum, so bestehen zwischen ihnen doch große Unterschiede, zum Beispiel hinsichtlich der Bevölkerungszahl, der wirtschaftlichen Leistungskraft oder auch der Alphabetisierungsrate.

Der vorliegende Überblicksbeitrag bietet daher zu unterschiedlichen Aspekten aufbereitete Informationen für eine rasche Übersicht. Renate Schmidt betrachtet die Ebene der Institutionen, in die die nordafrikanischen Staaten eingebunden sind: Liga der Arabischen Staaten – Afrikanische Union – Arabische Maghreb-Union. Die folgenden Länderinformationen bieten Zahlen und Daten zu den Bereichen Bevölkerung, Bildung und Gesundheit, Wirtschaft und Umwelt sowie Migration. Die sich anschließende Karte gibt einen Überblick über die unterschiedlichen Sprachen, Ethnien und Religionen in dieser Region. Der Beitrag schließt mit topografischen Übersichtskarten zu den fünf behandelten Ländern.

Informationen zu Ländern und Institutionen

Liga der Arabischen Staaten – Afrikanische Union – Union des Arabischen Maghreb

Die politische Sonderrolle der nordafrikanisch-arabischen Staaten beruht wesentlich auf ihrer geografischen Lage und somit ihrer Brückenfunktion zwischen den Kulturkreisen Arabiens und (Schwarz-)Afrikas. Dies wird im besonderen Maße deutlich durch ihre Zugehörigkeit sowohl zur Liga der Arabischen Staaten (AL) wie auch zur Afrikanischen Union (AU), den beiden großen politischen Institutionen dieses Raumes. Jeweils herausgehobene Rollen nehmen Ägypten und Libyen ein: Ägypten spielt eine Schlüsselfunktion in der AL, Libyen eine solche in der AU. Diese Scharnierfunktionen im Großen wie im Kleinen verdeutlichen die Heterogenität der nordafrikanischen Staaten und betonen ihre Suche nach einer eigenen Identität. Der Zusammenschluss der maghrebinischen Staaten (ohne Ägypten) in der nur regional bedeutenden Union des Arabischen Maghreb (UMA) unterstreicht dies.

Die Liga der Arabischen Staaten (AL)

Die AL entstand im März 1945 als Organisation unabhängiger arabischer Staaten mit dem Ziel, politische, wirtschaftliche und militärische Interessen zu koordinieren und zu vertreten. Die Gründungmitglieder waren Ägypten, Irak, Transjordanien, Libanon, Saudi-Arabien, Syrien und Jemen. Libyen trat 1953 bei, Marokko und Tunesien 1958 und Algerien unmittelbar nach seiner staatlichen Unabhängigkeit im Jahre 1962. Heute zählt die AL 22 Mitglieder (21 Staaten sowie die palästinensischen Autonomiegebiete).

Die Grundprinzipien der AL – Achtung der Unabhängigkeit und Souveränität der einzelnen Staaten, Nichteinmischung, Gewaltverbot und friedliche Streitbeilegung – werden von allen

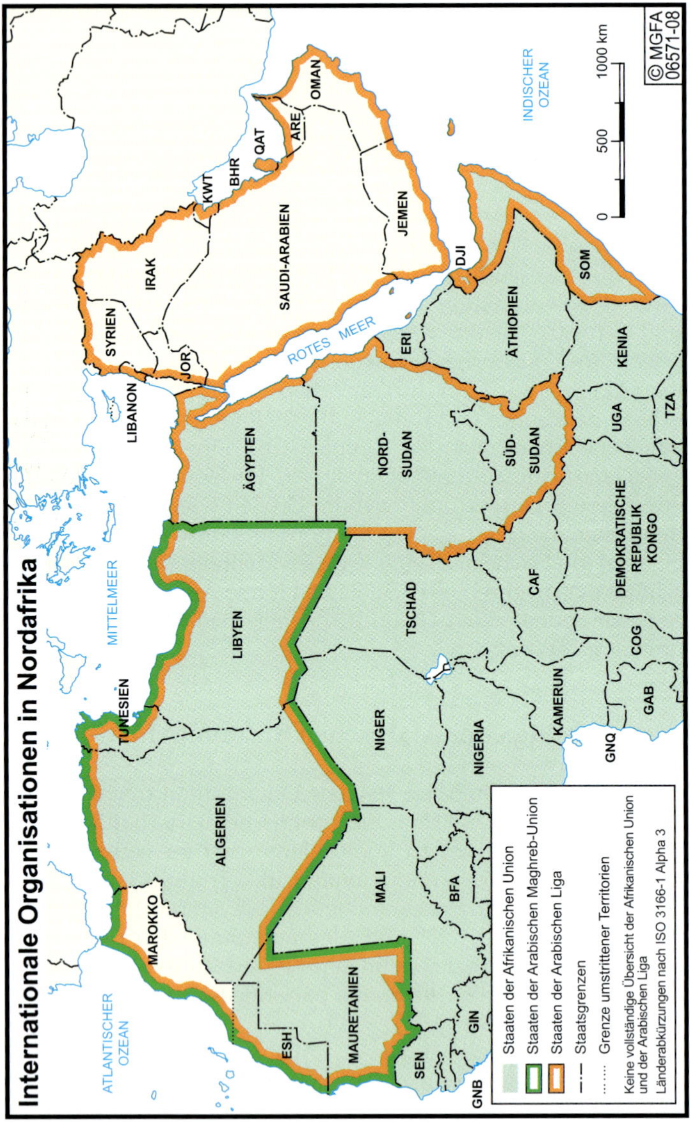
Internationale Organisationen in Nordafrika
Staaten der Afrikanischen Union
Staaten der Arabischen Maghreb-Union
Staaten der Arabischen Liga
Staatsgrenzen
Grenze umstrittener Territorien
Keine vollständige Übersicht der Afrikanischen Union und der Arabischen Liga
Länderabkürzungen nach ISO 3166-1 Alpha 3
© MGFA 06571-08
0
500
1000 km
ATLANTISCHER OZEAN
MITTELMEER
ROTES MEER
INDISCHER OZEAN
MAROKKO
ESH
MAURETANIEN
ALGERIEN
TUNESIEN
LIBYEN
ÄGYPTEN
MALI
NIGER
TSCHAD
NORD-SUDAN
SÜD-SUDAN
SEN
GNB
GIN
BFA
NIGERIA
KAMERUN
GNQ
GAB
COG
CAF
DEMOKRATISCHE REPUBLIK KONGO
UGA
TZA
KENIA
ÄTHIOPIEN
ERI
DJI
SOM
LIBANON
SYRIEN
JOR
IRAK
KWT
BHR
QAT
ARE
OMAN
SAUDI-ARABIEN
JEMEN

Mitgliedern im Prinzip anerkannt und sind Teil der Charta. Auf beachtliche Erfolge kann die Liga bei der Förderung der wirtschaftlichen, sozialen und kulturellen Zusammenarbeit verweisen.

Das oberste Organ, der Liga-Rat, in dem jedes Mitglied mit einer Stimme vertreten ist, verfügt über 16 Ausschüsse und Nebenorganisationen zu spezifischen Bereichen der Kooperation. Im Zentrum der politischen Koordination stehen der Nahostkonflikt und die Palästinafrage, die zum Dauerthema in der Diskussion geworden sind. Die Solidarität und Unterstützung der Palästinenser stellen den kleinsten gemeinsamen Nenner für die Integration der Mitglieder der Liga dar. Gleichzeitig verhindert der Konflikt mit Israel bislang das Auseinanderbrechen der arabischen Welt.

Ägypten wurde 1979 von der Mitgliedschaft suspendiert, nachdem es einen Friedensvertrag mit Israel geschlossen hatte. Erst 1989 wurde es wieder in die AL aufgenommen. Der Sitz der AL, der 1979 nach Tunis verlegt worden war, kehrte nach Kairo zurück.

Vergleicht man die Ressourcenverteilung, vor allem die Erdölvorkommen und die Bodenschätze, das Bruttoinlandsprodukt bzw. das Bruttoinlandsprodukt pro Kopf der Bevölkerung, so treten die wirtschaftlichen Unterschiede innerhalb der Staaten der AL sehr deutlich hervor. Dies trifft ebenfalls auf die politischen Systeme und Staatsformen zu.

In vielen politischen Fragen, auch bei zwischenstaatlichen Problemen der Mitgliedsländer konnte oftmals keine Einigung oder Konsens erzielt, geschweige denn das Grundprinzip der friedlichen Streitbeilegung durchgesetzt werden. So gab es Dissens bei der Bewertung des irakischen Überfalls auf Kuwait 1990 oder des Westsaharakonflikts in Nordwestafrika. Dies wiederum zeigt die praktischen Grenzen einer machbaren Integration und Zusammenarbeit. Hinzu kommt, dass Beschlüsse und Empfehlungen der Liga nur für diejenigen Mitglieder verbindlich sind, die ihnen zugestimmt haben. Eines der wichtigsten Dokumente, die 1994 verabschiedete Arabische Charta der Menschenrechte, wurde von den Mitgliedern nicht ratifiziert und konnte somit nicht als völkerrechtlich anerkanntes Instrument in Kraft treten.

Der Westsaharakonflikt

Der Westsaharakonflikt ist ein völkerrechtlich ungeklärter Territorialkonflikt, der Nordafrika seit 1975 spaltet. Das Territorium der Westsahara, das überwiegend aus Wüstenlandschaften besteht und von alters her von berberischen Nomaden bevölkert wurde, geriet unmittelbar nach der Berliner Afrikakonferenz (1884/85) mit seinen südlichen Landesteilen als Protektorat Rio de Oro 1885 und seit 1901 als Kolonie Spanisch-Sahara unter spanische Herrschaft. Die Eroberung der nördlichen Gebiete, die Saguia el-Hamra, durch Spanien zog sich zwischen 1912 und 1934 hin.

Seit seiner Unabhängigkeit 1956 erhob Marokko gegenüber Spanien Ansprüche auf die Westsahara. Spanien trat 1958 den nördlichen Teil an Marokko ab und wandelte die restlichen Besitzungen in eine spanische Provinz um. Der Fund von reichen Erz- und Phosphatvorkommen in den 1960er-Jahren steigerte die Auseinandersetzungen und zog auch die Nachbarländer Mauretanien und Algerien in das Streben um die Westsahara hinein. Vor allem Algerien unterstützte die einheimische und überwiegend berberische Bevölkerung in ihrem Kampf um Eigenständigkeit und somit auch gegen marokkanische Interessen und erweiterte den bislang postkolonialen Konflikt um eine weitere Dimension. Marokko betrachtet die Westsahara aus historischen Gründen als eigenes Territorium, Algerien befürwortet die Gründung eines selbstständigen Staates – nicht zuletzt, um ein wirtschaftlich starkes Marokko zu verhindern – und auch Mauretanien erhob Gebietsansprüche. Algerien betrieb daher die Gründung der Polisario (Frente Popular de Liberación de Seguia y Rio de Oro), der 1973 gebildeten Bewegung zur Befreiung der beiden Teile der Westsahara. Algerien unterstützt bis heute die ursprünglich überwiegend sozialistisch orientierte Polisario.

Die Auseinandersetzungen um die rohstoffreiche Westsahara konnten auch durch internationales Eingreifen der Vereinten Nationen oder des Internationalen Gerichtshofes nicht gelöst werden. 1975 zogen etwa 350 000 Marokkaner, organisiert im »Grünen Marsch«, ungeachtet eines VN-Beschlusses in die Westsahara ein und machten so die Gebietsansprüche ihres Staates geltend und erzwangen zugleich anschließende Verhandlungen mit Spanien, welche die Aufgabe der spanischen Provinz und deren Besetzung und Aufteilung zwischen Marokko und Mauretanien 1975/76 zur Folge hatten.

Anfang 1976 brach ein Krieg aus, nachdem die Polisario die Arabische Demokratische Sahara-Republik ausgerufen und damit deutlich gemacht hatte, die Aufteilung des Gebietes zwischen Marokko und Mauretanien nicht akzeptieren zu wollen. Aber auch die Polisario konnte die Sahrauis, die Bewohner der Westsahara, nicht geschlossen hinter sich vereinen; vor allem ihre Stammesführer votierten für eine Aufteilung der Westsahara zwischen Marokko und Mauretanien. Nachdem sich Mauretanien 1979 aus dem südlichen Teil zurückgezogen hatte, besetzte Marokko weitere Gebiete und kontrollierte fortan den nördlichen, den zentralen und den westlichen Teil und somit die reichen Phosphatvorkommen der Westsahara. Die Polisario kontrolliert den wirtschaftlich weniger interessanten Teil im Süden und Osten. Marokko errichtete eine Art Schutzwall, die Westsahara ist seitdem durch eine befestigte und verminte Grenze, welche die Waffenstillstandslinie markiert, geteilt. Mehr als 180 000 Sahrauis, Anhänger der Polisario, flohen in der Folge nach Algerien und leben seitdem in großen Flüchtlingslagern in der Nähe von Tindouf in der algerischen Sahara.

Die internationale Gemeinschaft tut sich seit den 1970er-Jahren schwer mit der Lösung des Konflikts. Die Annexion durch Marokko wird von den Vereinten Nationen genauso wenig anerkannt, wie die Ansprüche der Polisario auf eine Arabische Demokratische Sahara-Republik. Die Vereinten Nationen beschlossen im August 1988 (Resolution 3458/1988) die Durchführung eines Referendums, in dem die Sahrauis darüber abstimmen sollten, ob die Westsahara unabhängig oder marokkanisch werden sollte. Eine ständige VN-Beobachtermission (MINURCO) wurde eingerichtet.

Bis heute ist der Status der Westsahara ungeklärt. 1991 wurde mit Hilfe der Vereinten Nationen (Resolution 690/1991) ein Waffenstillstand zwischen Marokko und der Polisario vereinbart, der aber eher brüchig ist und durch die MINURSO-Friedensmission der Vereinten Nationen (United Nations Mission for the Referendum in Western Sahara) kontrolliert wird.

RS

Während Ägypten als »Flaggschiff« der Liga angesehen werden kann, spielt Libyen eine eher ambivalente Rolle. Libyens Revolutionsführer Muammar al-Gaddafi versuchte in der Vergangenheit, über kuriose Einheitsbestrebungen die panarabische Idee auf seine Weise anzugehen, so bei seinen wiederholten Versuchen, eine Vereinigung mit Ägypten und Sudan 1969, mit Ägypten und Syrien 1971, mit Ägypten 1973, mit Tunesien 1974, mit Syrien 1980 oder Mauretanien 1984 herbeizuführen. Nachdem diese Konstruktionen vor allem am Führungsanspruch Gaddafis faktisch gescheitert waren, so dass Libyens Rolle in der AL eher marginal blieb, versuchte Gaddafi seinen Einfluss gegenüber den afrikanischen Staaten zu erhöhen. Libyen sieht sich als Vorreiter einer afrikanischen Einheit, der den Islam stärker nach Afrika trägt.

Die Afrikanische Union (AU)

Die Gründung der AU im Jahre 2002, als Nachfolgerin der 1963 gegründeten Organisation für Afrikanische Einheit (OAU), ging wesentlich auf die Initiative Gaddafis und seinen »finanziellen Hebel« zurück. Die AU, die sich in ihrem Grundvertrag an der Europäischen Union orientiert, ist mit deutlich mehr Kompetenzen als noch die OAU ausgestattet. Die wichtigsten Organe der AU sind die Unionsversammlung, der Exekutivrat und das Panafrikanische Parlament mit beratender Funktion. Viele andere Organe sind konzipiert, ihre Einrichtung steht aber noch aus. Sitz der AU ist Addis Abeba, die Hauptstadt Äthiopiens.

Die Achtung der Souveränität der Mitgliedsländer und die wirtschaftliche Zusammenarbeit stehen im Mittelpunkt der Union. Sie ist außerdem formal berechtigt, unter bestimmten Voraussetzungen in die Angelegenheiten der Mitgliedsländer direkt einzugreifen. Im Jahre 2003 einigte sich die Union auf die Schaffung einer Eingreiftruppe und eines Unions-Sicherheitsrates mit Interventionsrecht. So kann sie Regierungen, die verfassungswidrig an die Macht gekommen sind, von bestimmten Aktivitäten der Union ausschließen. In der Vergangenheit wurde die Mitgliedschaft einer Reihe von afrikanischen Staaten aufgrund von Umstürzen suspendiert, so zum Beispiel Guinea, Madagaskar, Niger oder in jüngster Zeit die Elfenbeinküste. In Darfur (Nord-Sudan) ist die AU mit einer friedensüberwachenden Mission (AMIS) vertreten. Hervorzuheben ist ein spezielles Entwicklungsprogramm, das die Qualität der Regierungsführung (Good Governance) evaluiert. Dennoch bleiben die Sanktionsmechanismen begrenzt.

Alle afrikanischen Staaten sind Mitglieder der AU (53 Mitglieder zum Zeitpunkt der Gründung) – außer Marokko. Marokko trat bereits 1984 aus der OAU aus, nachdem die Westsahara als Mitglied aufgenommen worden war. Die afrikanischen Staaten sind sich in ihrer Haltung zur Anerkennung der Westsahara nicht einig. Damit dürfte auch die AU nicht als ein effektives Instrument betrachtet werden, das die Westsahara-Problematik zu lösen vermag.

Die Union des Arabischen Maghreb (UMA)

Die Idee, eine Plattform zur Zusammenarbeit der maghrebinischen Staaten Marokko, Algerien, Tunesien und Libyen zu schaffen, entstand bereits mit den Unabhängigkeitsbewegungen Marokkos und Tunesiens im Jahre 1958. Nachdem Algerien seine Unabhängigkeit 1962 errungen hatte, gründeten 1966 zunächst diese vier Staaten die Arabische Maghreb-Union. Im Vordergrund stand der Wunsch, mit der Union der damals vier Staaten einen geeigneten Rahmen für eine wirtschaftliche Kooperation zu finden, um sich als selbständige Staaten ökonomisch zu entwickeln und die einseitige Abhängigkeit vom kolonialen Mutterland zu überwinden. In den 1960er-Jahren entstanden einige gemeinsame Institutionen und Initiativen, so zum Beispiel im Bereich Tourismus, Agrarwirtschaft, Transport und Verkehr. Bald jedoch wuchsen die Konflikte zwischen den Mitgliedsländern; Staatsformen und außenpolitische Wege waren zu verschieden. Die Union wurde zur Fiktion.

Ende der 1980er-Jahre wurde der Plan eines maghrebinischen Staatenbundes wieder reaktiviert. Im Februar 1989 wurde in Marrakesch die UMA ausgerufen, der nunmehr Mauretanien, Marokko, Algerien, Tunesien und Libyen angehören. Das höchste Organ ist der Präsidentenrat, dessen Vorsitz regelmäßig wechselt. Ein gemeinsames Parlament, in das jedes Land zehn Abgeordnete entsendet, verfügt über beratende Funktion. Die Charta formuliert als wichtigstes Ziel die Wirtschafts- und Handelspolitik der Staaten zu koordinieren, sogar eine Vereinheitlichung der Finanzsysteme wird angestrebt. Über eine stufenweise Kooperation in konkreten sozioökonomischen und kulturellen Fragen soll die Grundlage für eine spätere einheitliche Außen- und Regionalpolitik geschaffen werden. 1991 wurde ein Stufenplan zur wirtschaftlichen Integration angenommen.

Zweifellos kann der Staatenbund auf eine Reihe von Erfolgen bei regionalen Vorhaben auf unterer Ebene verweisen, so zum Beispiel im Transport- und Verkehrswesen, kulturellen Bereich oder beim wissenschaftlichen Austausch. Der Handelsaustausch zwischen den maghrebinischen Staaten ist dennoch sehr gering und Europa bleibt für jedes einzelne Land der Haupthandelspartner. Eine engere Zusammenarbeit auf makroökonomischer und politischer Ebene ist darüber hinaus nicht zustande gekommen. Einerseits sind die Unterschiede der Mitgliedsländer hinsichtlich ihrer ökonomischen Entwicklung und der innenpolitischen Machtverhältnisse zu groß. Besonderheiten in der Gesetzgebung, Bürokratie und fehlende Mittel behindern die Zusammenarbeit zusätzlich. Andererseits verhindert der Dauerkonflikt um die Westsahara die Normalisierung des Verhältnisses zwischen den beiden wichtigsten Staaten der Union: Marokko und Algerien. Marokko hält einen großen Teil des Territoriums der Westsahara besetzt, Algerien setzt sich für einen Staat in der Westsahara ein und unterstützt die Unabhängigkeitsbewegung Polisario, um ein wirtschaftliches und politisches Erstarken Marokkos zu verhindern.

So bleibt die Vorstellung eines vereinigten Maghreb insgesamt eher im Wunschdenken stecken; auch der Anstoß, den die Union durch die Euro-mediterrane Partnerschaft im sogenannten Barcelona-Prozess seit 1995 gewann, hat an dieser Tatsache bisher wenig geändert.

Renate Schmidt

Länderinformationen

Länderinformationen (I)

Basisdaten	Marokko	Algerien	Tunesien	Libyen	Ägypten	Deutschland
Flagge						
Staat	Königreich Marokko	Demokratische Volksrepublik Algerien	Tunesische Republik	Sozialistische Libysch-Arabische Volks-Dschamahirija	Arabische Republik Ägypten	Bundesrepublik Deutschland
Regierungsform	parlamentarische Monarchie	Präsidialrepublik	Präsidialrepublik	islamistisch-sozial-istische Volksrepublik	Präsidialrepublik	demokr.-parlamentar-ischer Bundesstaat
Hauptstadt	Rabat	Algier	Tunis	Tripolis	Kairo	Berlin
Bevölkerung						
Fläche in km²	458 730	2 381 741	163 610	1 775 500	1 002 000	357 112
Einwohner in Tsd	31 606	34 373	10 328	6 294	81 527	82 110
Bevölkerungsdichte je km²	69	14	63	4	81	230
Städtische Bevölkerung in %	56	65	67	78	43	74
Lebenserwartung	71	72	74	74	70	80
Bevölkerung < 15 Jahre in %	29	28	24	30	32	14
Bevölkerung > 65 Jahre in %	5	5	7	4	5	20
Bevölkerungsentwicklung 2000 – 08 in %	1,2	1,5	0,9	2,0	1,9	0,0
Geburtenrate pro Tsd	20	21	18	23	25	8
Sterberate pro Tsd	6	5	6	4	6	10
Säuglingssterblichkeit pro Tsd	32	36	18	15	20	4
Kindersterblichkeit pro Tsd	36	41	21	17	23	4
Bildung und Gesundheit						
Alphabetisierungsrate 2005 – 08 Männer in %	69	81	86	95	75	—
Alphabetisierungsrate 2005 – 08 Frauen in %	44	64	70	81	58	—
Einschulungsrate Grundschule Jungen in %	92	96	97	—	95	98

Quelle: Der Fischer Weltalmanach, 2011.

Länderinformationen (II)

Länder	Marokko	Algerien	Tunesien	Libyen	Ägypten	Deutschland
Bildung und Gesundheit						
Einschulungsrate Grundschule Mädchen in %	87	94	98	—	92	98
HIV/AIDS an Gesamtbevölkerung in % 2007	0,1	0,1	0,1	—	—	0,1
Gesundheitsausgaben in % des BIP 2007	1,7	3,6	3,0	1,9	2,4	8,0
Zugang zu Sanitäreinrichtungen in % 2006	72	94	85	97	66	100
Zugang zu Trinkwasser in % 2006	83	85	94	—	98	100
Wirtschaft und Umwelt						
BNE je Einw. in US-$	2 520	4 190	3 480	12 380	1 800	42 710
BNE je Einw. in KKP-$	4 260	8 040	7 960	16 210	5 430	35 370
Auslandsverschuldung in Mio. US-$	20 825	5 476	20 776	—	32 616	—
Schuldendienstquote in % des BNE	4,8	0,8	5,6	—	1,9	—
Entwicklungshilfe je Einw. in US-$	39	9	46	10	17	—
Arbeitslosenquote in %	15,1	29,8	15,6	11,2	8,1	7,6
Energieverbrauch je Einw. in Kg ÖE 2007	460	1 089	864	2 889	840	4 027
CO^2-Emissionen je Einw. in t 2006	1,5	4,0	2,3	9,2	2,1	9,8
Migration						
Anteil der ausländischen Bevölkerung 2005	0,2	0,7	0,3	10,4	0,3	12,9
Rücküberweisungen in Mio. US-$ 2008	6 891	2 202	1 870	16	8 694	11 064
Rücküberweisungen in Mio. US-$ 2009	5 720	2 193	1 860	16	7 800	10 762
Rücküberweisungen in % des BIP 2008	8,0	1,3	4,7	< 0,1	5,3	0,3
Flüchtlinge Herkunftsstaaten 2008	3 533	9 060	2 349	2 084	6 780	166
Flüchtlinge Zielstaaten 2008	766	94 093	94	6 713	97 861	582 735
Asylbewerber Herkunftsstaaten 2008	534	1 536	368	765	1 828	103
Asylbewerber Zielstaaten 2008	469	898	51	4 834	14 680	33 295

BIP = Bruttoinlandsprodukt
BNE = Bruttonationaleinkommen
KKP = Kaufkraftparität
ÖE = Öleinheiten

Quelle: Der Fischer Weltalmanach, 2011.

Länderinformationen (III)

Basisdaten	Marokko	Algerien	Tunesien	Libyen	Ägypten	Deutschland
Flagge						
Staat	Königreich Marokko	Demokratische Volksrepublik Algerien	Tunesische Republik	Sozialistische Libysch-Arabische Volks-Dschamahirija	Arabische Republik Ägypten	Bundesrepublik Deutschland
Bruttoinlandsprodukt, Arbeitsmarkt und Inflation						
BIP je Einwohner in US-$	2 811	4 029	3 792	9 714	2 270	40 670
BIP Wachstum 2010 auf 2011 in %	3,9	3,6	1,3	3,3	1,0	3,6
BIP-Anteil für:						
- Landwirtschaft	17	8	11	3	13	1
- Industrie	32	62	34	64	38	28
- Dienstleistungssektor	51	30	55	33	49	71
Arbeitskräfte für:						
- Landwirtschaft	45	15	18	17	32	2
- Industrie	20	39	32	23	17	30
- Dienstleistungssektor	35	46	50	59	51	68
Inflationsrate in %	2,5	5,0	4,5	3,0	12,8	1,1
Außenhandel						
Gesamtexport in Mrd US-$	14,5	52,7	16,1	44,9	25,3	1 337
Ölexport 1000 Barrel je Tag	17,4	1 891	77,1	1 542	89,3	536,6
Gasexport in Mrd m³ je Jahr	0	59,6	0	30,4	8,5	12,6
Anteil Deutschlands am:						
- Export in %	3,1	2,3	8,8	10,1	2,2	
- Import in %	6,2	5,7	8,8	9,7	6,9	
Außenhandelssaldo in Mrd US-$	- 19,7	15,6	-9,9	20,4	- 21,2	217

Quellen: CIA, The World Factbook, 2011; Weltbank-Data, 2011; Internationale Energieagentur, 2011.

Sprachen, Ethnien und Religionen

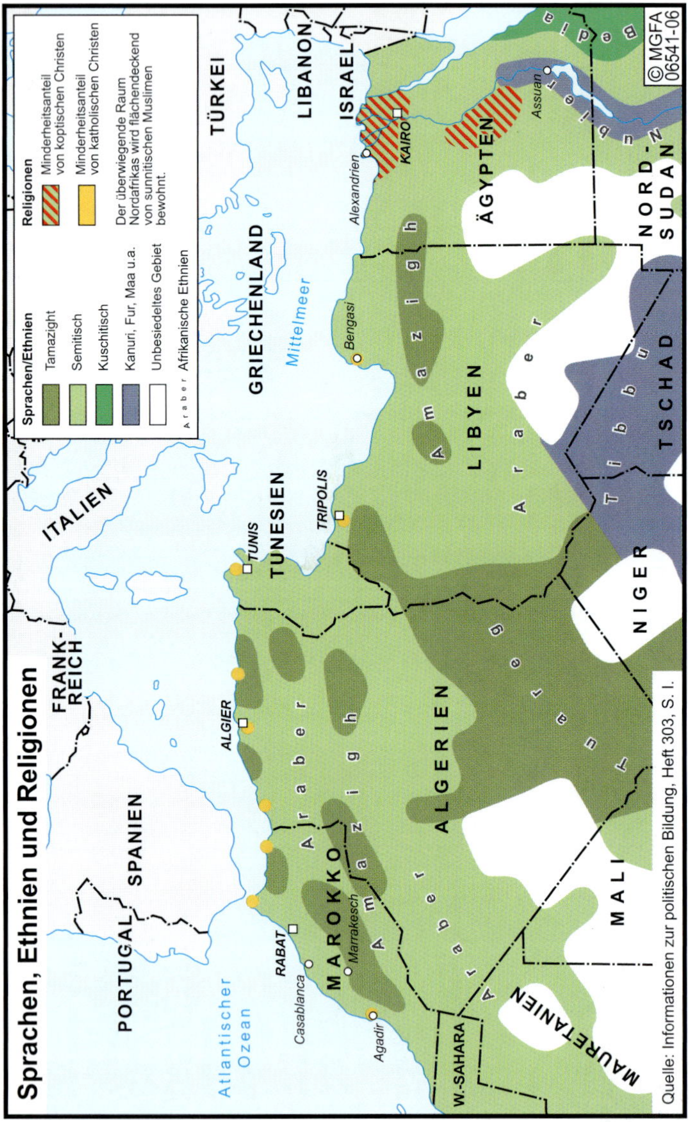

Quelle: Informationen zur politischen Bildung, Heft 303, S. I.

Marokko
SPANIEN
Gibraltar (zu GB)
Ceuta (Span.)
Melilla (Span.)
Tanger
Mittelmeer
Oran
Sidi bel Abbès
Tell-Atlas
Sahara-Atlas
Erg al-Kabir
Erg al-Gharbi
Oujda
Ar-Rif
Fes
RABAT
Casablanca
MAROKKO
Mittlerer Atlas
Bouârfa
Béchar
Hoher Atlas
Marrakesch
Quarzazate
Safi
Agadir
Anti-Atlas
ALGERIEN
Tindouf
Tan-Tan
Tarfaya
ATLANTISCHER OZEAN
Kanarische Inseln (Span.)
Las Palmas
Staatsgrenze
Grenze umstrittener Territorien
Hauptstadt
Stadt
See
Salzsee
Hauptverkehrsstraße
Hafen
Flughafen
0 50 100 150 200 250 km
© MGFA 06557-03

Algerien
Staatsgrenze
Grenze umstrittener Territorien
Hauptstadt
Stadt
See
Salzsee
Hauptverkehrsstraße
Hafen
Flughafen
0
500 km
© MGFA 06558-04
SPANIEN
Sevilla
Cádiz
Gibraltar (zu GB)
Ceuta (Span.)
Melilla (Span.)
Tanger
Mittelmeer
ATLANTISCHER OZEAN
Kanarische Inseln (Span.)
MAROKKO
RABAT
Casablanca
Fes
Marrakesch
Agadir
Ar-Rif
Mittlerer Atlas
Hoher Atlas
Anti-Atlas
Westsahara
Al-'Ayun
MAURETANIEN
Atâr
MALI
Taoudenni
ALGERIEN
ALGIER
Oran
Sidi bel Abbes
Skikda
Annaba
Constantine
Tell-Atlas
Sahara-Atlas
Ghardaïa
El Oued
Béchar
Tindouf
Reggane
Erg al-Kabir al-Gharbi
Erg al-Kabir ach-Charki
Tin Fouye
Djanet
Hoggar
Tamanrasse
TUNIS
Sfax
LIBYEN
Marzug
NIGER
Seguedine
TSCHAD
Tibesti

Tunesien
MITTELMEER
Trapani
Sizilien
Bizerte
Menzel Bourguiba
Carthago
Annaba
Skikda
TUNIS
Pantelleria (Italien)
Jendouba
Nabeul
Hammamet
Souk Ahras
El Kef
Sousse
Lampedusa (Italien)
Kairouan
Mahdia
Khenchela
Tebessa
Kasserine
ALGERIEN
Sfax
Kerkenah
Gafsa
Chott Fejaj
Tozeur
Gabes
Dscherba
Chott Jerid
El Oued
TUNESIEN
Ben Guerdane
Zuwarah
Az-Zawiyah
Nalut
LIBYEN
Staatsgrenze
Hauptstadt
Stadt
See
Salzsee
Hauptverkehrsstraße
Hafen
Flughafen
0
50
100
150 km
Ghadamis
© MGFA 06559-04

Libyen
Staatsgrenze
Hauptstadt
Stadt
See
Salzsee
Hauptverkehrsstraße
Hafen
Flughafen
0 100 200 300 km
© MGFA 06560-05
MITTELMEER
Große Syrte
LIBYEN
ÄGYPTEN
NORD-SUDAN
TSCHAD
NIGER
ALGERIEN
TRIPOLIS
Al Zawiyah
Al Chums
Misrata
Gharyan
Nalut
Ghadamis
Gabes
El Qued
Erg al-Kabir ach-Charki
Tin Fouye
Djanet
Hoggar
Ghat
Awbari
Adiri
Marzug
Sabha
Al-Qatrun
Hun
Surt
Zillah
Marsa al-Burayqah
Zaltan
Aydabiya
Awjilah
Bengasi
Al-Bayda
Derna
Tobruk
Al Jaghbub
As-Sallum
Marsa Matruh
Tazirbu
Al Jawf
Al Awaynat
Aozou
Tibesti
Seguedine
Suhag
Assuan
Abu Simbel
Donqula

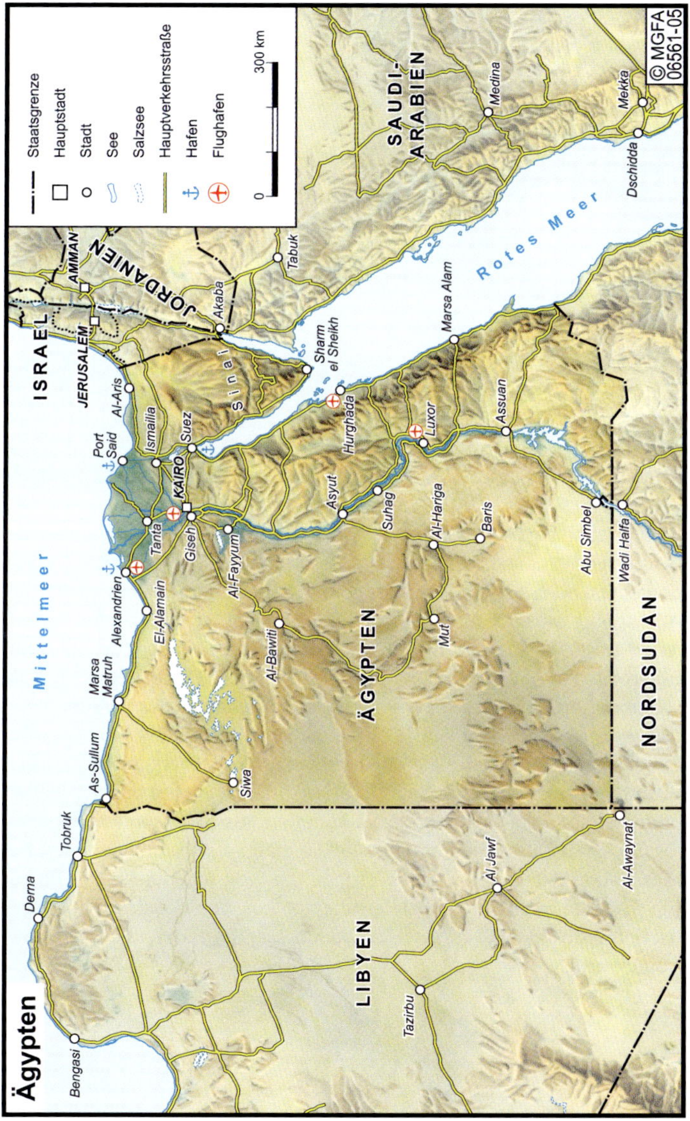
Ägypten
Staatsgrenze
Hauptstadt
Stadt
See
Salzsee
Hauptverkehrsstraße
Hafen
Flughafen
0
300 km
© MGFA 06561-05
Mittelmeer
Rotes Meer
Sinai
ISRAEL
JORDANIEN
SAUDI-ARABIEN
ÄGYPTEN
LIBYEN
NORDSUDAN
JERUSALEM
AMMAN
KAIRO
Bengasi
Derna
Tobruk
As-Sullum
Marsa Matruh
El-Alamain
Alexandrien
Tanta
Port Said
Ismailia
Al-Aris
Suez
Giseh
Al-Fayyum
Al-Bawiti
Siwa
Asyut
Suhag
Al-Hariga
Baris
Mut
Luxor
Assuan
Hurghada
Sharm el Sheikh
Marsa Alam
Abu Simbel
Wadi Halfa
Akaba
Tabuk
Medina
Mekka
Dschidda
Al Jawf
Al-Awaynat
Tazirbu

pa/dpa

Die Wirtschaft in Nordafrika ist alleine aufgrund der geografischen Größe unterschiedlich ausgeprägt und spezialisiert. Allen Staaten dieser Region gemein ist aber die hohe Bedeutung des öffentlichen Sektors sowohl als Arbeitgeber wie auch für die Wertschöpfung innerhalb der Länder. Bedeutende Unterschiede gibt es hingegen in anderen Wirtschaftsbereichen. So arbeiten in Ägypten und Marokko noch rund ein Drittel bzw. knapp die Hälfte der Arbeitskräfte in der Landwirtschaft, während es in Algerien lediglich rund 15 Prozent sind. Der Tourismus spielt vor allem in Ägypten, Tunesien und Marokko eine volkswirtschaftlich gewichtige Rolle, in Libyen hingegen so gut wie keine. Dafür gibt es in Libyen und in Algerien bedeutende Erdöl- bzw. Erdgasvorkommen, die insbesondere Algerien für die EU-Staaten zunehmend attraktiv machen. So transportieren bereits heute Mittelmeerpipelines Erdgas u.a. von Algerien nach Europa. Ein Teil der wichtigen Rohstoffe stammt aus dem Zentrum der algerischen Erdölindustrie in Hassi Messaoud, hier mit den weithin sichtbaren Abgasfackeln.

Die Wirtschaft Nordafrikas: Energievorkommen, Tourismus und Europa

Nicht wenige Europäer stellen sich unter nordafrikanischer Wirtschaft Handelskarawanen, große bunte Märkte, feilschende Händler, boomende Tourismuszentren am Meer und sprudelnde Ölquellen vor. Dieses Bild stimmt nur zum Teil. Die Wirtschaft in Nordafrika ist äußerst heterogen. So gibt es einerseits Staaten mit (Algerien und Libyen) und ohne (Ägypten, Tunesien und Marokko) bedeutende Erdöl- und Erdgasvorkommen sowie Volkswirtschaften mit (Ägypten, Tunesien und Marokko) und ohne (Algerien und Libyen) volkswirtschaftlich relevanten Tourismus.

Seit Jahrzehnten ist der öffentliche Sektor in fast allen Ländern der Region der bedeutendste Arbeitgeber. Er beschäftigt zwischen 50 und 75 Prozent aller Arbeitnehmer, und noch immer werden 40 bis 70 Prozent des Bruttoinlandsproduktes (BIP) durch Staatsbetriebe erwirtschaftet. Die Privatwirtschaft besitzt eine für westliche Verhältnisse überraschend geringe Bedeutung. Das Wirtschaftswachstum der vergangenen Jahre in der Region von durchschnittlich 6,3 Prozent hat auch aus diesem Grund zu kaum mehr Beschäftigung geführt.

Die wichtigsten Handelspartner für die nordafrikanischen Staaten sind die Mitglieder der Europäischen Union (EU). Über 70 Prozent der Im- und Exporte werden über die nördlichen Nachbarn abgewickelt. Erstaunlich wenig Handel betreiben indessen die nordafrikanischen Staaten untereinander. Wesentliche Ursache hierfür ist, dass diese Länder oft ähnliche Produkte herstellen und die EU-Länder in der Lage sind, höhere Preise zu zahlen. Einzig Bodenschätze handeln die Länder untereinander, am intensivsten Energieträger.

Für die Volkswirtschaften Nordafrikas sind überdies die klimatischen, geografischen und geologischen Rahmenbedingungen von großer Bedeutung. So werden weit über 90 Prozent der relevanten Wirtschaftsaktivitäten entlang der Mittelmeerküste und im Niltal getätigt. Die unwirtlichen Regionen entlang des Atlasgebirges und am Nordrand der Sahara spielen hingegen kaum eine Rolle.

Zentrales grenzübergreifendes Problem Nordafrikas ist die Knappheit der lebenswichtigen – und darum auch konfliktträchtigen – Ressource Wasser. Die Region zählt zu den wasserärmsten Gebieten der Welt, die Kontrolle über Wasser besitzt daher nicht nur wirtschaftliche, sondern auch politische Dimensionen. Durch das starke Bevölkerungswachstum und die intensive Landnutzung verringert sich die Wasserverfügbarkeit pro Kopf und Jahr immer weiter. Der Klimawandel verstärkt diesen Trend zusätzlich. Die Nahrungsmittelproduktion ist fast ausschließlich durch Bewässerung möglich, bis zu 85 Prozent des Wassers werden von der Landwirtschaft verbraucht.

Die Landwirtschaft spielt für afrikanische Verhältnisse eine geringe Rolle, was die volkswirtschaftliche Entwicklung der Staaten betrifft. Zwischen 15 und 45 Prozent der Bevölkerung (siehe Länderinformation III, S. 159) sind zwar in diesem Sektor beschäftigt, der Anteil am Bruttoinlandsprodukt beträgt aber nur zwischen 3 und 17 Prozent. Die meisten landwirtschaftlichen Güter werden bisher mit zum Teil ineffizienten Methoden hauptsächlich für die heimischen Märkte produziert. Darüber hinaus benötigte Nahrungsrohstoffe müssen zusätzlich importiert werden. Die in den vergangenen Jahren stetig steigenden Kosten hierfür – durch exzessiven und hochspekulativen Handel an den internationalen Rohstoffbörsen mit verursacht – treffen insbesondere die ärmeren Bevölkerungsteile.

Die fehlende ökonomische Diversifikation ist das volkswirtschaftliche Hauptproblem der Region. Zudem vermengt sich diese wirtschaftliche Monokultur mit einem aus der postkolonialen Zeit stammenden, staatlichen Dirigismus. Diese Gemengelage hat – trotz der grundsätzlich guten Voraussetzungen – ein BIP in fast allen Ländern Nordafrikas zur Folge, das dem von Entwicklungsländern entspricht. Nur Libyen (gut explorierte Ölvorkommen) und Tunesien kommen auf die Quote eines Schwellenlandes.

Ungeachtet der Gemeinsamkeiten hat jedes der Länder seine Eigenheiten, die historisch gewachsen sind und sich von den geografischen Verhältnissen ableiten lassen. Darüber hinaus fehlt ein regionaler Zusammenhalt, der die wirtschaftliche Zusammenarbeit verbessern könnte.

Die Volkswirtschaften Nordafrikas im kurzen Überblick

Ägypten

Ägypten ist geprägt durch das äußerst fruchtbare Niltal, in dem ein Großteil der heimischen Wirtschaftsaktivitäten stattfindet und rund 95 Prozent der Bevölkerung auf rund vier Prozent der Landesfläche leben. Diese Region gehört damit zu den am dichtesten besiedelten Wirtschaftsräumen der Erde.

Im afrikanischen Vergleich nimmt Ägypten mit seinem jährlichen BIP von 2270 US-Dollar pro Kopf eine mittlere Position ein. Die ägyptische Wirtschaft basiert hauptsächlich auf der kostengünstigen Produktion von Massenartikeln der Textil-, Chemie- und der Lebensmittelindustrie, dem Tourismus und den Einnahmen des Suezkanals. Im Dienstleistungssektor entsteht rund die Hälfte des Bruttoinlandproduktes. Dieser Sektor besteht bisher aus einem überdimensionierten Staatsapparat, ineffizient arbeitenden Staatsbetrieben, aber einer sehr produktiven und modernen Tourismusbranche. Letztgenannte trägt einen erheblichen Anteil zum ausgeglichenen Ergebnis zwischen eingesetztem Personal und erwirtschaftetem Ergebnis des öffentlichen Sektors bei.

Nur 13 Prozent des BIP werden hingegen durch die personalintensive Landwirtschaft erwirtschaftet. Sie produziert hauptsächlich Baumwolle, Reis, Mais, Früchte und verschiedene Gemüsesorten insbesondere für den europäischen Markt. Die Bauern (Fellachen) bewirtschaften das Land mit teilweise jahrtausendealten Anbau- und Bewässerungsmethoden. In den vergangenen Jahren hat es erste Bestrebungen gegeben, sich von der Subsistenzwirtschaft hin zu einer Exportbranche zu wandeln.

Erst zu Beginn des 21. Jahrhunderts hat die damalige Regierung Mubarak umfangreiche Wirtschaftsreformen durchgeführt, um das Land von den zu diesem Zeitpunkt immer noch existierenden Fesseln der Zentralwirtschaft des Nasser-Regimes zu befreien. Seit 2004 wurden ambitionierte Programme aufgelegt, um das Land für ausländische Investoren attraktiv zu machen und somit das Bruttoinlandsprodukt zu steigern. Die weltweite Wirtschaftskrise 2009 verlangsamte diesen Prozess zunächst deutlich.

Trotz der umfangreichen, aber viel zu spät eingeleiteten Bemühungen des Mubarak-Regimes, die zur Steigerung des BIP im vergangenen Jahrzehnt um jährlich rund sechs Prozent geführt haben, lebt der durchschnittliche Ägypter weiterhin in ärmlichen Verhältnissen. Die Arbeitslosigkeit insbesondere unter jungen Menschen ist sehr hoch, sogar rund drei Millionen Akademiker sind arbeitslos. Hier verbirgt die große soziale Sprengkraft sicherlich zugleich auch das große Potenzial der ägyptischen Gesellschaft für den seit Jahrzehnten erhofften Wirtschaftsaufschwung, der ohne Zweifel auch für Europa positive Effekte hätte.

Libyen

Die libysche Wirtschaft ist bis heute stark geprägt von einer von Machthaber Muammar al-Gaddafi kontrollierten Planwirtschaft mit Importverboten, Preiskontrollen sowie der staatlichen Verteilung von Grundnahrungsmitteln, Strom, Benzin und Wohnungen. Erst seit dem Jahr 2002 verfolgte die libysche Regierung einen vorsichtigen Kurs der Liberalisierung, der sich in einem deutlich steigenden Wirtschaftswachstum bemerkbar machte. Nicht zuletzt die deutliche Verteuerung des Rohölpreises auf den internationalen Rohstoffmärkten und die dadurch gesteigerten Einnahmen erlaubten es der Regierung, die Reformen zu beschleunigen.

Die libysche Volkswirtschaft beruht traditionell auf den Einnahmen aus der Rohölproduktion. In den vergangenen Jahren ist die Förderung von Erdgas intensiviert worden. Die Nachfrage aus Südeuropa und eine Gaspipeline (»Greenstream«) nach Italien haben das Geschäft mit diesem Rohstoff angetrieben. Außerdem setzt Libyen Erdgas mittlerweile auch zur heimischen Stromgewinnung ein. Mit rund 40 Prozent des geförderten Erdgases werden fast 50 Prozent des im Lande benötigten Stroms erzeugt. Erdgas und Rohölprodukte erwirtschaften ungefähr 80 Prozent des Staatshaushaltes, 25 Prozent des BIP und 95 Prozent aller Exporteinnahmen. Dadurch hat Libyen in den vergangenen Jahren als eines von wenigen afrikanischen Ländern ein positives Außenhandelssaldo.

In den wenigen landwirtschaftlich nutzbaren Gegenden an der Küste werden vor allem Weizen, Gerste, Gemüse, Oliven, Mandeln, Zitrusfrüchte und Datteln hauptsächlich für den Eigenverbrauch angebaut. Trotz der geringen landwirtschaftlichen Nutzfläche hat Libyens Dattelanbau einen Anteil an der Weltproduktion von ungefähr drei Prozent. Immerhin ist gut ein Sechstel der Bevölkerung in der Landwirtschaft beschäftigt. Sie trägt aber nur zu knapp drei Prozent zum BIP bei. Ähnlich niedrig ist die Produktivität des (zumeist staatlichen) Dienstleistungssektors, wo fast 60 Prozent aller festangestellten Libyer tätig sind, die aber nur ein Drittel des BIP erwirtschaften.

Auch wenn Libyen aufgrund der Einnahmen aus dem Export der Energieträger mittlerweile auch eines der höchsten Bruttoinlandsprodukte pro Kopf in Afrika erwirtschaftet, kommt nur ein geringer Teil dieser Einnahmen der Masse der Bevölkerung zugute. Diese Entwicklung und die überaus hohe Arbeitslosigkeit insbesondere unter jungen Libyern haben seit dem Frühjahr 2011 zu massiven Aufständen gegen das Gaddafi-Regime geführt. Die ökonomische Monokultur des Landes, die auf den Einnahmen aus der Rohstoffindustrie basiert, hat zu erheblichen sozialen Ungleichgewichten in der libyschen Gesellschaft geführt, die sich nun die Benachteiligten nicht mehr gefallen lassen wollen.

Tunesien

Im Gegensatz zu seinen Nachbarstaaten ist die tunesische Volkswirtschaft stark diversifiziert. Das Bruttoinlandsprodukt setzt sich trotzdem zum Großteil aus Leistungen des Bergbaus, des Tourismus, der Landwirtschaft und der Kleinindustrie zusammen. Die volkswirtschaftliche Entwicklung des kleinsten Landes in Nordafrika verläuft seit Anfang der 1990er-Jahre recht positiv. Das BIP ist seitdem stetig gestiegen. Tunesien wird deshalb von der OECD als Schwellenland eingestuft und gilt als eines der wettbewerbsfähigsten Länder Afrikas.

Auch in Tunesien wurde bis vor wenigen Jahren die Wirtschaft staatlich gelenkt. Im letzten Jahrzehnt wurden dann weite Teile der Tourismusindustrie und der Kleinindustrie privatisiert.

Olivenlese in Tunesien.

Der Bergbau und die Landwirtschaft sollen in den kommenden Jahren in privatwirtschaftliche Unternehmungen überführt und so das jährliche Wachstum des vergangenen Jahrzehnts von durchschnittlich gut fünf Prozent gestützt oder sogar noch gesteigert werden.

Der Beitrag der Landwirtschaft zum Arbeitsmarktsektor (18 %) und zum BIP (11 %) halten sich in Tunesien ungefähr die Waage. Aber die Landwirtschaft ist in den vergangenen Jahren immer ineffizienter geworden und verbraucht mittlerweile fast 80 Prozent des Süßwassers des Landes und ist von Desertifikation (Wüstenbildung) sowie Bodenerosion betroffen. Nachdem die Weltmarktpreise für jene landwirtschaftlichen Produkte, auf deren Einfuhr Tunesien angewiesen ist, in den letzten Jahren stark gestiegen sind, hat die neue Regierung die Autarkie für landwirtschaftliche Produkte zum Ziel ihrer Politik erklärt.

Die Gewinnung von Phosphatmineralien und deren Abbau (etwa 60 % Calciumphosphat) im Westen des Landes um Metlaoui wird zurzeit noch sehr personalintensiv von staatlichen Unternehmen betrieben, soll in Zukunft aber von internationalen Investoren übernommen werden. Auf diese Weise könnte der tunesische Staat zumindest einen Teil der Arbeitsplätze in dieser Branche sichern.

Insgesamt richtet sich ein Großteil der tunesischen Wirtschaft an Europa aus, insbesondere die Unternehmen, die für den Export produzieren und natürlich die Tourismusbranche. Das Land kann sich deshalb vom Konjunkturzyklus in der EU nicht abkoppeln. Tunesien muss in den kommenden Jahren darauf bedacht sein, die seit einiger Zeit stark steigende Arbeitslosigkeit in den

Griff zu bekommen. Hierzu muss der Übergang von einer personalintensiven Staatswirtschaft zu einer auf Personaleffizienz ausgerichteten Marktwirtschaft offensiv gestaltet werden, wobei die zielgerichtete Einbindung einer immer besser ausgebildeten Jugend von großer Bedeutung ist.

Algerien

Die algerische Wirtschaft wird von Staatsunternehmen dominiert, ein Erbe der sozialistischen Ära nach der Unabhängigkeitserklärung von Frankreich im Jahre 1962. Nach einer Phase der Privatisierung von Staatsbetrieben in den 1990er-Jahren stagnierte diese Entwicklung im letzten Jahrzehnt. Zudem wurden ausländische Investoren durch immer neue staatliche Auflagen abgeschreckt.

Erdgas- und Rohölprodukte sind seit Langem das Rückgrat der algerischen Volkswirtschaft. Sie erwirtschaften jeweils 30 Prozent des Staatshaushaltes und des BIP sowie 95 Prozent aller Exporteinnahmen. Algerien hat weltweit die achtgrößten Gasreserven und sechzehntgrößten Ölreserven. Aufgrund dieses Rohstoffreichtums ist das Land volkswirtschaftlich stabil. Gleichwohl ist diese ökonomische Monokultur auch ein Fluch für das Land. Seit Jahrzehnten gelingt es nicht, eine diversifizierte Wirtschaftsstruktur neben dem Erdgas- und Rohöl-Geschäft zu entwickeln. Die Hauptprobleme hierbei sind die hohen Investitions-, Infrastruktur- und Entwicklungskosten sowie der unflexible, überbürokratisierte Staatsapparat. Die Folge ist eine hohe Armutsrate insbesondere unter den nicht im Rohstoffsektor Beschäftigten. Dies betrifft speziell die (ländliche) Jugend im Süden des Landes.

Die Landwirtschaft trägt nur acht Prozent zum BIP bei, beschäftigt aber auch nur 16 Prozent der Erwerbstätigen. Eine intensive landwirtschaftliche Nutzung ist ausschließlich auf einem schmalen Streifen im Norden möglich. Die extensive, zum Teil nomadische Viehhaltung konzentriert sich auf das Hochland der Schotts und die nördliche Sahara. In den Wäldern des Tell-Atlas wird zudem Kork gewonnen. Weniger als 40 Prozent des Nahrungsmittelbedarfs werden durch Eigenproduktion gedeckt.

Algerien ist damit der wichtigste Nahrungsmittelimporteur Afrikas.

Aufgrund der einseitigen volkswirtschaftlichen Ausrichtung muss Algerien einen Großteil der benötigten Investitions- und Konsumgüter einführen. Eine stärker diversifizierte Volkswirtschaft würde zweifelsohne die wirtschaftliche Leistungsfähigkeit des Landes deutlich erhöhen und den Wohlstand auf das Niveau eines Schwellenlandes anheben.

Diese Probleme gilt es in den kommenden Jahren zu lösen. Auch aus diesem Grund hat die algerische Regierung 2010 ein fünfjähriges 286 Milliarden US-Dollar umfassendes Entwicklungsprogramm aufgelegt. Ziel ist es, die Abhängigkeit von den Erlösen aus der Erdgas- und Rohöl-Wirtschaft zu reduzieren und die hohe Jugendarbeitslosigkeit nachhaltig zu bekämpfen.

Marokko

Derzeit befindet sich Marokko in einem tiefgreifenden Wandlungsprozess von einem Agrarland zu einem Industrie- und Dienstleistungsland. Zwar unterliegt die wirtschaftliche Entwicklung großen Schwankungen, dennoch konnten in den vergangenen Jahren Wachstumsraten zwischen zwei und sieben Prozent erreicht werden. Gleichwohl ist die marokkanische Volkswirtschaft äußerst disparat strukturiert und daher nur sehr schwer durch gezielte Investitionen zu fördern.

Der wichtigste Wirtschaftszweig des Landes ist immer noch die Landwirtschaft, in der rund 45 Prozent der Bevölkerung beschäftigt sind, aber nur 17 Prozent des BIP erwirtschaftet werden. Als Folge des globalen Klimawandels leidet die marokkanische Landwirtschaft zunehmend unter extremen Wetterereignissen. Die für die landwirtschaftliche Produktion wichtigen Wasserressourcen werden knapper und in weiten Gebieten verschlechtert sich die Qualität der Böden durch Übernutzung. Als wäre dies nicht genug, stellt sich der marokkanischen Landwirtschaft ein fast fatales Problem. Das Land ist in den vergangenen Jahren (unfreiwillig) der weltgrößte Produzent und Exporteur von Cannabis geworden. Vor allem in den armen Nordprovinzen lebt ein großer Teil der Bevölkerung vom Cannabisanbau, da

pa/ANP

Die Tourismusbranche in Marokko wirbt mit historischen Sehenswürdigkeiten, weißen Sandstränden sowie mit Aktivurlaub, zum Beispiel Trekking im Hohen Atlas.

die Bauern damit mehr verdienen können als mit dem Anbau herkömmlicher Früchte. Außerdem erfolgt der Anbau überwiegend in Monokulturen, was weitere negative Folgen für das Ökosystem bewirkt.

Da das marokkanische Finanzsystem kaum in die internationalen Kapitalmärkte eingebunden ist, hat sich die globale Finanz- und Wirtschaftskrise eher indirekt ausgewirkt. Einschneidende Rückgänge gab es vor allem beim für die volkswirtschaftliche Entwicklung nicht unbedeutenden Devisentransfer der im Ausland lebenden Marokkanerinnen und Marokkaner in ihre Heimat (sogenannte Remissen) und den ausländischen Direktinvestitionen.

Der Tourismus könnte Teil einer Lösung der ökonomischen Misere des Landes sein. Er bietet der marokkanischen Bevölkerung zurzeit ungefähr eine Million Arbeitsplätze. Die Regierung unternimmt große Anstrengungen, um die touristische Infrastruktur weiter auszubauen. Nach offiziellen Angaben besuchten 2010 knapp 9,3 Millionen Touristen das Land.

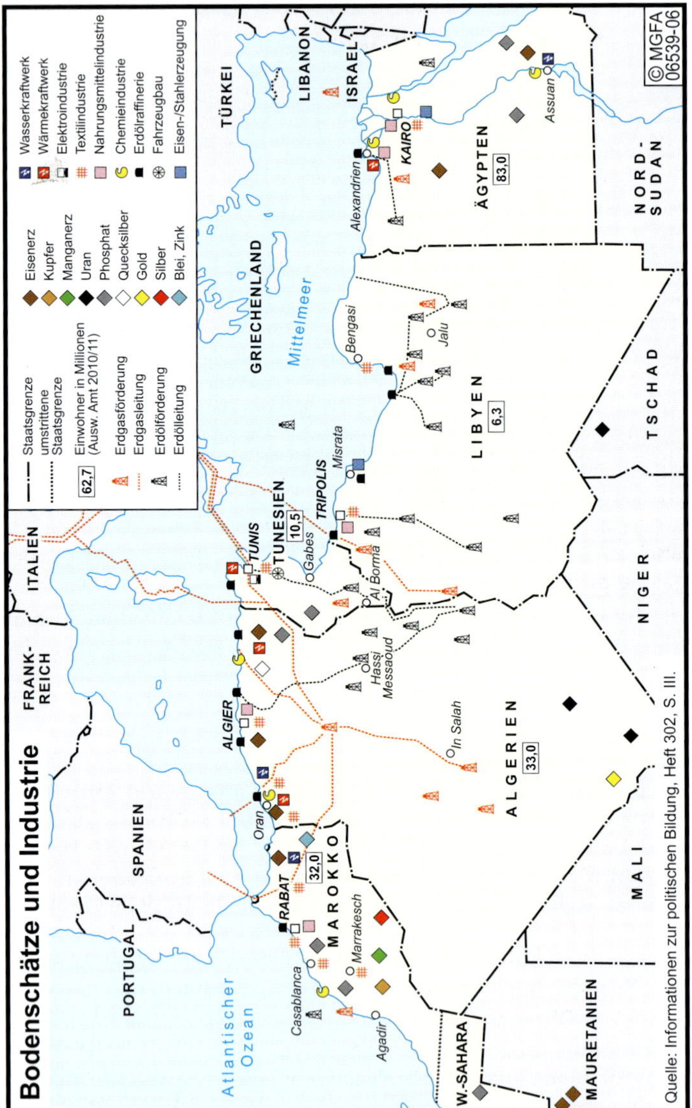
Bodenschätze und Industrie
Staatsgrenze
umstrittene Staatsgrenze
62,7 Einwohner in Millionen (Ausw. Amt 2010/11)
Erdgasförderung
Erdgasleitung
Erdölförderung
Erdölleitung
Eisenerz
Kupfer
Manganerz
Uran
Phosphat
Quecksilber
Gold
Silber
Blei, Zink
Wasserkraftwerk
Wärmekraftwerk
Elektroindustrie
Textilindustrie
Nahrungsmittelindustrie
Chemieindustrie
Erdölraffinerie
Fahrzeugbau
Eisen-/Stahlerzeugung
PORTUGAL
SPANIEN
FRANK-REICH
ITALIEN
GRIECHENLAND
TÜRKEI
LIBANON
ISRAEL
Atlantischer Ozean
Mittelmeer
MAROKKO
32,0
ALGERIEN
33,0
TUNESIEN
10,5
LIBYEN
6,3
ÄGYPTEN
83,0
W.-SAHARA
MAURETANIEN
MALI
NIGER
TSCHAD
NORD-SUDAN
Casablanca
RABAT
Marrakesch
Agadir
Oran
ALGIER
Hassi Messaoud
In Salah
TUNIS
Gabes
Al Borma
TRIPOLIS
Misrata
Bengasi
Jalu
Alexandrien
KAIRO
Assuan
© MGFA 06539-06
Quelle: Informationen zur politischen Bildung, Heft 302, S. III.

Zukunftsaussichten für die wirtschaftliche Situation Nordafrikas

Die mittelfristige Wachstumsperspektive der Volkswirtschaften der Region Nordafrika wird schon seit einigen Jahren von der Weltbank und dem Internationalen Währungsfonds (IWF) als vielversprechend eingestuft. Trotz vielschichtiger Krisensituationen und politischer Spannungen erleben die Länder der Region seit Anfang des 21. Jahrhunderts eine positive wirtschaftliche Entwicklung. Getragen wird sie vor allem vom internationalen Tourismus und von der gestiegenen weltweiten Nachfrage nach Öl und Gas. Die daraus resultierenden in die Höhe schnellenden Öl- sowie Gaspreise und die damit einhergehenden steigenden Einnahmen aus dem Export dieser Rohstoffe werden seit einigen Jahren intensiv in die Modernisierung und den Ausbau der für die Verarbeitung benötigten Industrie und der komplementären Infrastruktur investiert (»Petrodollarrecycling«).

In diesem Prozess kam es in der Vergangenheit vereinzelt auch zu sogenannten Spill-over-Effekten: Andere Wirtschaftsbereiche profitierten von den ökonomischen Prozessen, die durch die Einnahmen der Rohstoffexporte ausgelöst wurden. Hieraus konnten insbesondere auch die weniger von Rohstoffexporten abhängigen Länder Vorteile gewinnen. Diese zusätzlichen Einnahmen investierten die jeweiligen Staaten zumeist in Infrastrukturprojekte, mit denen mittelfristig zum Beispiel der Tourismus weiter gefördert werden kann.

Der vermeintliche Reichtum der rohstoffexportierenden Länder basiert jedoch fast ausschließlich auf diesen Produkten. Gleiches gilt für die Staaten, für die der Tourismus eine bedeutende Einnahmequelle ist. Größere Investitionen erfolgen mithin zumeist nur für Ausbau, Modernisierung und Verbesserung der Infrastruktur in diesem Bereich. Die daraus resultierende ökonomische Monokultur behindert zumindest die Entwicklung anderer Wirtschaftszweige oder verhindert diese sogar.

Die vergleichsweise niedrigen Zuwachsraten des Bruttoinlandsproduktes Ägyptens und Tunesiens sind auf deutliche Rückgänge im Tourismus infolge der unsicheren innenpolitischen Situation zurückzuführen. Sollten die Unruhen weiter anhalten, sind drastische Auswirkungen auf die Volkswirtschaften Nordafrikas nicht auszuschließen. So könnte die Refinanzierung von Krediten für die Regierungen und Unternehmen deutlich teurer werden und eine die Entwicklung der Region deutlich schwächende Inflation einsetzen.

Die volkswirtschaftlichen Herausforderungen der kommenden Jahre

Die volkswirtschaftlichen Herausforderungen für die Länder Nordafrikas in den kommenden Jahren sind sehr unterschiedlich. Für die Länder ohne nennenswerte Rohstoffreserven wird es von herausragender Bedeutung sein, das volkswirtschaftliche Wachstum deutlich zu erhöhen und gleichzeitig die chronisch hohe Arbeitslosigkeit nennenswert zu reduzieren. Die rohstoffreichen Länder hingegen müssen die eigenen Finanzsysteme stabilisieren und eine größere Diversifikation der eigenen Volkswirtschaft erreichen. Allen Ländern gemein ist die Aufgabe, die Staatsquote weiter zu reduzieren. Dies würde die dringend benötigten privatwirtschaftlichen Investitionen ermöglichen und die überbordenden Staatsdefizite erheblich verringern.

Die permanent hohe Arbeitslosigkeit unter jungen Menschen, wovon in den letzten Jahren selbst hoch qualifizierte Akademiker betroffen sind, muss dringend beseitigt werden. Gerade die Letztgenannten könnten mit ihrer Qualifikation und Motivation die Grundlage für eine positive volkswirtschaftliche Weiterentwicklung der nordafrikanischen Staaten schaffen – wenn die Verantwortlichen in den Regierungen dazu willens sind, sie in die anstehenden Prozesse einzubinden.

Um den Anschluss an die Weltwirtschaft nicht zu verlieren, sind aber auch eine verbesserte Aus- und Fortbildung insbesondere der Staatsangestellten, die Privatisierung von Staatsbetrieben sowie der Abbau von Monopolen und bürokratischen Hürden erforderlich.

Die Region zählt zu den wasserärmsten Gebieten der Welt. Daher muss, um die heimische Landwirtschaft zumindest auf dem derzeitigen Niveau zu halten, eine effizientere Bewirtschaftung der Ressource Wasser erreicht werden. In diesem Zusammenhang gibt es bereits einige viel versprechende Entwicklungsprojekte in Zusammenarbeit mit der EU.

Win-Win: Die wirtschaftliche Kooperation mit der Europäischen Union

In Nordafrika ist der regionale Zusammenhalt im Vergleich etwa zu Lateinamerika oder Südostasien weniger ausgeprägt. Folglich gibt es auch keinen wirtschaftspolitischen Zusammenschluss, der die Interessen der Region gegenüber Globalplayern mit entsprechendem Nachdruck vertreten könnte. Um dieses Manko auszugleichen, ist die EU darum bemüht, über die »Union für das Mittelmeer« (UfM/EUROMED) die wirtschaftlichen Belange der Region zu bündeln, die Position dieser Länder zu stärken und deren wirtschaftliche Leistungsfähigkeit merklich zu erhöhen. Die EU erhofft sich dadurch auch eigene Vorteile, wie zum Beispiel stabile Absatzmärkte und einen sicheren Zugang zu den nordafrikanischen Öl- und Gasvorkommen. Sollten die antizipierten Maßnahmen zu den gewünschten Ergebnissen führen, würde eine Win-Win-Situation entstehen.

Die umfangreichen staatlichen Investitionsprogramme, die zum Teil von internationalen Organisationen wie der Weltbank und dem IWF, aber auch durch die EU mitfinanziert werden, ermöglichen den Staaten der Region eine Stärkung ihrer Volkswirtschaften und den Ausbau von Wirtschaftszweigen, die nicht in direktem Zusammenhang mit Tourismus und Rohstoffexporten stehen.

Nordafrikanische Offizielle wünschen sich ein deutlich stärkeres europäisches Engagement, gleichwohl haben offizielle Stellen in der gesamten Region bisher kein Geheimnis daraus gemacht, dass sie lieber mit Staaten wie China oder Russland kooperieren, da von diesen kein politischer Reformdruck ausgeht. Dies könnte sich aber in naher Zukunft ändern.

Dieter H. Kollmer

pa/Bildagentur-online/TIPS-Images

Touristen vor den altägyptischen Tempeln und Pyramiden, wie hier bei Sakkara, sind keine aktuelle Erscheinung, sondern lassen sich bereits im Alten Ägypten vor rund 3500 Jahren nachweisen. Zu allen Zeiten faszinierten Besucher aus nah und fern die beeindruckenden Naturlandschaften und aufsehenerregenden Bauten in Nordafrika, die teilweise zu den Weltwundern gerechnet wurden.

Seit der zweiten Hälfte des 20. Jahrhunderts nahm der Tourismus in Nordafrika stark zu. Profitieren konnten von dieser Entwicklung vor allem die rohstoffarmen Länder Ägypten, Marokko und Tunesien. Sie bieten den modernen, anspruchsvollen internationalen Gästen ein breites Spektrum jenseits des auf Strandvergnügen konzentrierten Massentourismus: Kamel- und Trekkingtouren sind ebenso möglich wie Tauchgänge oder selbst Skifahren in den Bergen des Hohen Atlas. Für die Volkswirtschaften stellt der Tourismus damit einen zunehmend wichtigen Sektor dar, wenngleich die breite Bevölkerung dieser Länder nicht in gleichem Maße von dieser Entwicklung profitieren kann.

Tourismus in Nordafrika

Kaum eine andere Region dieser Welt besitzt eine derart faszinierende Vielfalt touristischer Attraktionen wie die Länder Nordafrikas, die als südliche Anrainerstaaten Teil des Mittelmeerraumes sind und damit zur weltweit bedeutendsten Urlaubsregion gehören. Spektakulär ist schon allein der Naturraum: pittoreske mediterrane Küstenlandschaften, schneebedeckte Gipfel inmitten zerklüfteter Gebirgszüge, sich ins Unendliche erstreckende Wüsten mit traumhaften Oasen. Ähnlich beeindruckend ist der Kulturraum: ein jahrtausendealtes kulturelles Erbe, dessen Attraktivität geprägt ist durch die geopolitische Lage in einem Spannungsfeld von Orient und Okzident, das auch heute noch das Geschehen bestimmt; eine Wirtschaftsstruktur zwischen archaischer Urproduktion, faszinierendem historisch-handwerklichen Erbe, reichhaltigster Rohstoffextraktion und moderner industrieller Massenproduktion; archäologische Stätten als Weltwunder sowie eine traditionsreiche Stadtkultur im Widerstreit mit den Anforderungen der Moderne. Ein Image wie aus Tausendundeiner Nacht, exotisch und mysteriös, das ungeachtet aller politischen Unruhen höchst anziehend auf Besucher und Gäste wirkt. Und vor allem: Menschen vielfältigster ethnischer Zugehörigkeit, deren Gastfreundlichkeit sprichwörtlich ist! Und dennoch: Selbst den touristischen Flaggschiffen Nordafrikas, Ägypten, Tunesien und Marokko, ist es bisher nicht gelungen, sich einen größeren Anteil am Gesamtaufkommen von Urlaubern und Gästen im Mittelmeerraum, geschweige denn weltweit zu sichern.

Nordafrika als Wiege des Tourismus

Dabei ist der Tourismus in diesen Ländern keineswegs ein junges Phänomen, sondern datiert weit zurück in die Geschichte. Mehr noch: Die Region gilt als die Wiege des Tourismus! Erste touristische Aktivitäten gehen zurück in das Alte Ägypten ab etwa 1500 v.Chr. Reiseziel war damals schon das Tal des Nils mit den Pyramiden, die in jener Zeit bereits tausend Jahre alt waren und eindrucksvolle Zeugnisse einstiger Größe darstellten. Einritzungen damaliger Besucher zeigen, dass die Denkmäler zu Pilgerorten mutiert waren, an denen man zwar zum Gebet verweilte, wo man sich aber auch schon dem Vergnügen hingab. Der hohe Stellenwert des Reisens zeigt sich auch daran, dass im Alten Ägypten ein eigener Reise-Gott verehrt wurde. So gilt Ägypten als Urmodell des Kulturtourismus und als Touristenland, das bis heute trotz terroristischer Aktivitäten fundamentalistischer Gruppen nichts von seiner Attraktivität eingebüßt hat und jährlich von Millionen Touristen aufgesucht wird.

Weniger unter den Griechen, aber vor allem unter den Römern erfuhren die ersten Anfänge des Tourismus in Nordafrika eine Intensivierung und räumliche Ausweitung. Wichtig war für Nordafrika aus Sicht des Tourismus, in das Römische Reich integriert zu werden und zusammen mit Süd- und Westeuropa sowie den Ländern der Levante zumindest im 1. und 2. Jahrhundert n.Chr. eine weit ausgreifende politische, wirtschaftliche und kulturelle Einheit zu bilden. Die touristische Infrastruktur war mit einem vorzüglichen Straßensystem, mit Reisebüros, Unterkünften, Gaststätten, Souvenirläden, Wechselstuben und Schifffahrtslinien so gut ausgebaut, dass der Tourismus der Römer durchaus Parallelen zum modernen Tourismus aufweist. Selbst auf Reiseführer konnte man damals zurückgreifen, um zu den Attraktionen in den nordafrikanischen Staaten bis weit nach Marokko hinein zu gelangen. Auch heute noch prägen beeindruckende römische Bauwerke aus jener Zeit das kulturtouristische Geschehen in den fünf nordafrikanischen Ländern.

Tourismusentwicklung in der Neuzeit und Moderne

Mit dem Zusammenbruch des Römischen Reiches verebbte jedoch die vielversprechende touristische Entwicklung in Nordafrika und in den übrigen Teilen des Reiches. Mit dem Ende des Imperium Romanum wurde Reisen zu einer zunehmend gefährlichen und unbequemen Angelegenheit. Die Folge war, dass im Mittelalter und in der Frühen Neuzeit der Tourismus bis auf we-

Das Atlas-Gebirge

Der Atlas ist ein Hochgebirge im Nordwesten Afrikas. Neben vielen Tälern und engen Schluchten ragen übereinander geschobene Felsschichten bis zu viertausend Metern über dem Meeresspiegel auf. Der Atlas misst von der marokkanischen Atlantikküste bis zur Mittelmeerküste bei Tunis etwa 2500 km. Seine Nord-Südausdehnung beträgt 500 km. Der Gebirgszug erstreckt sich über die Territorien der Staaten Marokko, Algerien und Tunesien. Der höchste Gipfel, Djebel Toubkal, ist mit 4165 m ü. NN so hoch wie das Breithorn in der Schweiz.

Das Hochgebirge besteht aus den einzelnen Gebirgszügen Antiatlas, Hoher Atlas, Djebel Sarhro, Mittlerer Atlas, Rif-Atlas, Sahara-Atlas, und Tell-Atlas. Im Osten zwischen Tell-Atlas und Sahara-Atlas befindet sich die Hochebene der Schotts. Diese Salztonebenen mit Salzseen trocknen jährlich immer wieder aus und werden von mehreren Gebirgszügen umschlossen. Gletscher sind aus klimatischen Gründen nicht vorhanden.

pa/Helga Lade Fotoagentur GmbH, Ger

Das Atlas-Gebirge erstreckt sich von Marokko bis nach Tunesien und erreicht Höhen von über 4000 m.

Vor 300 Mio. Jahren rief die Nordwärtsbewegung des afrikanischen Kontinents eine Kollision mit der Kontinentalplatte Eurasien an der Iberischen Halbinsel hervor. Diese schuf den ersten Gebirgszug Antiatlas. Vor etwa 65 Mio. Jahren schoben sich unter dem Atlasgebirge mehrere Landmassen übereinander, wodurch die heutige Form des Faltengebirges entstanden ist. Dieser Vorgang begründet die im Atlas so typischen engen Schluchten.

Der Atlas wirkt als eine Klimascheide Nordafrikas. An den nördlichen und westlichen Hängen tritt ein feuchteres Klima auf als bei den zur Sahara nach Süden zugewandten Ausläufern. Der aus Süden wehende heiße Wind der Sahara, der Scirocco, bringt nur wenig Niederschlag. Im Norden trifft ein kalter Wind auf das Gebirge, der sich an den Hängen abregnet und in Lagen von über 1000 m im Winter gewöhnlich als Schnee fällt. Mit der Schneeschmelze im Frühjahr und den Regenfällen kommt es oftmals zu Überschwemmungen und Flussneubildungen. Im Sommer können an einzelnen Tagen die Temperaturen bis auf 45 °C steigen, während sie im Winter kaum unter 5 °C fallen.

Im Atlas sind Eisenerze, Blei und Zinkerze, zudem auch Phosphate und Silber vorhanden. Ebenso wurden Erdgas und Steinkohle entdeckt. Infolge der Abholzung der Wälder über Jahrhunderte findet man heute überwiegend nur Strauchgewächse. Eher selten sind wilde Olivenbäume oder Zedern zu finden. Geparde und Gazellen, Schlangen, Echsen und Wüstenspringmäuse leben hier.

Die Berber konzentrierten ihre Siedlungsgebiete auf den Norden und Westen des Atlas. Große Städte in Marokko sind Fes mit einer Mio. Einwohnern, Marrakesch mit 850 000 Einwohnern. In Algerien umfassen die Städte Constantine knapp 500 000 Einwohner und El Djelfa etwa 235 000 Einwohner. Zwischen den einzelnen Gebirgszügen treten überwiegend Dörfer und lose Siedlungsgebiete auf.

Kulturell bedeutend trat das Gebirge schon im antiken Griechenland in Erscheinung. In der griechischen Mythologie wurde der am Titanenaufstand gegen den Göttervater Zeus beteiligte Atlas verurteilt, die Welt und das Himmelsgewölbe auf seiner Schulter zu tragen. Nach den damaligen geografischen Vorstellungen der Griechen fiel der Rand des Himmelsgewölbes auf diesen Gebirgszug im Westen, während Prometheus, Atlas' Bruder, an einen Berg im Kaukasus im Osten der Welt gekettet wurde. Beide Gebirge bildeten die Grenzen der damals bekannten Welt.

GK

nige Ausnahmen zum Erliegen kam. Über die Entwicklung in Nordafrika ist einerseits wenig bekannt, andererseits kann mit Sicherheit davon ausgegangen werden, dass es dort zumindest Pilgerreisen zu den religiösen Attraktionen gab.

Für Besucher wurde Nordafrika als Reiseziel erst wieder im Rahmen der kolonialen Eroberung und Erschließung im 19. und frühen 20. Jahrhundert in etwas größerem Stil interessant. Der Durchbruch erfolgte jedoch erst, als es flugtechnisch möglich wurde, die massentouristischen Quellgebiete Zentraleuropas mit der nordafrikanischen Mittelmeerküste ohne lästige Zwischenlandungen zu verbinden. Das war ab Ende der 1960er-/Anfang der 1970er-Jahre möglich. Dies erfolgte jedoch zu einer Zeit, als die südeuropäischen Urlaubsziele am Nordsaum des Mittelmeeres bereits voll entwickelt waren. Dazu hatte vor allem das Auto beigetragen. Mit ihm war es vergleichweise leicht, die Kernräume Europas zu verlassen, um in die Urlaubsparadiese im nördlichen Mittelmeerraum zu gelangen. Für die nordafrikanischen Länder bedeutete dies, dass sie mit ihrem touristischen Angebot auf massive Konkurrenz in einem zwar weiter expandierenden, aber schon etablierten und hart umkämpften Reisemarkt stießen.

Verschärfend kam hinzu, dass sich der Reisemarkt unter dem Einfluss der gesellschaftlichen Entwicklung in Europa ab Ende der 1960er-Jahre erheblich veränderte. Zwar deckte kulturbezogener Tourismus nach wie vor ein wichtiges Nachfragesegment ab, doch unter dem Einfluss der gesellschaftlichen Umwälzungen in Europa bestimmten zunehmend Urlaubsformen das Marktgeschehen, die nicht im Angebotsportfolio der nordafrikanischen Urlaubsländer enthalten waren. Gründe dafür sind nicht allein in der Tatsache zu sehen, dass die nordafrikanischen Urlaubsdestinationen vergleichsweise spät den Markteintritt in Kerneuropa geschafft hatten und deshalb nur mit zeitlicher Verzögerung auf die entsprechende Nachfrage reagieren konnten, sondern dass sie dies zum Teil auch gar nicht wollten. Allzu freizügige Urlaubsformen stoßen auch heute noch zumindest bei den Teilen der nordafrikanischen Bevölkerung, die auf die Bewahrung sozialer Traditionen achten und Religion als gesellschaftlichen Grundpfeiler betrachten, auf erhebliche Vorbehalte, wenn nicht gar totale Ablehnung.

Heftig wird in den Ländern nicht nur Nordafrikas, sondern auch andernorts, die in der Wissenschaft ebenso umstrittene Frage diskutiert, inwieweit Tourismus als ein Vehikel des sozialen Wandels betrachtet werden kann und deshalb zu begrüßen ist oder ob seine sozio-kulturellen Wirkungen in den betreffenden Ländern eher als schädlich einzuschätzen sind. In jedem Fall führt der Tourismus auch in Nordafrika zu Veränderungen. Die Rolle der Frau oder die Anpassung des Bildungs- und Ausbildungssystems an die Erfordernisse des Tourismus seien als zwei wichtige Problemfelder exemplarisch genannt.

Vor diesem Hintergrund hatten es die zu Klassikern gewordenen europäischen Tourismusformen, die unter »Sommer-Sonne-Strand«-Tourismus subsumiert werden (über die gelegentliche Erweiterung durch ein viertes »S« wird selbst im liberalen Europa gerne der Mantel des Schweigens gelegt), in Nordafrika ungleich schwerer, auf breiter Ebene in den Markt eingeführt zu werden (zum Thema Sextourismus siehe die Tragikkomödie »Business. Das Geschäft mit der Sehnsucht«, Regie: Nouri Bouzid, Frankreich, Tunesien 1992). Allerdings ist hier zwischen den Erdöl- und Erdgasstaaten Algerien und Libyen auf der einen sowie den rohstoffarmen Ländern Marokko, Tunesien und Ägypten auf der anderen Seite zu differenzieren.

Angesichts des Reichtums an Energierohstoffen spielen in Algerien und Libyen weder die etwas freizügigeren Urlaubsformen eine Rolle, noch wird dem Tourismus in beiden Ländern überhaupt eine größere strategische Bedeutung für die nationale Wirtschaft beigemessen. Anders dagegen ist die Situation in den drei übrigen Ländern Nordafrikas. Aus Gründen wirtschaftlicher Notwendigkeit und mangels attraktiver Alternativen setzen sie auf den Tourismus als wesentlichen Pfeiler der ökonomischen Entwicklung. Doch selbst in diesen Ländern mit vergleichsweise starkem Tourismus ist »Sommer-Sonne-Strand«-Urlaub nicht überall dort eingeführt, wo die natürlichen Voraussetzungen gegeben wären. In Ägypten ist die Urlaubsform fast ausschließlich auf Destinationen am Roten Meer konzentriert; in Marokko sind es enger begrenzte Ressorts an den Küsten des Landes, die jedoch nach den Vorstellungen des marokkanischen Königs in den kommenden Jahren erheblich ausgeweitet werden sollen. Nur in Tunesien ist Bade- und Strandurlaub weiter verbreitet.

Das touristische Geschehen in den für Nordafrika sehr wichtigen Quellmärkten Kerneuropas unterliegt seit den 1990er-Jahren erneut fundamentalen Veränderungen, diesmal jedoch nicht mit Wettbewerbsnachteilen wie beim herkömmlichen Bade- und Strandtourismus, sondern durchaus zum Vorteil der nordafrikanischen Destinationen: Ein in den 1960er- bis 1980er-Jahren eher von Seiten des Angebots gesteuerter Massenmarkt (typisch für jene Zeit ist der sogenannte Kaufhaustourismus mit Pauschalreisen, die wie billige Massenware »von der Stange« in bekannten Kaufhausketten jener Zeit erworben werden konnten) ist zu

pa/Bildagentur Huber

Kamelsafari bei Midoun, Insel Djerba, Tunesien.

einem Markt geworden, der von den Käufern und ihren Bedürfnissen bestimmt wird. Er zeichnet sich durch eine im Vergleich zu früher enorm gewachsene Zahl von Reisezielen sowie eine viel größere Angebotsvielfalt aus. Der Urlauber von heute ist zu einem hybriden Kunden geworden, der durch vielfältigste Bedürfnisse charakterisiert werden kann und auch ausgefallene Reisewünsche erfüllt sehen möchte.

Aktuelle Bedeutung und Rolle des Tourismus in Nordafrika

Vor diesem Hintergrund ergeben sich für die nordafrikanischen Länder, die auf den Tourismus angewiesen sind, neue Chancen, auf eine veränderte Nachfrage mit einem differenzierten Angebot zu reagieren, das durchaus in der Lage ist, auch etwas exotischere Bedürfnisse von Gästen aus dem Westen abzudecken (Korallentauchen im Roten Meer Ägyptens, Ski-Urlaub in den Winterdestinationen Marokkos, Kameltouren in der Wüste Libyens oder Algeriens, Trekkingtouren im Atlasgebirge, Offroad-

Fahren und Dünenrennen in der Sahara etc.). Dennoch: Da die Segmente begrenzt sind, auch andere Reiseziele mit ähnlichen Angeboten aufwarten und der Wettbewerb im globalen Reisemarkt ein sehr heftiger ist, haben es die nordafrikanischen Länder trotz ihres Potenzials vergleichsweise schwer, einen größeren Anteil am internationalen Touristenaufkommen und den daraus generierbaren Einkommen zu erzielen.

Weltweit entwickelt sich der Tourismus seit der Nachkriegszeit sehr rasant und nahezu ungebrochen. Selbst die Terroranschläge des Jahres 2001 oder andere Krisen und Katastrophen scheinen diese Entwicklung kaum bremsen zu können. Das Sys-

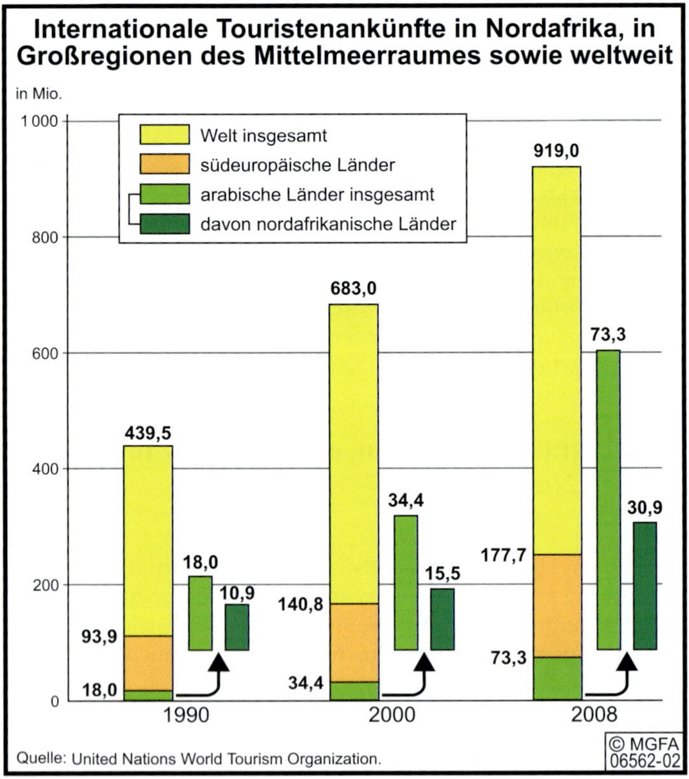

tem des Tourismus ist unter den Bedingungen der Globalisierung mittlerweile so flexibel, dass solche Ereignisse zwar zu regionalen, meist aber auch nur kurzen Rückschlägen führen, in der Summe aller internationalen Touristenankünfte, die in den Statistiken der Welttourismusorganisation (UNWTO) erfasst werden, jedoch untergehen. Dort hat auch die internationale Banken- und Finanzkrise nur eine leichte Delle hinterlassen.

Im Mittelmeerraum sind die südeuropäischen Länder wichtigstes Zielgebiet. Mit ihren attraktiven Urlaubsprodukten gelang es ihnen zu den in der Übersicht (S. 188) aufgeführten Zeitschnitten, jeweils rund ein beachtliches Fünftel der weltweit Reisenden anzulocken. Die arabischen Länder insgesamt starteten demgegenüber auf einem sehr niedrigen Niveau, doch vor allem dank der Boomdestinationen in den Golfstaaten, aber auch aufgrund der positiven Entwicklung in Ägypten zumindest bis zu den jüngsten Unruhen konnten hohe Zugewinne verzeichnet werden. Diese resultierten zum Teil auch daraus, dass nach den Terroranschlägen in den USA vergleichsweise mehr arabische Touristen ihren Urlaub in anderen arabischen Ländern verbrachten und in geringerer Zahl in den Westen reisten. Dies ist mit einer der Gründe dafür, warum der Tourismus in der arabischen Welt kaum von den Auswirkungen der internationalen Bank- und Finanzkrise betroffen war. Massiv machten sich jedoch die Aufstände und Unruhen bemerkbar, die 2011 in Tunesien begannen und sich von dort ausbreiteten. Bis zu diesem Zeitpunkt konnten die nordafrikanischen Länder auf einen durchaus beachtlichen absoluten Zuwachs verweisen; allerdings bewegte sich ihr relativer Anteil an den globalen Zahlen internationaler Touristenankünfte bzw. an den Ankunftszahlen in der Gesamtgruppe der arabischen Staaten im jeweiligen Bezugsjahr in eher engen Grenzen.

Zudem verlief die Entwicklung in den fünf Ländern sehr unterschiedlich (vgl. S. 190). Einen regelrechten Boom gerade in den letzten Jahren verzeichnete Ägypten. Ein nahezu kontinuierliches, wenn auch nicht sehr steil ansteigendes Wachstum durchliefen Tunesien und Marokko. In Algerien und Libyen dagegen spielt der Tourismus eine nebensächliche Rolle, und zumindest in Libyen dürfte der internationale Tourismus wegen der kriegerischen Auseinandersetzungen, die 2011 begannen, vollständig

Internationale Touristenankünfte in den Ländern Nordafrikas zwischen 1995 und 2008

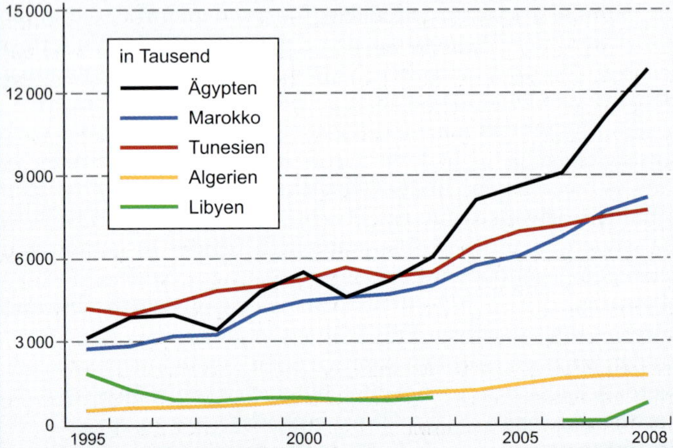

Einahmen aus dem internationalen Tourismus in den Ländern Nordafrikas zwischen 1995 und 2008

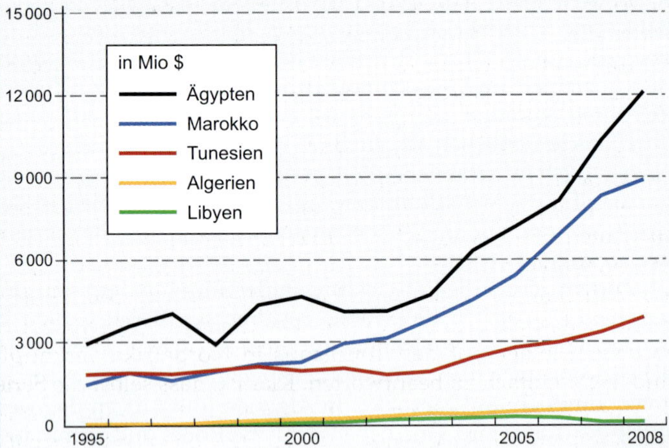

Quelle: United Nations World Tourism Organization.

zum Erliegen gekommen sein. Zu erheblichen Einbrüchen, deren genaues Ausmaß zum gegenwärtigen Zeitpunkt nicht erfasst werden kann, haben die Umwälzungen in Tunesien und Ägypten geführt. In Marokko ist es zwar zu keinen weiter ausgreifenden Unruhen gekommen, doch hier ist der sogenannte Nachbarschaftseffekt zumindest für einen Teil des Rückgangs bei den Gästeankünften verantwortlich zu machen.

Abgesehen von den Unruhen und Aufständen, die 2011 ausbrachen und auf einige wenige arabische Länder begrenzt zu bleiben scheinen, ist die politische Großwetterlage in Nahost und Nordafrika wegen Israel und der ungeklärten Palästina-Frage ohnehin eines der wesentlichen Entwicklungshemmnisse für den Tourismus. Die sehr komplexe, seit Jahrzehnten ungelöste Problemlage bildete in der Vergangenheit den Hintergrund für Anschläge von islamistischen Terrorgruppen, die auch touristischen Zielen galten. Wenngleich die Boomphase des Terrorismus gemessen an der Anzahl weltweiter Anschläge seit Mitte der 1980er-Jahre tendenziell rückläufig ist, sind die fragilen Systeme des Tourismus trotz aller Sicherheitsvorkehrungen in den nordafrikanischen Urlaubsdestinationen nicht vor politisch motivierten Terroranschlägen gefeit.

Auch interne gesellschaftliche Probleme, wie die nach wie vor in allen fünf Ländern in unterschiedlicher Stärke verbreitete Korruption oder der in Ägypten schwelende Konflikt zwischen radikalisierten Teilgruppen der christlichen und der muslimischen Glaubengemeinschaft, sind für die bessere Nutzung des touristischen Potentials nicht förderlich. Hinzu kommt in den fünf Ländern jeweils eine ganze Serie unterschiedlicher sachbezogener Probleme bei der Ausstattung und Qualität von Urlaubsangeboten und der Reiseinfrastruktur, die hier nicht im Detail behandelt werden können, aber dringend gelöst werden müssten, damit die Länder konkurrenzfähig bleiben. Vor diesem Hintergrund ist deshalb die Frage, mit welchen Auswirkungen terroristische Anschläge auf den Tourismus in Nordafrika verknüpft sind, nicht einfach zu beantworten. Klar ist, dass selbst die Serie der Anschläge in Ägypten nicht dazu geführt hat, den Tourismus komplett zum Erliegen zu bringen (vgl. folgende Übersicht). Andererseits lässt sich nur spekulieren, inwieweit sich dort der Tourismus ohne Terrorismus noch besser entwickelt hätte.

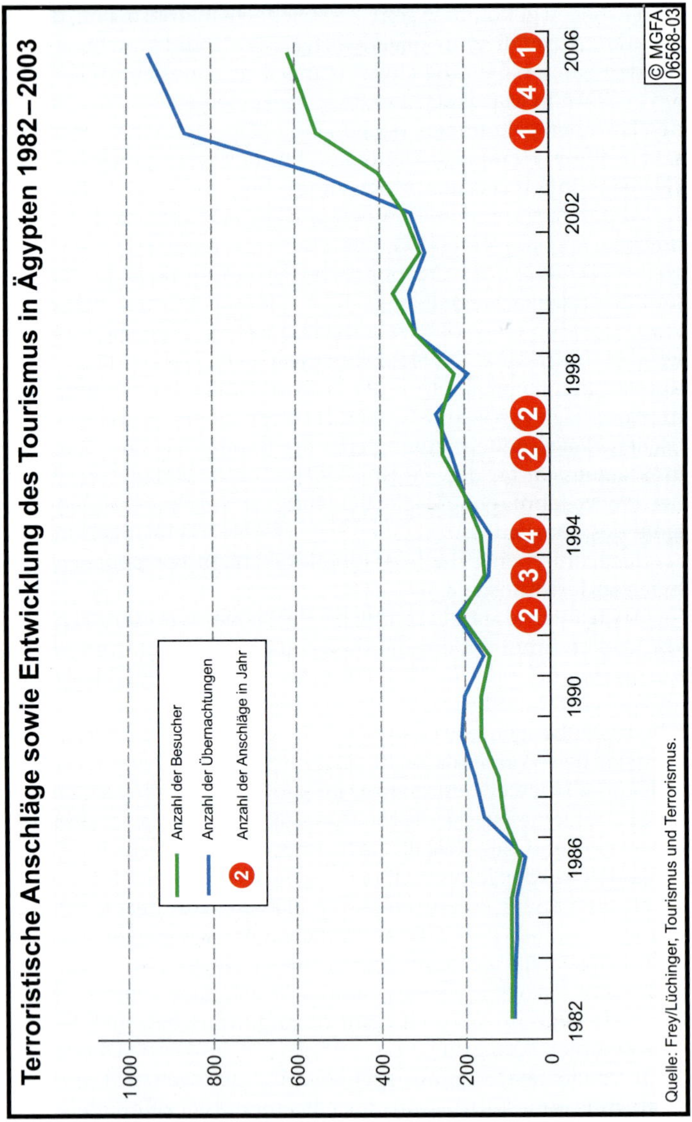
Terroristische Anschläge sowie Entwicklung des Tourismus in Ägypten 1982–2003
1000
800
600
400
200
0
1982
1986
1990
1994
1998
2002
2006
Anzahl der Besucher
Anzahl der Übernachtungen
2 Anzahl der Anschläge in Jahr
2
3
4
2
2
1
4
1
Quelle: Frey/Lüchinger, Tourismus und Terrorismus.
© MGFA
06568-03

Weniger in Libyen und Algerien, jedoch vor allem in Ägypten, Marokko und Tunesien ist der Tourismus in den letzten zwei Jahrzehnten trotz aller Rückschläge zu einem der wichtigsten Wirtschaftssektoren herangewachsen. Die Einnahmen aus dem Tourismus stellen nicht nur eine unverzichtbare Devisenquelle dar und sorgen für eine Vielzahl von Arbeitsplätzen, sondern der Sektor ist zum zentralen Bestandteil einer nach außen orientierten ökonomischen Entwicklungsstrategie geworden. Dies ist aus Sicht einer offenen Weltwirtschaft zu begrüßen, allerdings droht auch eine zu starke wirtschaftliche Abhängigkeit von den internationalen Tourismusmärkten, die ihrerseits sehr fragil sind. Vor allem für die nordafrikanischen Haupturlaubsdestinationen Ägypten, Tunesien und Marokko lässt sich die respektable volkswirtschaftliche Bedeutung des Tourismus aus der folgenden Übersicht (S. 194) ablesen. Der Tourismus ist zudem ein sehr beschäftigungsintensiver Sektor, verknüpft mit weit mehr Arbeitsplätzen als in den Zahlen in der Übersicht zum Ausdruck kommt. Der vor kurzem neu berufene Tourismusminister Tunesiens geht davon aus, dass zwischen 30 und 40 Prozent seiner Landsleute ihren Lebensunterhalt im Tourismus verdienen. Setzt man diesen Anteil des Tourismus am Arbeitsmarkt in Relation zum Anteil des Sektors am Bruttoinlandsprodukt, wird deutlich, dass der Tourismus in Tunesien zwar ein wichtiger, aber auch ein vergleichsweise wenig produktiver Sektor ist, der dringend der Reform bedarf.

Sieht man von Libyen und Algerien ab, ist der bis zu den jüngsten Unruhen insgesamt durchaus beachtliche Boom des Tourismus in den drei rohstoffarmen Ländern Nordafrikas auf eine gezielte staatliche Entwicklungsstrategie zurückzuführen, die im Einzelfall sehr unterschiedlich erfolgreich war. Ägypten als heimlicher Star des arabischen Tourismusbooms schneidet hier am besten ab. In Marokko ist die Tourismusentwicklung nach einem langen Reformstau Chefsache geworden; sehr energisch und mit ehrgeizigen Zielen versucht der junge König, den Sektor voranzubringen. Tunesien dagegen benötigt dringend eine Erneuerung seiner Tourismuspolitik. Gemeinsames Element aller drei Länder ist, dass der Staat zwar jeweils die Rahmenbedingungen setzt, die von Land zu Land zum Beispiel bei der Vergabe günstiger Kredite, Gewährung von Steuererleichterungen

Beitrag der Einnahmen aus dem Export zum Bruttoinlandsprodukt

Basisdaten	Marokko	Algerien	Tunesien	Libyen	Ägypten
Flagge					
Tourismus	9,5	0,1	7,2	0,1	7,1
Rohstoffe	2,7	40,2	7,5	40,4	6,8
verarbeitende Industrien	12,6	0,4	29,7	1,3	2,3
sonstige Produkte	4,0	1,6	4,2	0,1	1,2
Insgesamt	28,8	42,3	48,7	41,9	17,4

Alle Angaben in %, Angaben für 2007 vor Ausbruch der internationalen Banken- und Finanzkrise.

Quelle: Richter, Tourismus.

und infrastruktureller Ausstattung voneinander abweichen können, doch Investitionstätigkeit und wirtschaftliche Aktivitäten bleiben bevorzugt dem nationalem, aber auch dem ausländischen Privatkapital vorbehalten. Auf dieser Ausgangsbasis sind Erfolgsgeschichten von touristischen Projekten möglich, die keine drei oder vier Jahre benötigen, um das ursprünglich eingesetzte Kapital wieder erwirtschaftet zu haben. Die Kehrseite ist aber auch, dass gemäß einer Studie nur etwas mehr als 15 Prozent der in Ägypten aus dem internationalen Tourismus erwirtschafteten Einnahmen zurück in Löhne und Gehälter fließen. Kritiker kommen deshalb zu dem Schluss, dass die Entwicklung des Tourismussektors in Nordafrika eher einen Beitrag zur Konservierung existierender Strukturen und damit zur Stabilisierung autoritärer Regime geleistet habe und keineswegs die mit dem Tourismus verbundenen Hoffnungen auf umfassende wirtschaftliche, sozio-kulturelle und politische Modernisierungsprozesse in Erfüllung gegangen seien.

Eine abschließende Bewertung der touristischen Entwicklung in Nordafrika muss deshalb zu einem eher ambivalenten Ergebnis kommen. In den fünf Ländern ist ein attraktives, global konkurrenzfähiges touristisches Potenzial vorhanden, das nur zum Teil ausgeschöpft ist. In drei der fünf nordafrikanischen Länder hat der Tourismus einen enormen Aufstieg hinter sich und ist zu einer unverzichtbaren Säule der nationalen Wirtschaft geworden. Die sektorale Expansion hat aber nicht oder nur sehr eingeschränkt zu den erhofften positiven Wirkungen auf die gesellschaftliche Erneuerung, Armutsreduktion oder Modernisierung benachbarter Wirtschaftssektoren geführt. Eher wird der touristischen Entwicklung eine konservierende Wirkung überkommener Strukturen und ein Beitrag zum Erhalt autoritärer Regime nachgesagt. Bleibt zu hoffen, dass die Unruhen und Aufstände der jüngsten Vergangenheit, so blutig sie auch waren, zu einem guten Ende führen und die Länder Nordafrikas weiterhin attraktive und vor allem friedliche Urlaubsdestinationen bleiben – zum Wohl der eigenen Bevölkerung, aber auch der Besucher und Gäste aus dem Ausland.

Hans Hopfinger

pa/Bildagentur Huber

Das Bild zeigt die al-Azhar-Moschee und Universität in der Altstadt von Kairo. Die im Jahre 972 n.Chr. gegründete al-Azhar-Universität ist eine der ältesten Ausbildungseinrichtungen Nordafrikas. Sie entwickelte sich zur einflussreichsten Lehrstätte des sunnitischen Islam. Muhammad Abduh (1849-1905), Schüler von Jamal al-Din al-Afghani (1838-1897), studierte und lehrte hier. Zusammen mit seinem Lehrer entwickelte er Ideen für eine Erneuerungslehre, die eine Modernisierung des Islam zum Ziel hatte, ohne dabei für die Wiederherstellung der Einheit von Religion und Politik zu plädieren. Für die Zusammenführung der beiden Sphären setzen sich hingegen fundamentalistische Islamisten ein. Stellvertretend für diese steht die 1928 gegründete Muslimbruderschaft um ihren Gründer Hasan al-Banna (1906-1949), der ebenfalls im Umfeld der al-Azhar-Universität anzusiedeln ist.

Zur Bedeutung des Islam für Politik und Gesellschaft in Nordafrika

Der Islam spielt in Nordafrika, ausgehend von der Eroberung Ägyptens im Jahre 642 und der sich bis Ende des 7. Jahrhunderts hinziehenden Eroberung der Gebiete entlang der Mittelmeerküste bis an den Atlantik, eine zentrale Rolle. Der Islamisierung Nordafrikas, die einer Entchristianisierung gleichkam, folgte in Ansätzen auch eine ethnische und sprachliche Arabisierung, die erst im 11. Jahrhundert mit dem Einmarsch der großen arabischen Stämme Banu Sulaiman und Banu Hilal deutlichere Züge annahm. Im westlichen Maghreb (Marokko) fiel allerdings die Arabisierung am geringsten aus; dort ist bis heute die Amazighité (Berbertum) am stärksten ausgeprägt. Nordafrika war bis auf kurze Zeit unter den schiitischen Fatimiden stets Teil des sunnitischen Islam.

Politisch-gesellschaftlich bildete sich der Islam seinem Verständnis entsprechend, sowohl Religion zu sein als auch die politische Herrschaft zu gestalten (Islam = Religion und Staat/din wa dawla), seit dem 7. Jahrhundert als dominierende Kraft heraus. Entwickelte staatliche Strukturen in den im Zeitablauf unterschiedlich großen islamischen Reichen waren der Garant der islamischen Ordnung, an deren Spitze der Kalif stand. Die islamischen Religions- und Rechtsgelehrten, die Ulama, wiederum entwickelten die Scharia, also die Pflichtenlehre, die das gesamte religiöse, politische, soziale, häusliche und individuelle Leben der Muslime sowie der im islamischen Staat geduldeten Andersgläubigen regelt. Die Scharia enthält sowohl die eigentlichen Rechtsnormen (primär das Strafrecht, aber auch das Erb- und Familienrecht) sowie die kultischen und religiösen Vorschriften. Als primäre Quelle des islamischen Rechts gilt der Koran.

Der Islam bis zur Unabhängigkeit der Staaten

Der Islam Nordafrikas ist bei aller Orientierung an der islamischen Gemeinde (Umma), der Befolgung der Pilgerfahrt nach Mekka und der obligatorischen Ausrichtung der Gebete nach Mekka eine stark lokal geprägte Religion. Hierzu trugen die islamischen Universitäten in Kairo, Tunis und Fes sowie berühmte Moscheen, wie die im tunesischen Kairuan, bei. Die islamische Universität al-Qarawiyine im marokkanischen Fes wurde im Jahr 859 gegründet und ist die älteste islamische Universität überhaupt, während die 972 gegründete al-Azhar-Universität in Kairo die bekannteste, renommierteste und einflussreichste sunnitische Lehranstalt wurde. Aber auch die Zaituna-Universität in Tunis hat bedeutende Gelehrte hervorgebracht, die bis heute rezipiert werden. Daneben finden sich im Unterschied zum Nahen Osten in ganz Nordafrika Grabstätten verehrter Lokalheiliger (sog. Marabouts), die Ausdruck der starken sufischen Verwurzelung der Bevölkerung sind, die durch Mitgliedschaft in Zaouias (Versammlungszirkeln) eine individuelle und unmittelbare Beziehung zu Gott sucht. In der Neuzeit sorgte schließlich der libysche Revolutionsführer Muammar al-Gaddafi mit seiner religiösen Neuinterpretation des Islam, der Entmachtung von Religionsgelehrten und der Zurückweisung der Scharia zugunsten positiven Rechts für Aufmerksamkeit und setzte sich dem Vorwurf der Ketzerei durch Saudi-Arabien und islamistischer Gruppen aus.

Die islamische Ordnung, deren Hauptkennzeichen die Anwendung der Scharia in ihrer ganzen Bandbreite war, wurde spätestens mit der dreijährigen Expedition Napoleons nach Ägypten ab Mai 1798 in Frage gestellt. Napoleons Ägyptenexpedition leitete das koloniale Zeitalter ein: Die europäischen Mächte verstärkten ihre Präsenz in den islamischen Staaten um das Mittelmeer, erpressten Sonderrechte für ihre Staatsbürger und intervenierten schließlich direkt. Vor allem die Gesetzgebung und Rechtsprechung gerieten dadurch unter den Einfluss des Code Napoleon. Dies traf in erster Linie auf das osmanisch beherrschte Beylik Algier zu, das seit 1830 von Frankreich erobert und als Siedlungskolonie in das französische Mutterland integriert wurde. Aber auch in Tunesien und Marokko, die Ende des 19. bzw. Anfang des 20. Jahrhunderts französischen Protektoratsstatus erhielten, wirkte sich der Code Napoleon aus. Gleiches galt für Ägypten, das seit der britischen Besetzung 1882 zum britischen Weltreich gehörte, und für Libyen, das ab 1911 von Italien militärisch erobert und dessen islamische Bevölkerung ihrer Selbstbestimmung beraubt wurde. Auch wenn die Muslime in den nordafrikanischen Staaten weiterhin ihren Kult ausüben

pa/Photoshot

Der Islam versteht sich gleichermaßen als Religion wie als staatlich-gesellschaftliche Ordnung. Die Scharia ist dabei als Pflichtenlehre angelegt, die das gesamte Leben eines Individuums regelt. Dies garantiert den religiösen Führern die moralische Kontrolle des Einzelnen durch islamische Normen und stabilisiert auf diese Weise ihre eigene religiös-politische Herrschaft.

konnten, so war der Einfluss der Scharia auf die Staatsordnung abgeschafft.

Der Islam erlebte seit Ende des 19. Jahrhunderts eine Renaissance, weil unter dem Eindruck der europäischen politischen, militärischen und wirtschaftlichen Dominanz eine islamische Erneuerungsbewegung einsetzte. Diese ist untrennbar mit dem Iraner Jamal al-Din al-Afghani, in Nordafrika aber vor allem mit dem Wirken seines Schülers, dem im Nildelta geborenen Muhammad Abduh, verbunden. Beide Denker haben im Zusammenwirken mit einer Reihe weiterer Gelehrter den Islam an die Bedürfnisse der sich rasch wandelnden islamischen Gesellschaften angepasst, ohne für die Wiederherstellung der Einheit von

Religion und Politik zu plädieren. Dieses Streben blieb neofundamentalistischen islamistischen Bewegungen vorbehalten, darunter als eine der ersten die in den 1920er-Jahren in Ägypten von Hasan al-Banna gegründete Muslimbruderschaft, die mit ihrer Forderung nach (Wieder-)Begründung eines islamischen Staates quasi Referenzpunkt aller später entstandenen islamistischen Gruppen wurde.

Die islamische Erneuerungsbewegung unterstützte Anfang des 20. Jahrhunderts die in Ägypten und vor allem den drei Maghrebstaaten Algerien, Marokko und Tunesien neu entstehende arabische nationalistische Bewegung. Der Islam wurde Teil ihres antikolonialen Kampfes und stärkte die Identität der Kolonisierten. Das Leitmotiv der maghrebinischen Nationalisten: »Arabisch ist unsere Sprache, der Islam ist unsere Religion, Algerien (Marokko, Tunesien) ist unser Vaterland« geht auf die Symbiose von islamischer Erneuerungsbewegung und Nationalismus zurück. Der Nationalismus war allerdings dem westlichen Nationenbegriff verhaftet und folgte nicht dem islamischen Verständnis der Umma (religiösen Gemeinde). Nach Erreichen der Unabhängigkeit – Ägypten formal 1922, Libyen 1951, Marokko und Tunesien 1956 und Algerien nach siebenjährigem Befreiungskampf 1962 – verfolgten die Staaten deswegen auch jeweils eine nationale Islampolitik.

Der Islam in den postkolonialen Staaten

In den postkolonialen Staaten gibt es seit Ende der 1970er-Jahre, verstärkt durch die Islamische Revolution im Iran vom Februar 1979, ein Ringen um das richtige Gesellschaftsmodell. Auf der einen Seite stehen jene Staatsführungen, die in säkular ausgerichteten autoritären Staaten kapitalistische und sozialistische Ordnungsmodelle umsetzten, in denen der Islam keine prominente Rolle spielte, sondern nur Referenzpunkt für Einzelmaßnahmen war. So begründete der ägyptische Präsident Gamal Abdel Nasser seine Politik sozialer Gerechtigkeit ebenso religiös wie der libysche Revolutionsführer Gaddafi sein 1976 eingeführtes direktdemokratisches System, das ihm zufolge nur den Koranvers »Eure Angelegenheit sei Beratung untereinander« umsetzt.

Auf der anderen Seite stehen islamistische Gruppen wie die Muslimbruderschaft, aber auch die seit den 1970er-Jahren neu gegründeten Gruppen wie beispielsweise die ägyptische Jama'a islamiya (Islamische Gruppe), die tunesische Ennahda (Erneuerungsbewegung), die marokkanische al-Adl wal-Ihsan (Gerechtigkeit und Wohlfahrt), die algerische Islamische Heilsfront (Front islamique du salut) oder die ostlibysche Jama'a al-islamiya al-Muqatila (Islamische kämpfende Gruppe). Sie wollten die Säkularität der Nationalstaaten abschaffen und – mittels der Einführung der Scharia – wieder islamische Ordnungsprinzipien in Politik und Religion einführen. Ihr Hauptkredo ist die Parole »Der Islam ist die Lösung«.

Beide Seiten erheben den Anspruch auf die Wahrheit ihres Gesellschaftsmodells und ringen seit den 1970er-Jahren, teilweise militant unter Einsatz von Waffengewalt, um die Vorherrschaft und die richtige islamische Deutungshoheit.

Der Staat und seine Religionspolitik

Die nordafrikanischen Staaten verfolgen alle, unabhängig von ihrer Staatsform, seit der Unabhängigkeit eine ausgeprägte Religions- bzw. Islampolitik. Sie unterscheiden sich jedoch deutlich voneinander sowohl hinsichtlich der konstitutionellen Verankerung der Religion als auch der religiösen Institutionen. In allen Verfassungen wird der Islam zur Staatsreligion erklärt und das Arabische als Amtssprache festgelegt; zugleich muss der Staatspräsident in Tunesien und Algerien Muslim sein, in Ägypten gilt dies wegen der koptischen Minderheit zwar nicht de jure, aber de facto. In der marokkanischen Verfassung ist festgeschrieben, dass der »König, Kommandeur der Gläubigen, über die Achtung des Islam und der Verfassung wacht«.

Die weiteren Regelungen sind länderspezifisch angepasst, wobei in den Verfassungen von Tunesien und Algerien der Bezug auf den Islam am geringsten ausfällt. In Algerien werden aber die Institutionen aufgefordert, Praktiken zu unterlassen, die der islamischen Moral widersprechen. In Marokko wird die Person des Königs für unverletzlich erklärt und die monarchische Staatsform sowie die Bestimmungen zur islamischen Religion können keiner Verfassungsänderung unterworfen werden. In der ägyptischen Verfassung gibt es den stärksten Islambezug aller Republiken in Nordafrika, weil nicht nur in Artikel 2 die Prinzipien der Scharia als die Hauptquelle der Gesetzgebung genannt werden, sondern auch postuliert wird, dass die »Familie die Grundlage der Gesellschaft ist und auf Religion, Moral und Patriotismus beruht«; zudem wird die religiöse Erziehung als grundlegender Bereich im Rahmen der Allgemeinbildung eingestuft. In Libyen, wo es statt einer Verfassung nur eine 1977 verabschiedete kurze Proklamation der Volksmacht gibt, wird zwar der Koran zur Rechtsgrundlage des Staates erklärt, die Neuinterpretation koranischer Aussagen im Lichte der Gegenwart aber den lokalen Volkskonferenzen überlassen, die sich an Gaddafis Interpretation orientieren.

Hinsichtlich der institutionellen Ausprägung gilt: Während in Marokko der König, seit 1999 König Mohammed VI., nicht nur weltlicher Herrscher ist, sondern zugleich als »Kommandeur der Gläubigen« fungiert, liegt in den Republiken die religiöse Führerrolle nicht bei den Präsidenten, sondern ist an Organe delegiert und unterschiedlich geregelt. In Tunesien ernennt der Staatspräsident den Mufti der Republik, also die Person, die zusammen mit seinem Diwan (Büro) oberste Kompetenz beim Erstellen von Fatwas (Rechtsgutachten) hat; gleiches gilt für Ägypten. In Algerien gibt es hingegen keinen Mufti, sondern nur vom Religionsministerium ernannte Imame (religiöse Vorbeter), während Fragen zur religiösen Rechtmäßigkeit politischer Entscheidungen vom Höchsten Islamischen Rat, einem kollektiven Verfassungsorgan, beantwortet werden. Libyen wiederum kennt weder einen Mufti noch einen Höchsten Islamischen Rat, allerdings konzipierte Revolutionsführer Gaddafi seit 1978 in verschiedenen Reden seine neue Islampolitik; er vermischte bei vielen Anlässen, nicht nur an religiösen Feiertagen, das Amt des weltlichen Herrschers mit dem des Imam.

Wenngleich die aus Mufti, Höchstem Islamischen Rat, Religionsministerium, islamischen Hochschulen usw. gebildete institutionelle Ordnung des religiösen Sektors in allen fünf nordafrikanischen Staaten unterschiedlich ausfällt, so ist der staatliche Monopolanspruch zur Ausgestaltung des religiösen islamischen Raumes unverkennbar.

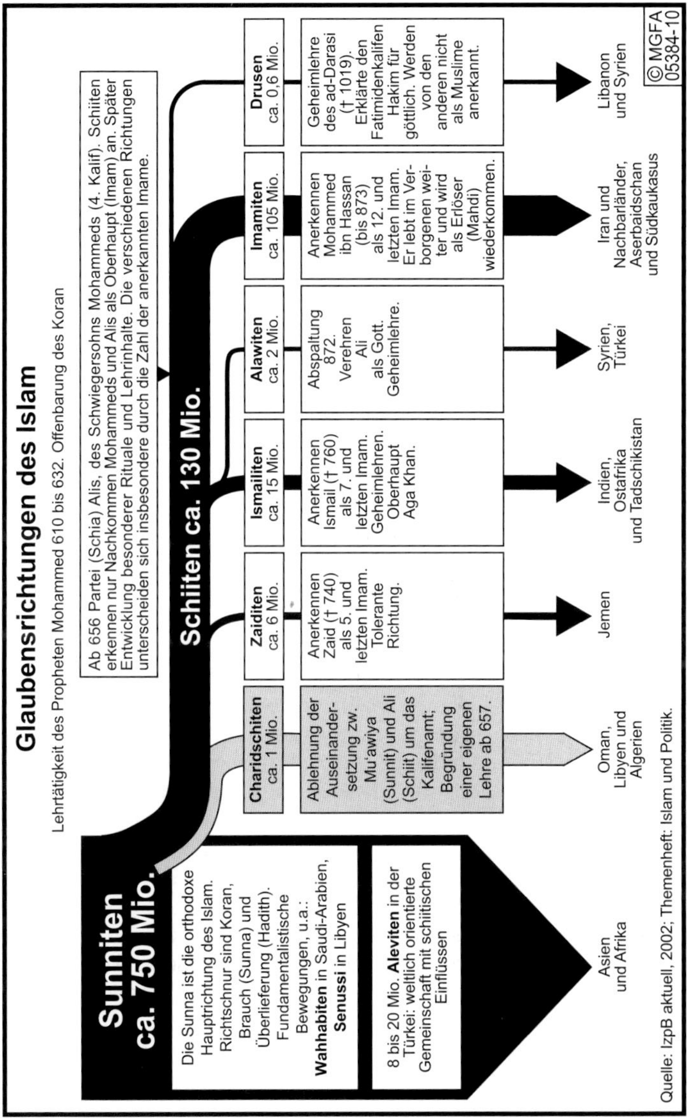
Glaubensrichtungen des Islam
Lehrtätigkeit des Propheten Mohammed 610 bis 632. Offenbarung des Koran
Ab 656 Partei (Schia) Alis, des Schwiegersohns Mohammeds (4. Kalif). Schiiten erkennen nur Nachkommen Mohammeds und Alis als Oberhaupt (Imam) an. Später Entwicklung besonderer Rituale und Lehrinhalte. Die verschiedenen Richtungen unterscheiden sich insbesondere durch die Zahl der anerkannten Imame.
Sunniten ca. 750 Mio.
Die Sunna ist die orthodoxe Hauptrichtung des Islam. Richtschnur sind Koran, Brauch (Sunna) und Überlieferung (Hadith). Fundamentalistische Bewegungen, u.a.: Wahhabiten in Saudi-Arabien, Senussi in Libyen
8 bis 20 Mio. Aleviten in der Türkei: weltlich orientierte Gemeinschaft mit schiitischen Einflüssen
Asien und Afrika
Schiiten ca. 130 Mio.
Charidschiten ca. 1 Mio.
Ablehnung der Auseinandersetzung zw. Mu'awiya (Sunnit) und Ali (Schiit) um das Kalifenamt; Begründung einer eigenen Lehre ab 657.
Oman, Libyen und Algerien
Zaiditen ca. 6 Mio.
Anerkennen Zaid († 740) als 5. und letzten Imam. Tolerante Richtung.
Jemen
Ismailiten ca. 15 Mio.
Anerkennen Ismail († 760) als 7. und letzten Imam. Geheimlehren. Oberhaupt Aga Khan.
Indien, Ostafrika und Tadschikistan
Alawiten ca. 2 Mio.
Abspaltung 872. Verehren Ali als Gott. Geheimlehre.
Syrien, Türkei
Imamiten ca. 105 Mio.
Anerkennen Mohammed ibn Hassan (bis 873) als 12. und letzten Imam. Er lebt im Verborgenen weiter und wird als Erlöser (Mahdi) wiederkommen.
Iran und Nachbarländer, Aserbaidschan und Südkaukasus
Drusen ca. 0,6 Mio.
Geheimlehre des ad-Darasi († 1019). Erklärte den Fatimidenkalifen Hakim für göttlich. Werden von den anderen nicht als Muslime anerkannt.
Libanon und Syrien
© MGFA 05384-10
Quelle: IzpB aktuell, 2002; Themenheft: Islam und Politik.

Der Staat sorgt erstens für die materielle Infrastruktur, also den Bau der Moscheen und der religiösen Ausbildungsstätten, insbesondere die Bereitstellung der islamischen universitären Ausbildungszweige; hierzu zählen die al-Azhar-Universität in Kairo, die Fakultät für islamische Mission in Tripolis, die tunesische Zaituna-Universität, die religiöse Hochschule in Constantine, die Qarawiyine in Fes. Der Staat sorgt zweitens für die Ausbildung und die Rekrutierung des notwendigen Moscheepersonals, also Freitagsprediger, Imame und Muezzine. Drittens sind die allesamt autoritären Staaten stets bemüht gewesen, den religiösen Diskurs, also die Predigtinhalte, zu überwachen. Zum einen sollte Propaganda der Prediger zugunsten islamistischer Islamvorstellungen und dadurch die Bildung islamistischer Gruppen vermieden werden, zum anderen durch Handbücher aus dem Religionsministerium, die von den Imamen bei der Ausarbeitung ihrer Predigten obligatorisch zu konsultieren waren, dafür gesorgt werden, dass in den Predigten die staatlichen Modernisierungsziele nicht unterlaufen wurden.

Die islamistischen Bewegungen

Die staatliche Islampolitik wird von den Protagonisten einer Reislamisierung der Gesellschaften gemäß den Vorstellungen der islamischen Frühzeit und der ersten rechtgeleiteten Kalifen abgelehnt, weil sie zu säkular ausgerichtet ist und keine Wiedereinführung der Scharia betreibt. Die islamistische Bewegung ihrerseits kämpft in allen nordafrikanischen Staaten auf zweierlei Weise für ihr Fernziel: zum einen politisch, sei es in Form politischer Parteien oder ziviler Vereinigungen, zum anderen militant unter Einsatz bewaffneter Gewalt; oftmals werden die Mitglieder der bewaffneten Gruppen als Jihadisten (Gotteskrieger) bezeichnet. Dabei gab es Perioden, in denen islamistische Gruppen zweigleisig agierten; das heißt in der Öffentlichkeit wurde das Bild einer moderaten, Gewalt ablehnenden Organisation gepflegt, während im Untergrund ihre bewaffneten Zellen aktiv waren. So verhielten sich zum Beispiel in den 1980er- und 1990er-Jahren die tunesische Ennahda und die algerische Islamische Heilsfront.

In Marokko und Algerien wurden nach anfänglicher rigoroser Verfolgung der islamistischen Gruppen ab den 1990er-Jahren einzelne islamistische Parteien wie die Partei für Gerechtigkeit und Entwicklung (Parti de la justice et du développement, PJD; Marokko) legalisiert. In Tunesien, Libyen und Ägypten blieben islamistische Parteien hingegen verboten; die ägyptischen Muslimbrüder wurden zwar als Organisation toleriert, konnten hingegen keine Partei gründen und bei den Parlamentswahlen nur als unabhängige Kandidaten antreten.

Bewaffnete Auseinandersetzungen mit islamistischen Gruppen gab es vor allem in den 1990er-Jahren, als viele nordafrikanische Jihadisten, die auf Seiten des afghanischen Widerstandes gegen die sowjetische Besatzung kämpften, nach dem sowjetischen Abzug 1989 bzw. dem Sieg der Taliban in ihre Heimatländer zurückkehrten, wo sie ab 1991/92 den bewaffneten Kampf gegen die in ihren Augen gottlosen Regime aufnahmen, indem sie bestehende Gruppen radikalisierten oder neue Formationen gründeten. Die algerische Bewaffnete islamische Gruppe (Groupe islamique armé, GIA), die libysche Islamische Kampfgruppe, die Bewegung der libyschen Märtyrer oder auch der ägyptische Islamische Jihad sind hierfür Beispiele. Allerdings konnten die Sicherheitskräfte in den meisten Staaten die islamistischen Gruppen im Laufe der Jahre – unter massiver Verletzung der Menschenrechte – zerschlagen. Ausnahme war Algerien, wo sich die islamistische Terrorgruppe Salafitische Gruppe für Predigt und Kampf (Groupe salafiste pour la prédication et le combat, GSPC), die ihre Wurzeln in der GIA hat, halten konnte und sich im Januar 2007 in »al-Qaida im islamischen Maghreb« umbenannte. Diese Umbenennung dokumentiert den Anspruch, über Algerien hinaus im gesamten maghrebinisch-sahelischen Raum die führende islamistische Organisation zu sein, die für die Umsetzung eines islamischen Ordnungsmodells kämpft. De facto hat aber al-Qaida im islamischen Maghreb keine Chance, ihr politisches Ziel zu erreichen, weil eine Massenbasis fehlt. Die Anschläge auf Sicherheitskräfte oder zuletzt der am 28. April 2011 verübte Bombenanschlag auf das von westlichen Touristen besuchte Restaurant Argana in Marrakesch tun ein Weiteres, um die Organisation ins politische Abseits zu manövrieren. Durch die Verwicklung in den transsaharischen Drogenhandel und die

Entführung westlicher Staatsbürger mit dem Ziel, Lösegeld zu erpressen, trägt die Gruppe deshalb eher kriminelle Züge denn solche einer politischen Organisation.

Die arabischen Revolutionen 2011: Neue Handlungsspielräume

Die politischen Umbrüche in Nordafrika, die am 14. Januar 2011 zur Flucht des tunesischen Präsidenten Zine el-Abidine Ben Ali und am 11. Februar zum Rücktritt des ägyptischen Präsidenten Hosni Mubarak führten, aber auch in Algerien und Marokko eine Beschleunigung der politischen Reformen auslösten, hatten in Tunesien und Ägypten eine Neuordnung der politischen Landschaft zur Folge. Der Wegfall der staatlichen Kontrollobsession und die Liberalisierung des politischen Lebens erleichterte in Tunesien und Ägypten die Legalisierung zahlreicher politischer Parteien, darunter auch islamistische Parteien, wie in Ägypten die Wasat-Partei oder die Partei Freiheit und Gerechtigkeit der Muslimbrüder sowie in Tunesien die Partei Ennahda von Rachid Ghannouchi.

In diesen beiden Staaten einschließlich dem seit Februar 2011 von der Herrschaft Gaddafis befreiten Ostlibyen befinden sich derzeit die islamistischen Gruppen und Parteien in einem Prozess der Reorganisation und des Auf- sowie Ausbaus ihrer Strukturen, um bei den bevorstehenden Parlamentswahlen möglichst gut abzuschneiden. Insofern die bisherigen Staatsparteien in Tunesien und Ägypten inzwischen verboten wurden, stehen die Chancen hierfür nicht schlecht, so dass sich in der lokalen Presse Berichte häufen, die vor der »Islamisierung« Tunesiens und Ägyptens und ihren Folgen warnen, und es in Tunis bereits zu Protesten von säkularen Frauenorganisationen kam. Berichte vom März und April 2011 weisen darauf hin, dass es erste Übergriffe auf Imame, die zu tolerant predigten, auf Künstler (Vorwurf »unislamischer Kunst«) und Prostituierte (»unmoralischer Lebenswandel«) gab. Aber auch Übergriffe auf Christen – Mord an einem Priester in Tunesien, Übergriffe auf Kopten in Ägypten

pa/dpa

Am 11. Februar 2011 musste Präsident Hosni Mubarak zurücktreten. Das Vakuum, das seine Herrschaft hinterließ, droht sich mit radikalen Kräften zu füllen.

– scheinen sich zu häufen, so dass die ägyptische Presse die Kopten als »Verlierer der Revolution« bezeichnet.

Die seit einigen Jahren von Denkern wie Nasr Abu Zaid, Mohamad Talbi oder Mohamed Arkoun angestoßene Reformdebatte im Islam wird durch das sich abzeichnende Erstarken der Islamisten eingeengt, obwohl sich insgesamt die Handlungsspielräume des nichtstaatlichen Sektors gegenüber der Staatsgewalt erweitert haben.

Hanspeter Mattes

pa/Bildagentur-online/TIPS-Images

Die politischen Proteste im ersten Halbjahr 2011 wurden für viele Beobachter überraschend von Frauen mitgetragen, ob als einzelne Demonstranten oder in Frauenrechtsbewegungen organisiert. Dies spricht auf den ersten Blick für relative Freiheiten, welche die Frauen in den islamischen Staaten Nordafrikas genießen. Obwohl sie über die Auslegung des religiös ausgerichteten Familienrechts der Scharia in konservativen und moralisierenden Strukturen gebunden sind, erwirkten sie in den letzten Jahrzehnten eine schrittweise Lockerung, ohne dabei ihre religiöse Identität aufzugeben. Nationale wie regionale Besonderheiten führten zu unterschiedlichen Auslegungen des konservativen Familienrechtes.

Die Lage der Frauen gilt in Nordafrika insgesamt, verglichen mit anderen islamischen Ländern, als moderat und fortschrittlich. Für die Durchsetzung der Gleichstellung von Frauen spielt zudem das Gefälle zwischen Stadt und Land eine bedeutende Rolle. Frauen in den großen Küstenstädten genießen im Vergleich zu solchen aus den überwiegend traditionell geprägten ländlichen Gegenden ein höheres Maß an Bildung und politischer Teilhabe. Insgesamt befinden sich die Frauen Nordafrikas im Aufbruch.

Zur Stellung der Frau in den Gesellschaften Nordafrikas

Im Juni 2010 verankerte die ägyptische Regierung, damals noch unter Präsident Hosni Mubarak, im nationalen Wahlgesetz eine Quote von 64 zusätzlichen Parlamentssitzen für Frauen. Bis zu diesem Zeitpunkt waren in der 454-köpfigen Volksversammlung lediglich acht Frauen vertreten. Nach den Parlamentswahlen vom November 2010 rückten exakt 64 Frauen auf die für sie reservierten Sitze; außer ihnen wurde allerdings keine weitere Frau ins Parlament gewählt. Eine durch offene und freie Wahlen erreichte Erhöhung des Frauenanteils blieb damit Wunschdenken. Die Situation in Ägypten ist paradigmatisch für die Region Nordafrika: Erkennbares Bemühen um »Frauenförderung« wird nicht automatisch auch von einer qualitativen Emanzipation der Geschlechterverhältnisse begleitet. Der qualitative Status der Frau ist verknüpft mit einer gesellschaftlichen Geschlechterordnung und Geschlechterideologie, die für das private und das öffentliche Leben unterschiedliche Rollenzuschreibungen und Verhaltensregeln vorsehen. Diese wiederum präsentieren sich in den Staaten Nordafrikas durchaus unterschiedlich und ihre konkrete Ausgestaltung hängt nicht zuletzt auch mit den Erfolgen und Rückschlägen nationaler Frauenbewegungen und der Flankierung ihrer Forderungen durch internationale Regelwerke zusammen.

Die rechtliche Stellung der Frau

Die Gleichberechtigung von Mann und Frau im gesellschaftlichen Alltag ist in erster Linie eine Angelegenheit der persönlichen Übereinkunft. Wenn das familiäre, soziale und berufliche Umfeld ein hohes Maß an Geschlechtergleichheit erlauben oder begünstigen, ist die tatsächliche Einlösung des Gleichheitsanspruches relativ unproblematisch. Wenn das Umfeld hierarchisch, patriarchalisch und segregierend geprägt ist, sind die Geschlechterrollen in aller Regel stark fixiert. In Nordafrika wirken, wie in vielen anderen Ländern auch, zum einen ein Stadt-

Land-Gefälle und zum anderen soziale Unterschiede auf die Ausprägung des Gleichheitsprinzips ein. Unabhängig vom gesetzlich festgelegten Personenstand (Personenstandsrecht), werden vorhandene Rechte und Pflichten nicht von allen Mitgliedern der Gesellschaft in gleicher Weise in Anspruch genommen und eingehalten. So zeigen sich in Marokko signifikante Unterschiede zwischen städtischen und ländlichen Gebieten, wenn es beispielsweise um das Einklagen des Scheidungsrechtes von und durch Frauen geht. Obschon Marokko seit 2004 ein in der gesamten muslimischen Welt als fortschrittlich im Sinne der Geschlechtergleichberechtigung geltendes islamisches Familiengesetz verabschiedet hat, ist die Umsetzung der reformierten Bestimmungen des Gesetzes ein langfristiger Prozess. Richter und religiöse Autoritäten müssen über die Änderungen der Rechtslage informiert und von ihrer Sinnhaftigkeit überzeugt werden; die neue Rechtssituation muss in der Bevölkerung kommuniziert und vermittelt werden. Wenn beiden Aufgaben nur unzulänglich Nachdruck verliehen wird, klafft eine Lücke zwischen dem gesetzlich garantierten und dem real einklagbaren Recht. Hinzu kommt, dass der Personenstand von muslimischen Frauen und Männern religiös verankert ist. Die islamischen Familiengesetze regeln in Nordafrika genauso wie in anderen muslimisch dominierten Staaten die im weiteren Sinne »familiären« Angelegenheiten von Heirat über Scheidung und Erbschaft bis hin zum elterlichen Sorge- und Vormundschaftsrecht. Sie sind unabhängig vom staatlichen Bürgerrecht und gelten in aller Regel nur für den muslimischen Teil der Bevölkerung, der aber meist die Mehrheit bildet.

Da die Bestimmungen des islamischen Familiengesetzes trotz der gemeinsamen Berufung auf die Quellen der Scharia national spezifische Inhalte aufweisen, ergeben sich von Staat zu Staat erhebliche Unterschiede in der rechtlichen Stellung der Frau. Im inner-arabischen Vergleich der Familiengesetze erweist sich die Region Nordafrika als fortschrittlich und reformorientiert. Die Familiengesetze Marokkos und Tunesiens gelten als Modelle für andere Staaten, so dass transnationale Bewegungen für eine Reform der islamischen Familiengesetze sich an ihnen orientieren. Die progressive Ausrichtung der Familiengesetze manifestiert sich vor allem in den Bereichen von Heirat, Ehe,

Scheidung und Polygamie. Marokkos Frauenbewegung setzte, unterstützt durch König Mohammed VI., beachtliche Reformen durch. Die Rolle des Mannes als Oberhaupt der Familie und die damit verbundene Gehorsamspflicht der Ehefrau gegenüber dem Ehemann ist der Bestimmung einer gemeinsamen Verantwortlichkeit beider Ehepartner füreinander und in der Familie gewichen. Das Mindest-Heiratsalter von Frauen in Marokko beträgt 18 Jahre (im Unterschied zu 16 und jünger in anderen muslimischen Ländern). Polygamie ist nur unter strengen gesetzlichen Bedingungen und juristischer Kontrolle erlaubt. Ihre Ausübung unter anderen als den gesetzlich erlaubten Bedingungen wird als Scheidungsgrund anerkannt.

In Tunesien bedarf eine Heirat der Zustimmung beider Partner, d.h. Zwangsheiraten auf Druck der Eltern oder anderer beteiligter Parteien sind strafbar. Eine Ausnahme von dieser Regel besteht für den Fall, dass die Heirat mit einer noch nicht volljährigen Frau erfolgt; die Volljährigkeit gilt ab der Vollendung des 20. Lebensjahrs. Davor entscheidet ein männlicher Vormund für die Frau. Volljährige künftige Eheleute haben das Recht, den Ehevertrag alleine zu schließen; sie benötigen keinen wâlî, d.h. keinen (männlichen) gesetzlichen Vertreter, der für dieses Amt bestellt worden ist. Besondere Elemente im tunesischen Gesetz sind das Verbot der Polygamie und erheblich erleichterte Möglichkeiten für Frauen, eine Scheidung zu erwirken.

Ägypten erlaubt seit 2000 die Auflösung einer Ehe einzig auf Ersuchen der Frau hin (khul'). Sie verliert dadurch zwar ihre Mitgift und das Recht auf Unterhalt durch den geschiedenen Ehemann, aber die Möglichkeit, ohne Zustimmung des Ehemannes eine Scheidung zu erreichen, stellt einen signifikanten Fortschritt dar.

In Tunesien und Algerien beträgt das Mindestheiratsalter einer Frau 19 Jahre, in Libyen 20 und in Ägypten 16 Jahre. Diese Grenzen können indes unterlaufen werden, wenn spezifische Bedingungen oder Umstände es erfordern. Der Interpretationsspielraum ist infolgedessen breit. Die tatsächliche Umsetzung des Rechts auf freie Partnerwahl ist ebenfalls etlichen sozialen Konventionen unterworfen und nicht allein durch das Gesetz bestimmt. In den Maghrebstaaten Algerien, Marokko und Tunesien sind auch Eheschließungen unter Cousins und Cousinen keine Ausnahmeerscheinung. Insofern bildet der rechtliche Status der Frau stets nur eine Seite der Medaille ab. Entscheidender ist, ob die gewährten Rechte tatsächlich in Anspruch genommen oder gar eingeklagt werden können, und ob ihre Implementierung und Durchsetzung zügig erfolgt. Frauenrechtlerinnen fordern eine Beschleunigung der oftmals drei oder vier Jahre dauernden gerichtlichen Verfahren in der familiengesetzlichen Jurisdiktion und eine effektivere Umsetzung der gesetzlichen Vorgaben.

Bildung und Beschäftigung

Die aktive Inanspruchnahme geltenden Rechts hängt auch mit dem Bildungsstand der weiblichen Bevölkerung zusammen, mit den Zugangsmöglichkeiten zum Arbeitsmarkt und den damit verbundenen Chancen, ein selbstbestimmtes Leben oder wirtschaftliche Unabhängigkeit zu erlangen. Der Sturz des Ben-Ali-Regimes in Tunesien wurde in hohem Maße der Unzufriedenheit einer jungen, gut gebildeten, aber arbeitslosen Bevölkerung zugeschrieben. In der Tat ist die Zahl der Studierenden an den Hochschulen in Tunesien beeindruckend, zumal mehr als die Hälfte (ca. 60 Prozent) Frauen sind. Während der höhere Frauenanteil an den Studierenden nicht weiter ungewöhnlich ist, sondern einen Trend widerspiegelt, der sich auch in anderen arabischen Staaten abzeichnet, deutet ein anderer Aspekt von Bildung und Bildungszugang auf deutliche Unterschiede sowohl innerhalb Nordafrikas als auch im überregionalen Vergleich. Er betrifft die Analphabetenrate der weiblichen Bevölkerung. Denn wenngleich der Anteil der Hochschulstudentinnen imponieren mag, zeigen die Alphabetisierungsraten nach wie vor einen höheren Wert für Männer. Der Anteil von Frauen, die des Schreibens und Lesens mächtig sind, liegt in allen Ländern Nordafrikas deutlich unter dem Anteil der alphabetisierten Männer.

Der Index zur menschlichen Entwicklung, der das Kriterium des Bildungszugangs mit einbezieht, zeigt innerhalb Nordafrikas für Libyen den besten Wert im Sinne der gerechten Verteilung von Entwicklungschancen auf die Geschlechter. Alle übrigen Länder Nordafrikas fallen in dieser Hinsicht gegenüber Libyen deutlich ab. Wenn Mädchen und Frauen die Chance erhal-

picture-alliance

Schulkinder im ägyptischen Sakkara auf dem Weg in die Schule. Die zunehmende Gleichbehandlung von Mädchen und Jungen kann sich positiv auf die Entwicklung einer offenen Gesellschaft auswirken.

ten, eine Schule zu besuchen und gegebenenfalls auch einen Hochschulabschluss zu erwerben, stehen sie in aller Regel auch dem formellen Arbeitsmarkt zur Verfügung. Sie werden damit Teil der Öffentlichkeit und übernehmen in zunehmendem Maße auch eine Ernährerrolle in der Familie – eine Rolle also, die traditionell den Männern der Gesellschaft vorbehalten war.

Politische Partizipation

Die politische Repräsentation und effektive Partizipation von Frauen ist keine reine Frage von Zahlen, wie das eingangs angeführte Beispiel aus dem ägyptischen Parlament illustriert. Interessenvertretung und Teilhabe sind, so zeigt die Frauenforschung, in erheblichem Maße durch sozioökonomische Faktoren (Bildung, Einkommen, Zivilstand etc.), die politische Kultur einer Gesellschaft (Werte, Normen, Einstellungen etc.) sowie institutionelle Faktoren (Regierungs-, Parteien-, Wahlsysteme etc.) bestimmt. Fehlende Bildung, ein geringes Einkommen und die

Einstellung, dass Politik in erster Linie Männersache ist, können die Kandidatur einer Frau für ein politisches Amt geradezu verhindern. Wenn die ökonomischen Ressourcen für den Wahlkampf fehlen und die Familie keine (moralische) Unterstützung bietet, sind die Chancen für Frauen beeinträchtigt. Kommt dazu noch ein Wahlsystem, das die politischen Parteien dazu verleitet, eher männliche als weibliche Kandidaten ins Rennen zu schicken, dann bildet diese ungünstige Konstellation von Einflussfaktoren die vielbeschworene »Glasdecke«, die Frauen den Zugang zu Institutionen und Ämtern in der formalen Politik erschwert.

Dabei genießen Frauen als Akteurinnen von politischem Wandel durchaus Respekt – zumindest solange sie dem Erreichen bestimmter politischer Ziele zuträglich erscheinen. In den ersten Dekaden nach der Erlangung der nationalen Unabhängigkeit standen die Länder Nordafrikas vor der Aufgabe, einen stabilen Staat und eine geeinte Nation zu schaffen. In das Projekt der Nationenbildung und der Modernisierung wurden Frauen als aktive Partnerinnen einbezogen – häufig versehen mit dem Prädikat »Mütter der Nation«. Staat und Regierung standen den jeweiligen nationalen Frauenbewegungen wohlwollend gegenüber, weil von ihnen ein aktiver Beitrag zur Schaffung einer nationalen Identität erwartet wurde. Echte politische Teilhabe aber war den Frauen der gesellschaftlichen und politischen Elite vorbehalten. Die Mehrheit der Frauen fügte sich, trotz formaler Einführung des Frauenwahlrechts in den 1950er- und 1960er-Jahren, in traditionelle patriarchalische Strukturen ein. Die Verteilung der Geschlechterrollen erfuhr somit keinen signifikanten Wandel. Überdies standen die Aktivitäten der Frauenbewegungen unter strikter staatlicher Kontrolle.

Durch die zunehmende Islamisierung der Gesellschaften und die damit einhergehende Erstarkung des politischen Islam in den 1970er- und 1980er-Jahren standen viele Frauenrechtlerinnen vor einem Dilemma: Während ihre Forderungen nach Gleichberechtigung von islamistischer Seite aus als »westlich gesteuert« und unauthentisch bezeichnet wurden – und somit diskreditiert werden sollten –, bedeutete eine »islamisch korrekte« Sicht auf die Geschlechterverhältnisse gleichsam die Aufgabe zentraler Gleichberechtigungselemente. Seither wächst innerhalb des Spektrums von Aktivistinnen die Zahl derer, welche die

Forderung nach Gleichberechtigung der Geschlechter aus den islamischen Quellen heraus begründen. Sie wenden sich weder vom Glauben ab, noch sind sie der »Stigmatisierung« ausgesetzt, vom »Westen beeinflusst« worden zu sein. Diese meist unter dem Begriff des islamischen Feminismus zusammengefassten Frauenrechtsinitiativen verzeichnen schrittweise Erfolg. Gleichwohl bedarf es des politischen Willens zur Veränderung. Die Möglichkeiten, Emanzipationsziele auf der Ebene der formalen Politik zu artikulieren, halten sich indes aufgrund des oben skizzierten Zusammenwirkens von ökonomischen, politisch-kulturellen und institutionellen Determinanten in Grenzen.

Der Frauenanteil in den gesetzgebenden Versammlungen ist bis zum heutigen Zeitpunkt nicht sonderlich beeindruckend. Die arabischen Länder bilden das Schlusslicht im Vergleich der Weltregionen und Nordafrika bildet keine Ausnahme. In Algerien und Libyen liegt der derzeitige Anteil von Parlamentarierinnen deutlich unter zehn Prozent, in Marokko hat er mit Hilfe von reservierten Sitzen die Zehn-Prozent-Marke gerade einmal erreicht und in Ägypten hat sich die Prozentzahl lediglich aufgrund der Einführung der Quote auf 12,7 erhöht. Die Ausnahme in diesem Ensemble bildet Tunesien, wo bereits vor dem Sturz der Regierung über ein Viertel (27,6 %) der Parlamentsabgeordneten Frauen waren – ein Wert, der u.a. mittels einer freiwilligen Parteienquote von 25 Prozent erreicht wurde.

Wie sich die politische Repräsentation von Frauen in Nordafrika in Zukunft gestalten wird, bleibt zunächst Spekulation. In Ägypten, Libyen, Marokko und Tunesien waren und sind Frauen maßgeblich und deutlich sichtbar an den Protest- und Reformbewegungen beteiligt. Tunesien gilt als Land mit einer ausnehmend aktiven und selbstbewussten Teilnahme von Frauen am politischen Geschehen. Sie widerlegt jedwedes Klischee über die unterdrückte, schweigende arabische Frau. In Ägypten treten die »Frauen der Revolution« mit Märschen und anderen Initiativen dem drohenden Kampf der unterschiedlichen religiösen Gemeinschaften vehement entgegen. Den Lackmustest für die politische Repräsentation aber stellt die tatsächliche Teilhabe und Mitsprache von Frauen beim Aufbau der neuen, demokratischen Ordnungen in diesen Staaten dar.

pa/dpa

Die Frauenrechtlerin Nawal El Saadawi (geb. 1931) inmitten von Demonstranten in Kairo.

Ausblick

Während Nordafrikas Frauen sowohl im nationalen Unabhängigkeitskampf als auch in der jüngsten Umbruchperiode aktiv engagiert waren und sind, bleibt die Übersetzung dieser Präsenz in die formalen politischen Institutionen wie auch in das Wirtschaftsleben hinein eine Herausforderung. Als weg- und immer noch zukunftsweisend für die Diskussion über wünschenswerte und notwendige Reformschritte kann die Initiative des Arab Human Development Report (AHDR) gewertet werden. Sie entstand auf Anregung des Entwicklungsprogramms der Vereinten Nationen (UNDP) und umfasst zwei Serien von jeweils vier jährlichen Berichten (2002-2005; 2008-2011). Der Report des Jahres 2005 erschien unter dem Titel »Towards the Rise of Women in the Arab World«. Er greift nahezu alle Bereiche kritisch auf, in denen arabische Frauen Benachteiligungen erfahren – Politik, Wirtschaft, Gesellschaft, Privatleben und Öffentlichkeit. Da an der Zusammenstellung des AHDR ausschließlich Autorinnen und Autoren aus der Region bzw. arabischer Herkunft beteiligt sind, kann ihm schwerlich vorgeworfen werden, ein westliches Werk zu sein. Die Wertvorstellungen, die dem AHDR zugrundeliegen, mögen indes mit vermeintlich traditionell arabischen oder islamischen Werten kollidieren. So steht die aus der Tradition begründete Vorstellung vom Mann als dem Ernährer und Oberhaupt der Familie nicht selten dem Wunsch der Frau entgegen, eine bezahlte Beschäftigung außer Haus aufzunehmen und dadurch zum Familieneinkommen beizutragen. Der AHDR hingegen sieht in der Bereitstellung gleicher ökonomischer Chancen für Männer und Frauen – inklusive der gleichen Entlohnung für gleiche Arbeit – ein hohes Entwicklungspotenzial. Frauen nicht an wirtschaftlichen Tätigkeiten zu beteiligen, wird als Hemmschuh ökonomischen Fortschritts betrachtet. Die Befunde und die Mahnungen des Berichts, die Teilhabe von Frauen in allen gesellschaftlichen, politischen und wirtschaftlichen Bereichen zu fördern, helfen den nationalen arabischen Frauenorganisationen, ihre Forderungen zu untermauern und ihnen mehr Gewicht zu verleihen. Die Frauen in Nordafrika sind hier in vielen Bereichen mit gutem Beispiel vorangegangen.

Claudia Derichs

Literatur und Film in Nordafrika befinden sich im Aufbruch. Das Bild erlaubt einen Blick in das bekannte Literaturcafé Dar Cherifa in Marrakesch. Es ist ein Treffpunkt von kunst- und kulturschaffenden Menschen aus dem In- wie Ausland.

Vor allem in den Maghreb-Ländern erfreuen sich die beiden Genres Film und Literatur einer kritischen Vielfalt. Seit Jahren wird vor allem die Filmindustrie in Marokko und Tunesien gefördert, was eine steigende Produktion junger Filme nach sich zieht. Ähnlich wie die Literatur greift der Film bislang tabuisierte oder schwer zu vermittelnde Themen wie innerstaatliche Willkür und Missstände, Migration, Minderheiten und Sexualität auf. Aber auch die steigende Furcht vor islamistischen Strömungen wird durch Autoren und Regisseure verarbeitet und einem breiten Publikum zugänglich gemacht. Die meisten Texte und Filme liegen in einer französischen Fassung vor. Zunehmend werden die Werke aber auch ins Deutsche übertragen.

Umbrüche und Aufbrüche in Literatur und Film des Maghreb

Die drei maghrebinischen Länder Algerien, Marokko und Tunesien haben in den letzten zwanzig Jahren bedeutende gesellschaftliche und soziale Veränderungen erfahren.

In diesen Veränderungsprozessen wirken nach wie vor die langfristigen Folgen kolonialer und postkolonialer Politik nach. Trotz großer Unterschiede in der Geschichte dieser drei Länder lassen sich Gemeinsamkeiten erkennen, die gerade im Hinblick auf die geografische Lage am Mittelmeer durch eine besondere Beziehung zu Europa gekennzeichnet wurden und sind. Ebenso prägte die – wenn auch unterschiedlich intensive – französische Kolonialherrschaft lange Zeit das Bildungs- und Politiksystem. Hierin ist einer der Gründe zu suchen, warum auch heute noch die französische Sprache eine so herausragende Bedeutung für die Film- und Literaturschaffenden Marokkos, Algeriens oder Tunesiens besitzt.

Bei den innergesellschaftlichen Neubestimmungen und Wandlungen spielt die Auseinandersetzung mit dem kolonialen Erbe daher ebenso eine Rolle wie die Beschäftigung mit der repressiven Politik der postkolonialen Herrscher gegenüber Minderheiten oder abweichenden Meinungen im eigenen Land. Die Suche nach neuen Gesellschaftsmodellen und Lösungswegen bewegt sich heute zumeist im Spannungsfeld von westlich-laizistisch und islamisch-religiös geprägten Lebens- und Gesellschaftsmodellen.

Gesellschaftlicher Wandel in Literatur und Film

Ein Blick auf das Literatur- und Filmschaffen in den Ländern des Maghreb der letzten beiden Jahrzehnte zeigt , dass ein Wandel in Literatur und Film sich angekündigt bzw. großen Widerhall gefunden und maßgeblich zur innergesellschaftlichen Debatte beigetragen hat.

Auffällig ist der häufig explizit politische Charakter vieler Filme und Romane, die Missstände als Thema aufgreifen und die koloniale ebenso wie die jüngste Vergangenheit kritisch reflektieren. Willkür und Verfolgung von politischen Gegnern, die allgegenwärtige Korruption oder die Machtfülle von bestimmten Gesellschaftsgruppen sind wiederkehrende Gegenstände. Als Ergebnis der zunehmenden Bildung von Mädchen und Frauen und des Kampfes um Gleichberechtigung melden sich zunehmend Autorinnen mit einer eigenen Sprache und spezifischen Forderungen nach mehr Rechten und mehr Selbstbestimmung zu Wort. Darüber hinaus ist zu beobachten, dass neben den dominanten thematischen Schwerpunkten wie Frauen, Politik und Religion neue, bisher tabuisierte Themen aufgegriffen werden, wie etwa die Geschichte und Bedeutung der Minderheiten (Juden, Berber) oder die Situation von sozialen Randgruppen.

Aber auch die Frage der Identität zwischen verschiedenen Einflüssen aus Europa, dem arabischen Kulturkreis und Afrika steht häufig im Mittelpunkt. Besonders dringlich ist dies für viele Kunstschaffende, die in Europa im Exil leben, aber auch für Arbeitsmigranten ebenso wie für die zweite und dritte Generation der Auswanderer, die das schwierige Verhältnis zwischen Frankreich und den ehemaligen Kolonien, aber auch zwischen Europa und Afrika thematisieren. Frankreich als ehemalige Kolonialmacht ist hier noch immer die häufigste Referenz, aber zusehends auch Spanien, Belgien, Italien oder die USA und Kanada, welche die neuen bevorzugten Ziele von Migranten aus den Maghreb-Staaten darstellen. Im Folgenden sollen zu jedem der drei Länder einige herausragende Beispiele genannt werden, die repräsentativ sind für die Tendenzen in den Wandlungsprozessen.

Literarische und cineastische Eindrücke Algeriens

Algerien war eine Siedlungskolonie, in der eine bedeutende Minderheit von Franzosen und anderen Europäern mehr oder weniger getrennt von der übrigen Bevölkerung lebte, so dass die Anbindung an Frankreich auch auf das kulturelle Schaffen des

Landes trotz des Exodus der Siedler nach der Unabhängigkeit 1962 einen großen Einfluss behielt. Mit Beginn der 1990er-Jahre prägte der Terror der Islamisten über viele Jahre das Land, so dass die Geschichte Algeriens immer wieder von großer Gewalt beeinflusst wurde. Für das »dunkle Jahrzehnt« der 1990er-Jahre (»décennie noir« oder »décennie sombre«) steht die »littérature d'urgence« (»Notfall-Literatur«). Der wohl bekannteste Autor dieser Zeit, dessen Bücher auch ins Deutsche übersetzt worden sind, ist Yasmina Khadra. Hinter diesem Pseudonym verbirgt sich der ehemalige Militär Mohammed Moulessehoul (geb. 1955), der die Zensur in Algerien auf diese Weise umgehen konnte. Zu nennen ist vor allem seine Algier-Trilogie (»Morituri«, »Double blanc« (Doppelweiß), »L'automne des chimères« (Herbst der Chimären) (1997/98)). Bei der Klärung der Kriminalfälle durch Kommissar Llob wird ein Bild des zeitgenössischen Algeriens gezeichnet. Im Jahr 2000 ging Khadra ins französische Exil. 2002 veröffentlichte er einen Roman, der beschreibt, wie die Übernahme der Macht durch die FIS (Front islamique du salut) 1990 das Leben der Bewohner eines Dorfes grundlegend verändert hat. Auch Boualem Sansal (geb. 1949) schrieb mit »Le Serment des Barbares« einen Kriminalroman, worin das Aufkommen des Islamismus und seine Folgen in einem Dorf zentrales Thema sind. Sansal lebt in Algerien, ist Beamter und kritisiert die politischen Verhältnisse mit beißender Ironie.

Aziz Chouaki (geb. 1951) behandelt ebenfalls dieses Thema. Aber mit »Avoir 20 ans à Alger« beschreibt er beispielsweise den Alltag der jungen Generation in Algier. Dabei tritt die Ausweglosigkeit gerade für junge Menschen deutlich hervor.

Maïssa Bey (geb. 1950) nimmt sich der Geschichte Algeriens, die eng mit der Frankreichs verwoben ist, in ihren Romanen an, in denen sie insbesondere der Konstruktion von Erinnerung nachgeht. Dies tut sie in einer poetischen Sprache und immer wieder in neuen Konstellationen, welche die Einblicke in die aktuellen Probleme des Landes stets mit einer historischen Dimension verbinden (»Entendez-vous dans les montagnes«, »Bleu blanc vert«, »Pierre Sang Papier ou Cendre«). Ein Beispiel für eine Autorin, die in Frankreich lebt und seit Jahrzehnten zu Fragen der Erinnerung und der Identitätssuche zwischen Frankreich und Algerien publiziert, ist Leila Sebbar (geb. 1944).

SZ Photo/Brigitte Friedrich

Boualem Sansal setzt sich in »Harraga« mit der Migration aus Nordafrika nach Europa, aber auch der Rolle der Frau in einer islamisch bestimmten Welt auseinander. Im Oktober 2011 erhält er den Friedenspreis des Deutschen Buchhandels für sein jüngstes Werk »Le village de l'allemand« (»Das Dorf des Deutschen«).

Auch im Filmschaffen schlagen sich diese Themen nieder. Der wohl bekannteste Regisseur Merzak Allouache (geb. 1944) hat bereits 1994 mit »Bab el Oued City« gezeigt, wie Islamisten durch soziale Kontrolle und Gewalt die politische Macht übernehmen und das Land verändern. Dies geschieht am Beispiel eines jungen Bäckers, der den Lautsprecher abmontiert, über den die Predigten der Islamisten hinausgetragen werden. Die Suche der islamistischen Gruppen nach dem Übeltäter führt zu einer Hetzjagd im Viertel. 2001 erschien »L'autre monde«, in der er die Geschichte eines jungen Franko-Algeriers, der sich freiwillig zum Militär in Algerien meldet, mit der Geschichte des Landes verknüpft. 2002 gelang Yamina Bachir-Chouikh (geb. 1954) mit ihrem ersten Spielfilm »Rachida« ein beeindruckendes Zeugnis über die Auswirkungen der Gewalt auf den Alltag der Menschen. Die junge Lehrerin Rachida wird von einer Gruppe Terroristen aufgefordert, eine Bombe in ihrer Schule zu platzieren. Als sie sich weigert, wird sie niedergeschossen. Sie überlebt wie durch ein Wunder und flüchtet sich in ein Dorf, wo sie versucht, ein normales Leben zu führen, was durch die allgegenwärtige Gewalt verhindert wird. Merzak Allouache nimmt sich in seinem letzten Film »Harragas« (2009) der Emigration an. Auf der Grundlage des Buches von Boualem Sansal erzählt er die Geschichte dreier Freunde, die wiederholt versuchen, mit dem Boot nach Europa zu gelangen. Der Film beginnt mit dem Bild eines jungen Mannes, der sich erhängt hat, weil er den Tod einem

Leben in Algerien vorzieht. Seine beiden Freunde versuchen dennoch ihr Glück, werden jedoch bei ihrer Ankunft von der Polizei aufgegriffen. So zeigt der Film die große Verzweiflung der jungen Menschen, die keine Möglichkeit sehen, eine Zukunft in ihrem eigenen Land aufgrund der politischen, ökonomischen und gesellschaftlichen Zwänge und Gegebenheiten aufzubauen. Der einzige Ausweg ist die Flucht oder der Tod.

Literarische und cineastische Eindrücke Marokkos

Das Literatur- und Filmschaffen in Marokko stellt sich – trotz der Gemeinsamkeiten – ganz anders dar. Für Marokko ist der wohl bekannteste Autor Tahar Ben Jelloun (geb. 1944), der in Frankreich als »Sprecher« seines Landes, ja des Maghreb insgesamt gesehen wird – in seiner Heimat aber als umstritten gilt – und dessen Bücher in viele Sprachen übersetzt worden sind. In seinem Roman »Partir« (2006) träumen junge Menschen davon, ein besseres Leben in Europa zu beginnen. In wechselnder Perspektive erhält der Leser Einblick in die Versuche von Azel, der in eine homosexuelle Beziehung mit dem Spanier Miguel einwilligt, um nach Spanien zu gelangen und über diese Beziehung seiner Schwester Kenza eine Arbeit zu vermitteln. Einfühlsam schildert Ben Jelloun die Ängste und Hoffnungen der jungen Menschen, die in Europa voller Sehnsucht nach Marokko leben. Hiermit hat er ein hochaktuelles Thema aufgegriffen. Er zeigt, dass bereits Anfang der 1990er-Jahre sich dieses Problem stellte und die Auswanderungswellen bzw. die Auflehnung der jungen Generation erfolgen mussten.

Mit dem langsamen politischen Wandel, den Mohammed VI. seit 2000 einleitete, wurden die Festivals und die Filmproduktion seit 2004 staatlich finanziell unterstützt und vorangetrieben. Zum einen galt es, kulturelle Arbeit zu fördern, die jungen Menschen eine Beschäftigung bietet, zum anderen sollte so ein Ventil für ihre Unzufriedenheit geschaffen werden.

Dies hatte eine zunehmende Filmproduktion zur Folge, so dass Marokko bis heute über die größte nationale Filmproduktion verfügt und sich dort in den letzten ca. sechs Jahren eine bedeutende Ausdifferenzierung in Themen und Ästhetik beobachten lässt. Schon 1997 drehte Nabil Ayouch (geb. 1969) »Mektoub«, der einen Skandal um hoch gestellte politische Persönlichkeiten aufgriff und in einem Krimi verarbeitete, was Kritik an der korrupten Polizei auslöste. Faouzi Bensaïdi (geb. 1967) schildert aus der Sicht eines Jungen die Epoche der »bleiernen Zeit« (»années de plomb«) im Film »Mille mois« (2003): Der Junge muss mit seiner Mutter beim Großvater Zuflucht suchen, weil sein Vater auf unbestimmte Zeit im Gefängnis verschwunden ist. »Les Anges de Satan« (2007) von Ahmed Boulane (geb. 1956) erzählt die Episode einer vierzehnköpfigen Heavy-Metal-Band, der wegen unlauterer Ideen und unsittlichen Verhaltens der Prozess gemacht wird. Damit setzt der Film die Darstellung der Konflikte zwischen den Generationen und dem herrschenden politischen System wie auch der Suche nach Freiheit eindrucksvoll in Szene. Schon in anderen Filmen wurden zuvor verschiedene Rand- und Problemgruppen als Themen aufgegriffen: 2000 griff Nabil Ayouch (geb. 1969) mit »Ali Azoua« das sozial schwierige Thema der Straßenkinder auf. 2005 löste der Film »Marock« (2005) von Laïla Marrakchi (geb. 1975) in Marokko eine heftige Diskussion über die gesellschaftlich tabuisierte Beziehung zwischen einer Araberin und einem Juden aus. Und 2009 spaltete etwa der Film »Casanegra« von Nour-Edinne Lakhmari (geb. 1964) das marokkanische Publikum, denn die beiden jungen arbeitslosen Protagonisten lassen sich auf zwielichtige Geschäfte ein, um an Geld zu gelangen. Dabei wird ein Bild von der Stadt Casablanca gezeichnet, das nur Randgruppen enthält (Dealer, Homosexuelle, Straßenkinder etc.), und eine vulgäre und aggressive Sprache auf die Leinwand bringt. Im Zentrum stehen auch in diesem Film die Arbeits- und Aussichtslosigkeit für die Jugend, die Migration und die Kriminalität. Gemeinsam ist diesen Filmen, dass sie eine schöne, zum Teil poetische Bildsprache (»Mille Mois«, »Ali Zaoua«) entwickeln oder auch an große Genres anknüpfen (»Casanegra«). Alle greifen zentrale gesellschaftliche Probleme auf und rücken sie über die filmische Darstellung in die öffentliche Diskussion. Allerdings konnte »Mektoub« noch Ende der 1990er-Jahre nicht gezeigt werden, was sich erst mit der Übernahme der Herrschaft durch König Mohammed VI. änderte. Sicher liegt in der allmählichen Lockerung der Zensur auch ein Grund für den – wenn auch langsamen – Wandel in Marokko, so dass die Forderungen nach Änderungen nicht zu einer Revolution wie in den Nachbarstaaten geführt haben.

Literarische und cineastische Eindrücke Tunesiens

Die lange Herrschaft Zine el-Abidine Ben Alis, die mit den jüngsten Ereignissen 2011 zu Ende ging, machte deutlich, dass hinter der Fassade eines verhältnismäßig wohlhabenden und politisch gefestigten Landes ähnliche Probleme schwelten. Gut ausgebildeten jungen Menschen bleibt der soziale Aufstieg aufgrund hoher Arbeitslosigkeit und politischer Verkrustungen verwehrt. Dennoch ist hier der Umgang mit sozialen und politischen Themen anders gelagert. Zudem stellt die frankophone Literatur eher eine Minderheit da und häufig schreiben Autoren, die der jüdischen Religion zugehören.

Zu nennen wäre zunächst der bekannteste Autor Tunesiens Albert Memmi (geb. 1920), der neben einigen wichtigen Romanen eine Reihe von Essays geschrieben hat zu Fragen der Dekolonisierung und zur Situation der Juden Tunesiens, sowie beispielsweise auch Abdelwahab Meddeb (geb. 1946), dessen Werk sowohl von arabischen als auch europäischen stilistischen Einflüssen geprägt ist und der zahlreiche Romane und Essays vorgelegt hat.

Der berühmteste Regisseur Tunesiens ist Nouri Bouzid (geb. 1945). 1992 legte er mit »Bezness« einen kritischen Film vor, der auf den Sextourismus aufmerksam machte: junge Männer, die in der Prostitution den einzigen Weg zu einem Auskommen sehen, um dann eine eigene Existenz gründen zu können. Der Film macht auf tragische Weise darauf aufmerksam, wie ausweglos deren Lage sein muss. 2006 drehte Bouzid mit »Making of« einen vieldiskutierten Film über die Gefahr des erstarkenden politischen Islam – auch in Tunesien. Ein junger Mann träumt von einer Karriere als Tänzer, was ihm die Verachtung seines Umfeldes einbringt. Ohne ausreichende Bildung, ohne Zugang zum

Nouri Bouzid ist Tunesiens bekanntester Filmregisseur. Im Jahr 2006 erhielt er für »Making of« den Tanit d'or des tunesischen Filmfestivals »Journées cinématographiques de Carthage«.

Arbeitsmarkt ist es ihm unmöglich, die Ehe mit seiner Freundin anzustreben. Er lässt sich von einer Gruppe »Bärtiger« ködern, die ihm Anerkennung und Respekt zukommen lassen. Langsam wird er zu einem Selbstmordattentäter ausgebildet. Außergewöhnlich sind die gefilmten Unterbrechungen der Erzählung, in denen der Schauspieler sich weigert, diese Rolle zu spielen, da er nicht für einen Islamisten gehalten werden will. Die Diskussionen des Schaupielers mit Nouri Bouzid im Film greifen den Kritikpunkten, denen der Film ausgesetzt ist, vor. Der Nachwuchsregisseur Youssef Chebbi thematisiert mit seinem Kurzfilm »Vers le Nord« (2010) die Migration und den Menschenhandel nach Italien und berichtet über albanische Menschenschlepper. Hier wird gewissermaßen die Erzählung von Merzak Allouache zu den Bootsflüchtlingen aus Algerien fortgesetzt.

Aber auch das Thema »Frauen« ist im tunesischen Kino präsent. Sei es, dass Nouri Bouzid bereits 1997 mit »Tunisiennes« anhand der Geschichte dreier Frauen die Träume und Zwänge moderner Frauen zwischen Tradition und Gegenwart thematisiert, indem er eine Ärztin, eine geschiedene Frau und eine geflüchtete Freundin aus Algerien in Tunis zusammentreffen lässt. Sei es, dass die bekannte Regisseurin Moufida Tlatli (geb. 1946) ebenfalls das Thema der Selbstbestimmung der Frauen in »La saison des hommes« (2000) anspricht. Eine Frau auf Djerba möchte ihrem Mann nach Tunis folgen, was er ihr erst gestattet, als sie ihm nach zwei Töchtern auch einen Sohn gebärt. Dieser ist jedoch Autist und sie kehrt wieder auf die Insel zurück. Der abgeschlossene Raum der Insel übersetzt die Enge des Bewegungsraumes der Frauen, die auf die Rückkehr der Männer in den Ferien warten.

Literatur und Film als Barometer gesellschaftlich-politischer Umstände

Für alle drei Länder gilt, dass die frankophonen Literaturen und Filme (wobei letztere zumeist auf Arabisch mit Untertiteln auf den Markt gelangen) eine Art Barometer darstellen. Die brennenden Themen werden aufgegriffen und führen, wenn die Zensur sie nicht ins Ausland verbannt, zu öffentlichen Diskussionen. Insbesondere in Marokko und Algerien war und ist dies vermehrt der Fall. In Tunesien ist dies in geringerem Maße zu beobachten, obwohl dort alle zwei Jahre in Karthago eines der größten Filmfestivals im Maghreb ausgerichtet wird (JCC – Journées du Cinéma de Carthage). Die Reformen des Königs in Marokko und die immer wieder aufbrechende Gewalt in Algerien führen zu einer, wenn auch aus sehr unterschiedlichen Gründen und in sehr verschiedenen Kontexten, zunehmend offenen Diskussion. In Tunesien hat die Redefreiheit – ohne dass dies im selben Maße wie in den anderen Ländern wahrgenommen wurde – gelitten. Nur vereinzelt wurden zentrale gesellschaftliche Themen angesprochen. Vielleicht ist daher dort auch nun der größte Exodus junger, gut ausgebildeter Menschen zu verzeichnen, da sie keine Arbeit und keine Zukunft im eigenen Land sehen. Die häufigen Exilschicksale, geprägt durch Perspektivlosigkeit und Migration, in Algerien und in geringerem Maße auch in Marokko finden sich nun auch in Tunesien.

Neueste Publikationen zu Literatur und Film im Maghreb weisen auf die Parallelen bei thematischen Schwerpunkten hin und zugleich auf die unterschiedliche Dynamik in der Entwicklung der kulturellen Produktionen. Zugang zu diesen Literaturen ist für ein breiteres Publikum über Übersetzungen ins Deutsche gewährleistet. Seit 2006 werden im Rahmen der Frankfurter Buchmesse Trainingsveranstaltungen für Verleger aus den Maghreb-Staaten angeboten, so dass hier ein enges Netzwerk entstanden ist. Literatur und Film aus den drei Ländern bieten Einblick in die Themen, die im jeweiligen Land dringlich sind, und gestatten so den Leserinnen und Lesern, an den Diskussionen teilzuhaben.

Ute Fendler

pa/Demotix/Sallie Pisch

In den Ländern Nordafrikas vollzieht sich seit Langem ein tiefgreifender Wertewandel. Getragen wird er durch eine überwiegend junge Bevölkerung, die gut ausgebildet ist und über eine meist höhere Schulbildung verfügt als ihre Elterngeneration. Als Folge davon werden tradierte Autoritätsverhältnisse erschüttert, indem sich die Generation der Kinder von patriarchalischen Strukturen der Großfamilie emanzipiert.

Da jedoch die Bevölkerung in den vergangenen Jahrzehnten in Nordafrika sprunghaft angestiegen ist und die neue Mittelschicht von den Staaten wirtschafts- und sozialpolitisch nicht ausreichend gefördert wurde, hatten bessere Bildung und Ausbildung nicht zwangsläufig bessere Arbeits- und Lebensbedingungen zur Folge. Im Gegenteil: Eine hohe Arbeitslosigkeit insbesondere unter Akademikern führte zu Perspektivlosigkeit und steigerte die Unzufriedenheit. Dies ist einer der Gründe, der zu den Protestwellen 2010/11 in den Staaten Nordafrikas geführt hat.

Durchhaltefähigkeit und Erfolg der Demonstrationen liegen aber auch in der breiten Nutzung neuer Medien begründet. So können sich Demonstranten mit ihren Mobiltelefonen zu Treffen verabreden und flexibel auf die Einsätze der Staatsgewalt reagieren. Das Bild zeigt eine junge Ägypterin, die während der Proteste in der ägyptischen Hauptstadt Kairo Fotos mit ihrem Mobiltelefon aufnimmt.

»Meine Mutter liest Burda und den Koran« – Globalisierung und Wertewandel in Nordafrika

Wissenschaftler sind sich bislang nicht einig, welchen Anteil das Internet an der gesellschaftlichen Mobilisierung hatte, die zu den Umbrüchen in Nordafrika führte (siehe den Beitrag von Asiem El Difraoui und Leoni Abel in diesem Band). Selbst jene Medienwissenschaftler, die sich seit Langem mit dem Thema »Massenmedien und gesellschaftlicher Wandel in der arabischen Welt« beschäftigen – so der Titel einer Veröffentlichung des Erfurter Medienwissenschaftlers Kai Hafez – geben sich derzeit skeptisch über die Mobilisierungskraft des Internets und die Rolle von Facebookgruppen. In der Diskussion sind jedoch folgende Elemente unumstritten:

1) Internetgebrauch und der Einsatz sozialer Medien durch Vereine und Aktivisten sind in der Region keine neuen Phänomene, sondern entwickelten sich parallel zu den technischen Möglichkeiten des Netzes kontinuierlich über die letzten 20 Jahre hinweg. Entgegen landläufiger Annahmen war die arabische Welt kein schwarzer Fleck auf der Landkarte der Globalisierung. Es waren zuerst muslimische wie auch islamistische Zusammenschlüsse, die soziale Medien seit Anfang der 1990er-Jahre nutzten. Und es waren Muslime in der Diaspora (insbesondere in den USA), die als erste über Internet ihre sozialen Netzwerke aufrechterhielten und Informationen aus dem Heimatland austauschten. Heute bilden Ägypter mit fünf Millionen Nutzern die achtgrößte Community auf Facebook. Inzwischen nutzen insgesamt 20 Millionen Ägypter das Internet.

2) Ebenso war die Pluralisierung der arabischen Medienlandschaft in den letzten 20 Jahren (Satellitenkanäle, private Tageszeitungen, unabhängige Wochenmagazine) konstitutiv für die Protestbewegungen.

3) Über zwei Drittel der Bevölkerung sind unter 30 Jahre alt. Zwar gibt es nur wenig soziologische Studien zu dieser Altersgruppe, aber Individualisierungs-, Modernisierungs- und Verstädterungsprozesse sind weit fortgeschritten. Gerade in den letzten zehn Jahren ist in einer Reihe von Ländern das Verhältnis

von Stadt zu Landbevölkerung gekippt: Mehr Menschen leben inzwischen in der Stadt als auf dem Land. Die Emanzipation von patriarchalen Autoritäten sowie tradierten Verhaltensmustern zeigt sich schon seit Längerem ebenfalls deutlich in Philosophie, Kunst und Kultur. Auch im Freizeitverhalten bildet sich eine zunehmende Individualisierung ab. Der Osloer Islamwissenschaftler Albrecht Hofheinz weist zu Recht darauf hin, dass die Rückwirkung des Internets auf Individualisierung und gesellschaftliche Verhaltensmuster noch wissenschaftlich untersucht werden muss.

4) Entscheidend für die Durchsetzungskraft der Proteste 2011 aber war die Unterstützung durch die Gewerkschaften in Tunesien und die Arbeiterbewegung in Ägypten. Mit diesen Solidaritätsaktionen erhielten die Demonstrationen in Ägypten eine soziale Komponente, die hier zunächst nicht Ursprung der Proteste war. Nur so konnten die Demonstrationen die kritische Masse mobilisieren, die immer mehr Bürger motivierte, sich öffentlich zu engagieren.

Die Demonstrationen von 2011 in Tunesien und Ägypten können in dem Sinne als erfolgreich bezeichnet werden, dass sie nicht – wie 2009 im Iran – niedergeschlagen wurden. Ob sie mehr als einen klassischen Elitenverdrängungsprozess eingeleitet haben, ist Mitte 2011 offen.

Individualisierung und Emanzipation

Erste Studien zum Wertewandel in der Region weisen auf zwei wesentliche Faktoren hin: zum einen auf die Schwächung der Großfamilie, zum anderen auf die Umkehrung von Autoritätsverhältnissen durch Bildung, trotz des extrem unterschiedlichen Niveaus arabischer Universitäten. Zu den wichtigsten Ergebnissen der Jugendforschung gehört, dass die elterliche Autorität sinkt, insbesondere als moralische und religiöse Instanz. Der marokkanische Soziologe Mokhtar el-Harras führt dies darauf zurück, dass die Elterngeneration zum Teil schlechter ausgebildet ist als ihre Kinder. So haben Eltern häufig die Rolle als Wissensvermittler verloren. Im Gegenteil sind es die Kinder, die um Rat und nach Informationen gefragt werden.

pa/dpa

Algerische Schulkinder am ersten Tag des neuen Schuljahres.

In seiner quantitativen Studie mit 865 Teilnehmern zu »Jugend und religiöse Werte« widerlegt el-Harras die These, dass Stabilität und Stagnation der Gesellschaften sich aus der autoritären Struktur innerhalb der Familie speisen. Vielmehr betont er, dass die Zeiten, in denen der vorgezeichnete Weg der Eltern der nachfolgenden Generation Sicherheit verleihe, vorbei seien. Der Soziologe sieht in der Übernahme globalisierter kultureller Werte die Ursache für das Entstehen offener Glaubens- und Wissensinhalte. Seine Ergebnisse werden durch Studien in anderen arabischen Ländern, wie zum Beispiel Irak oder Palästina, gestützt. Nicht nur die höhere Schulbildung von einer Generation zur nächsten würde das Autoritätsverhältnis zwischen Kindern und Erwachsenen verkehren; in Palästina hat sich das Verhältnis auch durch die Übernahme politischer Verantwortung durch Kinder und Jugendliche während der Intifada umgedreht. Dies ist nun auch in den Protestbewegungen in anderen Ländern der Region der Fall, d.h. Jugendliche und junge Erwachsene werden zu Rollenmodellen für die ältere Generation.

In vielen Familien gelang in den 1960er-Jahren in nur einer Generation der Sprung vom Analphabeten zum Universitätsabsolventen. Diese Generation ist heute zwischen 65 und 75 Jahre alt und bildet die neue Mittelschicht. Sie konnte vom Ende der

Kolonialherrschaft profitieren. Es kam zu drei wichtigen gesellschaftlichen Entwicklungen: Im Laufe der 1980er-Jahre waren erstens die postkolonialen Hoffnungen aufgebraucht. Islamistische Gruppierungen konnten diese Enttäuschung für ihre politischen Ziele nutzen.

Zweitens verdreifachte sich die Bevölkerung zwischen 1970 und 2010 nahezu. Die demografische Entwicklung und die Ausweitung des Bildungsangebotes führten in Marokko, Algerien, Tunesien und Ägypten zu einem hohen Anteil arbeitsloser Akademiker. In Marokko sind beispielsweise nach offiziellen Statistiken nur 5 Prozent der Bürger ohne Universitätsabschluss arbeitslos, während die Arbeitslosenrate bei Universitätsabgängern bei bis zu 27 Prozent liegt. Zwar investieren Eltern das Haushaltseinkommen primär in die Ausbildung ihrer Kinder in privaten, häufig fremdsprachigen Kindergärten, Schulen und wenn möglich auch an den neuen privaten Universitäten – trotzdem sind die Berufschancen dieser Generation geringer als die ihrer Eltern. Auch dieses Paradox hat zur gesteigerten Unzufriedenheit der heute 25- bis 40-Jährigen beigetragen.

Drittens verringerten sich mit den Anschlägen in New York und Washington 2001 die Möglichkeiten auszuwandern. Legale Migrationsmöglichkeiten in die USA und nach Europa wurden nach 2001 minimiert und illegale Wege wurden immer schwieriger. 2004 wurde die »Europäische Agentur für die operative Zusammenarbeit an den Außengrenzen« (Frontex) gegründet, der von humanitären Organisationen militärische Flüchtlings-Abwehrmaßnahmen vorgeworfen werden. Für viele blieb nur die Migration in die reichen Golfstaaten, darunter arabische Journalisten, Lehrer, Ärzte, erfolgreiche Jungunternehmer, die – zumindest zeitlich befristet – abwanderten. Softwareentwicklung und Internetprogrammierung gehören zu den besser bezahlten und vor allem ortsunabhängigen Berufsmöglichkeiten der Mittelschicht. In Ermangelung von Bewegungs- und Gedankenfreiheit in der realen Umgebung nutzen viele junge Männer und Frauen nun die virtuelle Welt auch für ihr berufliches Fortkommen.

Wael Ghonim, Jahrgang 1980, Marketing-Direktor von Google Middle East mit Wohnsitz in Dubai, personifiziert diese soziale Gruppe, welche die Protestwellen von 2011 mit vorbereitet und organisiert hat. Er gründete die bekannteste ägyptische Facebookgruppe »Wir sind alle Khaled Said«, benannt nach einem ägyptischen Blogger, der im Sommer 2010 in Alexandrien von Polizisten in der Öffentlichkeit zu Tode geprügelt wurde. Im Mai 2011 umfasste seine Facebookgruppe 1 272 587 Mitglieder (allein in diesem Monat stieg sie um 100 000). Zum Vergleich: Die Seite des ägyptischen Nobelpreisträgers Mohammed el-Baradei »Elbaradei for Presidency of Egypt« stagniert seit September 2010 bei rund 250 000 Mitgliedern.

Pluralisierung der Medienlandschaft

Während die staatlichen Fernsehsender in Ländern wie Ägypten oder Marokko noch in den 1990er-Jahren Propagandakanäle waren, entstanden in beiden Ländern in dieser Zeit auch private Fernsehstationen, die das Informationsmonopol schrittweise aufbrachen und eine neue Form der Berichterstattung einführten. Dies galt auch für den Zeitungsmarkt, der allerdings aufgrund der hohen Analphabetenraten in der Region gesellschaftlich weniger einflussreich war. Trotzdem war die Zunahme öffentlicher politischer Kommunikationsprozesse in den letzten zwei Jahrzehnten in der arabischen Welt aufsehenerregend; nur schaute niemand außerhalb der Wissenschaft genau hin. Allzu häufig wurden Veränderungen wie diese nur als demokratische Fassade verstanden. Zu sehr ging man davon aus, dass hier Potemkinsche Mediendörfer entstanden, hinter denen sich die orientalischen Despoten versteckten. Dass die Interessengegensätze der Regime jedoch auch die Medien- und Informationsvielfalt vergrößern würden, wurde nicht wahrgenommen. Die Gründung des qatarischen Fernsehsenders al-Jazeera ist hierfür das offensichtlichste Beispiel. Zunächst wurde der Sender für seine unabhängige Berichtererstattung belobigt. Das ZDF schloss sogar noch im Juni 2001 ein Kooperationsabkommen mit al-Jazeera ab. Nach 2001 wurde der Sender von vielen westlichen Medien allerdings als angebliches Sprachrohr von al-Qaida und als unprofessionell diffamiert.

Soziale Medien und Mobilisierung in Ägypten

Statistisch gesehen kommt heute auf jeden über 15 Jahre alten Ägypter ein Mobiltelefon, d.h. es gibt derzeit rund 55,5 Mio. Handys im Land, aber nur zehn Mio. Festnetzanschlüsse. So bedeutete die Abschaltung von Internet und Mobilfunk vom 28. Januar bis 2. Februar 2011 einen fast vollkommenen Zusammenbruch der Kommunikationssysteme und ein Novum in der Geschichte des Internets. Während die vier größten ägyptischen Internetdienstleister Link Egypt, Etisalat Misr, Vodafone/Raya und Telecom Egypt ihre Kunden vom Netz nahmen, konnte die Noor Group ihre IP-Adresse offen halten und durchgehend Zugang anbieten. Noor ist einer von vier Providern der ägyptischen Börse; somit war die ägyptische Börse zu jedem Zeitpunkt funktionsfähig und hatte durchgehend Zugang zu Weltmarkt und Weltgeschehen. Ob dies Zufall war oder eine bewusste Vorsichtsmaßnahme, wird diskutiert. Nach dem 2. Februar wurden Netzanschlüsse von einzelnen Personen erst sukzessive im Laufe einiger Tage wieder freigeschaltet (Mobilfunk und SMS-Systeme können getrennt ab- bzw. freigeschaltet werden).

Vieles weist darauf hin, dass sich Aktivisten seit zwei bis drei Jahren zunehmend strategisch auf ihre Demonstrationen vorbereitet haben. Flashmobs, d.h. via SMS organisierte öffentliche Zusammenkünfte, die genauso schnell wieder verschwanden, wie sie auftauchten, waren eine der globalisierten Moden, die auch in Ägypten Anhänger fand. So wurden beispielsweise Ort und Zeit der Proteste am 28. Januar im Internet bekanntgegeben, im letzten Moment aber per SMS und Mundpropaganda geändert. In den Tagen zuvor wurden Informationen über die Möglichkeiten weitergeleitet, Sperrungen von Webseiten (insbesondere Facebook und YouTube) oder Twitter zu umgehen (http://werebuild.eu/wiki/Egypt/Main_Page). Google brachte während der ägyptischen Revolution einen Voice-to-Twitter Service heraus. Einige Aktivisten versuchten kurz vor dem »Freitag der Wut« Satellitentelefone zu bekommen, um unabhängig von den in Ägypten zugelassenen Mobilfunkgesellschaften kommunizieren zu können. Andere verbreiteten die kostenlosen Einwahlnummern verschiedener internationaler Internetprovider, um sich über Modem einzuloggen. Telecomix, eine offene Plattform, die sich als »Sociocyphernetic jellyfish cluster« bezeichnet, bot ebenfalls eine freie Einwahlnummer für Ägypten an. Über Telecomix bzw. unter dem Namen »We Rebuild« engagieren sich Aktivisten für den freien Zugang zum Internet für alle an jedem Ort zu jeder Zeit. Schon 2008 hatte eine Gruppe ägyptischer Aktivisten die Möglichkeit eines kompletten Internetausfalls diskutiert, sollte der ägyptische Präsident Hosni Mubarak plötzlich sterben. Aber Internetlösungen via Satellit waren nicht einfach, wie sich nach dem 28. Januar herausstellte.

Die Vorbereitungen können als vorausschauend und strategisch geplant angesehen werden. 2011 setzen die Aktivisten eigene Ordner ein, damit keine Waffen auf den Tahrir-Platz gelangten. Es existierten Kontakte zu Protestbewegungen in anderen Ländern und ägyptische Aktivisten nahmen an Workshops teil. Bekannt sind zum Beispiel persönliche Treffen mit der Organisation »Otpor« in Belgrad. Angeregt durch diese serbische Oppositionsgruppe gründete 2001 eine weitere Gruppe von Ägyptern in London die »Akademie des Wandels« (http://www.taghier.org) und gab sich das Motto »MindQuake«. Im Nachgang zu den Präsidentschaftswahlen führte sie schon 2005 Workshops über Techniken des zivilen Ungehorsams und Deeskalationsstrategien durch. Texte über zivilen Widerstand wurden ins Arabische übersetzt und via Internet verbreitet.

Am 17. Februar 2011 legte der Oberste Rat der Streitkräfte in Ägypten eine eigene Facebook-Seite an mit dem vorgeblichen Ziel, die Kommunikation mit den Organisatoren der Proteste und der »Jugend des 25. Januars« zu verbessern. Allerdings ist die Seite nicht besonders attraktiv aufgebaut: Die Erklärungen des Militärrates werden als einfaches PDF eingestellt. Man sieht deutlich, dass hier eine Nicht-Internetgeneration auf ein ihr unbekanntes Medium trifft. Der Rat verspricht Anfragen über diese Seite binnen 24 Stunden zu beantworten (Klickzahl 25.5.2011: über 1 000 000). Trotzdem wird die Kommentarfunktion intensiv genutzt: Zu jeder Mitteilung finden sich zwischen 5000 und 20 000 Kommentare; in der Zeit vom 19. Februar bis 3. März teilweise sogar 35 000 bis 97 000 Eintragungen. Diese werden allerdings wohl kaum ausgewertet.

Gesellschaftlicher Konsens

Obwohl bisher wenig untersucht, kann man für Ägypten durchaus von einem triple down effect sprechen. Eine extrem reiche Oberschicht (crony capitalists) ermöglichte die Herausbildung einer Mittelschicht, die auch von verschiedenen staatlichen Subventionsprogrammen (z.B. im Wohnungsbau) profitierte, weil lokale, gut ausgebildete ägyptische Fachleute im oberen Management benötigt wurden. Diese Mittelschicht mag prozentual nur 5 bis 10 Prozent der Bevölkerung ausmachen; es sind aber diese Teile der Gesellschaft, die 2011 als Erste für Bürgerrechte wie Versammlungs- und Meinungsfreiheit sowie transparente Regierungsführung auf die Straße gingen. Auch Teile der Mittelschicht leiden unter den stetig steigenden Lebensmittelpreisen.

Charakteristisch für den Umbruch in Tunesien wie Ägypten waren Anfang 2011 nicht nur die Erfahrungen dieser Schicht mit einem übermächtigen Polizeistaat, sondern dass sich breite Bevölkerungsteile über verschiedene Einkommensklassen hinweg engagierten. In Tunesien waren es die Unterstützung durch die Gewerkschaften, in Ägypten die Streiks im öffentlichen Sektor (Suezkanalbehörde, Textilindustrie, Eisenbahner), die den Demonstranten letztendlich die nötige Durchschlagskraft verliehen. Während ältere Oppositionsbewegungen wie Kifaya! (Genug!) oder die Hizb al-Ghad (Partei des Morgens) zu elitär waren, um mehr als ein paar hundert Menschen auf dem Tahrir-Platz zu versammeln, hatten bis 2011 so viele Menschen die Hoffnung auf einen Wandel durch das Regime Hosni Mubaraks verloren und negative Erfahrungen mit dem Sicherheitsapparat gemacht, dass es diesmal einen gemeinsamen Nenner in weiten Teilen der Bevölkerung gab. Paradoxerweise war der ägyptische Polizeistaat 2011 auf einem Höhepunkt seiner Macht. Während es 1974 nach offiziellen Angaben 150 000 Polizisten gab, waren es 2002 über eine Million. 2009 hatte das Innenministerium 1,7 Millionen Angestellte, darunter verschiedene Spezialeinheiten, die auch gegen die Bevölkerung eingesetzt wurden. Es ist daher kein Zufall, dass der 2009 eingeführte Nationalfeiertag »Tag der Polizei« (zur Erinnerung an 50 Polizeioffiziere in Ismailia, die sich am 25. Januar 1952 den Anordnungen der Briten widersetzt hatten) zum Kristallisationspunkt der Unzufriedenheit wurde. Noch am Tag

pa/dpa

Nicht nur in Ägypten gehen gut ausgebildete junge Menschen auf die Straße, um für gesellschaftliche Veränderungen zu demonstrieren. Das Bild zeigt Studierende der Medizin in Algier Anfang Juni 2011.

zuvor schrieb der ägyptische Journalist Ahmed Zaki Osman in der Tageszeitung al-Masry al-Youm einen Beitrag unter dem Titel »Egypt's police: From liberators to oppressors«. Trotz der staatlichen Übermacht stellten sich die Demonstranten der Staatsgewalt entgegen. Islamistische wie kommunistische Oppositionelle, die die Repression der 1970er- und 1980er-Jahre kannten, schauten mit Verwunderung auf die nachfolgende Generation, die sich scheinbar furchtlos auf den Straßen hielt.

Während sich in Algerien nach dem Bürgerkrieg in den 1990er-Jahren ein Militärregime etablierte und in Tunesien eine möglichst umfassende Kontrolle bürgerrechtlichen Engagements stattfand, gab es in Ägypten in den letzten fünf Jahren eine Vielzahl von illegalen Streiks (wildcat strikes), Arbeitsniederlegungen und Sit-ins gegen die Privatisierungspolitik des Regimes. Besonders hohe Symbolkraft hatten in den letzten Jahren die Streiks von 20 000 Arbeitern der Misr Spinning and Weaving Company, einem der größten staatlichen Betriebe des Landes.

Schlussfolgerung

In den letzten zehn Jahren wandten sich immer mehr Bevölkerungsteile vom Regime Mubaraks ab. Aufgrund der extrem niedrigen Beteiligung an den Präsidentschaftswahlen 2005 von nur 23 Prozent stimmten selbst nach offiziellen Angaben nur 6,3 Millionen Ägypter für Mubarak. Geht man davon aus, dass damals ebenfalls Wahlfälschungen stattfanden (wie die Einschüchterung von Wählern, kollektive Stimmabgabe durch Vorgesetzte, mit gefälschten Stimmzetteln gefüllte Wahlurnen etc.), ist es nicht unwahrscheinlich, dass die tatsächliche Zahl der von den Wählern abgegebenen Stimmen durchaus weit unter diesen 6 Millionen lag. Während also international ein Ergebnis von 88,6 Prozent Ja-Stimmen für die Wiederwahl Mubaraks verkündet wurde, stimmten tatsächlich – bezogen auf die Anzahl der Wahlberechtigten – nur 12 bis 15 Prozent der Bürger für eine fünfte Amtszeit. Viele Bürger waren 2005 davon ausgegangen, dass Hosni Mubarak im ersten Jahr seiner neuen Amtsperiode die Macht an einen Nachfolger übergeben würde. Diese Erwartungen wurde jedoch missachtet. Die erneut gefälschten Parlamentswahlen von November/Dezember 2010 erweiterten den Kreis derjenigen noch einmal, die ein Ende des Mubarak-Regimes wünschten. 2011 einte der gesellschaftliche Widerstand gegen eine sechste Amtszeit Hosni Mubaraks und eine familieninterne Nachfolgeregelung diesen Protest. Auch so ist die Implosion des Systems 2011 zu erklären: Die politische Kultur Ägyptens erlaubte keine Machtübergabe an den Sohn.

Aus einer Vielzahl der unterschiedlichsten Oppositionsgruppen wurde in Ägypten nach dem Sturz des tunesischen Präsidenten Ben Ali eine mehrere Millionen umfassende Protestbewegung, die zu einem Militärcoup und damit zum Fall des Regimes führte. Die einen artikulierten ihre Forderungen nach sozialer Gerechtigkeit, die anderen nach Meinungsfreiheit. So unterschiedlich die Protestgruppen auch waren, sie alle hatten langjährige Erfahrungen mit Zensur und dem ägyptischen Sicherheitsapparat gemacht, die hier zum Tragen kamen.

Demografischer Wandel, zunehmende Verstädterung und die damit einhergehende Individualisierung haben in den letzten 20 Jahren einen grundlegenden Wertewandel in der arabi-

pa/Eibner-Pressefoto

Der Jasmin ist die tunesische Nationalblume. Es ist nicht ungewöhnlich, dass revolutionäre Umstürze nach solchen Nationalblüten benannt werden, so zum Beispiel 1974 die portugiesische »Nelkenrevolution« oder 2003 die georgische »Rosenrevolution«.

schen Welt mit sich gebracht. Individuelle Lebensgewohnheiten und Lebensziele haben sich darüber hinaus auch durch Globalisierungsprozesse radikal verändert. Die Demonstranten vom Tahrir-Platz in Kairo sind dafür nur Sinnbild.

Sonja Hegasy

pa/dpa

Am 7. Mai 2011 erreichten zwei völlig überfüllte Boote mit knapp 850 Flüchtlingen aus Libyen die Küste der italienischen Insel Lampedusa. Fotos wie diese wurden zum Sinnbild einer – angeblichen – Massenmigration der Menschen aus Nordafrika in das politisch sichere und wirtschaftlich wohlhabende Europa. Und in der Tat ist in den nordafrikanischen Ländern der Wunsch gerade unter der jungen Generation groß, die eigene Heimat zu verlassen.

Einer der Hauptgründe liegt in der demografischen Entwicklung mit einem rapiden Bevölkerungswachstum in der Region. Zahlreiche junge, auf den Arbeitsmarkt drängende Menschen bleiben arbeitslos, obwohl sie oft über eine bessere Ausbildung als die Elterngeneration verfügen. Perspektivlosigkeit im eigenen Land und der Traum von einer besseren Zukunft lassen sie in die Ferne aufbrechen, selbst unter Inkaufnahme großer Strapazen und Gefahren für das eigene Leben. Dabei bilden die Bootsflüchtlinge nur einen geringen, wenngleich öffentlichkeitswirksamen Teil der Migrationsbewegung. Weitaus häufiger leben und arbeiten diese Migranten in anderen arabischen Staaten oder wandern mit einem regulären Visum in die europäischen Staaten ein, kehren aber nach Ablauf nicht in ihre Heimatländer zurück.

Migration und Flüchtlingsproblematik in Nordafrika

Die Medien berichten seit Jahren kontinuierlich von Menschen, die auf kleinen Booten aus Nordafrika über das Mittelmeer kommen. Meist wird pauschal von Flüchtlingen gesprochen und ein Bild vermittelt, als ob Massen von Migranten nur auf die Gelegenheit zum Übersetzen warten. Es fallen jedoch bei Weitem nicht alle unter die Schutzbestimmungen der Genfer Flüchtlingskonvention oder der Asylgesetze der europäischen Staaten und viele der sogenannten Bootsflüchtlinge stammen gar nicht aus Nordafrika.

Das Migrationsgeschehen

Migrationsbewegungen sind in Nordafrika wie auf dem ganzen afrikanischen Kontinent ein normaler Vorgang. Lange schon wanderten Menschen entlang der alten Handelswege durch die Sahara in den Süden oder kamen von dort. Im Zuge der Kolonialisierung siedelten sich Europäer an, vor allem aus Frankreich und Spanien, welche die Region mit der Entkolonialisierung in den 1950er- und 1960er-Jahren wieder verließen. Gleichzeitig wanderten Nordafrikaner, vor allem aus Marokko, Algerien und Tunesien aus, um in Frankreich, Belgien, den Niederlanden und in Deutschland als »Gastarbeiter« zu arbeiten. Ägypter waren mehr nach Osten orientiert und gingen vorrangig in die arabischen Länder, vor allem nach Saudi-Arabien und an den Persischen Golf. Ein weiteres Ziel der ägyptischen Arbeitskräfte war das ölreiche Libyen. Eigene Ölförderung und der Aufbau von Industrien waren auch der Grund, warum Algerien ab 1973 seinen Einwohnern die Auswanderung für drei Jahrzehnte verbot.

Trotz der zunehmenden Beschränkung der Zuwanderung in die Europäische Gemeinschaft seit Beginn der 1990er-Jahre, führten etablierte Migrationsnetzwerke weiter zu einer kontinuierlichen Auswanderung nach Europa, vor allem im Rahmen des Familiennachzugs. Aber auch die anhaltenden Entwicklungsdifferenzen zwischen Nord und Süd verursachen einen Einwanderungsdruck mit steigenden Wanderungsraten und führen zum Teil zu irregulären Migrationen. Die Ziele der Migranten haben sich dabei diversifiziert und auch ehemalige Entsendeländer von Arbeitskräften wie Spanien, Italien oder Griechenland sind zu Einwanderungsländern geworden.

Zahlen über Wanderungen in der Region sind wenig verlässlich. Das Forschungsnetzwerk Consortium for Applied Research on International Migration (CARIM) in Florenz schätzt, dass Mitte des vergangenen Jahrzehnts ungefähr acht Millionen Nordafrikaner (ohne Libyer) außerhalb ihres Landes lebten, davon knapp fünf Millionen in Europa und gut zwei Millionen in arabischen Staaten.

Der Wunsch, das Heimatland zu verlassen, ist vor allem unter jungen Menschen weit verbreitet. Umfragen der letzten Jahre weisen Werte zwischen 15 Prozent (Ägypten) und 25 Prozent (Marokko) aus. Extrem stellt sich die Situation in Tunesien dar, wo drei Viertel angegeben haben, das Land verlassen zu wollen – unabhängig von Geschlecht, Altersklasse, Ausbildungsniveau oder Beschäftigungssituation. Doch die regulären Möglichkeiten sind beschränkt. Zwar haben einige Länder Abkommen mit EU-Staaten zur Erleichterung und Steuerung legaler Zuwanderung abgeschlossen, da aber für die EU und ihre Mitgliedsstaaten Migrationskontrolle und Verhinderung irregulärer Zuwanderung im Vordergrund ihrer Politik stehen, können die in den Abkommen vorgesehenen Kontingente nur einen Bruchteil der tatsächlich stattfindenden Migrationen abdecken.

Nordafrika ist jedoch nicht nur eine Abwanderungsregion, sondern auch ein wichtiger Ziel- und Transitraum. Die verschiedenen Zuwanderungsformen (Arbeitsmigration, Flucht, Transitwanderung) sind dabei nicht immer klar voneinander abzugrenzen und können sich im Lauf der individuellen Migrationsprojekte verändern. Vor allem Libyen ist ein Zuwanderungsland für ägyptische und tunesische Arbeitskräfte, aber auch für Sudanesen und Menschen aus dem subsaharischen Afrika. Zunehmend treten Asiaten, besonders Chinesen und Inder, in Erscheinung wie in der algerischen Bau- und Stahlindustrie. Flüchtlinge vor Krieg und Verfolgung finden sich vor allem in Ägypten und kommen aus verschiedenen Konfliktregionen (u.a. Irak, Sudan, Somalia, Eritrea, Demokratische Republik Kongo). Ein Teil dieser Menschen hat ein weiteres Ziel, in der Regel Europa, und befindet sich nur vorübergehend dort. Das Verhältnis von legaler zu irregulärer Migration liegt über alle Wanderungsformen hinweg bei schätzungsweise 1:2. Irregularität ergibt sich dabei nicht nur als Folge der Vorverlagerung europäischer Grenzpolitik, sondern kann auch durch innenpolitische Rechtsänderungen innerhalb der EU bedingt sein, wenn zum Beispiel plötzlich für ganze Nationalitäten Visumbestimmungen verändert werden.

Abwanderungsgründe

Die Gründe für die anhaltenden Abwanderungswünsche vieler Nordafrikaner sind vielfältig und bedingen sich zum Teil gegenseitig. An erster Stelle steht die demografische Entwicklung. Bis in die 1980er-Jahre war die Region von schnellem Bevölkerungswachstum bei hohen Geburtenraten und gleichzeitigem Rückgang der Sterberaten gekennzeichnet. Als Reaktion wurden Maßnahmen der Geburtenkontrolle und Familienplanung gefördert, die mittlerweile greifen. Auch wenn die Entwicklung heute weniger stark als im subsaharischen Afrika ausgeprägt ist, liegen die Werte mit einem Bevölkerungswachstum von 1,6 Prozent pro Jahr und einer Geburtenrate von durchschnittlich 2,6 Kindern pro Frau aber immer noch sehr hoch. Das heißt, die Bevölkerung wächst weiter – von aktuell (2010) 167 Millionen Menschen über geschätzte 201 Millionen im Jahr 2025 auf voraussichtlich 238 Millionen bis 2050. Als Folge des sogenannten demografischen Übergangs verändert sich die Altersstruktur. Die Bevölkerung ist sehr jung, jeweils 29 Prozent gehören der Altergruppe der unter 15-Jährigen beziehungsweise der 15- bis 29-Jährigen an. Gerade diese Gruppe, also ein knappes Drittel der Bevölkerung, hat das sogenannte aktive Alter erreicht, zum Teil die Ausbildung beendet und drängt nun auf den Arbeitsmarkt.

Obwohl die wirtschaftliche Situation in Nordafrika deutlich besser ist als im Vergleich zum Süden Afrikas, gelingt es nicht, ausreichend Arbeitsplätze zu schaffen. Das führt dazu, dass 25 bis 33 Prozent der jungen Menschen in der Altersklasse zwischen 20 und 30 Jahren arbeitslos sind. Die Situation wird durch weitere Effekte verschärft. Es sind nicht mehr nur die jungen Männer, die auf den Arbeitsmarkt strömen, sondern auch Frauen. Im Zuge des gesellschaftlichen und demografischen Wandels heiraten und bekommen sie ihre Kinder später, wollen und können daher im Gegensatz zu früher auch am Arbeitsmarkt teilhaben. Dies hängt mit einem zweiten Effekt zusammen. Die Staaten haben in den vergangenen Jahrzehnten viel Geld in ihre Bildungssysteme investiert, so dass die heutige junge Generation so gut gebildet ist wie keine zuvor. Nun sucht diese aber auch dem Ausbildungsniveau entsprechende Arbeitsplätze, die auf einem immer enger werdenden Markt nicht ausreichend vorhanden sind. Die Disparitäten werden an einem Zahlenbeispiel deutlich: Die natürliche Wachstumsrate der Bevölkerung liegt zwischen einem und zwei Prozent pro Jahr. Die Zahl derer, die das arbeitsfähige Alter erreichen (aktive Bevölkerung) steigt gegenwärtig um drei Prozent jährlich, die Nachfrage nach Arbeitsplätzen um vier bis fünf Prozent und der Anteil der Arbeitskräfte mit guter oder sehr guter Ausbildung um sechs bis acht Prozent.

Die gut ausgebildeten jungen Menschen sind heute freier, individueller und mobiler, da sie nicht mehr so früh heiraten und Familien (sowohl die selbst gegründeten als auch die der Eltern) unterhalten müssen. Aber die Ausbildung weckt hohe Erwartungen, die durch Arbeitslosigkeit oder schlecht bezahlte Jobs enttäuscht werden. Dazu trägt auch die (bisher) mangelnde adäquate Möglichkeit zu politischer und gesellschaftlicher Teilhabe bei, da in den meist korrupten und mehr oder minder autoritären Staaten alle Macht in den Händen der älteren Generation und der Parteigänger der Regime liegt. Nicht zuletzt deswegen haben sich die Revolten des »Arabischen Frühlings« ereignet.

Weitere Problemverstärker, die gegenwärtig immer häufiger diskutiert werden, sind durch den Klimawandel ausgelöste Umweltveränderungen. Nach den Prognosen des International Panel on Climate Change (IPCC) ist in Nordafrika in den nächsten drei Jahrzehnten mit einem Rückgang der Niederschläge im Frühjahr/Sommer um 10 bis 25 Prozent zu rechnen. Dürreperioden und partielle Überschwemmungen auf ausgedörrten Böden werden demnach zunehmen. Trockenheit und Wüstenbildung reduzieren aber – neben wachsenden Bevölkerungen – die Ressourcen an landwirtschaftlichen Nutzflächen und Frischwasser. In Ägypten sind nur fünf Prozent des Landes überhaupt bewohn-

pa/dpa

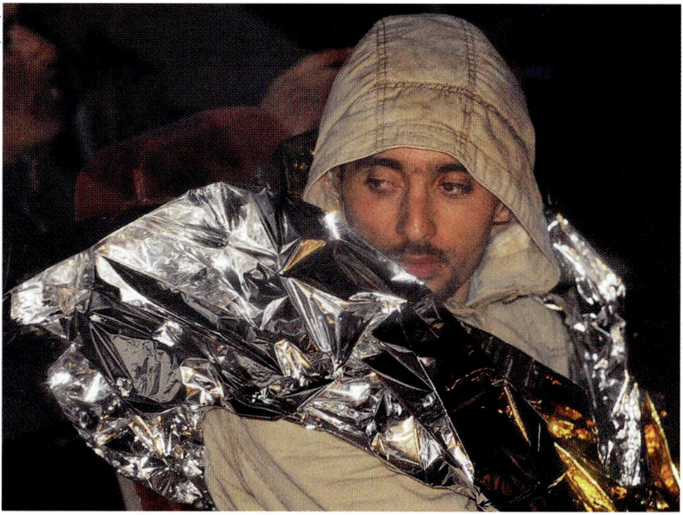

Ein Tunesier erreicht, nach langer und gefährlicher Überfahrt erschöpft, am 15. April 2011 die italienische Insel Lampedusa.

bar und schon jetzt herrscht dort mit über 2000 Menschen je (bewohnbarem) Quadratkilometer eine der höchsten Bevölkerungsdichten der Welt. Und im Süden breitet sich die Sahara weiter aus, jedes nordafrikanische Land verliert jährlich rund 1000 Quadratkilometer bebaubares Land. Sollte der Meeresspiegel zudem steigen, würden die dortigen landwirtschaftlichen Nutzflächen versalzen und dies den Lebensraum von Millionen Menschen im Nildelta gefährden. Ob es dann zu großen Wanderungsbewegungen käme, bleibt offen. Bisherige Erfahrungen mit Dürren, Überflutungen sowie Erdbeben in Marokko, Tunesien und Algerien zeigen, dass es zwar kurzfristig zu erheblichen Fluchtbewegungen kommt, die meisten der betroffenen Menschen aber alles daran setzen, sobald wie möglich wieder in ihre Heimatregion zurückkehren.

Die angeführten Gründe wie Bevölkerungswachstum, wirtschaftliche und Arbeitsmarktprobleme, schlechte Regierungsführung und Umweltveränderungen schaffen in abgewandelter

Form auch im subsaharischen Afrika ein erhebliches Migrationspotenzial.

Irreguläre Migration

Aus europäischer Perspektive wird irreguläre Migration von Nordafrikanern oft mit dem Übersetzen über das Mittelmeer in kleinen Booten gleichgesetzt. Dies trägt jedoch nur einen Bruchteil zur Zahl derjenigen Nordafrikaner bei, die sich irregulär in der EU aufhalten. Die Mehrzahl reist mit einem Visum regulär ein, arbeitet regulär oder irregulär und bleibt anschließend über die erlaubte Zeit hinaus im Land (overstaying). Die Regierungen der nordafrikanischen Staaten haben im vergangenen Jahrzehnt nach und nach dem Drängen der EU auf bessere Zuwanderungskontrolle entsprochen und ihre Gesetzgebung in diesem Bereich verschärft. So steht nun in mehreren Staaten das irreguläre Verlassen des Landes unter Strafe. Dies betrifft sowohl Staatsbürger als auch Ausländer, denn nicht nur Nordafrikaner wollen über das Mittelmeer übersetzen, sondern auch Subsaharianer und Angehörige anderer Nationalitäten. Insgesamt hat die irreguläre Migration über das Mittelmeer in den letzten Jahren abgenommen, nicht zuletzt unter dem Eindruck der weltweiten Finanz- und Wirtschaftkrise, was sich besonders im Zielland Spanien bemerkbar gemacht hat.

Auch Afrikaner aus dem subsaharischen Raum sind nicht einfach irreguläre Migranten. In diesem Mobilitätsraum wechseln die Zuordnungen zwischen Reisenden, Flüchtlingen und Arbeitskräften – sie verändern sich oft im Lauf der Migration durch eigene Erfahrungen und neue Orientierungen. Gemeinsam ist allen Betroffenen, dass es sich in der Regel nicht um die Ärmsten der Armen handelt, denn für eine Wanderung benötigt man eine gewisse Ressourcenausstattung. Sie erhoffen sich ein besseres Leben, bessere Arbeit und höheres Einkommen als zu Hause, sei es in den Staaten Nordafrikas oder Europas. Während die Chancen Europa tatsächlich zu erreichen oft überschätzt werden, werden die Gefahren und Risiken der Reise aus dem Süden durch die Sahara meist unterschätzt.

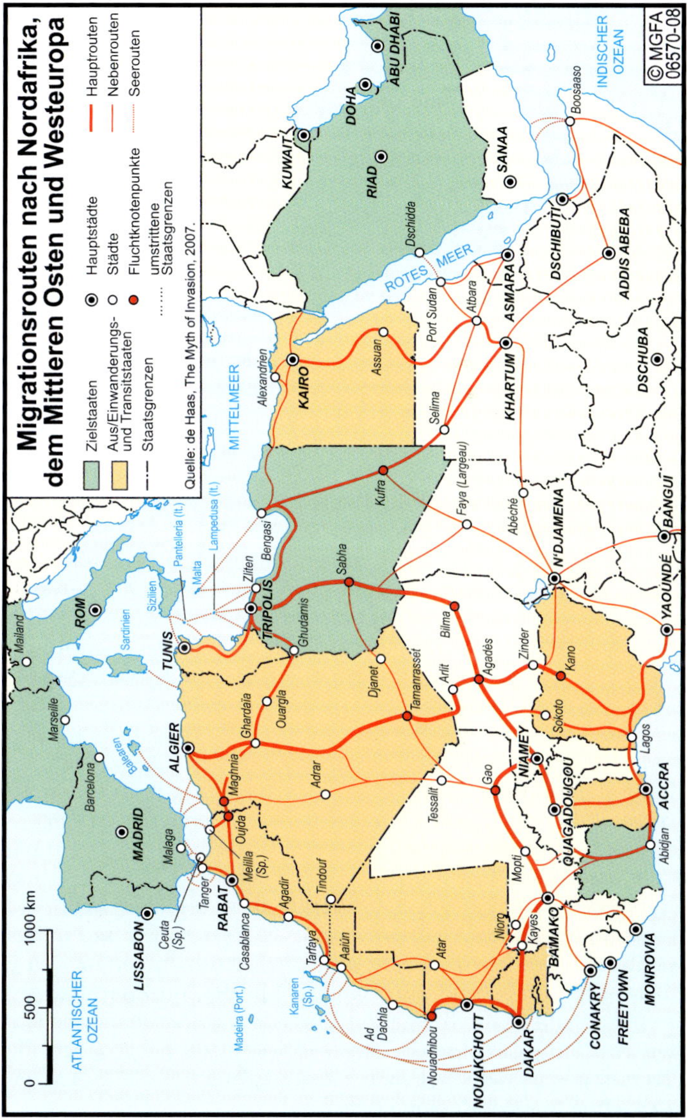
Migrationsrouten nach Nordafrika, dem Mittleren Osten und Westeuropa
Zielstaaten
Aus/Einwanderungs- und Transitstaaten
Staatsgrenzen
Hauptstädte
Städte
Fluchtknotenpunkte
umstrittene Staatsgrenzen
Hauptrouten
Nebenrouten
Seerouten
Quelle: de Haas, The Myth of Invasion, 2007.
© MGFA 06570-08
0
500
1000 km
ATLANTISCHER OZEAN
MITTELMEER
ROTES MEER
INDISCHER OZEAN
LISSABON
MADRID
ROM
TUNIS
ALGIER
RABAT
TRIPOLIS
KAIRO
KUWAIT
RIAD
DOHA
ABU DHABI
SANAA
ASMARA
DSCHIBUTI
ADDIS ABEBA
KHARTUM
DSCHUBA
N'DJAMENA
BANGUI
YAOUNDÉ
NIAMEY
OUAGADOUGOU
ACCRA
BAMAKO
DAKAR
NOUAKCHOTT
CONAKRY
FREETOWN
MONROVIA
Mailand
Marseille
Barcelona
Balearen
Sardinien
Sizilien
Pantelleria (It.)
Malta
Lampedusa (It.)
Malaga
Ceuta (Sp.)
Tanger
Melilla (Sp.)
Oujda
Maghnia
Casablanca
Agadir
Tarfaya
Aaiún
Madeira (Port.)
Kanaren (Sp.)
Ad Dachla
Nouadhibou
Atar
Tindouf
Adrar
Ghardaïa
Ouargla
Ghudamis
Zliten
Bengasi
Sabha
Djanet
Tamanrasset
Arlit
Agadès
Bilma
Kufra
Alexandrien
Assuan
Selima
Port Sudan
Atbara
Dschidda
Faya (Largeau)
Abéché
Zinder
Kano
Sokoto
Lagos
Gao
Tessalit
Mopti
Nioro
Kayes
Abidjan
Boosaaso

Migrationsrouten

Um nach Norden zu gelangen, werden verschiedene Routen genutzt, die mit Ausnahme der spanischen Exklaven Ceuta und Melilla im Norden Marokkos immer die Küste zum Ziel haben. Diese Routen werden nicht gleichmäßig genutzt, sondern verschieben sich immer wieder durch äußere Einflüsse.

Die westliche Mittelmeer-Route wurde und wird von Marokkanern und Algeriern, aber auch von Westafrikanern genutzt. Letztere zogen in den vergangenen Jahren über Mali und Niger in den Süden Algeriens nach Tamanrasset und suchten von dort den Weg nach Norden durch Marokko, um an die Küste und dann auf die Iberische Halbinsel zu gelangen. Die im letzten Jahrzehnt erheblich ausgebauten Kontrollmaßnahmen von spanischer/europäischer Seite, die in immer stärkerer Kooperation mit Marokko umgesetzt wurden, führten zu einer Verlagerung der Route nach Westen.

Auf der westlichen Afrika-Route zogen die Migranten entlang der westafrikanischen Küste nach Norden und versuchten zuerst von der Westküste Marokkos zu den Kanarischen Inseln überzusetzen. Durch zunehmende Kontrollen von Frontex, der europäischen Agentur, die den Schutz der europäischen Außengrenzen gewährleisten soll, und den nordafrikanischen Küstenstaaten fand eine Verdrängung nach Süden statt, so dass die Boote (cayucos) die gefährliche Überfahrt sogar von der senegalesischen Küste aus wagten. Der Höhepunkt wurde im Jahr 2006 erreicht, als auf den Kanaren 31 700 Aufgegriffene gezählt wurden. Die verstärkten Kontrollen führten wieder zu einer Verlagerung nach Osten, so dass es 2010 nur noch 196 Aufgegriffene auf den Kanaren gab.

Das Geschehen konzentrierte sich zunächst auf die zentrale Mittelmeer-Route. Ihr Einzugsgebiet reicht im Westen bis zum Golf von Guinea, die Route verläuft ebenfalls über Mali und Niger in den Süden Algeriens, weiter nach Tunesien und in das westliche Libyen an die Küste, um von dort mit Booten Richtung Malta und Lampedusa zu gelangen. Mit der Verschärfung der Grenzkontrollen durch Algerien führte der Weg aus dem subsaharischen Raum direkt nach Libyen. Dieses Ziel haben auch die Flüchtlinge aus dem östlichen Einzugsgebiet um das Horn von Afrika und aus der Region Darfur.

Diese verlagerte sich als Reaktion auf die Kooperation Libyens mit der EU bei der Kontrolle der Migration auf die östliche Mittelmeer-Route, die über Ägypten und die Türkei verläuft. Sie bildete 2009 und 2010 den Schwerpunkt der irregulären Grenzübertritte in die EU. Zunächst wurde der Weg über die Ägäis auf griechisches Territorium gesucht, als Reaktion auf verschärfte Kontrollen dort schließlich über die nördliche Landgrenze. Seit 2009 wurde diese Route auch für Maghrebiner interessant, die im Zuge der neuen Visafreiheit mit der Türkei den Luftweg von Casablanca oder Algier nach Istanbul wählen und von dort nach Griechenland zu gelangen suchen. Erst im Zuge der politischen Umwälzungen in Nordafrika seit Beginn des Jahres 2011 hat sich der Schwerpunkt der irregulären Migration wieder zurück auf die zentrale Mittelmeer-Route verlagert.

Menschenschmuggel

Da die Einreise in die Staaten der EU durch restriktive Einreisegesetze und intensive Kontrollen kaum möglich ist, versuchen Migranten diese zu umgehen. Es hat sich ein regelrechter Markt entwickelt, auf dem Schlepper und Menschenschmuggler ihre Dienste anbieten. Schmugglernetzwerke mit unterschiedlichen Graden der Professionalisierung und Spezialisierung bieten den Transit durch die Wüsten oder Überfahrten per Schiff an. Die Grenzen zur organisierten Kriminalität sind fließend, wobei das Spektrum vom wohlorganisierten, ausbeuterischen Menschenhandel über internationale Schmuggelringe bis hin zu lokalen und nur gelegentlichen Anbietern einfacher Dienstleistungen reicht. Zum Teil sind es die Auswanderer selbst, die im Lauf ihrer Reise beschließen, ihre Erfahrungen zu nutzen und an anderen Migranten zu verdienen. Im Gegensatz zur europäischen Perspektive nehmen sie die Schlepper meist nicht als Kriminelle, sondern als Dienstleister wahr – ebenso begreifen sie sich selbst nicht als deren Opfer, sondern als Kunden. Gleichwohl sind zumindest die professionellen Schmuggelringe sehr wohl daran interessiert, den »Traum« von Europa tatkräftig zu vermarkten, um das eigene Geschäft fortführen zu können. Dies ist insofern einfach, als dieser »Traum« oft genug auch ohne ihre Hilfe in den

Herkunftsländern der Migranten geträumt wird. Der Markt an sich ist sehr flexibel und reagiert rasch auf Hindernisse und Möglichkeiten. So bildeten sich zum Beispiel in Tunesien und Libyen nach dem Wegfall der bisherigen repressiven staatlichen Ordnung fast explosionsartig neue Schleppernetzwerke, die auf älteren Strukturen aufbauten.

Ausblick

Die politischen Umwälzungen in Nordafrika führten zu einem Anstieg der Migration aus, aber vor allem in der Region. Italien verzeichnete in den ersten fünf Monaten des Jahres 2011 fast eine Verzehnfachung der Aufgegriffenen (42 800) gegenüber dem gesamten Jahr 2010. Es handelte sich dabei aber nicht um eine breite Flüchtlingswelle. Mehr als die Hälfte der Migranten waren Tunesier (24 350), die nach dem Ende des repressiven Systems das Land verließen, weil sie nicht länger auf innerstaatliche Veränderungen warten wollten und vor allem in Frankreich eine schnelle Verbesserung ihrer wirtschaftlichen Lage anstrebten. Die militärischen Auseinandersetzungen in Libyen brachten nach Zahlen der Internationalen Organisation für Migration (IOM) über eine Million Menschen dazu, das Land zu verlassen. Knapp die Hälfte waren Libyer, die laut UNHCR zum Großteil wieder zurückgekehrt sind. Bei den Übrigen handelte es sich meist um ausländische Arbeitskräfte, die in ihre (angrenzenden) Herkunftsländer zurückkehrten oder zum Teil von IOM dorthin ausgeflogen wurden (z.B. im Fall von Bangladesch oder Pakistan). Im Vergleich dazu verharrten nur noch wenige Migranten aus dem subsaharischen Raum oder dem Mittleren Osten in Auffanglagern. Sie können aufgrund der Lage in ihren Herkunftsländern nicht zurückkehren; sie waren zum Teil schon als Flüchtlinge in Libyen gewesen und versuchten und versuchen noch immer, nach Europa zu gelangen.

Der »Arabische Frühling« führte bisher nicht zu Massenwanderungen nach Europa. Aufgrund der demografischen Entwicklung und der wirtschaftlichen Situation wird in den kommenden Jahrzehnten jedoch weiter eine hohe Auswanderungsneigung bestehen. Mit den Veränderungen entstehen aber auch Entwicklungsmöglichkeiten vor Ort, die diese Neigung reduzieren können, wenn eine gesellschaftliche, demokratische Stabilisierung gelingt und ausreichend adäquate Arbeitsplätze geschaffen werden. Mit Blick auf die Transitmigration gilt Ähnliches für die Entwicklung im subsaharischen Afrika. Hier wird die weitere Entwicklung auch davon abhängen, wie intensiv die nordafrikanischen Staaten mit der EU kooperieren, ihre Grenzen sichern und irreguläre Ausreisen bekämpfen. Versuche, die Grenzen zu überwinden, wird es weiter geben. Dabei sollte jedoch aus europäischer Perspektive eines nicht vergessen werden: Der Großteil aller Migrationen und Flüchtlingsbewegungen fand und findet innerhalb des afrikanischen Kontinents statt.

Axel Kreienbrink

pa/dpa

Das Bild zeigt protestierende Männer in Algerien im Frühjahr 2011. Die Umbrüche in der arabischen und vor allem nordafrikanischen Welt richten sich gegen die autoritäre Herrschaft in den jeweiligen Ländern. Die seit der Unabhängigkeit der 1950er- und 1960er-Jahre etablierten politischen Eliten schafften es nicht, die Menschen dauerhaft in Staat und Gesellschaft einzubinden.

Getragen von einer überwiegend jungen Bevölkerungsschicht, enttäuscht von hoher Arbeitslosigkeit und sozialen Missständen, erhoben die Menschen Forderungen nach Demokratie, Achtung der Menschen- und Bürgerrechte sowie Rechtssicherheit.

Die Staaten Nordafrikas zeichneten sich in ihrer Herrschaftslegitimierung dadurch aus, dass sie ein Subventionssystem aufbauten, das breite Bevölkerungsschichten über Jahrzehnte alimentierte. Seit den 1990er-Jahren begann dieses System jedoch zu bröckeln. Vor allem die wachsende Bevölkerungszahl in Verbund mit ineffizienten Regierungs- und Verwaltungsstrukturen sowie die Auswirkungen der Globalisierung wirkten sich nachteilig aus. Die Staaten waren nicht mehr in der Lage, breite Bevölkerungsschichten sozial abzusichern. Wachsender Unmut war die Folge.

Legitimationsproblematik autoritärer Herrschaft in Nordafrika

Die seit der Unabhängigkeit in den nordafrikanischen Staaten etablierten politischen Systeme funktionieren bislang nach autoritären Prinzipien. Die Exekutive genießt jeweils außerordentliche Befugnisse und unterliegt keinerlei Kontrolle. Erst mit den Massenprotesten, gefolgt von Machtwechseln in Tunesien am 14. Januar 2011 und in Ägypten am 11. Februar 2011 ist zumindest in diesen beiden Ländern eine neue Ära angebrochen, in der die »alten« Formen autoritärer Herrschaft in Frage gestellt und Forderungen nach Demokratie, Achtung der Menschen- und Bürgerrechte sowie Rechtssicherheit erhoben werden. In Libyen brachen am 17. Februar 2011 Proteste gegen das Regime von Revolutionsführer Muammar al-Gaddafi aus, die in einen bewaffneten Konflikt mit internationaler Beteiligung mündeten. Auch Teile der libyschen Aufstandsbewegung fordern demokratische Veränderungen im politischen System. Der marokkanische König und die algerische Staatsführung um Präsident Abd al-Aziz Bouteflika reagierten auf diese Entwicklungen in Tunesien, Ägypten und Libyen, die sich offensichtlich gegen die regierenden Eliten wendeten, mit politischen und sozioökonomischen Reformen, um in ihren Ländern Massenprotesten entgegenzuwirken.

Ob es in einem oder mehreren nordafrikanischen Staaten zu einer grundlegenden Veränderung des Regierungssystems kommt und sich demokratisch legitimierte Institutionen etablieren, ist in der ersten Jahreshälfte 2011 allerdings nicht absehbar. Die Jahrzehnte prägende Kraft der hierarchischen Strukturen und Prozesse sowie die Sozialisierung in entsprechenden Gehorsamswelten wird die Einführung und Konsolidierung demokratischer politischer Prozesse in allen Staaten erschweren.

Tradition und antikolonialer Kampf als Legitimationsgrundlage für personalisierte Regime

Die Unabhängigkeitsbewegungen in Marokko, Tunesien und Algerien sowie die Revolutionen in Ägypten (1952) und Libyen (1969) mündeten in autoritär strukturierte, personalisierte Regime. Die jeweiligen Führer des antikolonialen Kampfes oder der Revolution besaßen in der Regel eine charismatische Ausstrahlung und stilisierten sich als Symbole des Befreiungskampfes oder der Revolution im Dienste des Volkes.

Ein solches Symbol mit teils charismatischer Ausstrahlung gab es in allen nordafrikanischen Staaten: Für Ägypten war dies Gamal Abdel Nasser. Er war führend beteiligt an der ägyptischen Revolution von 1952, als ein Komitee Freier Offiziere König Faruk stürzte. Von 1954 bis zu seinem Tod 1970 hatte Nasser das Präsidentenamt inne. Auch Habib Bourguiba, der erste Präsident des 1956 unabhängig gewordenen Tunesien, war eine solche Symbolfigur des Unabhängigkeitskampfes, dessen Vision für ein modernes Tunesien breite Unterstützung fand. Aus dem Kampf für die Unabhängigkeit von 1954-1962 zogen schließlich in Algerien die Nationale Befreiungsfront (FLN) und ihre Führungspersönlichkeiten in der postkolonialen Periode ihre Legitimation, den Staat zu leiten und den künftigen Kurs des Landes zu bestimmen. Die dominante Stellung von Präsident, FLN und Militärapparat wurde nach dem Putsch von Oberst Houari Boumedienne 1965 und der Übernahme des Präsidentenamtes bis zu seinem Tod 1979 in Algerien gefestigt.

Für Libyen ist eine solche Symbolfigur Muammar al-Gaddafi, Führer der libyschen Revolution von 1969, der mit Billigung der Bevölkerungsmehrheit die in einem künstlichen Unabhängigkeitsprozess aufgezwungene Monarchie stürzte und bis heute die Geschicke Libyens als Revolutionsführer, der jeglicher Kontrolle durch staatliche Organe entzogen ist, bestimmt.

Die Verkörperung traditionaler und religiöser Autorität repräsentierte der marokkanische Sultan Mohammed, der Marokko 1956 in die Unabhängigkeit führte. Sein weltliches und religiöses Ansehen erlaubte es ihm, 1957 mit der Übernahme des Titels

Sultan Mohammed (1909–1961) führte Marokko 1956 in die Unabhängigkeit. 1957 erfolgte seine Proklamation als König Mohammed V.

eines Königs (Mohammed V.) in Marokko eine Erbmonarchie zu begründen. Die Dynastie der regierenden Alawiden, die ihre Abstammung auf den Propheten Mohammed zurückführen, stellt bereits seit dem 17. Jahrhundert in Marokko die Herrscher, die neben ihrer religiösen Autorität als »Befehlshaber der Gläubigen«, herrschen und regieren. Der nach dem Tod seines Vaters König Hassan II. seit 1999 amtierende König Mohammed VI. steht in dieser Tradition.

Strukturkomponenten der Legitimität

Republiken und Monarchie ähneln sich bis heute in mehrfacher Hinsicht, auch wenn seit der Unabhängigkeit formale Veränderungen am ursprünglich aufgebauten politischen und wirtschaftlichen System erfolgten, wie u.a. die Einführung von Parteienpluralismus (Tunesien seit den 1980er-Jahren; Algerien seit 1989) und die Stärkung des Privatsektors. Die autoritären Entscheidungsstrukturen blieben erhalten.

Die Ähnlichkeiten der nordafrikanischen politischen Systeme betreffen vor allem erstens die außerordentliche Stellung des Staatsoberhauptes und dessen Befugnisse, zweitens die zeitliche Länge der Amtswahrnehmung mit der Tendenz, in den Republiken oder im formal direkt-demokratischen revolutionären Libyen Amtszeiten auf Lebenszeit anzustreben, und drittens die neopatrimonialen, klientelistischen Beziehungsstrukturen, die für das Verhältnis des Staatsoberhauptes zu den Eliten prägend sind.

1) Die in Marokko mit der religiösen Funktion und Legitimität verbundene Stellung des Königs außerhalb des verfassungsrechtlichen Systems machte seine Person gemäß Artikel 23 der Verfassung »unantastbar und heilig«. In den Republiken Nordafrikas leiteten die Präsidenten und Revolutionsführer Gaddafi ihren Führungsanspruch im Staat aus den Verdiensten um diesen Staat ab und bauten sich zum Symbol des neuen Staates schlechthin auf. Sie führten nach der Unabhängigkeit bzw. nach der Revolution den Kampf zugunsten einer neuen Gesellschafts- und Staatskonzeption, zur Modernisierung der Gesellschaft und zur Überwindung der Unterentwicklung weiter. Die Anreden Zaim (Führer) oder Mudschahid (Kämpfer) für Nasser oder die beiden ersten algerischen Präsidenten Ben Bella und Boumedienne wurden beibehalten und nicht mit der Konsolidierung im Amt des Präsidenten fallengelassen. Tunesiens Präsident Habib Bourguiba ließ sich sogar al-Mudschahid al-Akbar (Oberster Kämpfer) nennen. Mit diesen Anreden wurde die Verbindung zum lokalen historischen und gesellschaftlichen Kontext hergestellt; sie dienten nach der Unabhängigkeit bzw. in Libyen nach der Revolution von 1969 legitimatorischen Zwecken.

2) Der tunesische Präsident Habib Bourguiba ließ sich 1976 kraft seiner Verdienste für das Land per Volksentscheid zum Präsidenten auf Lebenszeit ernennen; als er 1987 wegen krankheitsbedingter Amtsunfähigkeit in einem »sanften Putsch« auf verfassungsmäßiger Basis abgesetzt wurde, war damit die Präsidentschaft auf Lebenszeit für seinen Amtsnachfolger Zine el-Abidine Ben Ali nicht ad acta gelegt. Wahlgesetzmodifikationen sorgten dafür, dass auch diese Präsidentschaft ausgedehnt wurde. Ähnlich in Ägypten, wo nach dem Tode Nassers 1970 und der Ermordung seines Nachfolgers Anwar as-Sadat 1981

Hosni Mubarak als amtierender Vizepräsident die Nachfolge antrat. Durch Wahl wurde er immer wieder formal bestätigt. 2005 wurden erstmals in Ägypten bei Präsidentschaftswahlen Gegenkandidaten erlaubt, doch änderte sich nichts am Wahlergebnis; Wahlbeeinflussung, Manipulationen und die jahrzehntelange systematische Schwächung jeglicher Opposition sorgten für das »gewünschte« Ergebnis. Die Fortschreibung seiner Amtszeit strebt auch der seit 1999 amtierende algerische Präsident Bouteflika an – gegen innere Widerstände. In Tunesien und in Ägypten setzten erst die Massenproteste 2011, die zum Machtwechsel führten, dieser fortwährenden Wiederwahl ein Ende.

3) Bereits unmittelbar nach der Unabhängigkeit der Staaten wurden die Grundlagen für eine personale Herrschaft gelegt. Traditionale Strukturen und Führungskonzepte werden darin mit modernen Institutionen, Prozessabläufen und Ideen von Volkssouveränität, bürgerlichen Freiheiten und Menschenrechten in Verbindung gebracht, die sich gegenseitig neutralisieren, behindern oder die Umsetzung formal verbriefter Rechte selektiv gestalten und den Aufbau eines modernen Staates mit Gewaltenteilung vereiteln. De facto wurden durch die personale Herrschaft und den Aufbau neopatrimonialer Beziehungsstrukturen zwischen Staatsoberhaupt (König, Präsident, Revolutionsführer) und Funktionsträgern, zwischen Staatsoberhaupt und Volk in allen nordafrikanischen Staaten die gesetzten Regeln der Institutionen und ihre in Ägypten, Algerien, Marokko und Tunesien verfassungsmäßig verankerten Rechte und Pflichten unterlaufen. In den Republiken Ägypten, Tunesien, Algerien und in Libyen, das von Gaddafi seit 1976 zum direktdemokratischen »Volksmassenstaat« umorganisiert wurde, wie auch im Königreich Marokko sind personale Beziehungen der Kitt zwischen Staatsoberhaupt und Regierungs-, Verwaltungs-, politischer und wirtschaftlicher Elite. Loyalität wird belohnt, Illoyalität bestraft.

Die Personalisierung der Herrschaft im neopatrimonialen Staat bedeutet auch die Personalisierung des gesamten Staates, nicht nur der Macht. Staat und staatliche Ressourcen werden wie privates, persönliches Gut behandelt. Diese »Privatisierung« der staatlichen Ressourcen fand in allen nordafrikanischen Staaten statt, variierte jedoch in ihrem Umfang, je nachdem, ob es sich um einen über hohe Renteneinkünfte verfügenden Erdölstaat wie Algerien oder Libyen handelte oder um einen im Vergleich dazu ressourcenarmen Staat wie Tunesien, Marokko und Ägypten. Politik und Wirtschaft wurden zunehmend verflochten; der Zugang zu politischen Ressourcen war und ist stets auch Türöffner für den Zugang zu wirtschaftlichen Ressourcen gewesen.

Das Prinzip des »Gebens und Nehmens«: Loyalität und Unterstützung gegen Leistungen

Jedes politische System, somit auch das autoritäre, braucht Legitimität. Der Einsatz des repressiven Instrumentariums allein kann das Überleben eines autoritären Systems über einen längeren Zeitraum nicht garantieren. Das Überleben eines autoritären Systems hängt in einem hohen Maß neben dem intakten Gewaltmonopol des Staates, einer gewissen Effizienz des Regierens und funktionsfähiger Institutionen von der Loyalität von Schlüsselgruppen (militärische, wirtschaftliche, politische Elite) und der Unterstützung breiterer Gesellschaftsschichten ab; diese Unterstützung kann konkret oder unspezifisch in Form einer »Duldung« oder auch in einer Nichtartikulation von Opposition oder einer Nichtmobilisierung gegen das Staatsoberhaupt und »seine« Regierung erfolgen.

Da es sich in Nordafrika um personalisierte, also personenzentrierte Staaten handelt, muss die Frage der Legitimität personalisiert und auf das Staatsoberhaupt direkt bezogen werden. Das Staatsoberhaupt kann seine Legitimität zum einen aus der persönlichen Autorität erhalten, die in der Tradition und im Glauben an die religiösen Attribute seiner Person gründet, wie in Marokko. Persönliches Charisma als Quelle der Legitimität nutzt sich allerdings ab, wenn eine historisch wichtige Phase für den Bestand des Staates oder dessen Entwicklung überwunden ist und »Normalität« einkehrt, wie zum Beispiel nach Revolutionsereignissen oder nach der Konsolidierung unabhängig gewordener Staaten.

Zur Sicherung länger anhaltender Legitimität sind autoritäre, neopatrimoniale Systeme wie die nordafrikanischen deswegen darauf angewiesen, eine ausgeprägte Wohlfahrts-, Entwicklungs- und Subventionspolitik zu betreiben. Die Erwartung der Bevölkerung ist diesbezüglich auf das Staatsoberhaupt ausgerichtet.

Alle Staatsführungen in Nordafrika propagierten nach der Unabhängigkeit, ihre Politik bzw. der Staat werde für die Zukunft Entwicklung und Wohlfahrt bringen. In allen Staaten wurden folglich die Subventionssysteme ausgebaut. Loyalität und Unterstützung wurden durch den Auf- und Ausbau klientelistischer Beziehungsstrukturen, die Tolerierung von Korruption und die entsprechende »Versorgung« einzelner Bevölkerungs- und Interessengruppen mit materiellen und immateriellen Gütern erworben. Die Erwartungshaltung an den Staat bzw. die Staatsführung reproduzierte sich – bis heute – auf diese Weise. Spätestens seit den 1990er-Jahren zeigte sich jedoch, dass

- durch Leistungsdefizite in den Bereichen effizientes Regieren und gute Regierungsführung, sichtbar in der ausufernden Korruption,
- durch Globalisierungsauswirkungen auf die Wirtschaft und Finanzmärkte der nordafrikanischen Staaten und
- durch das demografische Wachstum

die Umsetzung einer befriedigenden Sozial- und Wohlfahrtspolitik für breite Bevölkerungsschichten immer schwieriger wurde.

Obwohl die politischen Systeme sich in der Vergangenheit stets als flexibel erwiesen, wenn es darum ging, mit wirtschaftlichen und sozialen Problemen umzugehen, in dem sie ihre Subventionspolitik anpassten oder politische Liberalisierungsmaßnahmen einleiteten, so dass der soziale Friede nicht längerfristig bedroht war, wurde ihr Handlungsspielraum in den letzten Jahren sukzessive enger. Die Erwartungen der Bevölkerung waren angestiegen und das Bevölkerungswachstum vor allem in Ägypten und Algerien machte die Erfüllung dieser Erwartungen zunehmend problematischer. Die Entwicklung der Einwohnerzahlen verdeutlicht die Dimension der Herausforderungen für die politische Führung: Im Jahre 1975 hatte Ägypten 39,3 Millionen Einwohner, 2000 waren es bereits 67,9 und 2015 werden es ca. 88 Millionen sein. Algerien hatte 1975 16 Millionen Einwohner und wird 2015 ca. 38 Millionen zählen. Libyens Bevölkerungszahl verdreifachte sich praktisch im Zeitraum 1975 bis 2015 (von 2,4

pa/Herve Champollion/akg-images

Eine Filiale des US-amerikanischen Schnellrestaurants Mc Donald's im ägyptischen Luxor. Solche »Konsumtempel« fördern durchaus veränderte Erwartungshaltungen der Jugend an die Sozial- und Wohlfahrtspolitik des Staates.

auf 6,8 Millionen); Marokkos Bevölkerung wird von 17,3 Millionen (1975) auf ca. 37 Millionen im Jahre 2015 anwachsen und trotz sinkender Wachstumsraten und Familienplanung seit der Unabhängigkeit wird auch die Bevölkerungszahl Tunesiens von 5,7 Millionen im Jahr 1975 auf geschätzte 11,1 Millionen bis 2015 steigen.

Das Beispiel der Jugendarbeitslosigkeit führt drastisch vor Augen, wie groß das Problem der Integration und Loyalitätssicherung für die nordafrikanischen Staatsführungen ist. Zum einen stellen die unter 35-Jährigen bis zu 60 Prozent der Bevölkerung in Nordafrika, zum anderen sind sie besonders stark von Arbeitslosigkeit betroffen (über 30 Prozent). Die Perspektivlosigkeit, die fehlenden Chancen zur gesellschaftlichen Integration über Arbeit und zur sozialen Mobilität trugen drastisch zum Legitimitätsverlust der Staatsführungen bei.

Das in den letzten zehn Jahren besonders deutlich gewordene gravierende Problem der Integration Jugendlicher und junger Erwachsener in den Arbeitsmarkt sowie die zunehmende Arbeitslosigkeit unter den Hochschulabgängern aus allen gesellschaftlichen Schichtenen ließen die Unzufriedenheit und Ungeduld mit dem Staat und seinem obersten Repräsentanten unter der Generation der bis 35-Jährigen besonders anwachsen. Die gestiegenen Lebenshaltungskosten, die in allen Staaten wachsende soziale Kluft, die Benachteiligung einiger Regionen im Landesinnern und in Grenzgebieten, die anhaltende mangelnde Rechtssicherheit für den Einzelnen und die eingeschränkten politischen und bürgerlichen Freiheiten wirkten sich negativ auf das Ansehen der Staatsführung und die »Duldungsbereitschaft« der Bevölkerung aus.

Die innenpolitische Leistungsfähigkeit der Staatsführungen ist dementsprechend seit Mitte der 1990er-Jahre in den nordafrikanischen Staaten immer mehr in die Kritik geraten und mündete in eine Entsolidarisierung gegenüber »dem Staat«, zum Teil auch in eine Gegenmobilisierung der von diesem Leistungsdefizit besonders betroffenen jungen Generation. Geringe Wahlbeteiligung und immer wieder spontane Streiks und Proteste fanden in den letzten Jahren regelmäßig in Algerien und auch Ägypten statt. Allerdings kam es bis Anfang des Jahres 2011 zu keiner Massenbewegung, die einen Macht- oder sogar Regimewechsel herbeigeführt hätte.

Legitimität durch Leistung: Eine problematische Erwartungshaltung

Der Zukunftsforscher Meinhard Miegel stellte in einem Interview mit der Tageszeitung »Die Welt« vom 21. Juli 2008 fest: »Eine Gesellschaft, die ihre Heilsversprechen nicht mehr einhalten kann, gerät unweigerlich in Turbulenzen. Das zeigt die Geschichte. Frühere Gesellschaften waren geprägt beispielweise von Religiösem, Nationalem oder Militärischem. Schwand die jeweilige Prägung und das mit ihr einhergehende Heilsversprechen, setzte ein Zerfall ein. Wir, in den früh industrialisierten Ländern, sind geprägt vom Versprechen immerwährender materieller Wohlstandsmehrung. Mittlerweile wird deutlich, dass auch dieses Versprechen nicht zu halten ist. Das macht viele verdrießlich. Sie fühlen sich getäuscht, betrogen [...].« Meinhard Miegels Aussagen beziehen sich auf Deutschland und andere westeuropäische Staaten, dennoch ist die Kernaussage auch für die nordafrikanischen Staaten gültig.

Das Ausbleiben der immer wieder von den nordafrikanischen Staatsführungen versprochenen aufholenden Entwicklung und des Wohlstands für alle ließ im ersten Jahrzehnt des 21. Jahrhunderts bei der jungen Generation die Enttäuschung und Frustration wachsen. Verstärkt wird das negative Bild »vom Staat«, symbolisiert im Staatsoberhaupt, durch die in den letzten Jahren offenere und dreistere Bereicherung der Führungselite sowie die Bestrebungen des tunesischen Präsidenten Ben Ali und des ägyptischen Präsidenten Mubarak, die eigene Herrschaft zu verlängern. Beide Präsidenten, obwohl seit 1987 (Ben Ali) und 1981 (Mubarak) an der Macht, wollten bei den nächsten Wahlen erneut kandidieren.

Die erzwungenen Machtwechsel in Tunesien und Ägypten vom Januar bzw. Februar 2011 leiteten Maßnahmen zur Umgestaltung der politischen Systeme ein. Ob es allerdings in einem der beiden Staaten oder nach Beendigung der gewaltsamen Auseinandersetzungen in Libyen zwischen Anhängern und Gegnern Gaddafis zu tiefgreifenden Regimewechseln kommt oder es bei Machtwechseln bleibt, ist noch offen.

In Marokko setzte König Mohammed VI. 2011 soziale und wirtschaftliche Reformen fort und verstärkte Bemühungen zur Integration der jüngeren Arbeitslosen. Am 1. Juli 2011 wurde per Referendum eine Verfassungsreform angenommen. Die Reformen stärken u.a. die Rechte der Regierung, des Parlaments, der Regionen und Kommunen, wodurch die Mitsprache und Mitgestaltung der Bevölkerung am politischen Prozess verbessert werden sollen. In Algerien griff Präsident Bouteflika weniger zu politischen als zu wirtschaftlichen Maßnahmen. Dank hoher Erdöleinnahmen konnte er im Frühjahr 2011 die Subventionen für Lebensmittel erhöhen, sowie Lohnerhöhungen und weitere Zuwendungen des Staates vor allem auch an die jungen Erwachsenen und Jugendlichen ankündigen.

Zweifellos werden in allen nordafrikanischen Staaten die Staatsführungen weiterhin an ihren Leistungen für den Bürger gemessen werden, wobei die Leistungen im sozialen, wirtschaftlichen, arbeitsmarkt- und entwicklungspolitischen Bereich Priorität genießen werden. Es besteht die Gefahr, dass wegen der hohen Frustration über die soziale Lage in breiten Bevölkerungskreisen die Regierungen zur Aufrechterhaltung eines bestimmten

Maßes an Unterstützung sowie zur Sicherung des sozialen Friedens und damit innenpolitischer Stabilität an den »alten« Mitteln der Renten- bzw. Subventionsverteilung festhalten, um dann doch sehr schnell wieder an die Grenzen ihrer Leistungslegitimität zu stoßen. Dies ist allerdings kein Problem, vor dem ausschließlich autoritäre Staaten stehen.

Sigrid Faath

pa/abaca

Die neuen Medien, wie Facebook oder Twitter, übten bis jetzt zweifelsohne eine große Wirkung auf die politisch-gesellschaftlichen Umbrüche des »Arabischen Frühlings« aus. Dennoch ist es zum gegenwärtigen Zeitpunkt noch schwer, deren Einfluss auf die Umstürze abschließend zu beurteilen und genau zu bestimmen. So bietet das Internet in seinen unterschiedlichen Facetten der überwiegend jungen Bevölkerung Nordafrikas die bisher unbekannte Möglichkeit, sich in einem weitestgehend zensurfreien Raum Informationen zu beschaffen, selbst bereitzustellen oder sich auch zu Kundgebungen zu verabreden. Auf der anderen Seite nutzen Staaten wie Ägypten und Syrien die neuen Medien zu einer verstärkten Kontrolle und Meinungslenkung. Darüber hinaus darf weiterhin die Rolle der klassischen Medien wie Zeitung oder Fernsehen, beispielsweise al-Jazeera, nicht unterschätzt werden. Auch wenn das Zusammenspiel der klassischen und neuen Medien eine soziale Mobilisierung erleichterte, handelt es sich bei den Umbrüchen nicht um eine Facebook-Revolution, denn entscheidend waren die Revolutionäre selbst.

Das Foto, aufgenommen während der Demonstrationen am 27. Januar 2011, zeigt junge Ägypter, die sich in einem Internetcafé in Kairo auf Facebook-Seiten informieren und organisieren.

Revolution ohne Revolutionäre? Betrachtungen zur Rolle der neuen Medien im »Arabischen Frühling«

Abdallah ist irritiert, wenn er den Ausdruck »Facebook-Revolution« hört: »Die Revolution hat auf der Straße stattgefunden, überall im Land, und nicht im virtuellen Raum.« Der Blogger aus Kairo kritisiert: »Die Aufstände haben in Ägypten, wie in anderen arabischen Ländern, Hunderte von Menschenleben gekostet«. Zudem hatte der »Arabische Frühling« ganz reale politische und sozio-ökonomische Gründe, die Misere und die Verzweiflung einer ganzen Generation. Außerdem waren »Tahrir 2011« in Ägypten und die »Jasmin-Revolution« in Tunesien nur möglich, weil sowohl die ägyptische als auch die tunesische Armee sich gegen die Despoten wendeten.

Trotzdem haben die neuen Medien bei den Umbrüchen in der arabischen Welt eine wichtige Rolle gespielt. Facebook war eines der wichtigsten Mobilisierungsinstrumente, das von ägyptischen Aktivisten bereits vor den »Revolutionen« gezielt eingesetzt wurde. Über Twitter und YouTube sendeten junge Araber und Araberinnen Informationen und Bilder über Massenproteste um die Welt. Ausschlaggebend war aber vor allem das Zusammenspiel klassischer und neuer Medien. War diese symbiotische Vernetzung von Satellitenfernsehen – allen voran al-Jazeera –, Handys und den neuen interaktiven Medien auch nicht die Ursache der Umwälzung, so veränderte sie die politische Kommunikation grundlegend und machte die Umbrüche erst möglich. Auch Tageszeitungen, so etwa die liberale »Misr al-Youm«, auf Deutsch »Ägypten Heute«, haben mit ihren Internetauftritten und ihren Printausgaben zur multimedialen Kommunikation des »Arabischen Frühlings« beigetragen.

Empirische Daten zur Mediennutzung während der Umwälzungen in Ägypten und Tunesien liegen bisher kaum vor. Diese wären notwendig, um ein schlüssiges Analysemodell zur Funktion der Medien zu entwickeln. Dennoch können auch ohne dieses Modell durch Beobachtungen und Vergleiche der Abläufe in Tunesien und Ägypten erste Aussagen gemacht und Schlussfolgerungen über den Einfluss der Medien und deren Zusammenspiel im »Arabischen Frühling« gezogen werden.

Zunächst wird die Rolle von al-Jazeera als einem der wichtigsten Vertreter der klassischen Medien analysiert, danach der Stellenwert des Mobilfunks besonders in Ägypten beleuchtet sowie die Geschichte des klassischen Internets in der arabischen Welt kurz zusammengefasst. Ein Vergleich der Entwicklungen in Ägypten und Tunesien ermöglicht es, Unterschiede und Gemeinsamkeiten des Zusammenspiels der alten und neuen Medien aufzuzeigen sowie erste Schlussfolgerungen über deren Rolle bei den Umbrüchen zu ziehen.

Bin Laden Fernsehen – Saddam TV – Revolutionssender: Die Rolle von al-Jazeera

Hosni Mubarak soll einmal nach einem Besuch der Nachrichtenredaktion von al-Jazeera in Qatar gesagt haben, er verstehe das ganze Aufheben um einen Sender von der Größe einer Streichholzschachtel nicht. Vermutlich hat der ehemalige ägyptische Präsident inzwischen selbst seine Meinung geändert. Der arabische Nachrichtensender war maßgeblich an seinem Sturz beteiligt.

Al-Jazeera ist heute nicht nur das mächtigste arabische Nachrichtenmedium, sondern es hat auch über das letzte Jahrzehnt die politische Kultur der arabischen Welt entscheidend beeinflusst. Der TV-Sender wurde 1996 vom Emir von Qatar ins Leben gerufen. Vereinfacht gesagt, spielten bei der Gründung drei Faktoren eine entscheidende Rolle: Der kleine, aber extrem reiche Staat suchte ein Mittel, um seinen regionalen Einfluss zu stärken und seine Sichtbarkeit in der arabischen Welt zu erhöhen. Zum zweiten wurde der Region durch den Zweiten Golfkrieg 1990/91 beschämend die Schwäche ihrer eigenen Medien bewusst. Kein einziger arabischer Fernsehkanal sendete während des Krieges aus Bagdad. Deshalb mussten arabische Zuschauer sich ausschließlich auf die US-amerikanische Berichterstattung von CNN verlassen. Zeitgleich mit der Gründung al-Jazeeras scheiterte der erste großangelegte Versuch der BBC, einen arabischen Nachrichtensender aufzubauen. Dutzende hochqualifizierter Journalisten wurden zunächst arbeitslos, dann aber schnell vom qatarischen Sender eingestellt.

Vor allem al-Jazeeras politische Talkshows rissen die Zuschauer mit. Hier wurde so offen wie noch nie in der arabischen Welt diskutiert. Weltliche arabische Nationalisten stritten sich mit Islamisten, voll verschleierte radikale Muslima mit arabischen Frauenrechtlerinnen oder Demokratie-Befürworter mit Monarchisten. Al-Jazeera brachte der arabischen Welt eine bislang unerhörte Meinungsvielfalt. Meinten Kritiker anfänglich, dass al-Jazeera lediglich ein Ventil für Frustrationen sei und damit die Araber davon abhalten werde, ihrer Unzufriedenheit auf der Straße Luft zu machen, hat sich etwas anderes bewahrheitet. Der qatarische Fernsehkanal zeigte den Menschen in der arabischen Welt, dass es zahlreiche politische Alternativen gibt.

Al-Jazeeras intensive Berichterstattung vor Ort – etwa aus Afghanistan, vom Schauplatz des Irak-Krieges, aber auch aus Israel und den besetzten Gebieten – verlieh den Nachrichten des Senders zudem eine große Glaubwürdigkeit unter arabischen Zuschauern, auch wenn die Nachrichten nicht immer völlig objektiv waren. Es ist folglich wenig verwunderlich, dass al-Jazeera bei den Umbrüchen in der arabischen Welt zu einer der glaubwürdigsten Nachrichtenquellen wurde.

Während das ägyptische Staatsfernsehen in einer bizarr wirkenden Propagandainszenierung inmitten des Volksaufstandes Bilder eines angeblich leeren Tahrir-Platzes sendete, zeigte der Sender aus Qatar die tatsächlichen Ereignisse, oft auch mit Hilfe von YouTube-Videos. Die Bilder des Senders brachten selbst Bevölkerungsgruppen, die dem Mubarak-Regime wohlwollend gegenüberstanden, dazu, die Proteste zu unterstützen.

Das arabische Leitmedium zeigte in den Umbrüchen auch, dass es sich in ein integratives Multimedium verwandelt hat. Der Fernsehkanal sendete Bilder und Informationen, die über Twitter und Facebook an den Sender gelangten. Al-Jazeera bietet eine Vielzahl verschiedener Vernetzungsmöglichkeiten: Podcasts, RSS-Feeds mit der Funktion eines Online-Nachrichtentickers, Twitter und Facebook – auf all diesen Kanälen wurde ununterbrochen live Bericht erstattet.

Das gute alte Handy: Für mehr Freiheit simsen

Al-Jazeera, Facebook und YouTube haben Schlagzeilen gemacht. Das Handy als ebenfalls wichtiges Medium wurde jedoch kaum erwähnt. Dabei ist es etwa in Ägypten ebenso wichtig wie die neuen Medien und al-Jazeera. Während vor dem Umbruch nur knapp ein Viertel der Bevölkerung überhaupt über einen Internetzugang verfügte, besaßen mehr als zwei Drittel aller Ägypter ein Handy. Vor allem für Jugendliche der unteren Mittelschicht, die keine öffentlichen Freiräume hatten, waren preiswerte Handys und nicht unbedingt Smartphones ein Statussymbol und gleichzeitig die Möglichkeit, sich durch SMS-Chats zu vernetzen. So wurden Informationen über die Proteste einfach per Telefon oder per Sammel-SMS verteilt. Die Smartphones mit ihren Kameras und der Möglichkeit zu twittern, lieferten Informationen und Bilder, die für den Umbruch entscheidend waren – dies galt vor allem für kleinere Städte und das Land. Eine der aufs Handy gefilmten Szenen, welche die Ägypter am meisten in Aufruhr brachte, zeigte wie ein Polizeifahrzeug Demonstranten überrollte.

Jihadismus, Pornographie und »Arabischer Frühling«: Das Internet

Interessanterweise waren es nicht die tunesischen oder ägyptischen »Revolutionäre«, die das Internet erstmals als politisches Mobilisierungsinstrument im arabischen Raum nutzten, sondern eine völlig entgegengesetzte Bewegung – die Jihadisten. Die erste jihadistische Webseite (azzam.com) wurde 1996 gegründet. Sie wurde zum Prototyp von hunderten in der arabischen Welt einflussreichen jihadistischen Webseiten und Foren. Schon damals forderte der jihadistische Stratege und Vordenker des Medien-Jihads, der Syrer Abu Musab as-Suri, unter dem Motto »System und keine Organisation« eine dezentrale Informations- und Propagandastruktur, die aus völlig unabhängigen Zellen bestehe und nur lose durch das Netz und eine gemeinsame Ideologie verknüpft sei. Seine Vision verwirklichte sich und das

p/dpa

Demonstranten in Tunis halten während einer Protestkundgebung am 28. Januar 2011 ein Portrait von Mohammed Bouazizi, der sich am 17. Dezember 2010 in Sidi Bouzid verbrannte und damit den Umsturz in Tunesien auslöste.

Internet wurde zu einem effektiven Propaganda- und Rekrutierungsinstrument des globalen Jihads. Möglicherweise hätte al-Qaida ohne ihren Internetauftritt und vor allem ihre dort gezeigte Videopropaganda nicht überlebt.

Nicht-jihadistische politische Webseiten in der arabischen Welt ließen lange auf sich warten. Vor allem die »sozialen Medien« dienten anfangs vorwiegend der Kontaktaufnahme mit neuen Freunden oder Partnern sowie der Schaffung virtueller Freiräume. In dieser Umgebung spielte auch Pornografie eine Rolle, die anderswo in der arabischen Welt kaum erhältlich ist.

Tunesien und Ägypten: Unterschiede und Parallelen

Die tunesische Internetagentur ATI zensierte Seiten von al-Jazeera, Amnesty International, WikiLeaks, YouTube, Daily Motion und einige Seiten bei Facebook. Statt der aufgerufenen Seite kam oft eine Fehlermeldung – unter Tunesiern hatte sie bald den Spitznamen »Ammar 404«. Ammar ist ein tunesischer Vorname und 404 stammt von der Fehlermeldung »Error 404 – page not found«.

Die ersten wirklich politischen Webseiten und insbesondere Blogs in Tunesien – wie der 2004 gegründete tunesische Blog »Nawaat«, auf Deutsch »Kern« – beklagten vor allem die strikte Zensur und den Mangel an Presse- und Redefreiheit. Die Blog-

Die Jasmin-Revolution

Fluchtartig verließ Tunesiens Staatsoberhaupt Zine el-Abidine Ben Ali am 14. Januar 2011 das nordafrikanische Land. Kurz zuvor hatte er den Ausnahmezustand verhängt, die Regierung abgesetzt und vorgezogene Neuwahlen angekündigt. Mit diktatorischen Vollmachten ausgestattet, herrschte Ben Ali gut 23 Jahre über Tunesien, verbreitete Korruption, erlaubte Zensur, sicherte seine Macht mit einem repressiven Polizeiapparat und förderte nahezu ausschließlich den eng um den Regierungssitz Tunis gelegenen Norden des Landes. Als Ben Alis konstitutiver Steigbügelhalter galt die »Rassemblement constitutionnel démocratique« (RCD), eine autoritär-sozialistisch ausgerichtete Staatspartei, die noch bis zum 17. Januar Mitglied der »Sozialistischen Internationale« blieb.

Die Tragödie, die Ben Alis Sturz einläutete, spielte am 17. Dezember 2010: Als die Behörden dem studierten Gemüsehändler Mohammed Bouazizi den nicht genehmigten Gemüsekarren beschlagnahmten und ihn misshandelten, verbrannte sich der 26-Jährige öffentlich. Wie ein Brennglas spiegelte Bouazizis Verzweiflungstat die Misere weiter Teile der Bevölkerung wider und brachte so das »tunesische Fass« zum Überlaufen. Gerade die gebildete, jüngere Mittelschicht im Zentrum und Süden Tunesiens litt unter hoher Arbeitslosigkeit, stark erhöhten Lebensmittelpreisen und beruflicher Perspektivlosigkeit. Wie ein Lauffeuer breiteten sich noch im Dezember landesweit Anti-Ben-Ali-Proteste aus, die im Januar revolutionäre Züge annahmen. Regimekritische Demonstranten riefen nach Demokratie, freier ökonomischer Entfaltung sowie Presse- und Meinungsfreiheit. Auch das Internet wurde zur Triebfeder: Ob per Twitter oder Facebook, elektronisch wurde die Welt über Ben Alis Staatsterror informiert, als der versuchte, mit RDC-Milizen, politischer Polizei und Todesschwadronen Angst und Schrecken zu verbreiten.

Das Chaos blieb aus. Stattdessen folgte eine nationale Geburtsstunde. Im Zeichen der tunesischen Nationalblüte – der Jasmin –, rief die Volksbewegung die »Jasmin-Revolution« aus. Als Reaktion schürte Ben Ali die Spirale der Gewalt. Rund um Tunis herrschten bürgerkriegsähnliche Zustände. Zum Schutz vor marodierenden RCD-Milizen gründeten sich Bürgerkomitees. Auch die 40 000 Mann starke tunesische Armee kam zum Einsatz. Zum Schutz vor Anschlägen patrouillierten Kampf- und Schützenpanzer auf Tunesiens Straßen. Am 16. Januar besiegten die Streitkräfte Ben Alis Leibgarde. Seitdem befindet sich Tunesien im Schwebezustand und wird von einer politisch umstrittenen Interimsregierung geführt.

VS

ger scheuten sich aber lange davor, das tunesische Regime und den damaligen Präsidenten Zine el-Abidine Ben Ali offen zu kritisieren.

Dies änderte sich erst im November 2010 mit der Selbstverbrennung des jungen Gemüsehändlers Mohammed Bouazizi in der zentraltunesischen Kleinstadt Sidi Bouzid. Die Blogger von »Nawaat« spielten fortan eine zentrale Rolle bei der Berichterstattung über die Massenproteste. Sie gaben entscheidende technische Hinweise zur Umgehung der Internetzensur und wie eine Online-Identifizierung und somit Verhaftung zu verhindern seien. Die tunesischen Internetaktivisten veröffentlichten ebenfalls unter dem Titel TuniLeaks die von WikiLeaks veröffentlichten US-Depeschen über die Korruptheit des Ben-Ali-Regimes. Diese WikiLeaks-Depeschen sollen für die Auslösung der Jasmin-Revolution von Belang gewesen sein, da sie sozusagen objektiv das Ausmaß der Plünderung des Landes durch den Ben-Ali-Clan bestätigten.

Die Zahl der Internetaktivisten, Blogs und Foren, die am Sturz des Ben-Ali-Regimes beteiligt waren, ist unüberschaubar. Völlig unterschiedliche Strömungen wurden spontan im Netz politisch aktiv. Diese Gruppen reichten von Frauenrechtlerinnen über Rap-Künstler bis zu einer tunesischen Variante der Piratenpartei. Der Rap »Präsident der Republik« eines tunesischen Sängers mit dem Pseudonym El Général wurde zur Hymne des Aufstandes und mobilisierte die Jugend: »Herr Präsident, Dein Volk stirbt. Die Menschen essen Abfall. Schau Dir an, was passiert. Unglück überall. Ich spreche ohne Angst, auch wenn ich weiß, dass mir nur Schwierigkeiten bevorstehen. Überall sehe ich Ungerechtigkeit.«

Wael Ghonim, eine der Führungspersönlichkeiten der ägyptischen Opposition.

pa/dpa

Die 1998 gegründete Internet-Gruppe »Takriz«, auf Deutsch »Überdruss«, verfolgte das Ziel, Tunesien von der Internetzensur zu befreien. Zusammen mit der internationalen Internetaktivisten-Hackerbewegung »Anonymous« führte sie in Tunesien eine Art Cyberkrieg. Sie hackten die Webseiten der Regierung und legten sie mit geballten Überlastungsattacken, den »distributed denial of services«, zum Teil lahm.

Durch sogenanntes Phishing versuchte das Regime seinerseits, an Passwörter von Facebook- oder Email-Konten der Aktivisten zu gelangen, um sie auszuspionieren und gegebenenfalls deren Inhalte zu löschen. Eine Zusammenarbeit von Internetspezialisten der Opposition und Netzaktivisten weltweit verhinderte jedoch alle Versuche der Total-Kontrolle des Ben-Ali-Regimes. Sie entwickelten spezielle Programme, um die »Phishing-Programme« der Regierung zu deaktivieren.

Die Erfahrungen der tunesischen Cyberaktivisten waren für die Umbrüche in Ägypten von großer Bedeutung und der Sturz Ben Alis ein wichtiger Zündfunken. Trotzdem unterscheidet sich der ägyptische Internetaktivismus stark vom tunesischen. Die Mobilisierung durch das Internet ließ sich hier von langer Hand vorbereiten, da das autoritäre Regime Mubaraks etwas mehr politischen Freiraum ließ als das Ben Alis.

Eines der Schlüsselereignisse war der Mord an dem Blogger Khaled Said: Im Juni 2010 prügelte ihn die ägyptische Polizei zu Tode, nachdem sie ihn in einem Internetcafé verhaftet hatte. Die Sicherheitskräfte behaupteten, der junge Mann sei gestorben, weil er ein Paket Haschisch geschluckt habe. Doch im Web verbreitete Fotos des entstellten Leichnams zeigten eindeutig, mit welcher Brutalität auf den 28-jährigen Alexandriner eingeschlagen worden war. Die schockierenden Bilder lösten eine Welle des Entsetzens aus.

Der grausame Mord führte schließlich zur Gründung der Facebook-Seite »Wir sind alle Khalid Said«. Verwalter der Seite, der bereits vor dem »Arabischen Frühling« spektakuläre Proteste, etwa eine Menschenkette in Alexandrien, organisiert hatte und zu einem der treibenden Kräfte des Umsturzes wurde, war der Google-Marketingchef für die Nahost-Region, Wael Ghonim. Der 30-Jährige wurde am 28. Januar 2011 verhaftet, misshandelt und zwölf Tage lang an einem geheimen Ort festgehalten: Er ist heute eine der Ikonen der »Revolution«.

Ebenfalls federführend für die Mobilisierung war die Facebook-Gruppe »Jugend des 6. April«. Sie wurde bereits 2008 von jungen Aktivisten und Bloggern gegründet, unter denen sich auch ehemalige Mitglieder der Demokratiebewegung »Kifaya«, arabisch für »genug«, befanden. »Kifaya« forderte seit 2005 erfolglos den Rücktritt Mubaraks. Der Name »6. April« soll an einen Streik von Textilarbeitern aus der im Nildelta gelegenen Stadt Mahalla el-Kobra im Jahr 2008 erinnern, der blutig niedergeschlagen wurde. Die Aktivistenbewegung solidarisierte sich mit den Arbeitern und versuchte, den zunächst begrenzten Streik zu einem Generalstreik und zu einer ägyptischen Intifada auszuweiten. Obwohl dies nicht gelang, sammelte die Facebook-Gruppe Tausende von Mitgliedern und gab nicht auf.

Im Gegenteil: Gruppenmitglieder suchten Rat bei »Otpor«, einer serbischen Jugendbewegung, die maßgeblich am Sturz des Diktators Slobodan Milošević im Jahr 2000 beteiligt gewesen war. Mit Hilfe der Serben und der »Akademie des Wandels«, eines Think Tank zur Demokratieförderung in Qatar, entwickelten die Ägypter Strategien zum gewaltfreien Widerstand und zur Mobilisierung durch die neuen Medien für weitere Proteste.

Im Januar 2011 schlossen sich Mitglieder der Gruppe »Wir sind alle Khalid Said« der Gruppe der »Jugend des 6. April« sowie der »Kifaya« mit sieben weiteren Oppositionsgruppen in der »Koalition der Jugend für die ägyptische Revolte« zusammen. Ermutigt vom Sturz Ben Alis rief die »Koalition« über Facebook zu einer Großkundgebung für den 25. Januar 2011 auf. Das Datum war geschickt gewählt, denn der Tag ist Nationalfeiertag zu Ehren der ägyptischen Polizei. Somit waren weniger Polizisten im Einsatz, außerdem wollten die Demonstranten den Polizisten, die auf der Straße verblieben waren, zunächst höflich begegnen und gratulieren, um sie nicht misstrauisch zu machen. Gleichzeitig wurden über Facebook genaue Informationen über die nötige Ausrüstung für den Schutz vor Polizeigewalt bei den Protesten gegeben, vom Bau schusssicherer Westen gegen Gummigeschosse bis hin zur Verwendung von Zwiebeln und Coca Cola gegen Tränengas. Obwohl die Demonstranten den aus Tunesien übernommenen und inzwischen legendären Slogan »Das Volk will den Sturz des Regimes« skandierten, glaubte zunächst kaum ein Aktivist des 25. Januar, dass Mubarak wirklich gestürzt werden könnte.

Als es am Nachmittag des ersten Protesttages zu massiven Auseinandersetzungen kam, begann ein Zusammenspiel der Medien in einem fast unglaublichen Ausmaß. Mit Handys wurden die Ereignisse gefilmt, über YouTube weltweit verbreitet und über al-Jazeera wieder in die meisten ägyptischen Haushalte zurückgesendet. Twitterfeeds lieferten selbst aus Provinzstädten Informationen. Eine weitere Mobilisierung war die Folge. Aber auch wenn die neuen Medien anfänglich ein entscheidendes Mobilisierungsinstrument waren, so wäre es in Ägypten nie zum Sturz des Regimes gekommen, hätten die Aktivisten sich nicht auch ganz klassischer Mobilisierungsstrategien bedient. Als etwa deutlich wurde, dass die kritische Masse von Menschen auf der Straße allein durch die Mobilisierung durch die Medien nicht erreicht werden konnte und die Demonstranten den Polizeikräften und den Schlägertrupps des Regimes zu unterliegen drohten, wurde die Strategie geändert. Die Aktivisten kontaktierten die sich bisher abwartend verhaltende, aber am besten organisierte Bewegung des Landes – die Muslimbruderschaft. Ihre Mitglieder, aber auch Anhänger der beiden größten ägyptischen Fußballfanclubs, die bereit für eine Konfrontation mit den Sicherheitskräften waren, weil sie häufig unter Polizeigewalt gelitten hatten, entschieden die Straßenschlacht zugunsten der Demonstranten.

Auf dem Höhepunkt der Demonstrationen am 28. Januar schaltete die ägyptische Regierung verzweifelt das Internet komplett ab. Die Unterbrechung des Netzes führte jedoch nicht zu einer Verringerung der Demonstrationen. Im Gegenteil: Ägypter, welche die Ereignisse vom Computer aus verfolgten, gingen, als sie hier keine Informationen erhielten, selbst auf die Straße, um sich zu informieren und um zu demonstrieren. Außerdem ließ sich durch die Lahmlegung des Netzes und des Mobilfunks auch der Informationsfluss ins Ausland nicht verhindern. Videos oder Twitterfeeds wurden einfach per Festnetz oder Sattelitentelefon auf Server in anderen Ländern gespielt. Google richtete hierzu eigens eine Telefonnummer ein.

Fazit: Keine Revolution ohne Revolutionäre

Noch ist es bei den andauernden radikalen Umbrüchen in der Region zu früh für ein abschließendes Fazit über die Rolle der Medien. Trotzdem lassen sich einige vorläufige Schlüsse ziehen.

»Als ich zum ersten Mal meine Meinung frei im Internet äußern durfte, fühlte ich mich wie ein anderer Mensch – ein ganz neues Gefühl etwas bewirken zu können kam auf – vor allem als ich gemerkt habe, dass ich nicht der einzige bin, der so denkt.«

Diese Aussage eines jungen Bloggers ist vermutlich bereits eine der wichtigsten Schlussfolgerungen. Das Phänomen, das der junge Ägypter hier beschreibt, wird in der englischsprachigen sozialwissenschaftlichen Literatur häufig als »self-empowerment«, als Selbstermächtigung, beschrieben. Menschen, die bisher nur passiv erlebten, wie über sie bestimmt wurde, werden allmählich durch das Bewusstsein, sich auf einmal äußern zu können und nicht alleine zu sein, zu Akteuren. In der Tat können die neuen Medien eine Form eines dialektischen Prozesses der Selbstermächtigung und Ermächtigung fördern. Menschen, die sich im virtuellen Raum zusammenfinden und ihre Ansichten teilen, werden zu einer sozialen Gruppe. Finden sie sich gemeinsam auf der Straße zu Protesten wieder, kann dieser Prozess der

Ermächtigung und der Identitätsbildung durch andere Faktoren wie Kollektiverlebnisse weiter verstärkt werden. Um ein Beispiel zu nennen: In dem von Tunis aus sich über den ganzen arabischen Raum ausbreitenden Slogan »Das Volk will den Sturz des Regimes« findet sich etwa ein in diesem Zusammenhang wichtiges Schlüsselwort wieder: Das Volk – durch die Verwendung dieses Begriffes wird nicht nur den Menschen auf der Straße klar, dass sie eine Gemeinschaft, ein Volk, sind. Die Berichterstattung über die Proteste in den neuen und alten Medien erreicht wiederum Menschen, die bisher nicht demonstrierten, und kann sie an dem Kollektiverlebnis indirekt teilhaben lassen, ihnen also vermitteln, dass auch sie ein Teil des Volkes sind und etwas bewirken können und sie somit gegebenenfalls mobilisieren. Waren die neuen Medien anfänglich das Schlüsselinstrument zur Selbstermächtigung, so führten das Zusammenspiel aller Medien und die Wechselwirkung zwischen virtuellem und realem Raum zur tatsächlichen Ermächtigung und zum politisch-gesellschaftlichen Wandel. Für die Umgehung der staatlichen Kontrollmechanismen war dieses Zusammenspiel klassischer und neuer Medien entscheidend.

Die Medien können auch besser als Instrumente gegen staatliche Gewalt und Missbrauch genutzt werden. Ein Aktivist bringt es treffend auf den Punkt: »Wenn ein Staat brutal gegen Zivilisten vorgeht, sagen wir jetzt: »bitte lächeln – Sie werden gefilmt!« und stellen es auf YouTube«. Klassische Medien wie al-Jazeera hätten ohne solches Material von Privatpersonen nicht wirklich berichten können.

Auch die internationale Komponente dieses neuen Informationsflusses ist nicht zu unterschätzen. Hätte sich die US-Regierung nicht auch durch die neuen Medien ein Bild über die Lage in Ägypten machen können, hätte sie vermutlich das Mubarak-Regime nicht fallengelassen.

Zudem verbinden alte und neue Medien die verschiedenen Generationen. Ältere Menschen informieren sich auch in der arabischen Welt eher über Fernsehen und Zeitung, während jüngere das Internet und soziale Medien nutzen. Wenn über Facebook zu Demonstrationen aufgerufen wurde, berichtete al-Jazeera darüber und konnte somit auch eine Generation zu Demonstrationen mobilisieren, die das Internet zum Teil nie benutzt hatte.

Das Zusammenspiel klassischer und sozialer Medien war für die Umbrüche eine notwendige Bedingung, aber keine hinreichende. Es gibt keine Revolution ohne Revolutionäre. Doch Rolle und Vernetzung der Aktivisten verändern sich. Personen, die ehemals nur Konsumenten von Medien waren, werden zu Produzenten indem sie selbst Videos drehen oder Nachrichten verbreiten. Diese »Prosumenten«, die Verbindung von Produzent und Konsument, machen durch ihre schiere Anzahl und eine extrem schnelle Kommunikation eine totale Kontrolle des Staates nahezu unmöglich. Das Internet vereinfacht es, dezentrale Aktivitäten zu koordinieren und zu synchronisieren. Die Revolution liegt auch nicht mehr in den Händen einiger weniger charismatischer Führer. Laut dem ägyptischen Starblogger Ghonim gab es keine Rangstufen: »Keiner stach heraus, keiner suchte nach Anerkennung.« Die Aktivisten verbanden sich in fließenden Konfigurationen zur Bündelung von Informationen, Ideen und Strategien. Durch diese Vernetzung der Weisheit von Vielen entsteht, was manche Analytiker Schwarmintelligenz nennen. Die Massenmedien werden somit zum Medium der Massen.

Dennoch ist es noch zu früh, ein wirkliches Urteil darüber zu fällen, ob die neuen Medien generell einen positiven Einfluss auf den sozialen und politischen Wandel haben. Sie sind zunächst wie fast alle technischen Errungenschaften neutral. Das Argument, dass neue Medien zu mehr Kontrolle führen können, ist auch durch den »Arabischen Frühling« nicht widerlegt worden.

Syrien etwa ist ein Beispiel dafür, wie sich Diktaturen rasch an die Entwicklung der Medien anpassen. Am 8. Februar 2011 hob das Regime von Bashir al-Assad nach mehr als drei Jahren die Zensur von Facebook sowie von YouTube auf. Die syrischen Machthaber nutzen diese neuen Medien jetzt selbst für massive Informations- oder besser gesagt Desinformations-Kampagnen und zur Identifizierung von Oppositionellen.

Asiem El Difraoui mit Leoni Abel

(Der Beitrag von Asiem El Difraoui entstand im Rahmen des Projekts »Jihadismus im Internet: Die Internationalisierung von Gewaltdiskussionen im Word Wide Web«, gefördert von der Gerda Henkel Stiftung.)

Europas Nachbarn im Süden sind die Anrainerstaaten entlang der Mittelmeerküste. Die politischen, sozialen und wirtschaftlichen Zustände in diesen Ländern wirken direkt auf Europa zurück. Daher ist diese Region für die Europäische Union von strategischer Bedeutung. In besonderem Maße gilt dies für die europäischen Mittelmeerländer wie Frankreich, Italien oder Spanien, die in den vergangenen Jahren immer wieder Vorstöße in Richtung einer intensivierten Zusammenarbeit mit den Nachbarn im Süden unternommen haben.

Eine Initiative für eine Mittelmeerunion ging im Jahr 2007 vom damaligen französischen Präsidentschaftskandidaten Nicolas Sarkozy aus. In abgewandelter Form wurde am 13. Juli 2008 in Paris die Union für das Mittelmeer gegründet. Das Bild zeigt das erste Tandem der doppelten Präsidentschaft, den ägyptischen Präsidenten Hosni Mubarak (links) und den französischen Präsidenten Nicolas Sarkozy (rechts) während der Pressekonferenz am Gründungstag der Union.

Aus Fehlern lernen? Die Europäische Mittelmeerpolitik und der »Arabische Frühling«

Die arabische Welt befindet sich im Umbruch, seit eine junge Generation von frustrierten und perspektivlosen Bürgern die Angst vor ihren autoritären Regierungen verloren hat und öffentlich aufbegehrt. Der »Arabische Frühling«, der 2011 mit dem Sturz des tunesischen Präsidenten Zine el-Abidine Ben Alis seinen Anfang nahm, traf die Europäische Union (EU) unvorbereitet und warf ein negatives Schlaglicht auf die bisherige EU-Politik gegenüber ihren südlichen Nachbarn. Blamabel war nicht nur die Unfähigkeit der Union, geschlossen auf die neue Situation zu reagieren. Der eigentliche Skandal bestand darin, dass sie an der besonderen Stabilität der arabischen Autokratien einen nicht geringen Anteil hatte. Aus vorwiegend sicherheitspolitischen Interessen heraus hatte die EU über Jahre hinweg eng mit den Autokratien in der MENA-Region (Middle East and North Africa) kooperiert und sich dabei sukzessive ihrer selbst auferlegten Verpflichtung zur Förderung von Demokratie und Menschenrechten in dieser Region entledigt.

Anfänge einer Europäischen Mittelmeerpolitik

Dem vorweg gingen Jahrzehnte einer noch kaum koordinierten Kooperation zwischen der damaligen Europäischen Wirtschaftsgemeinschaft (EWG) und ausgewählten Mittelmeerdrittländern, die im Jahre 1957 ihren Anfang nahm. Zu diesem Zeitpunkt erlangten Frankreichs ehemalige Protektorate Marokko und Tunesien automatisch privilegierte Beziehungen zur neu entstandenen Wirtschaftsgemeinschaft. Dem schlossen sich Assoziierungsabkommen unterschiedlicher Reichweite mit anderen Mittelmeeranrainern an. Dabei folgte die Intensität der Kooperation zum einen sicherheitspolitischen Erwägungen im Kontext des Kalten Krieges, zum anderen aber auch dem französischen Interesse an der Aufrechterhaltung seiner politischen und wirtschaftlichen Einflusszone nach der Dekolonisierung in West- und Nordafrika. Erste Schritte in Richtung einer gemeinschaftlichen EWG-Mittelmeerpolitik wurden erst ab den 1970er-Jahren unternommen, wobei man von einer europäischen Mittelmeerpolitik im engeren Sinne erst seit 1995 mit der Gründung der Euro-Mediterranen Partnerschaft (EMP) sprechen kann. Voraussetzung für diesen Schritt war die Weiterentwicklung von der Wirtschaftsgemeinschaft zur politischen Union (EU) und mit ihr die Begründung einer Gemeinsamen Außen- und Sicherheitspolitik (GASP). Die Mittelmeerregion sollte eines der ersten Bewährungsfelder der neu gegründeten GASP werden, die ausweislich des EU-Vertragstextes dem normativen Leitbild einer Zivilmacht Europa verpflichtet ist. Für dessen Umsetzung boten sich nach Ende des Ost-West Konflikts besonders günstige Rahmenbedingungen. Ex post kann man von einem geöffneten »Window of opportunity« sprechen, das vielleicht nicht hinreichend genutzt wurde, bevor es sich bald wieder schloss.

Dem Leitbild der Zivilmacht Europa eigen ist die Selbstverpflichtung zur Förderung von Demokratie und Menschenrechten auch außerhalb der Gemeinschaft. Folglich wurde diese Selbstverpflichtung im Jahre 1995 zu einem wesentlichen Bestandteil der auf Initiative der EU gegründeten EMP. Mit der nach ihrem Gründungsort auch als »Barcelona-Prozess« bezeichneten EMP reagierte die EU auf Destabilisierungstendenzen im südlichen Mittelmeerraum, durch die sie ihre eigenen Wohlfahrts- und Sicherheitsinteressen zunehmend bedroht sah. Ganz unterschiedliche Phänomene wurden in ihrer Summe als qualitativ neues Bedrohungspotenzial wahrgenommen, das nicht mehr allein von Staaten ausging und auch nicht mehr militärisch definiert werden konnte: Drogenhandel und organisierte Kriminalität, latente und akute Regionalkonflikte, Gefährdung der Energiezufuhr, Umweltprobleme, illegale Migration, antiwestliche islamistische Bewegungen und nicht zuletzt der im politischen und religiösen Extremismus zu verortende internationale Terrorismus.

Als gemeinsame Wurzel dieser verschiedenen, zum größten Teil aber voneinander abhängenden Phänomene wurden damals zu Recht die Abwesenheit von Demokratie sowie die wirtschaftliche Unterentwicklung der meisten Mittelmeerdrittländer und das wachsende Wohlstandsgefälle zwischen südlichen und nördlichen Anrainerstaaten des Mittelmeers identifiziert. Um den Ursachen hierfür wirksam begegnen zu können, waren grundlegend neue Problemlösungsstrategien notwendig geworden: Dem gleichermaßen innovativen wie umfassenden Konzept der EMP lag ein weit gefasster Sicherheitsbegriff zugrunde, der nicht auf Konfrontation, sondern auf Kooperation setzte, um diesseits und jenseits des Mittelmeeres eine Region des Wohlstandes und der Stabilität zu schaffen. In bewusster Analogie zur Konferenz für Sicherheit und Zusammenarbeit in Europa (KSZE), die in den 1970er-Jahren zur Überwindung der Blockkonfrontation beigetragen hatte, beinhaltet auch die EMP eine Präambel und drei »Körbe«: Korb (1) Politische- und Sicherheitspartnerschaft, Korb (2) Wirtschafts- und Finanzpartnerschaft und Korb (3) Partnerschaft im kulturellen, sozialen und menschlichen Bereich.

Mittelmeerpolitik im Spannungsfeld zwischen Demokratisierung und Stabilisierung

Der partnerschaftliche Ansatz der EMP darf allerdings nicht darüber hinwegtäuschen, dass sie eine europäische Initiative ist, der eine einseitige Wahrnehmung des südlichen Mittelmeerraumes als Krisenregion zugrundeliegt, denn genau darin liegt die Wurzel ihres Scheiterns. Konzeptionell stellte die EMP zunächst einmal einen qualitativen Fortschritt für die Gestaltung der bis dahin wenig zusammenhängenden euro-mediterranen Beziehungen dar; als problematisch erwies sich hingegen die Umsetzung dieses innovativen Konzepts. Die EU und ihre Mitgliedsstaaten sahen sich angesichts des Spannungsverhältnisses zwischen Demokratisierung und Stabilisierung einem Zielkonflikt ausgesetzt. Diesem lag und liegt die Annahme zugrunde, dass demokratische Reformen in den meisten Partnerländern mit großer Wahrscheinlichkeit schwer berechenbare Transformationsprozesse auslösen würden. In der EU fürchtete man genau die unkontrollierten und unkontrollierbaren Prozesse, die mit Beginn des »Arabischen Frühlings« 2011 ihren Lauf nahmen. Aus Angst vor Bürgerkriegen, Staatszerfall und der Machtübernahme antiwestlicher Islamisten setzte die EU auf Stabilität und hielt sich

Der NATO-Mittelmeerdialog

Mitte der 1990er-Jahre erkannte die NATO den Rollenzuwachs von arabischen Staaten, wie Ägypten, Algerien, Marokko, Mauretanien, Tunesien, Jordanien, und auch Israel und initiierte den NATO-Mittelmeerdialog. Bis zum Jahr 2000 stand der Informationsaustausch im Zentrum multilateraler Erörterungen. Für die rein politische Kommunikationsplattform formulierte die NATO einen strategischen Zielkorridor, der einerseits für die Akzeptanz der NATO-Politik warb und andererseits Nordafrikas Sicherheitsinteressen ermittelte, um daraus dezidierte Lagebilder zu erstellen. Gleichwohl beschäftigte die NATO die Frage, welchen Einfluss die Raketenprogramme dieser Länder auf die Sicherheit Europas hätten. Zudem formulierte das Bündnis einen komplexen Wissenskatalog zu Nordafrikas stagnierender Ökonomie, zur Gas- und Ölversorgungsgarantie Westeuropas, zur Überbevölkerung wie zur illegalen Zuwanderung und zum Terrorismus.

Vor dem Anschlag des 11. September dachte die NATO an Neuorientierung – plante eine bilaterale Sicherheitsagenda, gegenseitige Parlamentsaktivitäten sowie militärpraktische Teilhabe der Zielstaaten. Mit dem Anti-Terror-Kampf in Afghanistan und dem Irak-Krieg hob die NATO jedoch die geltende Weltsicherheitsarchitektur aus den Angeln. Den Staaten Nordafrikas wurde deutlich, dass die NATO bei weltweiten Gefahren keine Grenzen für ihre Militäreinsätze mehr kennen würde. Unter arabischen Befürwortern, die in der NATO-Machtprojektion Kooperationschancen – etwa beim Anti-Terror-Kampf – erblickten, mischten sich Kritiker: Der Dialog sei eine janusköpfige Diplomatie, weite allein das Bündnisinteresse aus und diene globalem Interventionismus. Dieser sei eine Einbahnstraße, die das Ungleichgewicht zwischen Nordafrika und der NATO nur zementiere.

Parallel dazu wurde der Dialog durch den arabisch-israelischen Konflikt überlagert. Trotz diametral gelagerter Prioritäten etablierten sich die Konsultationen bis zum Spätherbst 2010 durchaus als Forum zur Vertrauensbildung. Das Aufflammen der Demokratiebewegungen – 2011 durch Tunesiens Jasmin-Revolution ausgelöst – führte zunächst im Maghreb zu tektonischen Machtverschiebungen. An die Stelle autoritärer Staaten und korrupter Ökonomien traten Interimsregierungen und nicht-staatliche Revolutionskomitees.

Seither ringen verschiedene politische und gesellschaftliche Kräfte und Gruppierungen in Nordafrika und darüber hinaus um die Macht. In dieser hybriden Gemengelage steht die NATO vor der Aufgabe, ihr Dialogangebot neu zu formulieren. Hier bietet sich trotz aller Risiken und Schwierigkeiten auch eine große Chance, wenn es gelingt, außen- und sicherheitspolitisch auf einen geordneten Transformationsprozess hinzuwirken. So gilt es in Nordafrika, moderate Kräfte mit Augenmaß zu fördern, Tunesiens und Ägyptens Armeen als Stabilitätsfaktoren zu unterstützen und nach freien Wahlen neue Dialoginitiativen für eine integrative Sicherheitspolitik zu starten. Dann könnte es auch gelingen, den arabisch-israelischen Konflikt neu wie erfolgreich zu verhandeln.
VS

bei der Implementierung ihrer Demokratisierungspolitik merklich zurück. Stabilität hieß konkret: enge Kooperation mit den autoritären Regimen in der Hoffnung, dass eine wirtschaftliche Liberalisierung langfristig auch zu einer sukzessiven, aber kontrollierten politischen Öffnung führen werde. Dieser Trend verschärfte sich nach den Terroranschlägen vom 11. September 2001. In dem Maße, in dem die EU ihre Mittelmeerpolitik unter den Primat des Kampfes gegen den internationalen Terrorismus stellte, geriet das Ursprungskonzept der EMP, das auf einen langfristigen und nachhaltigen Wandel in der Region zielte, zunehmend in Widerspruch zu einer regionalen Außen- und Sicherheitspolitik, die auf eher kurzfristige Strategien der Terrorabwehr zurückgriff. Das Window of opportunity zur konsequenten Umsetzung des Leitbildes einer Zivilmacht Europa schien sich damit wieder geschlossen zu haben. Mit diesem Kurswechsel wurde die EU jedoch der Komplexität der regionalen Probleme nicht mehr gerecht und verlor vor allem deren Ursachen aus dem Blick. Demokratie und Menschenrechte verschwanden zwar nicht aus der europäischen Rhetorik, spielten in der praktischen Umsetzung der EU-Mittelmeerpolitik aber keine wesentliche Rolle mehr.

Deutschlands Position im Libyen-Konflikt 2011

In der Resolution 1970 vom 26. Februar 2011 zog der Sicherheitsrat der Vereinten Nationen völkerrechtliche Konsequenzen aus den menschenrechtswidrigen Vorgängen in Libyen. Die Entschließung verhängte Wirtschaftssanktionen, ein Waffenembargo, sprach Reiseverbote gegen Teile der Eliten aus und fror deren Konten weltweit ein. Wie im gesamten Maghreb war im Februar auch in Libyen eine Protestbewegung entflammt, die sich rasch zum Volksaufstand entwickelte. Libyens Oppositionelle forderten einen Regimewechsel und demokratische Freiheiten.

Auf die »berechtigten Forderungen der Bevölkerung«, so der Resolutionstext, reagierte Revolutionsführer Muammar al-Gaddafi mit »systematischen Angriffen«. Mitte Februar ließ der Potentat die Demonstrationen blutig niederschlagen – Hunderte starben. In der Machtelite führte die Eskalation zur Spaltung: Teile der Diplomatie und der Streitkräfte wechselten zur Opposition. Aus der Rebellenbastion Bengasi operierend, brachten Aufständische Ostlibyen unter ihre Kontrolle. Daraufhin bombardierte Gaddafis Luftwaffe die Region so heftig, dass die Stürmung des Oppositionslagers drohte.

Gleich zu Konfliktbeginn verurteilte Deutschland, als nichtständiges Sicherheitsratsmitglied, Gaddafis Angriffe scharf. Als sich trotz der Sanktionen die Lage in Libyen verschärfte, wurden Forderungen nach einer Flugverbotszone laut, um die Angriffe libyscher Jets auf die Rebellen und die Zivilbevölkerung zu unterbinden. Neben der Liga der Arabischen Staaten, die für eine Verhängung einer Flugverbotszone votierte, forderten vor allem Großbritannien und Frankreich gezielte Luftschläge. Eine verschärfte Neuentschließung des VN-Sicherheitsrates sollte dies legitimieren, doch der avisierte Luftschild erntete Kritik. Die deutsche Seite monierte das Fehlen eines schlüssigen Masterplans, bezeichnete die Militärziele als unpräzise und meinte, dass Luftschläge über kurz oder lang zu einem Einsatz von Bodentruppen führen würden. Auch die USA äußerten sich skeptisch, änderten dann aber ihre Meinung, als Bengasi zu fallen drohte, und folgten den britisch-französischen Ansichten. Als Begründung wurde die »Humanitäre Intervention«, also die zulässige Ausnahme vom allgemeinen Gewaltverbot der VN herangezogen.

Am 17. März beschloss die Resolution 1973 zum Schutz der libyschen Zivilbevölkerung »ein Verbot aller Flüge im Luftraum« Libyens. Deutschland enthielt sich, stimmte wie Russland, China, Indien und Brasilien. Die deutsche Entscheidung, sich nicht an der Durchsetzung einer Flugverbotszone zu beteiligen, bedeutete keineswegs, dass die Bundesregierung eine neutrale Haltung im Konflikt bezog, dennoch wurde sie von Verbündeten innerhalb der NATO zum Teil hart kritisiert. Demnach habe sich Deutschland nicht nur als unkalkulierbarer Partner isoliert, sondern auch mangelnde Bündnissolidarität gezeigt. Am 19. März 2011 stiegen britische und französische Kampfjets auf, um Gaddafis Truppen anzugreifen. Alleine bis Juni flog eine breite multinationale Streitmacht – nun unter NATO-Führung – rund 9000 Luftangriffe. Ebenfalls im Juni äußerte die Bundesregierung die Absicht, sich nach Ende der Kampfhandlungen am Wiederaufbau Libyens beteiligen zu wollen. Im August 2011 scheint das Ende des Gaddafi-Regimes unmittelbar bevorzustehen

VS

Euro-mediterrane Kooperation auf Ebene der Zivilgesellschaft: Verpasste Chancen

Der neue Kurs manifestierte sich deutlich ablesbar in den euromediterranen Beziehungen auf der Ebene der Zivilgesellschaft. Zu Beginn des Barcelona-Prozesses bestand eine der Innovationen darin, Demokratisierungsprozesse in der Region nicht nur top-down, also durch die politisch vorgegebene Wirtschafts- und Finanzkooperation zu fördern, sondern gleichzeitig eine bottom-up-Strategie zu verfolgen, nämlich die Kooperation auf der Ebene der Zivilgesellschaft. Dazu wurden kleinere Programme aufgelegt, die es erlaubten, an den autoritären Regierungen vorbei sogenannte Change-agents in der Region zu unterstützen. Diese Projekte ernteten vielfache Kritik aus unterschiedlichen Richtungen.

Während sie von den Regierungen der arabischen Partnerländer als Einmischung in die inneren Angelegenheiten zurückgewiesen oder, wenn das nicht fruchtete, praktisch unterlaufen wurden, kritisierten demokratische Nichtregierungsorganisationen (NGOs) diesseits und jenseits des Mittelmeeres die geringe finanzielle Ausstattung und die enge Auswahl der Projektpartner. Das Europäische Parlament bemängelte Defizite bei der Finanzverwaltung und etliche, vor allem südliche EU-Mitgliedstaaten, sahen ihre bilateralen Interessen in der Region durch die politisch sensiblen Projekte bedroht. Vor allem letztere setzten durch, dass mit zunehmender Versicherheitlichung des internationalen Terrorismus die Projektarbeit auf sub-staatlicher Ebene immer unpolitischer wurde. Der Fokus ging weg von der Kooperation mit Menschenrechtsaktivisten und anderen offen oder verdeckt arbeitenden Dissidenten hin zu weniger sensiblen Themenbereichen wie Kultur- und Jugendaustausch. Auch letzteres ist richtig und wichtig, wie die Arbeit der 2005 gegründeten Anna-Lindh-Stiftung zur Pflege des interkulturellen Dialogs beweist. Seit Ausbruch des »Arabischen Frühlings« wird jedoch deutlich, dass die EU mit ihrem politischen Kurswechsel den Kontakt zu den auf Wandel drängenden Regimekritikern in der Region verloren hat. Hätte sie diese Kontakte gepflegt, wäre der Umbruch in der arabischen Welt für die EU nicht so überraschend gekommen.

Die euro-mediterranen Beziehungen als Geisel des Nahostkonflikts

Als nicht minder einflussreich für die praktische Umsetzung der EMP, und zwar in allen ihren Dimensionen, hat sich der Verlauf des Nahostkonflikts erwiesen. In der EU war man Anfang der 1990er-Jahre davon ausgegangen, dass der Friedensprozess mit den Oslo-Verträgen ein Selbstläufer geworden sei und die EMP-Aufgabe vor allem darin bestehen würde, die Konsolidierungsphase des Friedensprozesses politisch und ökonomisch abzusichern. Israel sollte die Chance erhalten, seine Isolation innerhalb der arabischen Welt zu überwinden. Die Palästinenser sollten die Möglichkeit erhalten, sich durch die Integration in eine größere Gemeinschaft aus ihrer einseitigen Abhängigkeit von Israel zu

pa/dpa/dpaweb

Die schwedische Außenministerin Anna Lindh wurde am 10. September 2003 in einem Kaufhaus in Stockholm ermordet. 2005 wurde zu ihrem Gedenken die Anna-Lindh-Stiftung ins Leben gerufen.

lösen. Von der sektoralen Zusammenarbeit aller am Konflikt beteiligten Länder erhoffte man sich den langfristigen Abbau wechselseitiger Fehl- und Feindwahrnehmungen. Darüber hinaus erwartete man von der ökonomischen Verflechtung den für die Friedenskonsolidierung so nötigen wirtschaftlichen Aufschwung der Region. Insgesamt zielte die Einbettung der Friedenskonsolidierung in den EMP-Rahmen auf die Schaffung so vieler wirtschaftlicher und politischer Wechselbeziehungen, dass sich die Wahrscheinlichkeit eines erneuten Ausbruchs des Konflikts entscheidend verringern würde. Der unerwartete Zusammenbruch des nahöstlichen Friedensprozesses schon Mitte der 1990er-Jahre ließ jedoch diese strategische Konzeption in sich zusammenfallen und führte zu einer Umkehrung der erhofften Dynamik: Die EMP beflügelte nicht die Konsolidierung des Friedensprozesses, sondern der gescheiterte Friedensprozess bremste die Entfaltung der angestrebten Partnerschaft.

Ausweg aus der Blockade? Mittelmeerpolitik im Rahmen der Nachbarschaftspolitik

Eine weitere Zäsur in der EU-Mittelmeerpolitik bedeutete die im Mai 2004 vollzogene EU-Erweiterung um zehn neue Mitgliedstaaten. Die EU reagierte auf diese Veränderung, indem sie die Mittelmeerpartner zusätzlich zur EMP in ihre Europäische Nachbarschaftspolitik (ENP) integrierte. Dieser regionalpolitische Ansatz diente eigentlich der Stabilisierung derjenigen Länder, die nach der Osterweiterung neue (östliche) Nachbarn der EU geworden waren. Auf Betreiben Frankreichs, Italiens und Spaniens wurde die ENP jedoch auf die Staaten des südlichen Mittelmeerraums ausgeweitet. Die Nachbarschaftspolitik enthält Anreize zu ökonomischen und – weniger ausgeprägt – auch zu politischen Reformen, indem sie den Partnerländern eine weitgehende Annäherung an die EU anbietet, die allerdings unterhalb der Beitrittsperspektive bleibt. Aufgrund der weitgehenden Blockade der multilateral konzipierten EMP durch den Nahostkonflikt ist die ENP heute der maßgebliche Rahmen der EU-Mittelmeerpolitik. Da die ENP im Kern auf bilateralen Aktionsplänen zwischen der EU und einzelnen Partnerländern basiert, ermöglicht sie Kooperation ungeachtet der Stagnation im nahöstlichen Friedensprozess. Deklaratorisch ist auch die ENP vom Geist der Demokratisierungspolitik getragen, in der politischen Praxis spielt diese normative Dimension der EU-Mittelmeerpolitik jedoch kaum eine Rolle. Hinter der Vernachlässigung der normativen Dimension steht der starke Einfluss der südlichen EU-Mitgliedstaaten, welche die schwer zu kalkulierenden Folgen von abrupten Umbrüchen in ihrer südlichen Nachbarschaft fürchten. Auch sehen sie die normativ aufgeladene Rhetorik der EU-Mittelmeerpolitik als Störung ihrer eigenen, sehr viel pragmatischeren und an den jeweiligen nationalen Eigeninteressen ausgerichteten Politik in der Region.

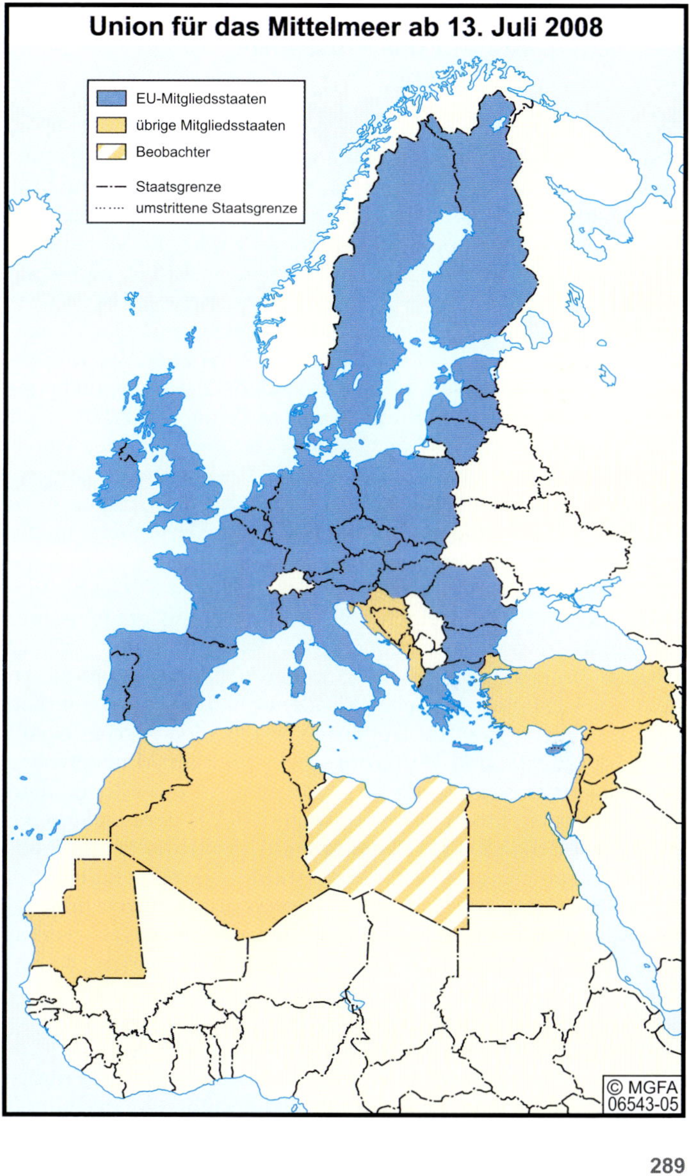
Union für das Mittelmeer ab 13. Juli 2008
EU-Mitgliedsstaaten
übrige Mitgliedsstaaten
Beobachter
Staatsgrenze
umstrittene Staatsgrenze
© MGFA
06543-05

Manifestation einer fehlgeleiteten Politik: Die Union für das Mittelmeer

Aus Unzufriedenheit mit dem europäischen Einfluss auf die als nationale Domäne erachtete französische Mittelmeerpolitik entwickelte Nicolas Sarkozy noch während seiner Kandidatur für die Präsidentschaftswahlen 2007 ein eigenes, ursprünglich als Alternative zu EMP und ENP geplantes Projekt; die Mittelmeerunion. Sie sollte auf europäischer Seite nur mehr von südlichen EU-Mitgliedsstaaten unter Führung Frankreichs gestaltet werden, stieß jedoch in der EU auf heftige Ablehnung. Das französische Projekt wurde als Rückfall in eine von nationalen Interessen determinierte Außenpolitik verstanden. Es war vor allem das Verdienst der deutschen Bundeskanzlerin Angela Merkel, in zähen Verhandlungen das französische Prestigeprojekt der Mittelmeerunion in ein gesamteuropäisches Projekt umzuwandeln. Erst damit wurde der Weg frei zur Gründung der Union für das Mittelmeer (UfM), die auf bislang noch ungeklärte Weise an die EMP anknüpfen soll und die bilaterale ENP ergänzt.

Die UfM zielt in zweierlei Hinsicht auf eine Korrektur von EMP und ENP: Zum einen soll die Errichtung gemeinsamer euro-mediterraner Institutionen den Partnerländern größere Mitgestaltungsmöglichkeiten garantieren (Co-Ownership). So steht der UfM eine doppelte Präsidentschaft vor, die bewirken soll, dass alle relevanten Treffen – von der (neu geschaffenen!) Ebene der Staats- und Regierungschefs, über die Ministerebene bis hinunter zur Arbeitsebene – von einem Nord-Süd-Tandem geleitet werden. Ein in Barcelona angesiedeltes permanentes Sekretariat soll die UfM bei Planung und Umsetzung der auf politischer Ebene gesetzten Ziele unterstützen. Zweites Reformziel der UfM ist eine weitgehende Entpolitisierung durch funktionale Kooperation in konkreten Projekten, um den negativen Einfluss des Nahostkonflikts zu entschärfen. Indem man die Zusammenarbeit durch Einführung einer variablen Geometrie flexibilisierte, soll es kleineren Staatengruppen innerhalb der UfM ermöglicht werden, unabhängig vom Nahostkonflikt Projekte von gemeinsamem Interesse voranzutreiben. Als »Priority Projects« wählte man sechs Vorhaben: die Säuberung des Mittel-

pa/dpa/epa/Elmhedwi

43 Staaten der Europäischen Union und der Mittelmeeranrainer gründeten im Juli 2008 während eines feierlichen Gipfels in Paris die Union für das Mittelmeer (UfM). Nur Libyen unter Gaddafi, hier während einer Pressekonferenz in Tripolis am 9. Juli 2008, blieb dem Treffen in Frankreich fern und besitzt lediglich Beobachterstatus.

meeres, die Einrichtung von transnationalen Schifffahrtsstraßen und Autobahnen, die Schaffung eines gemeinsamen Katastrophenschutzes, die Förderung alternativer Energien, die Zusammenarbeit im Bereich Forschung und universitäre Bildung sowie die Förderung des Mittelstandes. Noch ist es zu früh, Erfolge oder Misserfolge bei diesen Projekten beurteilen zu wollen.

Als eindeutiges Resultat lässt sich hingegen heute schon festhalten, dass das Ziel der Entpolitisierung im Kontext des Nahostkonflikts durch die gleichzeitige Einführung der gemeinsamen, paritätisch besetzten Institutionen konterkariert wurde. Anstatt der gewünschten Belebung der euro-mediterranen Beziehungen durch Co-Ownership hat man neue Arenen der politischen Blockade geschaffen, wie sich nach dem Ausbruch des Gazakrieges im Dezember 2008 zeigte. Kein arabischer Staats- oder Regierungschef hätte es sich angesichts der Gewalteskalation im Gazastreifen leisten können, im Rahmen der UfM Business as usual zu betreiben. So kam die UfM, die im Juli 2008 mit großem Pomp aus der Taufe gehoben wurde, bereits im Dezember desselben Jahres faktisch zum Erliegen. Seitdem hat kaum mehr ein Ministertreffen stattgefunden und das Sekretariat ist bis heute mehr mit der komplexen Frage der Personalausstattung befasst als mit inhaltlicher Arbeit. Zum »Arabischen Frühling« gab es bezeichnender Weise keinerlei Stellungnahme seitens der UfM.

War das Ziel der Entpolitisierung mit Blick auf den Nahostkonflikt gescheitert, hätte sich ein weiteres – unausgesprochenes – Ziel, nämlich die Abkehr von der als störend wahrgenommenen Demokratisierungspolitik, sehr gut durchsetzen lassen, wäre der »Arabische Frühling« dem nicht zuvorgekommen. Frankreich hatte, unterstützt durch Spanien und Italien, immer wieder auf ein Ende der externen Demokratieförderung im Rahmen der euro-mediterranen Beziehungen gedrungen. In den relevanten Dokumenten der UfM wurde das Bekenntnis zu Demokratie und Menschenrechten u.a. auf Druck Deutschlands zwar aufgenommen, die Technokratisierung der Kooperation einerseits und die weitgehende Beschränkung der Zusammenarbeit auf die intergouvernementale Ebene andererseits erschwerten jedoch die konsequente Umsetzung dieser Forderungen weitestgehend.

Aus Fehlern lernen? Die Zukunft der EU-Mittelmeerpolitik ist offen

Die Zukunft der UfM ist zur Zeit (Sommer 2011) immer noch ungewiss. Einmal geschaffene Institutionen lassen sich schwer wieder auflösen und gegen die konkreten Kooperationsprojekte im Rahmen der UfM gibt es keine Einwände. Nicht mehr haltbar ist hingegen die enge Anlehnung an die Autokratien in der Region, für die die UfM einen zusätzlichen politischen Rahmen und damit eine Legitimationsressource geschaffen hatte. Sarkozy und Mubarak, das erste Tandem der neu geschaffenen Co-Präsidentschaft, stehen symbolisch für den Schulterschluss der EU mit den arabischen Potentaten. So ist es kein Zufall, dass sowohl Frankreich als auch die neue ägyptische Übergangsregierung diese Position so schnell als möglich wieder loswerden wollen. Ein derzeit diskutiertes institutionelles Szenario sieht vor, die Administration der UfM künftig dem mit dem Lissabon-Vertrag neu geschaffenen Europäischen Auswärtigen Dienst (European External Action Service, EEAS) unter Leitung von Lady Catherine Ashton anzuvertrauen. Ob es dazu kommt, ist derzeit noch fraglich.

Der EEAS, während der EU-Verfassungsdebatte einst als europäisches Außenministerium geplant, wurde durch den nachhaltigen Widerstand von Integrationsskeptikern zu einer Art Sekretariat heruntergestuft, das sich um die Koordination einer gemeinsamen Außenpolitik bemüht. Auch zwei Jahre nach Inkrafttreten des Lissabon-Vertrages (2009) befindet sich der EEAS noch im Aufbau und war deshalb bei Ausbruch des »Arabischen Frühlings« nur bedingt handlungsfähig. So erfolgten auf die Umstürze in Tunesien und Ägypten erst relativ spät einige verhaltene Reaktionen seitens der EU. Ashton war dabei nicht die treibende Kraft, sondern hinkte den verschiedenen Initiativen einzelner Mitgliedstaten hinterher. Erst im März 2011 erschien der vom EEAS erstellte Entwurf einer »Partnerschaft mit dem Südlichen Mittelmeerraum für Demokratie und Gemeinsamen Wohlstand« – ein Dokument, das den »Geist von Barcelona« atmet, dabei aus Respekt vor den Protagonisten des Freiheitskampfes in der Region jedoch weniger paternalistisch auftritt. Diskutiert wird des Weiteren eine »Mobilitätspartnerschaft«, mit der die Möglichkeiten der legalen Migration erweitert werden sollen, sowie ein Ende des EU-Agrarprotektionismus, um die sich demokratisierenden Partnerländer wirtschaftlich zu unterstützen. Manifest kann all dies, wenn überhaupt, aber erst in der für 2011 anstehenden generellen Reform der ENP werden.

Offen bleibt die Frage, ob die EU und ihre Mitgliedsstaaten den politischen Willen zu einem grundsätzlichen Politikwechsel aufbringen werden und bereit sind, die neuen, nun wieder normativ aufgeladenen Konzepte zur Förderung von Demokratie und Menschenrechten auch praktisch umzusetzen. Die nach wie vor ausgeprägte Wahrnehmung der Region als »Krisenherd«, zusammen mit einem wenig reflektierten »Feindbild Islam« einerseits, und realpolitische Interessenkonflikte, u.a. in den Politikfeldern Innere Sicherheit, Migration und Agrarpolitik, ande-

pa/dpa

Deutschland enthielt sich seiner Stimme bei der Verabschiedung der Resolution 1973 des Sicherheitsrates der Vereinten Nationen, die eine Flugverbotszone über Libyen zum Schutz der Zivilbevölkerung durchsetzen wollte. Bundesaußenminister Guido Westerwelle bekräftigte die Haltung der Bundesregierung in der Öffentlichkeit.

rerseits, lassen Zweifel bestehen. Offen ist zur Zeit auch die Entwicklung der EU-Politik hinsichtlich des Nahostkonflikts. Diese wird entscheidend davon abhängen, welche Auswirkungen die innenpolitischen Umbrüche in den arabischen Ländern auf deren Haltung gegenüber Israel mit sich bringen. Letztendlich wird auch von Bedeutung sein, ob es der erweiterten EU gelingt, die vielfältigen, oft unterschiedlichen Interessen ihrer Mitglieder in einer gemeinsamen, am Zivilmachtkonzept orientierten Außen- und Sicherheitspolitik zu bündeln.

Annette Jünemann

Operation »PEGASUS« zur Evakuierung deutscher Staatsbürgerinnen und Staatsbürger aus Libyen.

Unter strenger Geheimhaltung erfolgte Ende Februar 2011 ein Einsatz deutscher Soldaten zur Evakuierung deutscher und EU-Bürger. Obwohl die Bundesregierung beschlossen hatte, einem bewaffneten Einsatz gegen Libyens Machthaber Muammar al-Gaddafi fernzubleiben, erfolgte diese Aktion in Deutschland in enger Abstimmung zwischen Bundeswehr (noch unter Verteidigungsminister Karl-Theodor zu Guttenberg, der am 1. März zurücktrat) und dem Auswärtigen Amt. Seit dem 21. Februar bestand ein Einsatzstab für militärische Evakuierungsoperationen, gleichzeitig wurden Bundeswehrangehörige auf der griechischen Insel Kreta zusammengezogen. Schon am 22. und 23. Februar evakuierten Flugzeuge der Bundeswehr insgesamt 130 EU-Bürger aus Tripolis.

Die Operation Pegasus selbst erfolgte am 26. Februar. Zwei Tage vorher waren die hierfür erforderlichen Einsatzkräfte alarmiert worden, die aus Soldaten der Division Spezielle Operationen, der im südlichen Mittelmeer befindlichen Marinekräfte sowie Soldaten der Streitkräftebasis, insbesondere Feldjägern, bestanden. Im Rahmen des »gesicherten Evakuierungseinsatzes mit humanitärer Zielsetzung« wurden insgesamt 262 Menschen evakuiert, darunter 125 Deutsche. Insgesamt waren rund 1000 Soldaten der Bundeswehr an der Operation beteiligt.

Bei allem einhelligen Lob für die beteiligten Soldaten und trotz des parlamentarischen Einvernehmens darüber, dass diese Evakuierung erforderlich gewesen war, gibt es unterschiedliche Auffassungen über die politische und rechtliche Bewertung des Unternehmens: So kritisierten der Deutsche Bundeswehrverband und auch Soldaten, dass die Operation »Pegasus« verwaltungsrechtlich nur als »Auslandsdienstreise«, nicht als »Einsatz« abgegolten wurde. Wegen der Gefahr im Verzug und der erforderlichen Geheimhaltung waren zuvor lediglich das Kabinett sowie die Obleute der Bundestagsfraktionen informiert, eine Zustimmung des Bundestags hingegen nicht eingeholt worden. Dazu gibt es unter den Abgeordneten des Deutschen Bundestages unterschiedliche Auffassungen.

MR

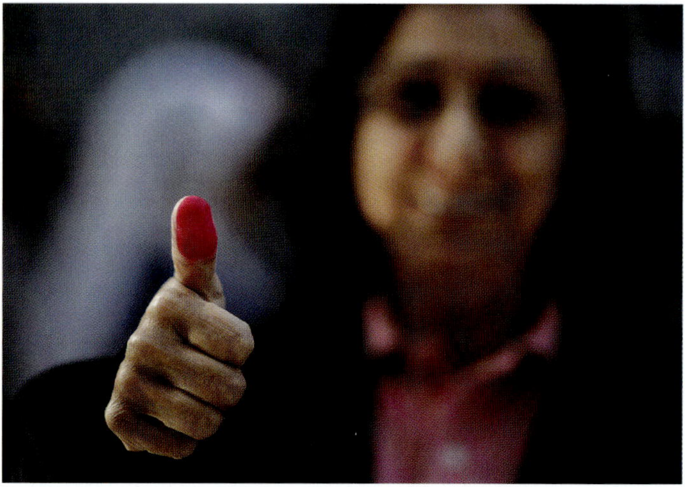

pa/Photoshot

Wohin führen die Ereignisse des »Arabischen Frühlings«? Die Umbrüche des Jahres 2011 nahmen ihren Ursprung in Nordafrika. Diese Region, die im Süden Europas, im Westen des arabischen Kulturraums und nicht zuletzt im Norden Afrikas liegt, bietet einen einzigartigen Schnittpunkt zwischen Kontinenten, Religionen und Kulturen. Um tragfähige Aussagen über die politische Entwicklung dieser Region treffen zu können, müssen die Ereignisse in den Staaten des Nahen und Mittleren Ostens mit in die Analyse einbezogen werden. Es scheint, als wären hier wie dort die autoritären, aber säkularen Regime im Niedergang begriffen. Gleichzeitig konnte sich der konkurrierende islamistische Gesellschaftsentwurf bislang nicht durchsetzen.

Die arabischen Mittelschichten scheinen sich durch ihr Engagement sowohl von den alten Regimen als auch den Heilskündern des Islam abgewandt zu haben und streben nach politischer wie sozialer Teilhabe in einem Staatswesen, das individuelle Freiheiten und Wohlstand garantiert. Das Erreichen dieser Ziele hängt nicht zuletzt davon ab, ob die wirtschaftlichen und politischen Strukturschwierigkeiten überwunden werden. Ohne die Hilfe Europas, werden diese kaum zu meistern sein. Ein ehrlicher Diskurs und ein gemeinschaftliches Miteinander bilden die Grundlage für eine Zukunft, die den Menschen rund um das Mittelmeer Frieden und Wohlstand und gegenseitigen Respekt versprechen.

Bemühungen um eine islamische Demokratie?

Die Welle von Protesten, die breite Teile der arabischen Welt erfasst hat, überraschte sowohl politische Beobachter als auch Experten. Der »Arabische Frühling« löste große Diskussionen in Politik und Medien aus. Dabei dominieren drei Fragenkomplexe:

Erstens: Wie sind diese Revolten zu erklären bzw. welche sind die kulturellen, politischen, ökonomischen und sozialen Faktoren, die zu diesen Entwicklungen führten? Zweitens: Sind diese Entwicklungen Zeichen für eine Demokratisierung der arabischen Welt und ist Demokratie in der arabischen Welt überhaupt möglich? Drittens: Welche Rolle werden die islamistischen Parteien und Bewegungen in den künftigen Regierungskonstellationen spielen?

In diesem abschließenden Beitrag werden die Gründe der Aufstände thesenartig analysiert und in den historischen Rahmen der großen Transformationen der Gesellschaften des Nahen und Mittleren Ostens und Nordafrikas eingeordnet. Dieser Ansatz macht es notwendig, den bisherigen Blick über die Region Nordafrika hinaus auszudehnen und Staaten, die aufgrund ihrer geografischen Lage in diesem Band bislang nicht behandelt wurden, zu berücksichtigen. In einem Ausblick werden schließlich die Chancen einer Demokratisierung der Region diskutiert.

Drei Thesen zum »Arabischen Frühling«

These 1: Beim »Arabischen Frühling« handelt es sich um eine Revolte der in ihrem Aufstieg blockierten und politisch frustrierten Mittelschichten.

Bei den Protestbewegungen in Nordafrika, welche die Souveränität der jeweiligen autokratischen Staatsregime vehement in Frage stellen, wird von einem komplexen Bündel struktureller Ursachen und Auslösern ausgegangen. Diese Protestbewegungen sind aber kein Novum in der jüngeren Geschichte der Region. Betrachtet man diese seit Mitte des 19. Jahrhunderts, so zeichnet sich eine Art zyklische Entwicklung solcher Protestbewegungen ab. Die aufsteigenden Mittelschichten waren und sind dabei die Hauptträger der Revolten. Der Aufstieg, Niedergang und die Stagnation dieser Mittelschichten sowie deren Artikulationsformen sind maßgeblich für die Erklärung von gesellschaftlichen, kulturellen und politischen Prozessen im Nahen und Mittleren Osten. Diese Dynamiken der Mittelschichten wurden und werden wiederum von politischem und ökonomischem Strukturwandel beeinflusst. So führten die ab Mitte des 19. Jahrhunderts eingeführten Tanzimat-Reformen im Osmanischen Reich zum Aufstieg einer neuen städtischen Mittelschicht, die im nahöstlichen Kontext mit dem Begriff »Effendiya« bezeichnet wurde. Der Begriff kommt aus dem Osmanischen, stammt vom Wort »Effendi« ab und bedeutet »Herr«, also ähnlich wie die Bezeichnung »gentleman« oder »gentil homme« in der europäischen Geschichte. Diese Effendiya ist Ergebnis der Eingliederung der osmanischen Region in das europäische Wirtschaftsystem sowie der Einführung des europäischen Bildungssystems. Die Umstrukturierung der Agrarwirtschaft in eine Exportagrarwirtschaft Ende des 19. Jahrhunderts führte zu einer massiven Urbanisierung der aufstrebenden ländlichen Familien. Diese Effendiya artikulierte sich in der Idee und Bewegung der Nahda und später als Anti-Osmanische Bewegung. Die Intensivierung der Modernisierung der Region unter der kolonialen Herrschaft europäischer Mächte führte zur Diskreditierung der agrarischen Mittelschichten, also der Effendiya, und zur Entstehung neuer Mittelschichten, die in der Literatur als »New Effendiya« bezeichnet werden. Diese neuen Mittelschichten entstanden nach dem Ersten Weltkrieg. Sie wurden zu Hauptträgern des arabischen Nationalismus.

Beide Transformationen, die zur Entstehung von Mittelschichten führten, sind Ergebnis der großen ökonomischen Umwälzungen und der Anbindung der Region an das kapitalistische Weltsystem sowie ihrer Eingliederung als Peripherie dieses Weltsystems.

Mit dem Ende des Kolonialismus übernahmen in den gerade unabhängig gewordenen Staaten der Region diese Mittelschichten die Macht. Mit Hilfe der Öleinnahmen etablierten sich Rentierökonomien. Rentierökonomien herrschen in den Staaten vor, deren Einnahmen v.a. vom Export von Primärprodukten, (z.B. unverarbeitete Rohstoffe wie Erdöl), abhängig sind. Renten sind Einkommen ohne eine nennenswert erbrachte produktive Eigenleistung. Sie entstehen infolge eines beschränkten Wettbewerbs, entweder aufgrund von herrschenden Monopolen oder aufgrund politisch geschaffener Marktbeschränkungen. Renten beeinflussen die politischen Strukturen und wirken damit über die Interessenvermittlung auch auf die Strategien von Akteuren. Die Einbindung in das ökonomisierte Weltsystem, wie sie in den letzten 20 Jahren der Fall war, verstärkt diese Struktur. Die Einnahmen aus den Renten müssen dabei nicht ökonomisch rational eingesetzt werden, sondern stehen der herrschenden Elite frei zur Verfügung und werden in der Regel für politische Zwecke verwendet, um Loyalitäten zu erkaufen. Der bevorzugte Einsatzbereich dieser Geldmittel ist der Sozialbereich. Damit entsteht ein politischer Pakt zwischen Herrschenden und Beherrschten, basierend auf der strategischen Verteilung dieser Staatseinnahmen. Die sozial-gesellschaftlichen Effekte dieser Politik sind unter anderem: Bildungs- und Gesundheitsangebot für breite gesellschaftliche Schichten sowie Jobmöglichkeiten im überzogenen öffentlichen Sektor. Mit Hilfe der Ölwirtschaft erzielten diese Länder zum Beispiel zwischen 1973 und 1983 Wachstumsraten von bis zu elf Prozent des Bruttoinlandsproduktes. Die Arbeitslosigkeitsrate lag bis in die 1980er-Jahre bei etwa fünf Prozent in Ägypten und unter zwei Prozent in Jordanien.

Die Folgen waren eine rasante Verstädterung (Ägypten von 30 % im Jahre 1950 auf 47 % im Jahre 1990; Syrien von 32 % auf 51 %; Jordanien von 38 % auf 78 %; Saudi-Arabien von 12 % auf 86 %) und Vernachlässigung der Modernisierung der Agrarwirtschaft. Hieraus resultierte eine Abhängigkeit von Nahrungsmittelimporten, aber auch eine Bevölkerungsexplosion (Ägypten von 21 Mio. Menschen im Jahre 1950 auf 55,5 Mio. im Jahre 1990; Algerien und Marokko von 9,5 Mio. auf 30 Mio., Syrien von 3,5 Mio. auf 16 Mio. Menschen im gleichen Zeitraum). Als Folge ist auch eine Verjüngung der Bevölkerung zu verzeichnen, was gerade für die arbeitsfähige Bevölkerung (zwischen 15 und 64 Jahren) gilt, deren Anteil an der Gesamtbevölkerung sich in allen Ländern des Nahen und Mittleren Ostens auf mehr als 60 Prozent beläuft. Gleichzeitig ist aber ein Rückgang der Bevölkerung der Altersgruppe unter 15 Jahren zu verzeichnen.

Diese eben beschriebene Politik führte ab Mitte der 1970er-Jahre zum Aufstieg einer neuen Mittelschicht. Neben der komfortablen ökonomischen Situation, welche die Klientelisierung der Gesellschaft ermöglichte, entwickelten die Machthaber ein geistiges Gerüst zur ideologischen Anbindung der arabischen Bevölkerung an ihre Regime, nämlich den arabischen Nationalismus, der auf einem antiimperialistischen und antiisraelischen Diskurs basiert. Gleichzeitig entwickelten sich einige Regime zunehmend zu Gewaltherrschaften mit einem gewaltigen Sicherheitsapparat zur Überwachung der eigenen Gesellschaft. Zum Machtapparat gehörten auch Partei, Gewerkschaften und diverse Organisationen.

Spätestens seit Mitte der 1980er-Jahre erlitt diese Politik einen schweren Rückschlag. Der dritte Ölschock von 1985/86 führte zum Niedergang nicht nur des Wirtschaftssystems, vor allem in den Rentierstaaten, die vom Erdöl abhängig waren, sondern des gesamten Herrschaftssystems. Die meisten Staaten der Region waren zudem gezwungen, die Strukturanpassungsprogramme und Bedingungen des Internationalen Währungsfonds (IWF) umzusetzen. Dies führte zum Rückzug des Staates aus seiner gesellschaftlichen Verantwortung und zum Abbau des staatlichen Wohlfahrtsangebots. Dieses stand nun nicht mehr den breiten Schichten zur Verfügung, sondern beschränkte sich auf wenige staatstragende Kreise, die nach wie vor in den Klientelstrukturen eingebunden blieben. Die Krise des Rentierstaates hatte das Ende der loyalitätssichernden Verteilungsstrategien zur Folge. Der Anteil der gesellschaftlich marginalisierten Jugend wurde immer größer und die Forderungen der Mittelschichten nach größeren ökonomischen Freiräumen immer deutlicher. Der »Sozialpakt« zwischen Staat und Gesellschaft und damit auch die »Pax Politica« waren zerbrochen. Auch in Staaten, in denen die Staatsräson stärker an die Religion gebunden war, ging die Allianz zwischen Staat und Religion zu Ende. Die islamische Religion entwickelte sich zu einem neuen Artikulationskanal, was ihr zunächst einen gesellschaftspolitischen Aufstieg ermöglichte, doch längerfristig in einem Niedergang zu münden scheint.

pa/dpa

Abd al-Aziz Bouteflika übt seit 1999 das Amt des Präsidenten der Republik Algerien aus. Er trieb die Aussöhnung zwischen säkularem Nationalstaat und den Anhängern des politischen Islam voran.

Die politisch blockierte, aber wirtschaftlich aufsteigende Mittelschicht wurde zum Hauptklienten der islamistischen Bewegungen. Die islamistischen Bewegungen konnten deswegen den politisch heimatlosen Mittelschichten eine Zuflucht bieten, weil sie in ihren Programmen zwar Marktöffnung und staatsinterventionistische Vergeudung von Ressourcen kritisierten, dem Staat aber weiterhin eine wichtige Rolle, insbesondere in den Außenwirtschaftsbeziehungen, zuwiesen. Die Texte dieser Bewegungen entwickelten sich von einer Beschreibung einer an moralischen Prinzipien orientierten Wirtschaft (»moral economy«) zu einer pragmatischen Darstellung von Politik. Danach sollten unter den Bedingungen der Globalisierung die nationale Wirtschaft vor Importkonkurrenz geschützt und eigene Exportmöglichkeiten gefördert werden. Einhergehen sollte dies mit einer Zunahme der Beschäftigung und der technischen Entwicklung des Landes. Zurecht weist Gilles Kepel darauf hin, dass der Erfolg der Islamisten nicht primär in der Mobilisierung und Einbindung der Unterschichten liege, sondern mehr in der Fähigkeit, eine Synthese zwischen den Unterschichten und den am Aufstieg gehinderten Mittelschichten herzustellen. Denn die Islamisten pflegen einen radikalen Diskurs, der die frustrierten Unterschichten mobilisiert, und propagieren gleichzeitig mittelschichtenorientierte wirtschaftliche Programme, die deren sozialen und wirtschaftlichen Aufstieg ermöglichen sollen.

Aufgrund ihrer partiellen Einbindung in die politischen Systeme transformierten sich die islamistischen Bewegungen jedoch zu politischen Parteien mit modernen Strukturen (z.B. Mouvement de la société pour la paix, MSP, in Algerien, Parti de la justice et du développement, PJD, in Marokko). Sie stellen inzwischen bedeutende Fraktionen in den Nationalparlamenten, sitzen in wichtigen Ausschüssen und sind sogar – wie die MSP in Algerien – bedeutende Koalitionspartner in den Regierungen. Diese Partizipation führt zu einer Art politischen Verblassung, was ich als Partizipationsdilemma bezeichne. Durch ihren Wandel von politischen Massenbewegungen zu politischen Parteien verlieren die islamistischen Parteien an Glaubwürdigkeit, Ansehen und Durchsetzungsmacht. Denn nach dem Einzug in die nationalen Parlamente entfalteten sich sowohl parteiintern als auch bei Anhängern und Wählern neue Dynamiken, die nicht mehr durch einfache populistische Diskurse und dogmatische Reden zu steuern sind. Konfrontiert mit den Alltagsproblemen der Bürger und dem Lernprozess der parlamentarischen Arbeit, scheinen islamistische Parteien längst von der Realpolitik eingeholt worden zu sein. Inzwischen wissen auch die Kader dieser Parteien, dass es keine Allheilmittel für die Lösung sozialer und ökonomischer Probleme nach dem Motto »al-Islam huwa al-Hall« (»der Islam ist die Lösung«) gibt. Rhetorische oder religiöse Qualitäten alleine sind bei Wahlen nicht mehr ausreichend für eine gute Platzierung auf der Kandidatenliste. Somit sind die Islamisten nicht nur gezwungen, Wahlprogramme vorzulegen, sondern diese auch in öffentlichen Diskussionen zu verteidigen, wie der Fall Ägypten zeigt. Und selbst die Stammwähler und Anhänger dieser Parteien sind kritischer geworden. Die Folge ist eine Art »De-Sakralisierung« der islamistischen Bewegungen sowie der ihnen nahestehenden Organisationen und damit auch der Religion als politisches Mittel.

Mit der Praxis der Kooptation, also der Wahl neuer Mitglieder durch bereits der Partei angehörende Mitglieder, nehmen es diese Parteien in Kauf, sich von den Randgruppen der Gesellschaft und damit von einem wichtigen Teil ihrer Anhängerschaft zu entfernen und insgesamt an Glaubwürdigkeit zu verlieren. Islamistische Parteien in Marokko, Algerien, Jordanien und dem Jemen wurden so in den vergangenen Jahren eher schwächer als stärker. Je länger diese Parteien am politischen Wettbewerb teilnehmen, desto geringer werden ihre Erfolge bei Wahlen – auch unter dem Vorbehalt teilweise massiver Manipulationen seitens der herrschenden Regime. Darüber hinaus ergeben sich für die Mittelschichten mit neuen Marktmöglichkeiten, kombiniert mit der bereitwilligen Nutzung der neuen Medien, bisher unbekannte Entfaltungsmöglichkeiten außerhalb der traditionellen religiösen Vereine, Parteien und Bewegungen. Eine Radikalisierung von Teilen dieser Bewegungen, wie im Bürgerkrieg in Algerien oder mit den Ereignissen des 11. Septembers versinnbildlicht, sowie die Existenz von Organisationen wie al-Qaida tragen zur Eindämmung dieser Bewegungen bei. Der Mythos der unendlichen Mobilisierungskraft islamistischer Akteure scheint zu Ende zu sein. Inzwischen sind sie durch die herrschenden gesellschaftlichen Gruppen »gezähmt« worden, selbst in Korruptionsaffären verwickelt und verlieren so zunehmend an Glaubwürdigkeit. Die Mittelschichten wenden sich von den Diskursen der Islamisten ab.

Zweite These: Diese neue Generation von Mittelschichten hat Erscheinungen von Ideologiemüdigkeit. Sie ist nicht mehr durch vertikal und hierarchisch gesteuerte Mobilisierungsmechanismen zu beeinflussen. Es ist eine Generation, die ihr Schicksal selbst in die Hand nehmen will.

Die heutige arabische Welt ist durch eine Ideologiemüdigkeit breiter Teile der Bevölkerung gekennzeichnet. Die gut ausgebildeten und weltvernetzten jungen Menschen glauben nicht mehr an die herrschenden, ideologisch besetzten Erklärungsmodelle, wie den arabischen Nationalismus und politischen Islam, und damit auch nicht mehr an von oben organisierte Massenbewegungen. Diese Generation fühlt sich gedemütigt von der Überwachung durch den Staat, von der Bevormundung durch »Religionsunternehmer« und beraubt durch eine konsolidierte militärisch-wirtschaftliche Allianz. Deswegen sind weitreichende politische Reformen und Beschäftigungsperspektiven nötig. Die arabischen Mittelschichten wollen ihr Leben selbst in die Hand nehmen, an der Globalisierung teilhaben und damit auch an einer globalen Arbeitsteilung.

Trotz des Scheiterns der bislang verfolgten Entwicklungsmodelle sind einige positive Erfolge zu verzeichnen, nämlich der Anstieg der Alphabetisierungsrate, gerade bei den Frauen, sowie die Urbanisierung. Dies führte auch zu einem deutlichen Rückgang der Geburtenrate in fast allen Staaten der Region. Sie erreicht in einigen Ländern, wie im Libanon oder in Tunesien mit etwa 1,7 Kindern pro Frau, seit Mitte der 1980er-Jahre europäische Verhältnisse. Die Krise des Rentiersystems führte in vielen arabischen Staaten zu einer neuen demografischen Politik und zu einer demografischen Wende ab Mitte der 1980er-Jahre. Hinzu kommen Strukturanpassungsprogramme und der Rückgang des Familieneinkommens. Diese Faktoren – einschließlich der Nutzung der neuen Medien – haben zu einer Umstrukturierung der Gesellschaften der Region geführt (eine Ausnahme bilden immer noch die Golfstaaten). Kleine Familien mit einem teueren Unterhalt und teuerer Bildung für Kinder sowie Karrieremöglichkeiten für Frauen führen zur Destabilisierung des patriarchalischen Systems, aber auch zu gewandelten Beziehungen zwischen den Geschwistern sowie zwischen Eltern und Kindern. Auch das Verhältnis zum Staat und zur Obrigkeit wird in Frage gestellt und neu verhandelt. Diese Entwicklung bezeichnet der französische Bevölkerungswissenschaftler Emmanuel Todd als »stille und unaufhaltsame Revolution«. Die neue Generation ist interessenorientiert, will mehr Respekt und Teilnabe. Sie ist auch nicht mehr durch die alten, überkommenen Mechanismen zu zähmen und verlangt einen neuen »Gesellschaftsvertrag«.

Dritte These: Die Demokratisierung der arabischen Welt ist möglich, aber schwierig. Die Schwierigkeiten liegen vor allem in den internen und externen strukturellen Voraussetzungen begründet.

Durch den erfolgreichen Ausgang der Revolten in Ägypten und Tunesien ist ein erster Schritt in Richtung Demokratie getan. Nun geht es darum, die Früchte der beiden Revolutionen in Form von Verfassungstexten zu festigen, ein Rechtssystem zu etablieren und den Forderungen der jungen Generation gerecht zu werden. Große Risiken und Hindernisse stehen noch bevor.

Eine erfolgreiche und friedliche demokratische Entwicklung benötigt gute wirtschaftliche und soziale Startbedingungen. Zwar unterscheiden sich die Bedingungen von Land zu Land, viele Länder haben jedoch mit großen strukturellen Schwierigkeiten zu kämpfen. Neben der Bevölkerungsexplosion, der akuten Arbeitslosigkeit, Nahrungsmittelknappheit und der damit zusammenhängenden Importabhängigkeit sind die begrenzten Wasserressourcen als künftiger Konfliktstoff nicht zu unterschätzen.

Wir haben es in der arabischen Welt mit einer sehr jungen Bevölkerung zu tun. Zwar sinkt das Bevölkerungswachstum seit Mitte der 1980er-Jahre stetig, die Länder der Region werden aber in den nächsten Jahren beachtliche Bevölkerungszahlen erreichen. Die Bevölkerung im Mittleren Osten und in Nordafrika ist von 112 Mio. im Jahre 1950 auf etwa 400 Mio. heute gestiegen. Bis zum Jahre 2030 wird sich deren Zahl vermutlich verdoppeln. Die Jugendarbeitslosigkeit liegt bei etwa 30 Prozent, in einigen Staaten bei 40 Prozent. Die Frauenpartizipation am Arbeitsmarkt ist bislang eher gering (Algerien 38 %; Ägypten 22 %; Jordanien 29 %; Tunesien 31 %; Libyen 27 %; Marokko 29 %; Daten für 2006). Bis zum Jahr 2025 müssen 100 Millionen Arbeitsplätze geschaffen werden. Die Bevölkerung der Region (7 % der gesamten Weltbevölkerung) verfügt nur über etwas mehr als ein Prozent der gesamten Weltwasserreserven. Dabei werden etwa 85 Prozent dieser Reserven für die Landwirtschaft verbraucht. Der Pro-Kopf-Verbrauch an Wasser liegt in vielen Ländern unter dem Wert der Weltgesundheitsorganisation (1000 m^3 pro Einwohner). Die Staaten der Region sind von Nahrungsmittelimporten abhängig, deren Preise vom Weltmarkt bestimmt werden. Die meisten Staaten importieren mehr als 50 Prozent der benötigten Nahrungsmittel. So gehen 56 Prozent des weltweit exportierten Weizens in die arabische Welt. In Ägypten können nur etwas mehr als drei Prozent der gesamten Fläche landwirtschaftlich genutzt werden. Alleine der Brotpreis in Ägypten stieg zwischen 2003 und 2005 um 25 Prozent. Die Nahrungsmittelkrise von 2008 hat mehr als vier Millionen Menschen aus der Region in die absolute Armut getrieben.

pa/dpa

Der Präsident der Französischen Republik, Nicolas Sarkozy, wirbt im Oktober 2007 bei König Mohammed VI. von Marokko für den Aufbau einer Mittelmeerunion.

Diese strukturellen Probleme zu beseitigen, ist die größte Herausforderung für die künftigen Regierungen in der gesamten Region. Zugleich aber wird die Politik der westlichen Welt insgesamt und die der Europäischen Union (EU) im Besonderen gegenüber der Region entscheidend sein. Hier bietet sich der Barcelona-Prozess als Plattform für die strukturelle Unterstützung des Demokratisierungsprozesses im Mittelmeerraum an. Die Mittelmeerregion wurde seit dem Barcelona-Prozess als eine Zone der Gefahren eingestuft, nun ist es an der Zeit – und die Gelegenheit ist vorhanden –, diesen Raum zur impulsgebenden Region für die europäische Politik und zum Instrument eines radikalen Wandels des europäischen außenpolitischen Denkens werden zu lassen und dem Mittelmeerraum insgesamt zu einer zukunftsorientierten Entwicklung zu verhelfen.

Die Politik der EU gegenüber ihren südlichen Nachbarn sollte auf gegenseitigen Interessen basieren. Langfristig gilt es, die gesamte Region und Nordafrika im Besonderen in die europäische Wirtschaft einzubinden und die Interessen beider Seiten ohne Tabus zu berücksichtigen. Dies wird nicht nur den Millionen auf den Arbeitsmarkt strömenden jungen Menschen eine Perspektive bieten, sondern auch europäischen Wirtschaftsinteressen dienen.

Rachid Ouaissa

Nordafrika bis zur Mitte des 20. Jahrhunderts

Vor- und Frühzeit

Nach der Sesshaftwerdung von Nomaden im Niltal und im Nildelta entsteht die ägyptische Hochkultur. Die Nordafrikanische Küste wird von berberischen Nomaden bevölkert.

um 10 000 v.Chr.	Nomaden besiedeln Nordafrika, Felsmalereien in der heutigen Sahara u.a. in Libyen (Wadi Mathandous) und in Ägypten (»Höhle der Schwimmer«, Gilf el Kebir Plateau).
um 9000 v.Chr.	Entstehung des Sahara-Wüstengürtels.
um 8000 v.Chr.	Sesshaftwerdung der Nomaden und Übergang zur agrarischen Produktion.
zwischen 5000/3000 v.Chr.	Entstehung von Kulturtechniken im Nildelta, wie künstliche Bewässerung, Schrift, Monumentalarchitektur, Verwaltung, Monarchie, Hochreligion.
um 3000–2150 v.Chr.	Altes Reich, Einigung von Ober- und Unterägypten unter dem gottgleichen König, zentralistischer Beamtenstaat, Steuererhebungen, Hieroglyphenschrift, zeitweilige Ausdehnung der Macht bis zum Libanon und Nubien (heutiger Nordsudan) und seegestützte Handelsbeziehungen bis Jemen/Somalia.
um 2700 v.Chr.	Hochentwickelter Totenkult, Herausbildung der Pyramide als Grabbau: Stufenpyramide in Sakkara des Königs (Pharao) Djoser, Knickpyramide von Dahschur des Pharao Snofru, Pyramiden in Giseh der Pharaonen Cheops und Chephren.
um 2134–2040 v.Chr.	1. Altägyptische Zwischenzeit. Aufteilung des Reiches unter den Gaufürsten.
um 2040–1786 v.Chr.	Mittleres Reich. Wiederherstellung der Königsmacht unter dem Gaufürsten von Theben, Eroberung Nubiens (heutiger Nordsudan), Erweiterung der agrarischen Nutzfläche durch Erschließung der Oase von Fayum. Monumentalarchitektur wie Obelisken, Grabtempel, Ziegelpyramiden der Pharaonen.
um 1650–1552 v.Chr.	2. Altägyptische Zwischenzeit. Herrschaft der Hyksos, nomadisches Reitervolk mit Pferd und Streitwagen, in Ägypten.
um 1551–1075 v.Chr.	Neues Reich. Expansion des Reiches bis zum Euphrat und nach Süden bis Karima (auf Höhe des vierten Nilkaterakts). Handelsbeziehungen zum Mittelmeerraum (Kreta). Großartige Monumentalarchitektur: Göttertempel, Felsengräber und umfassende Bauprogramme v.a. unter Ramses II. Einführung der Eisentechnologie.

1367–1347 v.Chr.	Amenophis IV. (Echnaton). Versuch der Einführung des Monotheismus (Aton-Kult) mit neuer Hauptstadt Armana in Mittelägypten.
um 1340 v.Chr.	Religiöse Krise Ägyptens, endgültige Wiederherstellung der alten Religion unter Pharao Tutanchamun.
vermutlich um 1250 v.Chr.	Auszug der Hebräer unter Moses aus Ägypten
um 1200 v.Chr.	Nord- und Seevölkersturm: Beginn einer großen Völkerbewegung im Mittelmeerraum (Etrusker, Libyer, Phönizier, Philister u.a.).
1177 v.Chr.	Ägypten: Abwehr der Philister, jedoch enorme Schwächung des Reiches.
um 1000–850 v.Chr.	Gründung von phönizischen Städten und Handelsniederlassungen im westlichen Mittelmeerraum: Utica (Tunesien), Gades/Cadiz (Spanien), Tingis/Tanger (Marokko) und Karthago (Tunesien).
1075–715 v.Chr.	3. Altägyptische Zwischenzeit. Wechselnde Herrschaften ausländischer Mächte.
945 v.Chr.	Ägypten unter der Herrschaft libyscher Söldner.
um 754–535 v.Chr.	Zweite griechische Kolonisierungswelle u.a. in die Cyrenaika (Libyen) in Konkurrenz zu den phönizischen Niederlassungen, v.a. Karthago.
712 v.Chr.	Ägypten unter der Herrschaft der Äthiopier.
671 v.Chr.	Ägypten unter der Herrschaft der Assyrer.
656–525 v.Chr.	Ägyptische Dynastie von Sais. Beginn des Baus eines Kanals vom Nildelta zum Roten Meer unter Necho I., erst unter der Herrschaft der Perser um 495 v.Chr. vollendet.
525 v.Chr.	Ägypten unter der Herrschaft der Perser.
410–343 v.Chr.	Erhebung der Ägypter gegen die Perser.

Nordafrika in der Eurasischen Antike

Nach der Besiedlung von Teilen Nordafrikas durch die Phönizier beginnt die Kolonisation durch griechische Einwanderer. Die Griechen werden durch die Römer abgelöst, die bis in die byzantinische Zeit hinein Kultur und Geschichte Nordafrikas bestimmen.

um 400 v.Chr.	Gründung des griechischen »Fünf-Städte-Bundes« (Pentapolitanis) und »Dreistadtbundes« (Tripolitanis) an der libyschen Küste.
332 v.Chr.	Eroberung Ägyptens durch Alexander den Großen (von Makedonien), Herrschaft der Griechen, Beginn der Ptolomäischen Dynastie.

Nordafrika bis zur Mitte des 20. Jahrhunderts

331 v.Chr.	Gründung der Stadt Alexandrien/Alexandria am Mittelmeer und an einem Nilarm.
264–241 v.Chr.	1. Punischer Krieg Roms und Karthagos um die Vorherrschaft im Mittelmeerraum.
218–201 v.Chr.	2. Punischer Krieg Roms und Karthagos um die Vorherrschaft im Mittelmeerraum: Hannibals Marsch auf Rom, Karthago verliert Spanien.
168 v.Chr.	Ägypten wird römisches Protektorat.
148 v.Chr.	3. Punischer Krieg Roms und Karthagos um die Vorherrschaft im Mittelmeerraum: endgültige Niederlage Karthagos und seine Zerstörung, Gründung der römischen Provinz Africa auf karthagischem Gebiet (Tunesien).
111–105 v.Chr.	Krieg Roms gegen den numidischen König Jugurtha: Ausweitung der Macht Roms auf den Tripolitanischen Städtebund (Libyen).
um 60 v.Chr.	Schwächung des Garamentenreiches (Berbervolk) in Libyen durch Feldzüge der Römer.
30 v.Chr.	Ägypten unter der Herrschaft der Römer (Kleopatra).
23	Schwächung des Meroe-Reiches (Nubien) durch einen römischen Feldzug.
30	Kreuzigung Jesu Christi.
42	Gründung der römischen Provinz Mauretania (Marokko/Algerien).
um 100	Einführung des Kamels im römischen Heer Nordafrikas
um 150	Errichtung des Tripolitanischen und Mauretanischen Limes zur Grenzsicherung gegen südliche Berbervölker. Blütezeit der nordafrikanischen Provinzen. Die Provinzen gelten als »Kornkammer Roms« und größter Olivenölproduzent.
um 200	Septimus Severus, römischer Soldatenkaiser aus Nordafrika, baut die nordafrikanischen Provinzen aus, vor allem seine Heimatstadt Leptis Magna (Libyen).
313	Mailänder Vereinbarung (Toleranzedikt von Mailand): Christentum wird im Römischen Reich anerkannt (Konstantinische Wende).
um 325	Alexandrien als christliches Patriarchat eingerichtet. Christianisierung Ägyptens und Nordafrikas.
um 350	Herausbildung der koptischen Kirche und des Klosterwesens in Ägypten.
375	Beginn der germanischen Völkerwanderung.
395	Aufteilung des Römischen Reiches in Ost- und Westrom.

429 Vandalenreich in den ehemaligen römischen Provinzen Africa und Mauretania, Plünderung Roms durch die Vandalen.

533 Eroberung des Vandalenreiches unter dem byzantinischen Kaiser Justinian (Ostrom), Rückeroberung Nordafrikas durch Byzanz.

Beginn des islamischen Zeitalters

Nach der Eroberung Nordafrikas durch die arabischen Stämme der Arabischen Halbinsel werden Ägypten und Nordafrika schrittweise muslimisch. Versuche von christlichen Kreuzfahrern, die muslimischen Reiche einzunehmen, scheitern. Nordafrika wird Ausgangsbasis für die Piraterie, die über mehrere Jahrhunderte den Mittelmeerraum destabilisiert.

622 Flucht Mohammeds aus Mekka, Beginn der islamischen Zeitrechnung.

641 Eroberung Ägyptens durch die Araber, Beginn der Islamisierung Nordafrikas durch die arabischen Stämme.

670 Gründung von Kairuan in Tunesien durch die Araber als »Heilige Stadt«.

697 Araber erobern das Gebiet um Karthago.

709 Die Gebiete des heutigen Marokko und Algerien werden von den Arabern und islamisierten Berberstämmen Nordafrikas eingenommen. Eroberung von Spanien (711).

756 Gründung des Emirats von Cordoba in Spanien.

um 800 Nordafrika und Südspanien werden zu einem Zentrum des Islam, Blütezeit von Wirtschaft und Kultur.

um 900 Fatimiden (Abstammung von Fatima, der Tochter Mohammeds) bringen die islamische schiitische Glaubenslehre nach Nordafrika.

910 Fatimidisches Kalifat in Ost-Algerien, Tunesien und Libyen.

950 Unterwerfung Marokkos durch die Fatimiden.

969 Eroberung Ägyptens durch die Fatimiden.

996 Zuckerrohr wird über Ägypten nach Europa verschifft.

um 1050 Die arabischen (schiitischen) Stämme Beni Hilal und Beni Sliman ziehen durch Nordafrika, um eine abtrünnige sunnitische Dynastie in Tunesien zu unterwerfen. Sie hinterlassen eine Spur der Verwüstung und zerstören die seit der Antike bestehenden Verwaltungs- und Wirtschaftsordnungen grundlegend.
Die Verschmelzung von Arabern und Berbern beginnt, das Nomadentum wird zum bestimmenden wirtschaftlichen Element in Nordafrika.

Nordafrika bis zur Mitte des 20. Jahrhunderts

um 1060	Die Almoraviden-Dynastie in Nordafrika und Spanien eint die Berbervölker im Maghreb.
1146	Die Almohaden (Berberdynastie) übernehmen die Macht in Nordafrika und Spanien.
1150	Normannen erobern Teile Tunesiens.
1169	Saladin übernimmt die Macht in Ägypten, stellt den islamisch-sunnitischen Glauben wieder her und erobert Jerusalem (1187).
1229	Der Stadthalter der Almohaden in Tunesien macht sich selbstständig, übernimmt die Herrschaft und begründet die Dynastie der Hafsiden in Tunesien.
1248–1250	6. Kreuzzug unter Ludwig IX. von Frankreich mit dem Ziel, Ägypten einzunehmen. Zerstörung von Alt Kairo.
1250	Mamluken (Militärsklaven) übernehmen die Herrschaft in Ägypten.
1260	Mamluken siegen über die Mongolen bei Jerusalem und sichern sich so ihre Selbstständigkeit und bewahren Nordafrika vor den Mongolen.
1270	7. Kreuzzug unter Ludwig IX. von Frankreich scheitert am Versuch, Tunesien einzunehmen.
1415	Eroberung Ceutas (im Norden Marokkos) durch Portugal.
1424–1431	Hafsiden unternehmen immer wieder Vorstöße nach Algerien und Marokko sowie nach Andalusien.
um 1450	Maurische und christliche Piraten verunsichern die Küsten Nordafrikas und beeinträchtigen schwerwiegend die Handelswege mit Europa.
1497	Eroberung von Melilla (im Norden Marokkos) durch Spanien.
15.–16. Jh.	Durch die Reconquista in Spanien verstärkte Einwanderung muslimischer und jüdischer Flüchtlinge, Ansiedlung an der Küste Algeriens und Tunesiens. Es entstehen autonome Stadtstaaten und Stammesfürstentümer.
1505–1520	Spanien erobert Marsa al-Kabir, Ténès, Oran und andere Gebiete an der algerischen Küste.
1510	Tripolitanien (Westlibyen) wird von den Spaniern erobert und später die Herrschaft den Maltesern (1530) übertragen.

Nordafrika unter osmanischer Herrschaft

Die Osmanen dehnen ihr ursprüngliches Einflussgebiet über Ägypten nach Westen aus. So geraten die Cyrenaika, Tripolitanien sowie die Gebiete des heutigen Tunesiens und Algeriens unter ihre Kontrolle. Dennoch behalten einheimische Herrscher, Fürsten und Scheichs, vor allem im heutigen Marokko weitgehend die Macht.

1517–1798 Osmanen erobern Ägypten. Ägypten wird Provinz des Osmanischen Reiches. Die Mamluken gewinnen stark an Einfluss und dominieren gegenüber der Hohen Pforte.

1519 Algerien stellt sich unter die Herrschaft der Osmanen. Formale Zugehörigkeit Algeriens zum Osmanischen Reich. Die lokalen Herrscher schließen ein Zweckbündnis mit der Hohen Pforte.

um 1500 Ansiedlung der spanischen Mauren in Tunesien. Wirtschaftlicher Aufschwung, Wachstum von Handel, Handwerk und Landwirtschaft.

1521 Die Cyrenaika (Ostlibyen) wird gegenüber den Osmanen tributpflichtig.

1534 Algier wird von den Osmanen erobert.

1551 Tripolitanien (Westlibyen) stellt sich unter die Oberherrschaft der Osmanen.

1574 Osmanen erobern Tunesien und Algerien.

1578 Marokko expandiert in die westliche Sahara (später Westsahara).

16./17. Jh. Höhepunkt des Piratentums im Mittelmeer. Bombardierungen von Tripolis (1654 Engländer, 1662 Niederländer, 1671 Franzosen), Raubzüge der »Barbaresken« bis Island (1667).

um 1670 Französische und spanische Angriffe auf Küstenstädte Marokkos, um der Piraterie Einhalt zu gebieten.

1705 Tunesien macht sich vom Osmanischen Reich unabhängig, Begründung der Dynastie der Hussainiden (bis 1957).

1710 Algerien macht sich vom Osmanischen Reich unabhängig.

1714 Tripolitanien und Cyrenaika machen sich vom Osmanischen Reich unabhängig, »Libyen« wird «faktisch selbstständig«, auch wenn die nominelle Zugehörigkeit zum Osmanischen Reich bestehen bleibt.

Nordafrika unter europäischer Kolonialherrschaft

Mit Beginn des 18. Jahrhunderts geht die Herrschaft der Osmanen zugunsten der sich nach Süden ausdehnenden Europäer faktisch zurück. Es entwickeln sich die Ideen des arabischen Nationalismus und des politischen Islam, deren gemeinsames Ziel die Ablösung der kolonialen Fremdherrschaft ist.

1798–1801 Französische Truppen unter Napoleon Bonaparte landen in Alexandrien und erringen einen militärischen Sieg über die Mamluken in Ägypten. Unter Lord Horatio Nelson versenken die Briten Napoleons Flotte bei Abukir. Der europäische Einfluss in Ägypten wächst.

Ende des 18. Jh. Machtpolitischer Zerfall lokaler Gewalten in Marokko. Die Möglichkeiten für eine Expansion europäischer Mächte nehmen zu.

1806–1848 Mohammed Ali, türkischer Herrscher albanischer Herkunft, wird Gouverneur von Ägypten. Er verdrängt die Mamluken von der Macht und orientiert sich in seiner Politik an europäischen Verwaltungs- und Bürokratiemodellen. Industrialisierung und staatliche Monopolbetriebe werden vorangetrieben, in der Landwirtschaft gibt es Reformen, Handel und Handwerk blühen auf. Mohammed Ali strebt die Unabhängigkeit vom Osmanischen Reich an.

1830 Französische Truppen erobern Algier, Kapitulation der osmanischen Janitscharen.

1848 Frankreich erklärt Algerien zum französischen Territorium. Ein französischer Generalgouverneur wird eingesetzt, große Ländereien gehen an französische Siedler (Colons). Der Anbau von lebenswichtigen landwirtschaftlichen Gütern sowie die Viehwirtschaft gehen zurück (Konzentration auf Wein-, Obst- und Gemüseanbau), das hat eine Versorgungskrise zur Folge. Algerische Stämme unter Abd el Kader leisten Widerstand. Bis 1902 geraten verschiedene Saharaoasen in französische Hand.

1835 Tunesien öffnet sich europäischem Einfluss.

1851–1857 Die Franzosen erobern die Kabylei (Algerien). Dort leistet die Bevölkerung starken Widerstand.

1859/60 Marokko führt Krieg gegen Spanien. Mitte des 19. Jahrhunderts beginnt die französische und spanische Kolonialexpansion gegen Marokko.

1869 Eröffnung des Suezkanals (Bau durch Ferdinand de Lesseps). Ägypten verschuldet sich dadurch enorm, nimmt aber noch mehr Auslandskredite für den Ausbau der Infrastruktur und andere Projekte auf. Die europäischen Staaten festigen ihren Einfluss auch durch die Übernahme von Schlüsselpositionen in der ägyptischen Wirtschaft.

1871 Das Osmanische Reich erkennt Tunesiens Autonomie an. Italien und Frankreich ringen um mehr Einfluss.

1875/76	Ägypten verkauft seinen Aktienanteil am Suezkanal an die britische Regierung, aufgrund enormer Auslandsschulden folgt dennoch ein Staatsbankrott. Großbritannien und Frankreich festigen ihren Einfluss in Ägypten. Unter Ahmed Urabi entsteht eine militärische Geheimorganisation, die sich gegen den Ausverkauf Ägyptens an die Europäer richtet. Die Bevölkerung wird mit hohen Steuern belastet, der Widerstand gegen die Regierung wächst. Parteien und Zeitungen entstehen, darunter die Zeitung al-Ahram.
1881/82	Sieg des Militäraufstands unter Urabi in Ägypten, Bildung einer nationalen Revolutionsregierung unter seiner Führung. Bei den Parlamentswahlen gewinnt die Vaterlandspartei die Mehrheit der Sitze.
1882	Aus Furcht vor dem Verlust der gegebenen Kredite und seines Einflusses auf Ägypten beschießt die französische Flotte Alexandrien und erringt weitere militärische Siege. Zwar gehört Ägypten weiterhin zum Osmanischen Reich, wird aber de facto zum britischen Protektorat. Lord Cromer, Generalkonsul, wird der wichtigste Würdenträger zwischen 1883 und 1907.
1883	Tunesien wird französisches Protektorat (Vertrag von Bardo 1881 und Vertrag von La Marsa 1883). Die lokalen Herrscher behalten ihre Macht. Unter dem französischen Einfluss wird der Siedlungskolonialismus forciert. In den Folgejahren leidet Tunesien unter Massenarbeitslosigkeit und wirtschaftlichem Verfall.
1884/85	Auf der Berliner »Kongo-Konferenz« teilen die europäischen Kolonialmächte Afrika faktisch unter sich auf und legen die Grundlage für die weitere Unterwerfung des Kontinents. So »erhält« Spanien die Westsahara, Frankreich und Spanien sichern sich Macht und Einfluss über Marokko, Frankreich über Algerien und Tunesien, Italien über Libyen und Großbritannien über Ägypten. Nur Liberia und Äthiopien bleiben von der Aufteilung ausgenommen.
1885	Mahdi-Aufstand im Sudan mit Auswirkungen auf den Nachbarstaat Ägypten.
1889	Einrichtung eines britisch-ägyptischen Kondominiums (Doppelherrschaft) im Sudan.
1905/6 und 1911	Erste und Zweite Marokkokrise. Durch die Entsendung des deutschen Kanonenboots »Panther« wird die Zweite Marokkokrise ausgelöst (»Panthersprung nach Agadir«).
1906	Erste Marokkokonferenz in Algeciras, die den Interessenkonflikt zwischen Frankreich und Deutschland zugunsten Frankreichs entscheidet. Frankreich besetzt Teile Marokkos.
1909	Krieg der Spanier gegen die Rif-Kabylen in Marokko.
1911/12	Nach dem Italienisch-Türkischen Krieg besetzt Italien Tripolitanien, danach auch die Cyrenaika und stellt es unter

1911/12 seine Verwaltung. Der libysche Orden der Senussi leistet eine Zeitlang erfolgreich Widerstand gegen die Besetzung.

1912 Protektoratsvertrag von Fes. Marokko verliert seine Souveränität an Frankreich. Der marokkanische Sultan wird formal weltliches und staatliches Oberhaupt. Französisch-spanisches Abkommen, in dem das französische Marokko vom spanischen Marokko abgegrenzt wird. Teile an der marokkanischen Küste gehen an Spanien.

1914 Ägypten wird britisches Protektorat. Der ägyptische Nationalismus, verkörpert vor allem durch die Vaterlandspartei, gewinnt stark an Einfluss.

1920 Aufschwung der Unabhängigkeitsbewegung in Tunesien. Gründung der Destour-Partei, die für bürgerlich-demokratische Freiheiten, eine Verfassung und die Beteiligung von Tunesiern an der Staatsverwaltung eintritt. 1934 wird diese Partei von Habib Bourgiba (erster Präsident nach der Unabhängigkeit) in die Neo-Destour-Partei umgewandelt, die später Massenpartei wird und die volle Unabhängigkeit Tunesiens fordert.

1921–1926 Aufstand der marokkanischen Rif-Kabylen (1921 Rif-Republik). Beteiligung der Reichswehr auf spanischer Seite. Frankreich gelingt es, die Berber in seinem Sinne zu beeinflussen, per Dekret (1930) wird ihnen weitgehende Eigenständigkeit zugebilligt.

1922–1931 Nach der Machtübernahme der Faschisten in Italien wird Tripolitanien unterworfen, während der Widerstand unter Omar Mukhtar gegen die Italiener in der Cyrenaica bis 1931 anhält. Ziel Italiens ist es, in Libyen Lebensraum für italienische Kolonisten zu schaffen. Ganz Libyen wird bis 1931 zur italienischen Kolonie.

1922 Großbritannien erklärt einseitig die Unabhängigkeit Ägyptens, sichert sich aber weiterhin Einfluss in wichtigen Bereichen. Suezkanal, Landesverteidigung und der Schutz der ausländischen Interessen bleiben in britischer Hand. Fuad I. wird König von Ägypten. 1923 wird Ägypten konstitutionelle Monarchie. Die nationalistische Wafd-Partei übernimmt wichtige Positionen in Verwaltung und Regierung.

ab 1926 Wachsender Widerstand in Algerien gegen die Franzosen. Der Nordafrikanische Stern/Algerische Volkspartei, eine kleinbürgerliche nationalistische Organisation, fordert ab 1933 die Unabhängigkeit.

1928 In der ägyptischen Stadt Ismailija wird die Muslimbruderschaft gegründet (Gründer Hassan al Banna). Diese bis heute bestehende bedeutende religiös-politische Organisation setzt sich für die Wiederherstellung der islamischen Ordnung in Staat und Gesellschaft ein und will ein islamisches Großreich errichten. Zentrum ist seit 1932 Kairo, es gibt Zweige in vielen arabischen Staaten. 1954 wird die Muslimbruderschaft in Ägypten verboten.

1934 Das Marokkanische Aktionskomitee als erste bürgerlich-nationalistische Partei Marokkos stellt sich gegen das französische Protektorat und fordert die Verbesserung der Lebensbedingungen der Bevölkerung. Gegenmaßnahmen der Franzosen folgen, das Aktionskomitee wird verboten.

1935 840 000 Hektar Land in Marokko werden von europäischen Kolonisationsgesellschaften annektiert und von französischen Siedlern (Colons) besiedelt.

1936 Der anglo-ägyptische Vertrag beendet offiziell die militärische Besetzung Ägyptens durch Großbritannien, britische Truppen verbleiben aber in der Suezkanalzone.

Zweiter Weltkrieg 1939–1945 Marokko gerät unter die Kontrolle der Achsenmächte. Der marokkanische Sultan steht an der Seite Frankreichs. Die Istiqlal-Partei (Vereinigung verschiedener Nationalbewegungen) unterstützt ihn mit dem Ziel der Unabhängigkeit Marokkos.
Durch seinen Beitritt zum Völkerbund (1937) wird Ägypten in den Zweiten Weltkrieg indirekt mit einbezogen, muss den Bündnisverpflichtungen gegenüber Großbritannien nachkommen und gerät dadurch erneut mehr unter britischen Einfluss.

1942/43 Besetzung Nordafrikas durch anglo-amerikanische Truppen. Algeriens Verwaltung geht an das Französische Nationale Befreiungskomitee (Résistance) über; etwa 136 000 Algerier werden als Soldaten rekrutiert.

1942 Deutscher Vorstoß nach El-Alamein (Ägypten). Nach dem Zweiten Weltkrieg bleiben britische Truppen in der Suezkanalzone stationiert.

1943 Nach der Kapitulation Italiens geraten die Cyrenaica und Tripolitanien unter britische und der libysche Fezzan unter französische Militärverwaltung.

1945 Gründung der Demokratischen Union des Algerischen Manifests und Forderung nach nationaler Selbstständigkeit unter Beibehaltung der engen Bindungen an Frankreich.
Mai: Gewaltsame Auseinandersetzungen zwischen der verbotenen nationalistischen Partei PPA (Parti du Peuple Algérien) und den französischen Besatzern (fast 10 000 Tote).
Die französische Kolonialmacht führt Reformen in Politik und Verwaltung Tunesiens durch.

1948 »Erster Arabisch-Israelischer Krieg« (Palästinakrieg). Seitens der Arabischen Liga sind Ägypten, Irak, Syrien, Libanon und Transjordanien beteiligt.

1951 Dezember: Libyen erlangt als Vereinigtes Libysches Königreich die staatliche Unabhängigkeit.

1954–1962 Algerienkrieg.

1956 1. März: Frankreich annulliert den Protektoratsvertrag von 1912 und erkennt das marokkanische Königreich als unabhängigen Staat an.

Nordafrika bis zur Mitte des 20. Jahrhunderts

1956	Spanien tritt sein Protektorat über die Nordgebiete Marokkos ebenfalls ab. Tanger wird der marokkanischen Oberhoheit unterstellt, Ceuta und Melilla verbleiben unter spanischer Kontrolle. Die Westsahara bleibt zunächst spanische Kolonie.
1956	20. März: Tunesien erhält die volle staatliche Unabhängigkeit. Die Monarchie wird abgeschafft und Tunesien zur Republik (1957).
1962	1. Juli: Infolge der Verträge von Evian wird Algerien unabhängig.

Ägypten und der Maghreb – politische Emanzipation und selbstständige Staaten

Nach dem Ende des Zweiten Weltkrieges wächst der Druck auf die Kolonialmächte, die maghrebinischen Staaten in die Unabhängigkeit zu entlassen. Es entstehen nationale Freiheitsbewegungen, die nach der Unabhängigkeit die Macht übernehmen bzw. eine wichtige Rolle im Staat spielen. Monarchien werden gestürzt und neue Staatsformen entstehen. Der arabische Nationalismus setzt sich zunächst gegenüber dem politischen Islam als Idee durch. Mit ersten Versorgungskrisen in den 1980er-Jahren gewinnt der politische Islam an Zulauf und bekämpft den säkularen Nationalstaat.

1. Ägypten (1951–2010)

1951	Ägypten kündigt das anglo-ägyptische Kondominium über den Sudan.
1952	25. Januar: Ägyptische Polizeioffiziere widersetzen sich in Ismailia der Anordnung der Briten, die Region um den Suezkanal zu verlassen. 23. Juli: Die Geheimorganisation der Freien Offiziere unter General Mohammed Nagib und Oberst Gamal Abdel Nasser stürzen König Faruk I.
1953	18. Juni: Proklamierung der Republik Ägypten, Verbot aller Parteien.
1954	8. Oktober: Attentatsversuch auf Nasser. Verbot der Muslimbruderschaft. Ausschaltung der Gruppe um Nagib. Nasser wird Ministerpräsident.
1956	23. Juni: Nasser wird ägyptischer Staatspräsident. Damit gewinnt der Flügel der Freien Offiziere die Macht, der auf schnelle und radikale Umgestaltungen orientiert ist. Förderung des ägyptischen Privatkapitals. 26. Juli: Verstaatlichung der Suezkanalgesellschaft, um den Bau des Assuanstaudamms zu ermöglichen. Aufgrund der radikalen Entwicklung unter Nasser ziehen westliche Länder ihre Zusage zur Finanzierung des Projekts zurück.

1. Ägypten (1951–2010)

1956	29. Oktober bis 7. November: »Suez-Krieg«, auch »Zweiter Arabisch-Israelischer Krieg« zwischen Großbritannien, Frankreich und Israel gegen Ägypten. Israelische Truppen besetzen den größten Teil der Halbinsel Sinai und den Gazastreifen.
1958–1961	21. Februar: Ägypten und Syrien bilden die Vereinigte Arabische Republik (VAR).
1961	Zweites Agrarreformgesetz. Begrenzung des Landbesitzes auf 100 Feddan pro Person. Ausbau des staatlichen und genossenschaftlichen Wirtschaftssektors.
1962	Ägypten beschließt den Aufbau eines arabisch-sozialistischen Staates (Verabschiedung der Nationalcharta und Gründung der Arabischen Sozialistischen Union).
1962–1969	Ägypten unterstützt die republikanischen Kräfte im jemenitischen Bürgerkrieg gegen die Royalisten.
1967	Mai: Abbruch diplomatischer Beziehungen zur Bundesrepublik Deutschland wegen deren Beziehungen zu Israel. 19. Mai: Abzug der VN-Friedenstruppe von der ägyptisch-israelischen Grenze. 22. Mai: Sperrung des Golfs von Akaba für israelische Schiffe. 5. bis 10. Juni: »Dritter Arabisch-Israelischer Krieg« auch »Sechstagekrieg« genannt: Israel gegen Ägypten, Jordanien und Syrien. Israel besetzt dabei den Sinai und die syrischen Golanhöhen. Schwerste militärische Niederlage Ägyptens. Nasser bietet seinen Rücktritt an.
1970	28. September: Tod Nassers. Sein Nachfolger im Amt wird Anwar as-Sadat. Er verfolgt einen stufenweisen politisch-wirtschaftlichen Liberalisierungskurs, der die Politik des arabischen Sozialismus beendet. Ausschaltung und Verfolgung linker Gruppierungen.
1972	8. Juni: Wiederaufnahme diplomatischer Beziehungen zur Bundesrepublik Deutschland.
1973	6. bis 24. Oktober: »Jom-Kippur-Krieg«. Ägypten und Syrien führen Krieg gegen Israel um die 1967 besetzten Gebiete.
1977	19./20. November: Sadat besucht Israel und hält eine Rede vor der Knesset.
1978	17. September: Verhandlungen von Camp David. Sadat und der israelische Ministerpräsident Menachim Begin erhalten den Friedensnobelpreis.
1979	26. März: Unterzeichnung des israelisch-ägyptischen Friedensvertrages. Isolierung Ägyptens in der arabischen Welt und Ausschluss aus der Arabischen Liga (bis 1989).
1981	6. Oktober: Religiös-fundamentalistische Angehörige der ägyptischen Streitkräfte ermorden Sadat wegen seiner Aussöhnungspolitik mit Israel. 13. Oktober: Hosni Mubarak wird ägyptischer Staatspräsident und bemüht sich um einen innenpolitischen Dialog und einen

1981	ausgewogenen außenpolitischen Kurs. Verhängung des Ausnahmezustands und Erlass von Notstandsgesetzen.
1982	25. April: Rückgabe der Sinaihalbinsel bis auf Taba an Ägypten.
1989	Mai: Wiederaufnahme Ägyptens in die Arabische Liga.
1990er-J.	Privatisierung staatlicher Unternehmen.
1991	Januar/Februar: Ägypten nimmt auf der Seite der USA und ihrer Verbündeten am »Zweiten Golfkrieg« gegen den Irak teil. 3. Dezember: Der Ägypter Butros Butros Ghali wird Generalsekretär der Vereinten Nationen, Amtsantritt am 1. Januar 1992.
1992–1997	Terror militanter islamistischer Gruppierungen gegen den ägyptischen Staat, die koptische Minderheit und ausländische Touristen.
1994	14. Oktober: Anschlag auf den Nobelpreisträger und bekannten ägyptischen Schriftsteller Nagib Mahfus.
1995	26. Juni: Ein Attentat auf Präsident Mubarak in Addis Abeba (Äthiopien).
1996	24. Januar: Gründung der Partei Al-Wasat unter Abu al-Ila Madi, ihre staatliche Anerkennung wird verweigert.
1997	28. Dezember: Verbot der Beschneidung von Frauen.
1998	Das neue Tal-Toshka-Projekt im Südwesten (Prestigeobjekt des Präsidenten) beginnt mit dem Ziel der Urbarmachung von 420 000 Hektar Land.
1999	27. März: Die Führung der Gamaat Islamiya, der größten militanten islamistischen Gruppierung, verkündet die Beendigung ihrer terroristischen Aktivitäten. Daraufhin werden bis Ende April 1000 inhaftierte Islamisten entlassen. 26. September: Mubarak wird mit 93,8 % der Stimmen ohne Gegenkandidat für eine vierte Amtszeit gewählt.
2000	Blutige Auseinandersetzungen zwischen koptischen Christen und Muslimen. Anklage gegen den Menschenrechtsaktivisten Saad Eddin Ibrahim, Professor an der Amerikanischen Universität in Kairo. Dagegen erfolgen massive internationale Proteste. 26. Januar: Ein neues Scheidungsrecht wird beschlossen, das die Stellung der Frau verbessert.
2004	Januar: Wiederaufnahme von engeren Beziehungen zum Sudan und diplomatische Beziehungen zum Iran. 7. Oktober: Bombenanschlag in Taba (Sinai), 33, meist israelische Touristen sterben. Es ist der Auftakt einer langen Reihe neuer Anschläge, vornehmlich auf Touristenziele. In Kairo entsteht die Protestbewegung »Kifaya« (»Es ist genug«), die ein Ende der seit 1981 andauernden Herrschaft Mubaraks fordert. Sie kritisiert Korruption und Amtsmissbrauch. Die Kifaya-Bewegung gilt als wichtiger Vorläufer der Proteste von 2011.

2005 26. Mai: Annahme der Verfassungsänderung, Mubarak kündigt eine politische Öffnung an (Zulassung von mehreren Kandidaten zur Präsidentenwahl). Ein breites Oppositionsbündnis aus Muslimbrüdern, Wafd-Partei und Kifaya-Bewegung entsteht.
23. Juli: Über 80 Menschen sterben bei einem Bombenanschlag im Seebad Scharm el-Scheikh am Roten Meer.
9. September: Mubarak wird von der Wahlkommission mit 88,6 % zum Sieger der Präsidentschaftswahl erklärt, die Opposition beklagt Unregelmäßigkeiten bei den Wahlen. Die Wahlbeteiligung fällt selbst nach offiziellen Angaben sehr niedrig aus (23 %).
9. Dezember: Die Nationale Demokratische Partei (NDP, Regierungspartei) gewinnt die Parlamentswahlen, verliert aber 20 % der Stimmen an die Muslimbruderschaft.

2006 13. April: 950 Anhänger der islamistischen al-Jamaa al-islamiya werden freigelassen. Sie bekennen sich zum Gewaltverzicht.
25. April: Bei einem Bombenanschlag in Dahab (Sinai) sterben 23 Menschen.
12. Juni: Konferenz der internationalen Frauenorganisationen in Kairo.

2007 7. Juni: Massenverhaftungen von Muslimbrüdern.
28. März: Die ägyptische Verfassung wird geändert. Die Änderungen stärken die Position des Präsidenten und schwächen demokratische Rechte. Religiöse Parteien werden verboten.

2008 20. Februar: Vier ausländische Zeitungen werden verboten, darunter die FAZ und Die Welt, nachdem ihnen die wiederholte Veröffentlichung der Mohammed-Karrikaturen vorgeworfen wurde.
18. März: Brotunruhen aufgrund der Verknappung von Getreide und hoher Preise.
6. April: Gegen die steigenden Preise streiken 20 000 Arbeiter einer Textilfabrik in Mahalla el-Kobra im Nildelta. Sicherheitskräfte schreiten ein, 100 Menschen werden verletzt, 200 festgenommen. Der Aufruhr greift auf Kairo, Alexandrien und andere Städte über.

2009 5. Oktober: Die al-Azhar-Universität spricht sich gegen die Vollverschleierung muslimischer Frauen aus.

2010 6. Dezember: Bei den Parlmentswahlen siegt die NDP. Die Opposition (Muslimbruderschaft und Wafd) tritt aus Protest zu den Wahlen nicht an. Unabhängige Wahlbeobachter werden nicht zugelassen.

2. Libyen (1951–2010)

1951	Dezember: Libyen erlangt als Vereinigtes Libysches Königreich die staatliche Unabhängigkeit.
1950er-J.	Umfangreiche Erdölvorkommen werden entdeckt. Bis 1955 Aufteilung der Felder unter den wichtigsten internationalen, vor allem US-amerikanischen Erdölgesellschaften.
Anfang der 1960er-J.	Gründung der »Freien Offiziere«, einer Geheimorganisation libyscher Offiziere (nach ägyptischem Vorbild). Ziel der Freien Offiziere ist es, die Monarchie zu stürzen, Libyen vom Ausland unabhängig zu machen und die arabische Einheit durchzusetzen.
1963	Verwaltungsreform. Der föderative Staat, bestehend aus den drei Teilen Cyrenaika, Tripolitanien und Fezzan, wird in einen Einheitsstaat umgewandelt, wodurch die Monarchie gestärkt wird. Wirtschaftlicher Aufschwung durch die Einnahmen aus dem Erdöl. Der Zuzug von ausländischen Arbeitern aufgrund des Fachkräftemangels wird gefördert.
1967	Unruhen während des »Sechstagekrieges«, Übergriffe auf britische und amerikanische Einrichtungen.
1969	1. September: Militäraufstand der »Freien Offiziere« gegen die libysche Monarchie. König Idris wird gestürzt (unblutiger Staatsstreich) und die Libysche Arabische Republik wird ausgerufen. Ein Revolutionärer Kommandorat mit Muammar al-Gaddafi und Abd as-Salam Dschallud übernimmt die Führung.
1970	Briten und Amerikaner müssen ihre Militärstützpunkte räumen. Enteignung des italienischen Besitzes und Ausweisung der Italiener aus Libyen.
1970er-J.	Vollständige Übernahme der Banken und Versicherungsgesellschaften, Verstaatlichung der ausländischen Erdölgesellschaften. Unterstützung der palästinensischen Befreiungsorganisation PLO. Internationaler Vorwurf, Libyen helfe terroristischen Organisationen. Unterstützung der Polisario.
1973	Beginn der Kulturrevolution mit der Verkündung der »Dritten Universaltheorie« als Alternative zu Kapitalismus und Kommunismus. Einrichtung von sogenannten Volksräten und Volkskongressen. Abbruch der diplomatischen Beziehungen zum Nachbarstaat Tschad. Grenzkonflikt um den Aouzoustreifen (Grenzregion Libyen/Tschad).
1974/75	Entwicklung der Beziehungen zur Sowjetunion, vor allem militärische Zusammenarbeit.
1976	Gaddafi verfasst das »Grüne Buch« als Leitfaden der »Dritten Universaltheorie« zur Umsetzung des traditionell-islamischen und sozialistischen Gesellschaftsmodells.

1977 Die Entwicklung der Volksmacht wird offiziell proklamiert. Schaffung von Revolutionskomitees. Gaddafi wird Staatsoberhaupt.
Gaddafi erklärt sich 1979 zum Führer der libyschen Revolution. Die Funktion des Staatsoberhaupts wird abgeschafft, Libyen sieht sich selbst nicht als Staat im herkömmlichen Sinne mit einer Staatsform, sondern – gemäß der »Dritten Universaltheorie« – als eine Organisation der Machtausübung durch das Volk. Politische Parteien sind verboten.

1979 Die Schaffung von Volkskomitees auf allen Ebenen wird abgeschlossen (Betriebs-, Basis-, Distrikt- und nationale Ebene).

1980 Abbruch der diplomatischen Beziehungen zu den USA. 1982 stoppen die USA den Erdölimport aus Libyen.

1984 Die weitgehende Abschaffung des privaten Handels führt zu Versorgungsengpässen.

1985 Ausländische Arbeitskräfte werden ausgewiesen (v.a. Westafrikaner und Tunesier).

1986 Umbenennung der Libyschen Arabischen Republik in »Große Sozialistische Libysche Arabische Volksjamahiriya«.
4./5. April: Attentat auf die Westberliner Diskothek La Belle, in der Angehörige der US-Streitkräfte verkehrten.
Die USA und die EG/EU verhängen ein Wirtschaftsembargo mit der Begründung, Libyen unterstütze den Terrorismus.
14./15. April: Als Reaktion auf das Attentat von Berlin bombardiert die US-Luftwaffe Tripolis und Bengasi (Operation El Dorado Canyon).

1987 Ankündigung politischer und ökonomischer Reformen (Große Grüne Menschenrechtscharta 1988).

1988 Wiederaufnahme der diplomatischen Beziehungen zum Tschad.
21. Dezember: Absturz einer Pan-Am-Maschine vom Typ Boing 747 über Lockerbie (Großbritannien) nach einem Bombenanschlag: 270 Tote, darunter 189 US-Amerikaner. Obwohl sich Libyen nicht zum Anschlag bekennt, wird es als dessen Drahtzieher verdächtigt. Der VN-Sicherheitsrat verhängt ein Waffenhandels- und Luftverkehrsembargo. Die USA initiieren später ein Handelsembargo, das libysche Auslandsvermögen wird gesperrt.

1990er-J. Die Isolation Libyens führt zum wirtschaftlichen Niedergang. Landwirtschaftliche Kleinprojekte, Viehwirtschaft zur Sicherung der Versorgung werden gefördert. 1992 beginnen Privatisierungsmaßnahmen in der libyschen Wirtschaft. Es wird eine Verwaltungsreform angestrebt.

1993 16. Oktober: Ein Militärputsch gegen Gaddafi scheitert.

1996 2. Februar: Libyen baut die mutmaßlich größte unterirdische Chemiewaffenfabrik der Welt.

1997 Intensivierung der Wirtschaftsbeziehungen mit den arabischen Nachbarstaaten.

1999	5. April: Libyen liefert die Verdächtigen des Lockerbie-Attentats aus (Prozess 2001). 26. Juli: Als Reaktion auf die Auslieferung setzt der VN-Sicherheitsrat die Sanktionen gegen Libyen teilweise aus. Ein partielles Tauwetter in den Beziehungen zum Westen setzt ein. 10. September: Gaddafi intensiviert die Beziehungen zu afrikanischen Staaten.
2000	1. März: Reorganisation des Staatsapparates durch Auflösung verschiedener Ministerien. Schaffung eines Ministeriums für afrikanische Einheit (später Einbindung ins libysche Außenministerium). 23. April: Gaddafi vermittelt erfolgreich im Geiseldrama auf der philippinischen Insel Jolo, auch deutsche Geiseln sind betroffen.
2001	1. Februar: Gaddafi weist eine Verantwortung Libyens für das Attentat von Lockerbie zurück. 5. November: Verurteilung des Finanzministers und 46 hoher Beamter wegen Korruption. 13. November: Ein deutsches Gericht erklärt Libyen für mitschuldig am Bombenanschlag auf die Berliner Discothek La Belle.
2002	7. Mai: Die USA beschuldigen Libyen, chemische Waffen herzustellen. 7. August: Libyen erklärt sich bereit, die Opfer des Lockerbie-Attentats zu entschädigen, und übernimmt damit die Verantwortung für den Anschlag.
2003	20. Dezember: Libyen verzichtet auf sein geplantes Entwicklungsprogramm für ABC-Waffen. Die Internationale Atomenergiebehörde überwacht den Verzicht.
2004	11. Oktober: Die EU hebt die Sanktionen gegen Libyen auf (einschl. Waffenembargo). Die Außenbeziehungen Libyens normalisieren sich. 6. Mai: Fünf bulgarische Krankenschwestern und ein palästinensischer Arzt werden zum Tode verurteilt (Vorwurf der Infizierung 400 libyscher Kinder mit dem HIV-Virus). Sie werden 2007 nach Bulgarien überstellt, wo sie begnadigt werden.
2005	20. Januar: Amnesty International lobt das libysche Parlament für den Beschluss, die Volksgerichte abzuschaffen. 31. Januar: Die US-amerikanischen Erdölkonzerne Occidental und Chevron Texas erhalten den größten Anteil an den neuen Erdöllizenzen.
2006	16. Mai: Die USA wollen Libyen aus der Liste terroristischer Staaten streichen und streben die Wiederaufnahme voller diplomatischer Beziehungen an. 26. Juli: Libyen und Frankreich unterzeichnen ein Abkommen zur Nutzung der Atomenergie. 14. November: Erfolgreiche deutsch-libysche Verhandlungen zur Erdölversorgung.

2. Libyen (1951–2010)

2007	Die illegale Migration von Afrika nach Europa nimmt zu. British Petroleum verstärkt seine Aktivitäten in der Erdöl- und Erdgasproduktion. 19. Dezember: Gaddafi sagt Europa Kooperation im Kampf gegen den internationalen Terrorismus zu.
2008	14. März: Libyen und die EU führen Gespräche zur Lösung des Problems der illegalen Migration. 16. August: Libyen und die USA einigen sich über die Entschädigung der Opfer des Attentats auf die Berliner Discothek La Belle. 1. September: Italien sagt umfangreiche Finanzleistungen als Kompensation seiner Kolonialschuld zu. Ein Projekt ist der Bau einer Küstenstraße zwischen Tunesien und Ägypten, Eröffnung des ersten Abschnitts 2009. 3. November: Erneuerung der russisch-libyschen Beziehungen.
2009	16. April: Gaddafi hat den Vorsitz in der Afrikanischen Union und versucht, deren Integration massiv voranzutreiben. Seine Vorstellungen (eine afrikanische Armee, eine Währung, gemeinsamer Reisepass) stoßen bei den afrikanischen Staaten auf Unmut. 31. August: Der erste Streckenabschnitt der geplanten neuen Verbindungsstrecke Tunesien und Ägypten wird von Italiens Premier Silvio Berlusconi eröffnet. 24. September: Gaddafi fordert vor der Vollversammlung der VN »im Namen von 1000 afrikanischen Königreichen« Entschädigungen von den ehemaligen Kolonialmächten.
2010	26. Februar: Aufgrund des Minarett-Verbots in der Schweiz bricht Libyen seine diplomatischen Beziehungen zur Schweiz ab. 27. Juli: British Petroleum beginnt im Golf von Sirte mit neuen Ölbohrungen.

3. Tunesien (1950–2009)

Anfang der 1950er-J.	Die französischen Siedler (Colons) wenden sich massiv gegen die Entlassung Tunesiens in die staatliche Selbstständigkeit.
1953/54	Bürgerkriegsähnliche Zustände zwischen tunesischen Nationalisten und französischen Siedlern.
1955	Rückkehr Habib Bourgibas aus dem Exil. Tunesien erhält die innere Autonomie. Frankreich behält sich die Entscheidungsgewalt in Bereichen wie innere Sicherheit, Verteidigung und Außenpolitik vor. Während der radikale Flügel der Neo-Destour-Partei (Nationale Front) unter Salah Ben Youssef eine sofortige nationale Unabhängigkeit fordert, tritt der gemäßigte Flügel unter Bourgiba für Verhandlungen und ein enges

1955	Verhältnis zu Frankreich auch nach der Unabhängigkeit ein. Der radikale Flügel wird zurückgedrängt.
1956	20. März: Tunesien erlangt die staatliche Selbstständigkeit. Allmählicher Abzug der französischen Truppen, der französische Stützpunkt bei Biserta bleibt erhalten. Im neu entstehenden Staats- und Verwaltungsapparat verbleiben 30 % französische Beamte.
1957	Juli: Die tunesische Nationalversammlung/Verfassungsgebende Versammlung beschließt die Abschaffung der Monarchie, Tunesien wird Republik. Die Neo-Destour-Partei spielt fortan die führende Rolle im politischen Leben. Bourgiba wird Präsident. Eine wichtige Rolle spielt die Allgemeine Gewerkschaft der Tunesischen Arbeiter.
1958	Die letzten französischen Truppen verlassen das Land.
1959	Eine neue Verfassung tritt in Kraft, die Stellung des Präsidenten wird gestärkt.
Anfang der 1960er-J.	Die Politik des staatlichen Zentralismus/Dirigismus ersetzt den ökonomischen Liberalismus. Förderung des staatlichen und genossenschaftlichen Sektors.
1963	Übergabe des Stützpunkts Biserta an Tunesien.
Anfang der 1970er-J.	Wirtschaftliche und soziale Probleme zwingen Tunesien zur Rückkehr zu einer liberalen, marktwirtschaftlich orientierten Wirtschaftspolitik. Autoritäre Machtstrukturen, hohe Abhängigkeit von ausländischen Krediten und Kollektivierungsmaßnahmen in der Landwirtschaft stoßen auf Widerstand.
1972	Erlass eines Exportförderungsgesetzes, ausländische Firmen werden zur Beteiligung ermuntert.
1975	Ernennung Bourgibas zum Staatspräsidenten auf Lebenszeit. Auf die Opposition wird stärkerer Druck ausgeübt.
1976/77	Modernisierung der tunesischen Streitkräfte mit Hilfe der USA und Frankreichs.
1978	Gewerkschaftsverbund organisiert Generalstreik. Gewaltsame Auseinandersetzungen in mehreren Städten, Anwachsen der organisierten Opposition: Forderung von Freiheiten, Rechten und sozialer Sicherheit.
1982–1984	Brotunruhen, enorme Preissteigerungen für Grundnahrungsmittel.
ab 1984	Allmähliche innenpolitische Öffnung und wirtschaftliche Liberalisierung.
1985	1. Oktober: Die israelische Luftwaffe greift das PLO-Hauptquartier in der Nähe von Tunis an.
1987	7. November: Absetzung Bourgibas. Zine el-Abidine Ben Ali wird Präsident. Beginn der II. Republik. Das Mehrparteiensystem wird gestärkt.

3. Tunesien (1950–2009)

Ab Mitte der 1980er-J.	Verstärkte Aktivitäten islamischer Gruppierungen (stärkste Gruppe ist die Bewegung der Islamischen Richtung). Innenpolitische Spannungen nehmen zu, später Spaltung der islamischen Fundamentalisten. Prozesse gegen ihre Vertreter. Im Nationalpakt vom November 1988 nähern sich Regime und islamistische Gruppierungen (Muslimbrüder) zunächst an, um sich in der Folge in einer Konfrontation gegenüberzustehen.
1993	November: Proteste gegen die autoritären Machtverhältnisse. Einschränkung der Grundrechte per Gesetz.
1994	März: Präsident Ben Ali mit 99 % der Stimmen wiedergewählt.
1998	1. März: Assoziierungsvertrag mit der EU.
1999	24. Oktober: Präsident Ben Ali mit 99 % der Stimmen wiedergewählt. 5. November: Begnadigung von 2000 Häftlingen durch den Präsidenten.
2000	8. Juni: Tunis Air nimmt den Flugverkehr nach Libyen wieder auf und durchbricht die internationale Blockade. 30. November: Auflösung der Tunesischen Liga für Menschenrechte.
2001	6. Februar: Debatte um eine dritte Amtszeit Ben Alis verläuft kontrovers. 20. März: Menschenrechtsorganisationen protestieren gegen Einschränkung ihrer Freiheiten. Amnesty International kritisiert die Politik Tunesiens.
2002	14. März: Eine Resolution des Europäischen Parlaments verurteilt die tunesische Menschenrechtspolitik. 2. April: Verfassungsänderung ermöglicht eine vierte Amtszeit Ben Alis. 11. April: Anschlag von al-Qaida auf die al-Ghriba-Synagoge auf der Touristeninsel Djerba, 21 Touristen werden getötet, darunter 14 Deutsche.
2004	Januar/Februar: Die 24. Afrikameisterschaft im Fußball wird in Tunesien ausgetragen. Tunesien gewinnt das Turnier im Endspiel gegen Marokko mit 2:1. 22. Oktober: Präsident Ben Ali gewinnt die Präsidentschaftswahlen mit 94 % der Stimmen. Parlamentswahlen, 20 % der Sitze gehen an die Opposition.
2005	Oktober: Die Opposition bildet ein nationales Forum (Mouvement du 18 Octobre).
2006	5. Mai: Mittelmeeranrainerstaaten diskutieren in Tunesien Möglichkeiten für den Ausbau des Tourismus.
2007	12. Januar: Tunesische Sicherheitskräfte liefern sich nach eigenen Angaben in den vergangenen Wochen heftige Gefechte mit Islamisten, die den Salafisten nahestünden. 12. Juli: Der französische Präsident Sarkozy besucht im Rahmen seiner ersten Auslandsreise Algerien und Tunesien.

3. Tunesien (1950–2009)

2008	5. März: Positive Bilanz des Internationalen Währungsfonds für das nachhaltige und solide Wirtschaftswachstum. Landwirtschaft, Industrie, Ausbau der Bergbau- und Petrochemischen Industrie.
2009	27. Oktober: Ben Ali wird zum fünften Mal zum Präsidenten gewählt.

4. Algerien (1954–2009)

1954	November: Gründung der Front de Libération Nationale (FLN) in Kairo. Sie ist bis 1962 algerische Befreiungsorganisation und danach Partei. Ihr Führer ist Ahmed Ben Bella.
1954–1962	Algerienkrieg mit vielen Opfern. Alle besiedelten Gebiete Algeriens sind betroffen. Die Nationale Befreiungsarmee FLN versucht durch einen Guerillakrieg, die französische Herrschaft gewaltsam zu beenden. Die französische Armee beantwortet diese Aktionen auch durch Terror und versucht durch umfangreiche Umsiedlungsaktionen im Rahmen ihrer Politik der »Pacification«, die arabische und Berber-Bevölkerung dem Einfluss der FLN zu entziehen. Zahlreiche Einwohner fliehen nach Marokko und Tunesien, ebenso nach Frankreich.
1956	1. Kongress der FLN. Gründung des Nationalrats der Algerischen Revolution.
1958	Die FLN bildet die Provisorische Regierung (Exilregierung) der »Algerischen Republik«. Führungsorgan ist der Nationalrat der Algerischen Revolution. In vielen Gebieten Algeriens wird eine illegale Verwaltung errichtet.
1961	Frankreich erlässt ein Gesetz über die Einführung der Selbstständigkeit Algeriens. Einsetzung von autonomen Körperschaften, Beginn der direkten Verhandlungen zwischen der französischen Regierung und der algerischen Exilregierung in Evian (Schweiz). Widerstand der französischen Colons (Siedler) gegen die Selbstständigkeit.
1962	Juli: Französische Anerkennung der staatlichen Unabhängigkeit. September: Proklamation der Demokratischen Volksrepublik Algerien. Massenflucht von Europäern aus Algerien.
1963	Ahmed Ben Bella wird Staatspräsident. Das Programm der FLN basiert auf den Ideen von Marxismus/Leninismus und verfolgt eine sozialistische Perspektive. Andere politische Kräfte leisten Widerstand. Aufbau enger Beziehungen zur Sowjetunion, Verstaatlichung der letzten französischen Ländereien, Einführung eines Einparteiensystems (FLN) bis 1989.
1965	Der Revolutionsrat der FLN unter Houari Boumedienne übernimmt die Macht (Islamischer Sozialismus). Zuspitzung

1965 der wirtschaftlichen und sozialen Situation nach der Auswanderung bzw. Flucht von rund einer Million Europäern.

1967 Nach dem »Sechstagekrieg« vertritt Algerien eine kompromisslose Position gegenüber Israel und dem Westen und unterstützt die PLO.

1968 Auflösung des letzten französischen Militärstützpunkts in Marsa al-Kabir, Beginn der Verstaatlichung ausländischer Betriebe (z.B. Erdölgesellschaften). Die Abhängigkeit von Hilfe aus dem Ausland nimmt zu.

1971 Agrarreform.

1976 Referendum zur Nationalcharta und zur Verfassung.

1978 Höchstförderung von Erdöl und Erdgas.

1979 4. FLN-Kongress in Algier. Chadli Bendjedid wird Generalsekretär der FLN und Staatspräsident.

1980 Unruhen der Berber in der Kabylei (30 % der algerischen Bevölkerung) gegen die Missachtung ihrer Kultur und Sprache.

1982 Privatinvestitionen werden gefördert, um die Wirtschaft anzukurbeln. Versorgungskrise.

1986 November: Ausbruch von Jugendrevolten in Ostalgerien aufgrund hoher Arbeitslosigkeit.

1988 Oktober: Unruhen wegen wirtschaftlicher Probleme: mehrere hundert Tote. Verkündung eines Reformprogramms mit dem Ziel einer politischen und ökonomischen Liberalisierung zur Beendigung der Krise.

1989 Die FLN gibt ihre Monopolstellung auf. Zulassung von Parteien.

1990 Juni: Sieg der Islamischen Heilsfront (Front islamique du salut – FIS) bei den Kommunalwahlen. Die FIS ging aus militanten Aktionsorganisationen hervor und wurde als Oppositionspartei legalisiert.

1991 26. Dezember: Im ersten Durchgang der Parlamentswahlen erzielt die FIS 40 % Prozent der Stimmen.

1992 Januar: Der zweite Wahlgang der Parlamentswahlen wird abgesagt. In der Folge kommt es zu Unruhen und Demonstrationen gegen die FIS. Staatsstreich der Armeeführung. Das Hohe Staatskomitee übernimmt die Macht (Führer Mohammed Boudiaf).
März: Auflösung und Verbot der FIS, gerichtliche Verfolgung ihrer Führer. Verhängung des Notstands, Auflösung der gewählten Körperschaften. Beginn des bewaffneten Kampfes, Bürgerkrieg zwischen den Regierungstruppen und der FIS. Bis 1995 sterben dabei mehr als 120 000 Menschen, es gibt mehr als 10 000 Bombenanschläge.
Juni: Ermordung Boudiafs durch einen Leibwächter. Weitere Zuspitzung der Situation. Ali Kafi wird Präsident des Hohen Staatskomitees.

1992	Terroristische Aktionen durch Islamisten, besonders gegen nichtmuslimische Ausländer, Fortdauer bis 1995. In diesem Zuge Gründung von bewaffneten Einheiten (u.a. Armée islamique du salut, AIS; Groupe islamique armé, GIA)
1993	27. März: Algerien bezichtigt den Iran, sich in die inneren Angelegenheiten zugunsten der FIS einzumischen, und bricht die diplomatischen Beziehungen ab.
1994	30. Januar: Der Hohe Sicherheitsrat ernennt Liamine Zeroual zum Staatspräsidenten. 24. Dezember: Islamisten entführen eine Maschine der Air France in Algier. Die Maschine wird in Marseille befreit, die vier Geiselnehmer der GIA werden beim Befreiungsversuch erschossen.
1995	16. November: Präsident Liamine Zeroual gewinnt die Wahlen mit 61 % der Stimmen.
1996	1. August: Bischof Claverie von Oran wird durch Terroristen ermordet. 9. November: Eröffnung der Sahara-Pipeline, die Erdgas nach Europa führt. 28. November: Ein Verfassungsreferendum erweitert die Befugnisse des Präsidenten.
1997	5. Juni: Von den Parlamentswahlen ist die FIS ausgeschlossen. Die RND (Nationaldemokratische Sammelbewegung) erhält die meisten Stimmen. 23. Juli: Der Führer der GIA, Antar Zouabri, wird von Sicherheitskräften bei Tipaza getötet. 29. August: Islamisten ermorden in Sidi Reis 100 Menschen, 120 werden verletzt und 100 Frauen entführt. 30. Dezember: Über 400 Tote bei einem Anschlag westlich Algier.
1998	Bildung der Groupe Salafiste pour las Prédication et le Combat (Salafistische Gruppe für Predigt und Kampf) mit Verbindung zu al-Qaida. 6. Juli: Arabisch wird Amtssprache. Die Berber demonstrieren für den Erhalt ihrer Sprache.
1999	15. April: Der mit Unterstützung des Militärs neu gewählte Staatspräsident Abdelaziz Bouteflika sucht den Dialog, Politik der nationalen Versöhnung. 16. September: Ein Gesetz zur Aussöhnung wird per Referendum gebilligt. Amnestie für Terroristen, die die Waffen niederlegen. Der bewaffnete Arm der Islamischen Heilsfront beschließt, die Waffen niederzulegen. Bis zum Ende des Jahres steigern sich jedoch Terror und Gegenterror.
2000	21. April: Über 100 000 Berber demonstrieren für den Erhalt ihrer Sprache. 18. Dezember: »Blutiger Ramadan« durch islamistischen Terror.

2001 Blutige Kämpfe zwischen Islamisten und Sicherheitskräften.
21. März: Versuche zur Wiederbelebung der Arabischen Maghreb-Union scheitern an den Differenzen zwischen Marokko und Algerien.
21. Mai: In Tizi Ouzou demonstrieren über 500 000 Menschen, überwiegend Berber, gegen die Unterdrückung ihrer Kultur durch die arabische Mehrheit. Die Proteste erstrecken sich über das ganze Jahr.
6. Dezember: Algerien und die EU schließen ein Assoziierungsabkommen.

2002 Ganzjährig: Anschläge islamistischer Gruppierungen.
8. April: Tamazight, die Sprache der Berber, wird offiziell als Nationalsprache anerkannt.
1. Juni: Parlamentswahlen, die Wahlbeteiligung beträgt 48 %, in der überwiegend von Berbern bewohnten Kabylei nur 3 %. Die Regierungspartei FLN verfügt über die absolute Mehrheit. Der neuen Regierung gehören erstmals fünf Frauen an.
14. Juni: Unruhen in mehreren Städten wegen Wassermangels.

2003 3. März: Mit Jacques Chirac besucht erstmals seit 1962 ein französischer Staatspräsident Algerien.
10. April: Entführung von Touristen in der algerischen Sahara, darunter 16 Deutsche. Nach offiziellen Angaben handelt es sich bei den Entführern um Islamisten.
5. Dezember: US-Außenminister Colin Powell besucht Tunesien, Marokko und Algerien und verhandelt über Kooperationen der Terrorismusbekämpfung.

2004 Ganzjährig: Kämpfe zwischen islamistischen Gruppierungen und Sicherheitskräften.
8. April: Wiederwahl Bouteflikas mit 83 % der abgegebenen Stimmen. Verfolgung einer konsequenten Versöhnungspolitik. Sicherheitskräfte bleiben unbehelligt, keine gerichtliche Verfolgung wegen Bürgerkriegsverbrechen. Hartes Durchgreifen gegen Terroristen. Kritik wegen Menschenrechtsverletzungen. Starke marktwirtschaftliche Orientierung.
16. Oktober: Bundeskanzler Gerhard Schröder zu Besuch in Libyen und Algerien: Wirtschaftsverhandlungen stehen im Vordergrund.

2005 29. September: 97 % der Stimmberechtigten befürworten eine Generalamnestie. Opposition verlangt gerechtes Vorgehen bei der Aufarbeitung des Bürgerkrieges.

2006 12. Mai: Aufgrund hoher Einnahmen aus dem Erdöl- und Erdgasgeschäft zahlt Algerien im kommenden halben Jahr seine Auslandsschulden an die Mitglieder des »Pariser Klubs« zurück.
21. September: Der Führer der radikalen FIS, Rabah Kébir, kehrt aus seinem deutschen Exil nach Algerien zurück.

4. Algerien (1954–2009)

2007	Ganzjährig: Anschläge und Kampf gegen den Terrorismus. 18. Mai: Parlamentswahlen, die Wahlbeteiligung liegt bei 35 %. Die Regierungskoalition erreicht die absolute Mehrheit. 12. Juli: Eröffnung der 9. All Africa Games in Algerien. 12. Juli: Frankreichs Präsident Nicolas Sarkozy besucht Algerien und Tunesien.
2008	Ganzjährig: Anschläge und Kampf gegen Extremisten. Die staatliche Verfolgung von Nichtmuslimen, vor allem Christen, nimmt zu. 20. Februar: Algerien und Russland vereinbaren eine engere Zusammenarbeit im Energiesektor.
2009	19. Januar: Die russische Gazprom erwirbt eine 49 %-Beteiligung bei Sonatrach (Staatsbetrieb). 13. April: Nachdem das Parlament die Verfassung geändert hat, tritt Bouteflika seine dritte Präsidentschaft nach gewonnener Wahl (90 %) an. August/Oktober: Unruhen wegen schlechter sozialer Lage.

5. Marokko (1942–2010)

1942	Formierung einer nationalen Unabhängigkeitsbewegung, die ab 1944 von der Istiqlal-Partei (islamisch-konservative Partei) geführt wird.
1953	Der französische Generalresident verbannt Sultan Mohammed V. (Wiedereinsetzung 1955).
1956	März: Frankreich annulliert den Protektoratsvertrag. Marokko wird als unabhängiger Staat anerkannt. Französische Beamte verbleiben im Land. April: Spanien gibt sein Protektorat über den Norden Marokkos auf. Oktober: Vertrag von Fédala, nach dem Tanger unter marokkanische Oberhoheit kommt, Ceuta, Melilla und Ifni (Ifni wird 1969 marokkanisch) verbleiben unter spanischer Herrschaft. Stärkste Partei ist die Istiqlal-Partei, die ein Groß-Marokko anstrebt (mit Spanisch-Sahara, Mauretanien, Mali und Teilen Algeriens). 1957 spaltet sich die Partei in einen radikalen und einen konservativen Flügel.
1957	August: Marokko wird Königreich. Mohammed V. wird König. Gründung der Königlichen Armee.
1961	Nach dem Tod Mohammeds V. wird Hassan II. König von Marokko.
1962	Algerisch-marokkanischer Konflikt. Marokkanische Truppen dringen in Algerien ein, um Gebietsansprüche geltend zu machen.

5. Marokko (1942–2010)

Anfang d. 1970er-J.	Politische Krise. Forderung nach demokratischen Freiheiten und Sozialreformen.
1971/72	Zwei Militärputschversuche scheitern.
1972	Eine neue Verfassung wird verabschiedet (Änderung 1980), die Rolle des Königs wird gefestigt. Er genießt weitreichende Befugnisse als weltliches und geistliches Oberhaupt. Er ist Oberbefehlshaber der Streitkräfte, ernennt den Ministerpräsidenten und die Minister, hat das Recht das Parlament aufzulösen, den Ausnahmezustand zu verhängen, und sorgt für den Ausgleich zwischen Arabern und Berbern. Die Regierung übt die Exekutive aus.
1973	Marokko übernimmt eine bedeutendere Rolle im Nahostkonflikt.
1973/74	Verstaatlichung ausländischen Eigentums (Marokkanisierung).
1975	6.-10. November: »Grüner Marsch« von 350 000 Marokkanern über die Grenze in die Westsahara. Ende 1975 beginnt die Besetzung der Westsahara. 14. November: Spanisch-marokkanisch-mauretanischer Vertrag über die Aufteilung der Westsahara (Rückzug Spaniens und Aufteilung der Westsahara zwischen Marokko und Mauretanien). Besetzung und Eingliederung der Westsahara ins marokkanische Territorium.
1976/77	Erstmals Kommunal- und Parlamentswahlen.
1978–1983	Das Königshaus fördert die Gründung von Parteien. Nationale Sammlung der Unabhängigen 1978 (konservativ), Nationaldemokratische Partei 1981 (sozialdemokratisch) und Verfassungsunion 1983 (marktwirtschaftlich orientiert).
1980	Der Internationale Währungsfonds (IWF) gewährt unter Auflagen hohe Kredite.
1981	Streiks nach Preiserhöhungen. Auseinandersetzungen zwischen der Bevölkerung und Sicherheitskräften. Verhaftung von Oppositionellen.
1982	Abschluss eines Militärabkommens mit den USA. Problematische Wirtschaftslage, wachsende Auslandsverschuldung.
1984	Januar: Brotrevolten. 14. September: Sieg der Regierungsparteien bei den Parlamentswahlen.
1985	Marokko tritt aus der Organisation für Afrikanische Einheit aus.
1991	Januar: 1500 Soldaten nehmen auf Seiten der USA im Zweiten Golfkrieg gegen den Irak teil. 29. April: Die VN beschließen die VN-Mission für die Westsahara (MINURSO).
1992	Verfassungsänderung, die Stellung von Parlament und Ministerpräsidenten bleiben untergeordnet.

1993 25. Juni: Bei den Parlamentswahlen siegt das oppositionelle Wahlbündnis über die Regierungsparteien.
14. September: Der israelische Ministerpräsident Rabin besucht Marokko. Ab 1994 unterhalten beide Staaten offizielle Beziehungen.

1996 31. Mai: Bundeskanzler Helmut Kohl besucht Marokko.
7. Oktober: Verfassungsänderung. Die Einführung eines Zweikammernsystems soll die Demokratie fördern.
27. Oktober: Versuch der Eingliederung der Westsahara.

1997 16. August: König Hassan II. beruft erstmals vier Frauen in die Regierung.
14. November: Erste Wahl zur Repräsentantenkammer (Unterhaus).
5. Dezember: Erste Wahl zur Rätekammer (Oberhaus). Es kommt zu einer Mitte-Links Regierung.

1999 23. Juli: Tod König Hassans II., sein Sohn Mohammed VI. besteigt den Thron.

2000 12. März: Bestrebungen zur Besserstellung der marokkanischen Frauen lösen Massendemonstrationen von Islamisten aus (Casablanca).
23. Oktober: Aufgrund der Lage in den Palästinensergebieten schließt Marokko seine Vertretung in Tel Aviv.

2001 5. Oktober: Eine US-Firma erhält die Konzession, in der Westsahara nach Erdöl zu bohren.
29. Oktober: In Marrakesch beginnt eine internationale Klimakonferenz.
12. Dezember: Ein marokkanischer Satellit wird in die Erdumlaufbahn gebracht.

2002 27. Februar: Neues Wahlgesetz, Frauen erhalten demnach 10 % der Sitze im Parlament.
20. Juli: Marokko und Spanien einigen sich über den Status der Petersilieninsel im Mittelmeer. Beide Länder nähern sich an.
29. September: Parlamentswahl, die islamistische PJD wird drittstärkste Kraft.

2003 11. Februar: Förderung des Tamazight, der Sprache der Berber.
17. Mai: Fünf Explosionen in Casablanca kosten 24 Menschenleben; jüdische und europäische Einrichtungen sind das Ziel. Ein weitreichendes Anti-Terrorgesetz wird in der Folge verabschiedet, viele Islamisten werden verhaftet.
19. September: Beginn der Unterrichtung an Schulen in der Berbersprache (bis 2011 flächendeckend).
23. September: US-Präsident George W. Bush sagt vor der VN-Vollversammlung, die USA würden keine Lösung des Westsahara-Problems erzwingen.
10. Oktober: Mohammed VI. verspricht Reformen, die die Stellung der Frauen in der Gesellschaft verbessern sollen.

2003 Oktober/November: Marokko beabsichtigt, stärker gegen illegale Migranten vorzugehen. Illegale Migration bleibt ein gravierendes Problem in den Folgejahren.

2004 24. Februar: Erdbeben in der Hafenstadt Al-Hoceima kostet 564 Menschenleben.
17. März: Spanische Behörden verdächtigen sechs Marokkaner, Sprengstoffanschläge in Madrid verübt zu haben.

2005 Der Einwanderungsdruck von Migranten auf Marokko als Ziel- und Transitstaat wächst. Es reagiert mit Ausweisungen.

2006 3. März: Zehn Universitätsabsolventen, die vergeblich eine Arbeit suchten, unternehmen einen kollektiven Selbstmordversuch, der jedoch scheitert. Die Proteste gegen die Arbeitslosigkeit nehmen zu.
5. Mai: 50 Frauen werden in Rabat zu Predigerinnen (Imamen) ernannt, was einem Bruch mit islamischen Traditionen gleichkommt.
12. Juli: Afrikanisch-europäisches Ministertreffen zur Migrationsproblematik.

2007 Juni: Verhandlungen zwischen Marokko und der Polisario scheitern.
7. September: Bei den Parlamentswahlen verlieren die islamischen Parteien, stärkste Partei bleibt die konservative Istiqlal. Die Wahlbeteiligung liegt bei 33 %. Sieben Frauen erhalten Ministerposten.

2009 31. März: Fünf christliche Missionarinnen werden des Landes verwiesen.
7. Dezember: Christen werden unter dem Vorwurf der Missionierung verhaftet.

2010 Vereinzelte Übergriffe auf Christen.

Arabischer Frühling – das Aufbrechen alter Strukturen

Im Januar 2011 beginnen in mehreren arabischen Staaten massive Proteste gegen die dort herrschenden autoritären, aber überwiegend säkularen Regime. Ausgehend von Tunesien erreicht die Bewegung Ägypten, Libyen, Jemen, Bahrain und Syrien; auch in anderen Ländern gibt es Demonstrationen. In Tunesien und Ägypten kommt es rasch zum Sturz der herrschenden Regime, in anderen Ländern halten die Proteste gegen fehlende Demokratie und Mitspracherechte der Bevölkerung, Korruption und Misswirtschaft, Inflation und Armut noch an. Ihr Ausgang ist zum Teil noch offen. In Libyen steht der Sturz des Gaddafi-Regimes unmittelbar bevor. Es sind vor allem junge Menschen in den einzelnen Ländern, welche die Proteste begonnen haben. Gut ausgebildet, aber ohne Perspektive sind sie Opfer der Misswirtschaft und nicht mehr bereit, diese zu akzeptieren. Es scheint, als wäre vor allem diese Bevölkerungsgruppe »ideologiemüde« und wende sich von den Ideen des arabischen Nationalismus und des politischen Islam zusehends ab.

1. Ägypten

2011 25. Januar: In Kairo beginnen die ersten Massenproteste, der Tahrir-Platz wird zum Zentrum. Wasserwerfer werden eingesetzt, es kommt zu Festnahmen. Die Bewegung greift schnell auf andere Städte über (zunächst vor allem Suez).

28. Januar: Auf dem Höhepunkt der Straßenschlachten werden in den frühen Morgenstunden ägyptischer Zeit die Internetverbindungen getrennt.

28. Januar: In Kairo kommt es zu gewaltsamen Zusammenstößen zwischen Demonstranten und Sicherheitskräften. Eine nächtliche Ausgangssperre wird verhängt. Bewaffnete Bürgerwehren werden gebildet, die (zum Teil organisierte) Plünderungen zu verhindern suchen. Es entsteht großer Sachschaden.

1. Februar: Am »Marsch der Millionen« beteiligen sich zwei Millionen Ägypter.

1.-11.Februar: Viele Politiker und Militärangehörige treten zurück bzw. an die Seite der Demonstranten. Der Druck der Straße wird immer größer, es kommt zu Straßenschlachten. Vermittlungsbemühungen scheitern, Präsident Mubaraks Ankündigung von Reformen und Freiheiten verpuffen. Die Bevölkerung fordert mit Nachdruck seinen Rücktritt.

11. Februar: Vizepräsident Omar Suleiman gibt Mubaraks Rücktritt bekannt. Der Oberste Rat der Streitkräfte (unter Mohamed Hussein Tantawi) übernimmt die Staatsgeschäfte. Seit Februar entstehen mehrere neue Parteien.

14. Februar: Beide Kammern, die Volksversammlung (Parlament) und der Shura-Rat werden per Dekret des Obersten Militärrats aufgelöst. Innerhalb von 6 bis 10 Monaten sollen Wahlen stattfinden. Die Verfassung wird außer Kraft gesetzt.

22. Februar: Der Oberste Rat der ägyptischen Streitkräfte bildet die ägyptische Übergangsregierung um.

26. Februar: Vorschläge zur Verfassungsänderung werden eingebracht.

2011 12. März: Unabhängige Gewerkschaften werden zugelassen; sie waren seit 1952 verboten.
15. März: Auflösung der ägyptischen Staatssicherheitsbehörde.
19. März: Per Referendum wird die Übergangsverfassung bestätigt. Die eingebrachten Änderungen sollen freie und demokratische Wahlen zum Parlament und zum Amt des Präsidenten ermöglichen.
23. März: Das Versammlungsrecht wird eingeschränkt, das Parteiengesetz wird geändert (konform zur Verfassung). Die Unzufriedenheit der Bevölkerung wächst.
16. April: Das Oberste Verwaltungsgericht löst die alte Regierungspartei NDP auf.
April/Mai: Viele Politiker werden wegen Amtsmissbrauch, Veruntreuung von öffentlichen Geldern, Anwendung von Gewalt u.a. angeklagt. Bereits im März wurden Mubarak und seine Familie festgesetzt.
29. Juni: Die Proteste flammen erneut auf, erneut ist der Tahrir-Platz Zentrum für Hunderte Demonstranten. Sicherheitskräfte schreiten ein.
3. August: Prozessauftakt gegen Mubarak.

2. Libyen

2011 Januar/Februar: Beeinflusst von den Bewegungen in den anderen arabischen Staaten, vor allem den Nachbarländern Tunesien und Ägypten, beginnen erste friedliche Proteste gegen die ununterbrochene autoritäre Herrschaft Gaddafis.
15. Februar: Hunderte Demonstranten werden von der libyschen Polizei, den Sicherheits- und Streitkräften angegriffen. Gewaltsame Auflösung einer Sitzblockade in Bengasi. Einige Politiker und Militärangehörige wechseln auf die Seite der Opposition.
17. Februar: Die Regierungsgegner rufen via Internet zu einem »Tag des Zornes« auf.
18./19. Februar: Der Osten Libyens wird weitgehend von der Opposition kontrolliert, die einen Nationalen Übergangsrat bildet. Regierungstruppen kontrollieren v.a. Städte im Westen und Süden Libyens, auch Tripolis. Harte Auseinandersetzungen um Misrata.
21. Februar: Gaddafi lässt Reformen ankündigen, lehnt aber seinen Rücktritt ab. Er droht mit einem Bürgerkrieg mit «tausenden Toten«.
26. Februar: Massaker in Tripolis. Milizen und Hubschrauber greifen zehntausende Demonstranten an.
26. Februar: Die VN beschließen die Resolution 1970.
27. Februar: Die VN, die USA und die EU verhängen Sanktionen gegen Gaddafi und 25 andere hochrangige Beamte, darunter Reiseverbote ins Ausland und die Sperrung internationaler Konten.

2011 Anfang März: Verschiedene Offensiven der Regierungstruppen, massives gewaltsames Vorgehen gegen die libysche Bevölkerung. Die Situation für alle, ganz besonders aber für die schwarzafrikanischen Arbeitsmigranten verschlimmert sich. Sie werden der Komplizenschaft mit der Regierung verdächtigt und von Oppositionellen getötet. Dramatische Fluchtversuche per Boot nach Europa, bis Anfang Juni kommen dabei ca. 1500 Flüchtlinge um. Streit um die Aufnahme der Flüchtlinge in Europa. Viele asiatische Gastarbeiter flüchten oder werden evakuiert. Libyer fliehen vor allem über die Grenze nach Tunesien. Etwa 75 % der Bevölkerung sind von den humanitären Hilfen abgeschnitten.
17. März: Die VN legitimieren den internationalen Militäreinsatz (VN-Resolution 1973) mit dem Ziel, eine Flugverbotszone zu errichten, den Schutz der Zivilbevölkerung mit militärischen Mitteln herbeizuführen und humanitäre Hilfeleistungen zu sichern. Zehn der 15 Mitglieder im VN-Sicherheitsrat stimmen der Resolution zu, Deutschland, Russland und China enthalten sich. Die deutsche Stimmenthaltung löst in Deutschland kontroverse Debatten aus.
19. März: Pariser Gipfeltreffen zur Militärintervention. Die EU, mehrere NATO-Staaten, Arabische Liga, VN-Generalsekretär Ban Ki-Moon nehmen teil, die Afrikanische Union (AU) bleibt dem Treffen fern.
Beginn des militärischen Einsatzes (Operation Odyssey Dawn). Hauptakteure sind Frankreich, Großbritannien, USA (außerdem sind Belgien, Dänemark, Italien, Kanada, Norwegen, Spanien und Qatar beteiligt).
25. März: Das Kommando über die militärischen Einsätze gegen Libyen geht auf die NATO über.
29. März: Londoner Libyen-Konferenz.
5. April: Der Vorsitzende der AU, Nguema Mbasogo, ruft zum Waffenstillstand auf. Die Aufständischen lehnen den Friedensplan der AU offenbar ab (11.4.), weil er ihre Kernforderung, den Rücktritt Gaddafis, nicht berücksichtigt.
30. April: Die Residenz Gaddafis wird getroffen, sein Sohn Saif und drei seiner Enkel werden getötet.
1. Juni: Der militärische Einsatz wird um 90 Tage verlängert. Bis Ende Mai kostet er mehr als 730 Zivilisten das Leben (4000 Verwundete).
24. Juni: Das US-Repräsentantenhaus spricht sich gegen den Militäreinsatz der USA in Libyen aus.
2. Juli: Gaddafi droht, den Krieg nach Europa zu tragen.
5. Juli: Der Rebellen-Exekutivrat führt politische Gespräche mit China, das vor den Aufständen mit über 36 000 Arbeitern in Libyen vertreten war und strategische Interessen in dieser Region verfolgt.
29. Juli: Der libysche Rebellengeneral Abdel Fattah Younes wird offenbar von Islamisten aus den eigenen Reihen in Bengasi

2011 erschossen. Yunes war der frühere Innenminister Libyens und zweiter Mann hinter Gaddafi.
23./24. August: Regierungstruppen und Aufständische kämpfen um die Hauptstadt Tripolis. Schwere Gefechte auf dem Gelände der Gaddafi-Residenz Bab al-Asisija.

3. Tunesien

2010 17. Dezember: In Tunesien beginnt die Jasmin-Revolution nach der Selbstverbrennung des Gemüsehändlers Mohammed Bouazi in Sidi Bouzid. Massenunruhen weiten sich über das ganze Land aus. Gründe sind die Unzufriedenheit der Bevölkerung wegen der wirtschaftlichen Lage, der hohen Arbeitslosigkeit, der Perspektivlosigkeit der Jugend, der Korruption und vor allem der autoritären Herrschaft Ben Alis.

2010 28. Dezember: Ben Ali droht mit gewaltsamen Reaktionen auf die Proteste.

2011 6. Januar: Landesweiter Anwaltsstreik.
8./10. Januar: Auseinandersetzungen zwischen Demonstranten und Polizei bis hin zu bürgerkriegsähnlichen Zuständen in vielen Teilen Tunesiens. Ben Ali verspricht die Schaffung von 300 000 neuen Arbeitsplätzen.
14. Januar: Ben Ali verlässt fluchtartig Tunesien in Richtung Saudi-Arabien. Verhängung des Ausnahmezustands. Mohammed Ghannouchi wird Ministerpräsident und bildet eine Übergangsregierung (17.1.) als Regierung der nationalen Einheit, der zum Teil Minister aus der alten Regierung angehören. Später Austritte vieler Minister aus der Regierungspartei.
19. Januar: Legalisierung von Parteien, die unter Ben Ali verboten waren. Einleitung eines Ermittlungsverfahrens gegen Ben Ali und seine Familie, Festsetzung von Angehörigen, später Erlass eines internationalen Haftbefehls. Die Schweiz sperrt die Konten Ben Alis.
22. Januar: Im westlichen und zentralen Teil Tunesiens beginnt der Marsch auf Tunis (»Karawane der Befreiung«) mit der Forderung nach Rücktritt der Minister, die noch dem alten Regime angehört hatten.
4. Februar: Alle 24 tunesischen Provinzgouverneure werden ausgewechselt.
27. Februar: Ministerpräsident Ghannouchi tritt zurück. Regierungschef wird Béji Caid Essebsi. Ankündigung von Wahlen für Oktober 2011.
9. März: Auflösung der Regierungspartei RCD (Rassemblement constitutionnel démocratique).
8. Mai: Auseinandersetzungen zwischen Demonstranten und Sicherheitskräften.

4. Algerien

2011 Januar: Trotz des seit 1992 anhaltenden Ausnahmezustands gibt es Demonstrationen in Algier.
Februar/März: Massives Eingreifen von Sicherheitskräften verhindert einen geplanten Volksaufstand. Die Mehrheit der algerischen Bevölkerung befürchtet einen neuen Bürgerkrieg und lehnt deshalb die Auseinandersetzungen eher ab.
23. Februar: Der Ausnahmezustand wird nach 19 Jahren aufgehoben. Politische Reformen und die Schaffung von Arbeitsplätzen werden angekündigt.
Die Opposition gilt als zersplittert.

5. Marokko

2011 Februar: Friedliche Demonstrationen in den größeren Städten Marokkos für einen demokratischen Wandel, gegen die Machtfülle des Königs und gegen Korruption. Die Polizei ist gehalten, Konfrontationen zu vermeiden.
10. März: König Mohammed VI. kündigt Reformen an (mehr individuelle und kollektive Freiheiten, unabhängige Justiz, mehr Befugnisse für regionale Behörden). Ein neuer Nationaler Menschenrechtsrat wird eingesetzt.
1. Juli: Bei einem Referendum stimmen nach offiziellen Angaben 98 % der Wähler der neuen Verfassung zu. Die marokkanische Protestbewegung ruft zum Boykott der Abstimmung auf. Die Wahlbeteiligung liegt nach offiziellen Angaben bei 73 %.

Soweit vorhanden, sind bei Buchtiteln die deutschen Übersetzungen aufgeführt. Die genannten Werke sind zum Teil im Buchhandel vergriffen. Bitte wenden Sie sich in diesem Fall an Bibliotheken oder suchen Sie nach antiquarischen Ausgaben (z.B. bei www.zvab.com).

Wissenschaftliche Literatur

Abdelnasser, Gamal, Egypt. Succession Politics. In: Volker Perthes (Ed.), Arab Elites – Negotiating the Politics of Change, London 2004, S. 117-139
Abdelnasser, Gamal, Wer kommt nach Mubarak? In: Blätter für deutsche und internationale Politik, 48 (2003), 1, S. 73-80
Abun-Nasr, Jamil M., A History of the Maghrib, Cambridge 1971
Abun-Nasr, Jamil M., A History of the Maghrib in the Islamic Period, Cambridge 1987
Agnaou, Fatima, Gender, Literacy and Empowerment in Morocco, New York 2004
Akalay, Omar, Au service du cinéma marocain, Casablanca 2003
Ambrosius, Christian, Barbara Fritz und Ursula Stiegler, Geldsendungen von Migranten – »Manna« für die wirtschaftliche Entwicklung? In: GIGA-Focus, Nr. 10, 2008. Onlinepublikation unter http://www.giga-hamburg.de/dl/download.php?d=/content/publikationen/pdf/gf_global_0810.pdf
Angenendt, Arnold, Das Frühmittelalter. Die abendländische Christenheit von 400 bis 900, 3. Aufl., Stuttgart [u.a.] 2001
Arafat, Alaa Al-Din, The Mubarak leadership and future of democracy in Egypt, New York 2009
Arious, Mohamed, Films marocains & rhétorique de la pudeur. A la une multimedia, Rabat 2003
Armes, Roy, Les Cinémas du Maghreb. Images postcoloniales, Paris 2006
Asseburg, Muriel, Demokratieförderung in der arabischen Welt. Hat der partnerschaftliche Ansatz der Europäer versagt? In: Orient, 46 (2005), 2, S. 272-290
Axtmann, Dirk, Reform autoritärer Herrschaft in Nordafrika. Verfassungs- und Wahlrechtsreformen in Algerien, Marokko und Tunesien zwischen 1988 und 2004, Wiesbaden 2007
Badisches Landesmuseum Karlsruhe (Hrsg.), Das Königreich der Vandalen. Erben des Imperiums in Nordafrika, Darmstadt 2009
Badrawi, Malak, Al-Azhar and the Arab world, London 2006
Baker, Raymond William, Egypt's Uncertain Revolution under Nasser and Sadat, Cambridge, London 1978
Baumeister, Theofried, Martyr Invictus. Der Märtyrer als Sinnbild der Erlösung in der Legende und im Kult der frühen koptischen Kirche. Zur Kontinuität des ägyptischen Denkens, Regensburg, Münster 1972 (= Forschungen zur Volkskunde, 46)
Beattie, Kirk J., Egypt during the Sadat Years, Houndmills 2000
Beck, Martin [u.a.] (Hrsg.), Der Nahe Osten im Umbruch. Zwischen Transformation und Autoritarismus, Wiesbaden 2009
Benassar, Bartholomé et Lucile Benassar, Les chrétiens d'Allah: l'histoire extraordinaire des renégats, XVIe et XVIIe siècles, überarb. Neuaufl., Paris 2008
Benchikh, Madjid, Algérie. Un système politique militarisé, Paris 2003

Benz, Wolfgang (Hrsg.), Handbuch des Antisemitismus. Judenfeindschaft in Geschichte und Gegenwart, München 2008 ff.
Berndt, Guido M., Konflikt und Anpassung. Studien zu Migration und Ethnogenese der Vandalen, Husum 2007 (= Historische Studien, 489)
Bicchi, Frederica and Richard Gillespie (Eds), The Union for the Mediterranean. Continuity or Change in Euro-Mediterranean Relations? In: Mediterranean Politics, 16 (2011), 1, S. 3-19
Bilger, Veronika and Albert Kraler (Eds), African Migrations. Historical Perspectives and Contemporary Dynamics, Wien 2005
Bono, Salvatore, Piraten und Korsaren im Mittelmeer. Seekrieg, Handel und Sklaverei vom 16. bis 19. Jahrhundert, Stuttgart 2009
Boukhars, Anouar, Politics in Morocco. Executive Monarchy and Enlightened Authoritarianism, London 2011
Bourdieu, Pierre, Algerische Skizzen. Aus dem Französischen von Andreas Pfeuffer [u.a.] Berlin 2010
Bradford, Ernle, Chaireddin Barbarossa. Der Korsar des Sultans, München 1976
Braudel, Fernand, Das Mittelmeer und die mediterrane Welt in der Epoche Philipps II., 2. Aufl., Frankfurt a.M. 1990
Burger, Annika, Ländlicher Tourismus in Marokko. Potential ressourcenarmer Regionen? Saarbrücken 2007
Butler, Alfred J., The Arab Conquest of Egypt and the Last Thirty Years of the Roman Dominion. Ed. by Peter M. Fraser, 2nd ed., Oxford 1978
Central Intelligence Agency (Ed.), The World Factbook 2009, Washington D.C. 2009
Clancy-Smith, Julia (Ed.), North Africa, Islam and the Mediterranean World. From the Almoravids to the Algerian War, London 2001 (= History and Society in the Islamic World)
Cole, Juan, Napoleon's Egypt. Invading the Middle East, Basingstoke 2008
Cook, Michael (Ed.), The New Cambridge History of Islam, 6 vols, Cambridge 2010
Courbage, Youssef und Emmanuel Todd, Die unaufhaltsame Revolution. Wie die Werte der Moderne die islamische Welt verändern, München 2008
Daher, Rami Farouk (Ed.), Tourism in the Middle East. Continuity, Change and Transformation, Clevendon [et al.] 2007 (= Tourism and Cultural Change, 9)
Daly, Martin W. (Ed.), The Cambridge History of Egypt, 2 vols, Cambridge 1998
Driss, Ahmed, North-African Perspectives. In: EuroMeSCo, 68 (2008) (Putting the Mediterranean Union in Perspective), S. 19-23. Onlinepublikation unter http://www.euromesco.net/images/paper68eng.pdf
Elena, Alberto, Las mil y una imágenes del cine marroqui, Madrid 2007
Ellert, Gerhart, Europas verlorene Küste. Nordafrika im Bild der Geschichte, Wien 1970
Erdle, Steffen, Ben Ali's ›New Tunisia‹ (1987-2009). A case study of authoritarian modernization in the Arab World, Berlin 2010
Evans, Martin and John Phillips, Algeria. Anger of the Dispossessed, New Haven, London 2007
Faath, Sigrid (Hrsg.), Kontrolle und Anpassungsdruck. Zum Umgang des Staates mit Opposition in Nordafrika/Nahost, Hamburg 2008

Faath, Sigrid (Hrsg.), Politische und gesellschaftliche Debatten in Nordafrika, Nah- und Mittelost, Hamburg 2004
Faath, Sigrid (Hrsg.), Staatliche Religionspolitik in Nordafrika/Nahost, Hamburg 2007. Onlinepublikation unter http://www.giga-hamburg.de/dl/download.php?d=/content/imes/menastabilisierung/pdf/faath_studieReligionspolitik_volltext.pdf
Fage, John D. and Roland Oliver (Eds), The Cambridge History of Africa, 8 vols, Cambridge 1975-1986
Fargues, Philippe (Ed.), CARIM Mediterranean Migration Report 2008-2009, San Domenico di Fiesole (FI) 2009
Fargues, Philippe, Emerging Demographic Patterns across the Mediterranean and their Implications for Migration through 2010, Washington D.C. 2008
Faroqhi, Suraiya, Geschichte des Osmanischen Reiches, 5. Aufl., München 2010
Der Fischer Weltalmanach 2011. Zahlen, Daten, Fakten, Frankfurt a.M. 2010
Förster, Stig, Wolfgang J. Mommsen and Ronald Robinson (Eds), Bismarck, Europe and Africa. The Berlin Africa Conference 1884-1885 and the Onset of Partition, Oxford 1988
Frey, Bruno S. und Simon Lüchinger, Tourismus und Terrorismus aus ökonomischer Sicht. In: Zeitschrift für Tourismuswissenschaft, 1 (2009), 1, S. 63-73
Frontex (Ed.), Annual Risk Analysis 2011, Warsaw 2011
Gatter, Frank Thomas (Hrsg.), Protokolle und Generalakte der Berliner Afrika-Konferenz, 1884–1885, Bremen 1984
Gayle Carter, Sandra, What Moroccan Cinema? A historical and critical Study, 1956-2006, Plymouth 2009
Gehrmann, Susanne und Mechtild Gilzmer (Hrsg.), Geschlechterordnungen in Nordafrika – Umbrüche und Perspektiven in Literatur, Film und Gesellschaft, Mainz 2008
Gerlach, Julia, Zwischen Pop und Dschihad. Muslimische Jugendliche in Deutschland, Berlin 2006
Gershovich, Moshe, French Military Rule in Morocco. Colonialism and its Consequences, London 2000 (= History and Society in the Islamic World)
Grajetzki, Wolfram, The Middle Kingdom of Ancient Egypt, History, Archeology and Society, London 2006
Gray, Matthew, The Political Economy of Tourism in North Africa. Comparative Perspectives. In: Thunderbird International Business Review, 42 (2000), 4, S. 393-408
Greiselis, Waldis, Das Ringen um den Brückenkopf Tunesien 1942/43. Strategie der »Achse« und Innenpolitik im Protektorat, Frankfurt a.M. 1976
Gronemann, Claudia, Postmoderne/postkoloniale Konzepte der Autobiographie in der französischen und maghrebinischen Literatur, Hildesheim 2002
Gründer, Horst, Der »Wettlauf« um Afrika und die Berliner Westafrika-Konferenz 1884/85. In: Ulrich van der Heyden und Joachim Zeller (Hrsg.), Kolonialmetropole Berlin. Eine Spurensuche, Berlin 2002
Grunebaum, Gustave Edmund von (Hrsg.), Weltgeschichte. Der Islam II. Die islamischen Reiche nach dem Fall von Konstantinopel, Augsburg 2000 (= Weltgeschichte, 15)

Gundermann, Christine, Jenseits von Asterix. Comics im Geschichtsunterricht, Schwalbach 2007
Haarmann, Ulrich (Hrsg.), Geschichte der arabischen Welt, 5. Aufl., München 2004
Haas, Hein de, Irregular migration from West Africa to the Maghreb and the European Union, Genf 2008
Haas, Hein de, The Myth of Invasion. Irregular migration from West Africa to the Maghreb and the European Union, Oxford 2007
Hafez, Kai, Massenmedien und gesellschaftlicher Wandel in der arabischen Welt. In: Joachim Betz und Stefan Brüne (Hrsg.), Jahrbuch Dritte Welt 2000. Daten. Übersichten. Analysen, München 1999, S. 101-114
Halm, Heinz, Die Araber. Von der vorislamischen Zeit bis zur Gegenwart, 3. Aufl., München 2004
Halm, Heinz, Die Kalifen von Kairo. Die Fatimiden in Ägypten 973-1074, München 2003
Harding, Leonhard, Geschichte Afrikas im 19. und 20. Jahrhundert, München 1999 (= Oldenbourg Grundriss der Geschichte, 27)
El Harras, Mokhtar, Les jeunes et les valeurs religieuses, Casablanca 2000
Hart, David M., Tribe and Society in Rural Morocco, London 2000 (= History and Society in the Islamic World)
Hartmann, Jürgen, Staat und Regime im Orient und in Afrika. Regionenportraits und Länderstudien, Wiesbaden 2011
Hathaway, Jane, The Arab Lands under Ottoman Rule, 1516-1800, Harlow 2008
Hazbun, Waleed, Beaches, Ruins, Resorts. The Politics of Tourism in the Arab World, Minneapolis 2008
Heese, Benjamin, Die Union für das Mittelmeer – Zwei Schritte vor, einen zurück? Berlin 2009
Hegasy, Sonja and Elke Kaschl (Eds), Changing Values among Youth. Examples from the Arab World and Germany, Berlin 2007
Hegasy, Sonja, Die Mär von der arabischen Stagnation. In: Blätter für deutsche und internationale Politik, 52 (2007), 2, S. 205-211
Heiler, Susanne, Der maghrebinische Roman. Eine Einführung, Tübingen 2005
Heinrich Böll Foundation and Claudia Derichs (Eds), Diversity and Female Political Participation. Views on and from the Arab World, Berlin 2010
Heyden, Ulrich van der und Joachim Zeller (Hrsg.), Kolonialmetropole Berlin. Eine Spurensuche, Berlin 2002
Hippler, Jochen (Hrsg.), Von Marokko bis Afghanistan. Krieg und Frieden im Nahen und Mittleren Osten, Hamburg 2008
Hötzl, Heinz and Fathi Zereini (Eds), Climatic Changes and Water Resources in the Middle East and North Africa, Berlin 2008
Hofheinz, Albrecht, Nextopia? Beyond revolution 2.0., Oriente Moderno [in Vorb.]
Hornung, Erik, Grundzüge der ägyptischen Geschichte, 3. Aufl., Darmstadt 1988
Hornung, Erik, Rolf Krauss and David A. Warburton (Eds), Ancient Egyptian Chronology, Leiden, New York 2006 (= Handbook of Oriental Studies, 83)

Hourani, Albert, Die Geschichte der arabischen Völker. Von den Anfängen des Islam bis zum Nahostkonflikt unserer Tage, 4. Aufl., Frankfurt a.M. 2003
Howe, Tankred, Vandalen, Barbaren und Arianer bei Victor von Vita, Frankfurt a.M. 2007
Iliffe, John, Geschichte Afrikas. Aus dem Englischen von Gabriele Gockel und Rita Seuß, München 1997
Jünemann, Annette (Ed.), Euro-Mediterranean Relations after September 11. International, Regional and Domestic Dynamics, London, Portland, Or. 2004. Auch erschienen als Special Issue of Mediterranean Politics, 8 (2003), 2/3
Jünemann, Annette, Mittelmeerpolitik. In: Wolfgang W. Mickel und Jan M. Bergmann (Hrsg.), Handlexikon der Europäischen Union, 4. Aufl., Baden-Baden 2011 [in Vorb.]. Der Beitrag im Wegweiser zur Geschichte Nordafrika zur EU-Mittelmeerpolitik basiert in weiten Teilen auf diesem Text.
Jung, Martin H., Christen und Juden. Die Geschichte ihrer Beziehungen, Darmstadt 2008
Kepel, Gilles, Der Prophet und der Pharao. Das Beispiel Ägypten. Die Entwicklung des muslimischen Extremismus, München 1995
Kepel, Gilles, Das Schwarzbuch des Dschihad. Aufstieg und Niedergang des Islamismus, München, Zürich 2002
El Khodari, Khalid, Guide des réalisateurs marocains, Rabat 2006
Kreienbrink, Axel, Country of Emigration and New Country of Immigration? Challenges for Moroccan Migration Policy between Africa and Europe. In: Veronika Bilger and Albert Kraler (Eds), African Migrations. Historical Perspectives and Contemporary Dynamics, Wien 2005, S. 193-219
Lang, Hubert, Der Heiligenkult in Marokko. Formen und Funktionen der Wallfahrten, Passau 1992
Laroui, Abdallah, L'histoire du Maghreb. Un essai de synthèse, Paris 1970
Losego, Sarah Vanessa, Fern von Afrika. Die Geschichte der nordafrikanischen »Gastarbeiter« im französischen Industrierevier von Longwy (1945-1990), Köln [u.a.] 2009 (= Industrielle Welt, 76)
Mallman, Klaus-Michael und Martin Cüppers, Halbmond und Hakenkreuz. Das Dritte Reich, die Araber und Palastina, 2., durchges. Aufl., Darmstadt 2007 (Veröffentlichungen der Forschungsstelle Ludwigsburg der Universität Suttgart, 8)
Mattes, Hanspeter und Sigrid Faath, Der Machtwechsel in Tunesien und politische Reformperspektiven in Nahost. In: GIGA Focus Nahost, Hamburg 2011. Onlinepublikation unter http://www.giga-hamburg.de/dl/download.php?d=/content/publikationen/pdf/gf_nahost_1101.pdf
Mattes, Hanspeter, Justizreformen im Maghreb. In: GIGA Focus Nahost, Hamburg 2010. Onlinepublikation unter http://www.giga-hamburg.de/dl/download.php?d=/content/publikationen/pdf/gf_nahost_1005.pdf
Mattes, Hanspeter, Nicht nur religiöse Unterweisung. Muslimische Freitagspredigten im arabischen Raum. In: Herder Korrespondenz, 59 (2005), 1, S. 19-24
Matuz, Josef, Das Osmanische Reich. Grundlinien seiner Geschichte, 6. Aufl., Darmstadt 2010

Meddeb, Abdelwahab, Die Krankheit des Islam, 2. Aufl., Heidelberg 2006
Mensching, Horst und Eugen Wirth (Hrsg.), Nordafrika und Vorderasien, Frankfurt a.M. 1973 (= Fischer Länderkunde, 4)
Mertz-Baumgartner, Birgit, Ethik und Ästhetik der Migration. Algerische Autorinnen in Frankreich (1988-2003), Würzburg 2004 (= Studien zur Literatur und Geschichte des Maghreb, 6)
Michels, Eckard, Deutsche in der Fremdenlegion, 4. Aufl., Paderborn 2002 (= Krieg in der Geschichte, 2)
Mickel, Wolfgang W. und Jan M. Bergmann (Hrsg.), Handlexikon der Europäischen Union, 4. Aufl., Baden-Baden 2011
Mirkin, Barry, Population Levels, Trends and Policies in the Arab Region. Challenges and Opportunities, 2010. Onlinepublikation unter http://www.arab-hdr.org/publications/other/ahdrps/paper01-en.pdf
Motadel, David, Islam und die Politik der europäischen Großmächte, 1798-1989. In: Neue Politische Literatur, 56 (2011), S. 37-60
Muir, Rory, Tactics and the experience of battle in the age of Napoleon, New Haven 1998
Munier, Gerald, Geschichte im Comic, Hannover 2000
Nagel, Tilman, Die islamische Welt bis 1500, München 1998 (= Oldenbourg Grundriss der Geschichte, 24)
Nohlen, Dieter und Franz Nuscheler (Hrsg.), Handbuch der Dritten Welt, Bd 6: Nordafrika und Naher Osten, 3. Aufl., Bonn 1993
Nordhausen, Frank und Thomas Schmid (Hrsg.), Die arabische Revolution. Demokratischer Aufbruch von Tunesien bis zum Golf, Berlin 2011
Ohm, Juliane, Daniel und der Löwe. Analyse und Deutung nordafrikanischer Mosaiken in geschichtlichem und theologischem Kontext, Paderborn [u.a.] 2008 (= Paderborner Theologische Studien, 49)
Ortag, Peter, Islamische Kultur und Geschichte. Ein Überblick, 2. Aufl., Potsdam 2009 (= Brandenburgische Landeszentrale für Politische Bildung)
Pattar, Andreas Kurt, Islamisch inspiriertes Erbrecht und deutscher Ordre public. Die Erbrechtsordnungen von Ägypten, Tunesien und Marokko und ihre Anwendbarkeit im Inland, Berlin 2007 (= Schriften zum Internationalen Recht, 169)
Perkins, Kenneth J., A history of modern Tunisia, Cambridge 2004
Perthes, Volker (Ed.), Arab Elites. Negotiating the Politics of Change, London 2004
Polz, Daniel, Der Beginn des Neuen Reiches. Zur Vorgeschichte einer Zeitenwende, Berlin, New York 2007 (= Sonderschrift Deutsches Archäologisches Institut, Abteilung Kairo, 31)
Pope, Stephen, The Cassell Dictionary of the Napoleonic Wars, London 1999
Rheinheimer, Martin, Der fremde Sohn. Hark Olufs' Wiederkehr aus der Sklaverei, Neumünster 2001
Richter, Elke, Ich-Entwürfe im hybriden Raum. Das Algerische Quartett von Assia Djebar, Frankfurt a.M. 2008
Richter, Thomas, Tourismus. Das Ei des Kolumbus für die arabische Welt? GIGA Focus Nahost, Hamburg 2010. Onlinepublikation unter http://www.giga-hamburg.de/dl/download.php?d=/content/publikationen/pdf/gf_nahost_1004.pdf

Roose, Jochen, Nordafrika 2011. Revolutions- und Bewegungstheorien und die (Un-)Vorhersehbarkeit von Protest. In: Forschungsjournal Soziale Bewegungen. Analysen zu Demokratie und Zivilgesellschaft, 24 (2011), 1, S. 7-18
Ruf, Werner, Die algerische Tragödie. Vom Zerbrechen des Staates einer zerrissenen Gesellschaft, Münster 1997
Ruf, Werner, Der Maghreb im Überblick. In: Dieter Nohlen und Franz Nuscheler (Hrsg.), Handbuch der Dritten Welt, Bd 6: Nordafrika und Naher Osten, 3. Aufl., Bonn 1993, S. 86-109
Ruf, Werner, Tunesien. Die Demokratie nimmt Gestalt an. In: INAMO, Nr. 65, 2011, S. 57
Ruf, Werner, Tunesien. Die Diktatur erhält Verfassungsrang. In: INAMO, Nr. 31, 2002, S. 44-46
Ruf, Werner, Tunesien. Diktatur im Musterland. In: Blätter für deutsche und internationale Politik, 47 (2002), 7, S. 789-792
Ruf, Werner, Die tunesische Revolution. In: INAMO–Spezial, Sonderheft 4 /2011, S. 12-15
Schäfer, Isabel, Die Euro-Mediterrane Partnerschaft und der Nahostkonflikt im Kontext jüngster internationaler Entwicklungen. Zwischen Blockade und Vertrauensbildung. In: Orient, 46 (2005), 3, S. 429-445
Schmid, Susanne, Vor den Toren Europas? Das Potenzial der Migration aus Afrika, Nürnberg 2010
Schneider, Thomas, Lexikon der Pharaonen. Die altägyptischen Könige von der Frühzeit bis zur Römerherrschaft, Zürich 1994
Schoeps, Julius H. (Hrsg.), Neues Lexikon des Judentums, Gütersloh, München 1992
Schröder, Bernd Philipp, Deutschland und der Mittlere Osten im Zweiten Weltkrieg, Göttingen 1975 (= Studien und Dokumente zur Geschichte des Zweiten Weltkrieges, 16)
Schuerkens, Ulrike, Geschichte Afrikas. Eine Einführung, Köln 2009
Schulz, Regine und Matthias Seidel (Hrsg.), Ägypten. Die Welt der Pharaonen, Köln 1997
Schulze, Reinhard, Geschichte der islamischen Welt im 20. Jahrhundert, 2. Aufl., brosch. Sonderausg., München 2003
Schumacher, Tobias, Die Europäische Union als internationaler Akteur im südlichen Mittelmeerraum, Baden-Baden 2005
Seeberg, Peter (Ed.), EU and the Mediterranean. Foreign Policy and Security, University Press of Southern Denmark, Odense 2007
Sfeir, Antoine, Tunisie. Terre des Paradoxes, Paris 2006
Sivers, Peter von, Nordafrika in der Neuzeit. In: Ulrich Haarmann (Hrsg.), Geschichte der arabischen Welt, 5. Aufl., München 2004, S. 502-604
Solé, Robert, Bonaparte à la conquête de l'Egypte, Paris 2006
Spiller, Roland und Tahar Ben Jelloun, Schreiben zwischen den Kulturen, Darmstadt 2000
Springborg, Robert, Mubarak's Egypt. Fragmentation of Political Order, Boulder, London 1989
Steinbach, Udo und Werner Ende (Hrsg.), Der Islam in der Gegenwart, 5. Aufl., München 2005

Steinberg, Guido (Hrsg.), Deutsche Nah-, Mittelost- und Nordafrikapolitik. Interessen, Strategien, Handlungsoptionen, Berlin 2009 (= SWP-Studie S 15). Onlinepublikation unter http://www.swp-berlin.org/fileadmin/contents/products/studien/2009_S15_sbg_ks.pdf

Stoll, André, Asterix. Das Trivialepos, Köln 1974

Stora, Benjamin, Histoire de l'Algérie coloniale (1830-1954), Paris 2004

Strathern, Paul, Napoleon in Egypt. ›The Greatest Glory‹, London 2007

Suermann, Harald (Hrsg.), Kirche und Katholizismus seit 1945, Bd 7: Naher Osten und Nordafrika, Paderborn [u.a.] 2010

Le Sueur, James D., Algeria since 1989. Between terror and democracy, London 2010

Tohamy, Sahar and Adrian Swinscoe, The Economic Impact of Tourism in Egypt, Cairo 2000 (= The Egyptian Centre for Economic Studies)

Toro, Alfonso de et Charles Bonn (Eds), Le Maghreb writes back. Figures de l'hybridité dans la culture et la littérature maghrébines, Hildesheim 2009

Toro, Alfonso de, Épistémologies. ›Le Maghreb‹. Hybridité – Transculturalité – Transmédialité – Transtextualité – Corps – Globalisation – Diasporisation, Paris 2009

UNODC, Smuggling of migrants into, through and from North Africa. A thematic review and annotated bibliography of recent publications, New York 2010

Vandewalle, Dirk (Ed.), Libya since 1969. Quad'Hafiz' Revolution Revisited, New York, Basingstoke 2008

Vandewalle, Dirk, A history of modern Libya, Cambridge 2006

Wagner, Horst-Günter, Mittelmeerraum, 2. Aufl., Darmstadt 2011

Was vom arabischen Frühling bleibt (Themenheft) = Zenith. Zeitschrift für den Orient, 12 (2011), 2

Weiss, Ruth und Hans Mayer, Afrika den Europäern! Von der Berliner Afrika-Konferenz 1884 ins Afrika der neuen Kolonisation, Wuppertal 1984

Wenke, Robert J., The Ancient Egyptian State, The Origins of Egyptian Culture (c. 8000–2000 BC), Cambrigde 2009

Werenfels, Isabelle, Maghreb. In: Guido Steinberg (Hrsg.), Deutsche Nah-, Mittelost- und Nordafrikapolitik. Interessen, Strategien, Handlungsoptionen, Berlin 2009 (= SWP-Studie S 15), S. 7-15

Wiedemann, Charlotte, »Ihr wisst nichts über uns!« Meine Reisen durch einen unbekannten Islam, Freiburg i.Br. 2008

Wöhler-Khalfallah, Khadija Katja, Der islamische Fundamentalismus, der Islam und die Demokratie. Algerien und Tunesien. Das Scheitern postkolonialer »Entwicklungsmodelle« und das Streben nach einem ethischen Leitfaden für Politik und Gesellschaft, Wiesbaden 2004

Zimmers, Barbara, Geschichte und Entwicklung des Tourismus, Trier 1995 (= Trierer Tourismus Bibliographien, 7)

Al-Zubaidi, Layla [et al.], People's power – The Arab World in revolt, Beirut 2011

Dokumente

Council of the European Union – Barcelona Process, Union for the Mediterranean ministerial conference, Marseille, 3-4 November 2008, Final declaration, Ratsdokument 15187/08, S. 6-11. Online unter http://www.consilium.europa.eu/ueDocs/cms_Data/docs/pressdata/en/misc/103733.pdf

Dokumente zum Barcelonaprozess. Online unter http://www.eeas.europa.eu/euromed/barcelona_en.htm
Hohe Vertreterin der Europäischen Union für Außen- und Sicherheitspolitik, Gemeinsame Mitteilung an den Europäischen Rat, das Europäische Parlament, den Wirtschafts- und Sozialausschuss und den Ausschuss der Regionen. Eine Partnerschaft mit dem südlichen Mittelmeerraum für Demokratie und Gemeinsamen Wohlstand, Brüssel den 8.3.2011 KOM (2011) 200 endgültig. Online unter http://eur-lex.europa.eu/LexUriServ/LexUriServ.do?uri=COM:2011:0200:FIN:DE:PDF
Schlusserklärung der Europa-Mittelmeer-Konferenz von Barcelona (27./28.11.1995). In: Agence Europe vom 6.12.1995, S. 1-6. Online unter http://trade.ec.europa.eu/doclib/docs/2005/july/tradoc_124236.pdf
Vertrag und Informationen zu den Zielen der »Union für das Mittelmeer«. Online unter http://eeas.europa.eu/euromed/index_en.htm
VN-Sicherheitsrat, Resolution 1973 (2011) vom 17. März 2011. Online unter http://www.un.org/Depts/german/sr/sr_11/sr1973.pdf [The Situation in Libya]
VN-Sicherheitsrat, Resolution 1970 (2011) vom 26. Februar 2011. Online unter http://www.un.org/Depts/german/sr/sr_11/sr1970.pdf [Peace and Security in Africa]

Belletristik, Erinnerungsliteratur, Reiseberichte, Bildbände

Bondy, François (Hrsg), Das Sandkorn. Erzählungen aus Nordafrika, 2. Taschenbuchausg., Zürich 1980
Bruschke, Gerhard [u.a.] (Hrsg.), Nordafrika. Die Welt entdecken, die Welt erleben, Stuttgart [u.a.] 2010
Chouaki, Aziz, Stern von Algier, Mainz 2009 [im Original L'etoile d'Alger]
Flaubert, Gustave, Salammbô, Stuttgart 2011
Hiltbrunner, Hermann, Fahrt nach Nordafrika, Zürich [o.J.]
Ben Jelloun, Tahar, Arabischer Frühling. Das Wiedererwachen der arabischen Würde, Berlin 2011
Ben Jelloun, Tahar, Verlassen, Berlin 2008 [im Original Partir]
Khadra, Yasmina, Die Algier-Romane, Zürich 2006 [enthält die Romane mit Kommissar Llob aus Algier]
Khadra, Yasmina, Die Schwalben von Kabul, 2. Aufl., Berlin 2004 [im Original Les hirondelles de Kaboul]
Knittel, John, Terra Magna. Roman aus Nordafrika, Lizenzausgabe, Berlin 1960
Maupassant, Guy de, Reisen nach Nordafrika, Berlin (Ost) 1985
Memmi, Albert, The Colonizer and the Colonized, 3. Aufl., London 2003
Sansal, Boualem, Das Dorf des Deutschen oder das Tagebuch der Brüder Schiller, 3. Aufl., Gifkendorf 2011 [im Original Le village de l'allemand ou le journal des frères Schiller]
Sansal, Boualem, Harraga, Gifkendorf 2007 [im Original Harraga]
Sansal, Boualem, Der Schwur der Barbaren, 3. Aufl., Gifkendorf 2011 [im Original Le serment des barbares]
Schäfer, Dirk, Via Mediterra. Die Reise ums Mittelmeer, Niedereschach 2009
Sebbar, Leila, Das verbotene Kleid, Berlin 1997 [im Original La jeune fille au balcon]

Filme

Business. Das Geschäft mit der Sehnsucht, Regie: Nouri Bouzid, Frankreich, Tunesien 1992 [orig. Bezness] [Tragikomödie]
Casablanca, Regie: Michael Curtiz, USA 1942 [engl. Casablanca] [Romanze, Drama]
Days of Glory, Regie: Rachid Bouchareb, Algerien, Belgien, Frankreich, Marokko 2006 [frz. Indegènes, dt. Tage des Ruhms] [Kriegsfilm]
Harragas, Regie: Merzak Allouache, Algerien, Frankreich 2009 [Drama]
Making Of – Kamikaze, Regie: Nouri Bouzid, Frankreich, Marokko, Tunesien 2006 [orig. Making Of] [Drama]
Mektoub, Regie: Nabil Ayouch, Frankreich, Marokko 1997 [Krimi]
Die Mumie, Regie: Karl Freund, USA 1932 [engl. The Mummy] [Horror]
Die Mumie, Regie: Stephen Sommers, USA 1999, [engl. The Mummy] [Horror]
Die Mumie. Das Grabmal des Drachenkaisers, Regie: Rob Cohen, USA 2008 [engl. The Mummy. Tomb of the Dragon Emperor] [Horror]
Die Mumie kehrt zurück, Regie: Stephen Sommers, USA 2001, [engl. The Mummy returns] [Horror]
Rachida, Regie: Yamina Bachir-Chouikh, Algerien 2002 [Drama]
Saladin, Regie: Youssef Chahine, Ägypten 1963 [Abenteuer]

Internet

Bitte nutzen Sie für Ihre Internetrecherche die aktualisierten Webtipps des Militärgeschichtlichen Forschungsamtes unter:
http://www.mgfa.de/html/einsatzunterstuetzung.
Neben den Beiträgen der Reihe »Wegweiser zur Geschichte« finden Sie auf diesen Seiten auch Karten und Diagramme im PDF-Format.
Hinweis: Bitte beachten Sie, dass wir keinerlei Einfluss auf Gestaltung und Inhalte der Seiten haben, auf die wir verweisen bzw. verlinken. Trotz sorgfältiger Auswahl können wir nicht in allen Fällen eine Garantie für die Ausgewogenheit der dort angebotenen Inhalte übernehmen. Für entsprechende Hinweise sowie Anregungen, Korrekturen und Ergänzungsvorschläge sind wir dankbar.
Schreiben Sie bitte an MGFAPresseEingang@Bundeswehr.org.

http://www.arab-hdr.org [Arab Human Development Reports]
http://www.bamf.de [Bundesamt für Migration und Flüchtlinge]
http://www.bmz.de [Bundesministerium für wirtschaftliche Zusammenarbeit und Entwicklung]
http://www.carim.org [Consortium for Applied Research on International Migration; Robert Schuman Centre for Advanced Studies]
http://www.cia.gov/library/publications/the-world-factbook/index.html [Central Intelligence Agency]
http://www.dgap.org [Deutsche Gesellschaft für Auswärtige Politik e.V.]
http://www.eeas.europa.eu [European External Action Service]
http://www.euromesco.net [Euro-Mediterranean Study Commission]
http://www.frontex.europa.eu [Europäische Agentur für die operative Zusammenarbeit an den Außengrenzen]
http://www.giga-hamburg.de [German Institute of Global and Area Studies. Leibniz-Institut für Globale und Regionale Studien]

http://www.inamo.de [Informationsprojekt Naher und Mittlerer Osten e.V.]
http://www.ipcc.ch [Intergovernmental Panel on Climate Change]
http://www.mgfa.de [Militärgeschichtliches Forschungsamt]
http://www.swp-berlin.org [Stiftung Wissenschaft und Politik. Deutsches Institut für Internationale Politik und Sicherheit]
http://www.unodc.org [Büro der Vereinten Nationen für Drogen- und Verbrechensbekämpfung]
http://www.unwto.org [Welttourismusorganisation der VN]
http://www.weforum.org/events/world-economic-forum-middle-east-and-north-africa-2010 [Weltwirtschaftsforum für Nordafrika und den Mittleren Osten]
http://www.weltalmanach.de [Der Fischer Weltalmanach]
http://www.zmo.de [Zentrum Moderner Orient]

Nicht enthalten sind die Begriffe Ägypten, Algerien, Libyen, Marokko und Tunesien sowie Nordafrika. Religiöse Begriffe und Ländernamen sind nur dann aufgeführt, sofern sie für die historische und thematische Einordnung von größerer Bedeutung sind. Die alphabetische Ordnung der aus dem islamischen Kulturkreis stammenden Personennamen richtet sich teilweise nicht nach dem in Deutschland üblichen Alphabetisierungsmuster.